知名学者纵论共同富裕

程恩富◎主　编
孙绍勇　张　杨◎副主编

中国经济出版社
北京

图书在版编目（CIP）数据

知名学者纵论共同富裕／程恩富主编． ——北京：
中国经济出版社，2023.1（2025.4重印）
 ISBN 978-7-5136-6923-8

Ⅰ.①知… Ⅱ.①程… Ⅲ.①共同富裕-研究-中国
Ⅳ.①F124.7

中国版本图书馆 CIP 数据核字（2022）第 077252 号

责任编辑　贺　静
责任印制　李　伟
封面设计　华子设计

出版发行	中国经济出版社
印 刷 者	北京艾普海德印刷有限公司
经 销 者	各地新华书店
开　　本	787mm×1092mm　1/16
印　　张	23.5
字　　数	420 千字
版　　次	2023 年 1 月第 1 版
印　　次	2025 年 4 月第 2 次
定　　价	98.00 元

广告经营许可证　京西工商广字第 8179 号

中国经济出版社 网址 www.economyph.com 社址 北京市东城区安定门外大街 58 号 邮编 100011
本版图书如存在印装质量问题，请与本社销售中心联系调换（联系电话：010-57512564）

版权所有　盗版必究（举报电话：010-57512600）
国家版权局反盗版举报中心（举报电话：12390）　　服务热线：010-57512564

编写说明

2021年8月17日,中央财经委员会第十次会议研究扎实促进共同富裕等问题,提出循序渐进分阶段促进共同富裕的新部署。消息一出,旋即引起市场反响和社会热议。10月16日,第20期《求是》杂志发表中共中央总书记、国家主席、中央军委主席习近平的重要文章《扎实推动共同富裕》。从10月起,《人民日报》开始刊发各专家学者对共同富裕的深度解读并推出系列评论文章,深入探讨共同富裕的重要意义与深刻内涵。在当前深入学习贯彻党的二十大精神的重要时期,如何领会"共同富裕"之深意,至关重要。

随着全面建成小康社会目标的实现,我国开启了"扎实推动共同富裕"新征程。实现共同富裕既是重大经济问题,也是关系党的执政基础的重大政治问题。目前我国发展不平衡不充分的问题仍很突出,必须坚持在高质量发展中促进共同富裕,其中关于就业、住房、教育、医疗、收入、养老等方面的宏观规划,关乎共同富裕的目标,也与我们每个人息息相关。

本书由著名经济学家程恩富教授主编,集合了国内刘国光、吴宣恭、温铁军、简新华、文魁等名家教授对共同富裕的解读,共分为"共同富裕的基本理论研究""共同富裕的实现路径探究""共同富裕的新时代伟大实践创新""收入与产业分配的公平与正义分析"四篇内容,可以帮助读者全面准确理解共同富裕,明晰中国式现代化新道路,把握新发展机遇。

主编简介

程恩富，著名经济学家。中国社会科学院学部委员、学部主席团成员，经济社会发展研究中心主任；中国社会科学院大学学术委员会副主任兼首席教授；第十三届全国人大教科文卫委员会委员。曾任中国社会科学院马克思主义研究院院长。现兼任西北工业大学创新马克思主义研究中心首席专家。

程恩富教授主编在英国出版的《国际思想评论》《世界政治经济学评论》国际期刊，以及在国内出版的《政治经济学研究》《海派经济学季刊》中文刊物；担任全球学术团体——世界政治经济学学会会长、中国政治经济学学会会长、中华外国经济学说研究会会长；世界文化论坛和中国创新马克思主义论坛主席，日本理论经济学会国际顾问，俄罗斯圣彼得堡大学和经济法律大学荣誉教授；在中国、美国、俄罗斯、日本、意大利、印度、越南等10个国家发表800多篇文章，出版40多部著作，是中外著名马克思主义理论家和经济学家；曾在中共中央政治局集体学习会上作过讲解，在两任中共中央总书记主持的座谈会上汇报过理论问题。

目　录

第一篇　共同富裕的基本理论研究

刘国光：实现共同富裕要坚持什么样的理论 …………………………… 4
吴宣恭：实现公平与效率互相促进 …………………………………………… 18
吴文新、程恩富：新时代实现共同富裕四维逻辑 ………………………… 27
简新华：节制资本，缩小贫富差距 ………………………………………… 50
文　魁：论共同富裕经济思想的新升华 …………………………………… 63
辛向阳：习近平的共同富裕观 ……………………………………………… 80
董金明：马列主义及其中国化理论关于共富的基本思想 ………………… 92
段学慧：马克思主义共同富裕思想演化历程及启示 ……………………… 101
陈金明：毛泽东与邓小平共同富裕思想之比较 …………………………… 117

第二篇　共同富裕的实现路径探究

程恩富、伍山林：促进社会各阶层共同富裕的若干政策思路 ………… 129
温铁军：共同富裕的在地化经济基础与微观发展主体 ………………… 139
蒋永穆：扎实推动共同富裕的逻辑理路与实现路径 …………………… 144
杨云霞：推动共同富裕是企业社会责任的价值旨归 …………………… 160
谭劲松：共同富裕示范区建设要把握好四重关系 ……………………… 167

刘长明：共同富裕何以可能 …………………………………………… 180
刘明国：共同富裕视野下的市场与政府的分工 …………………… 202

第三篇　共同富裕的新时代伟大实践创新

邱海平：新时代推进共同富裕须处理好若干重大关系 …………… 220
侯为民：共同富裕取得实质性进展的若干理论问题 ……………… 226
武建奇：中国特色共同富裕理论的新境界 ………………………… 245
赵　磊：论"共同富裕"的三个基本问题 ………………………… 260
丁晓钦：推动全体人民共同富裕取得实质性进展 ………………… 271
周绍东：在高质量发展中促进共同富裕 …………………………… 280

第四篇　收入与产业分配的公平与正义分析

谢　地：探索合理的收入分配制度 ………………………………… 298
宋宪萍：促进产业间分配的共同富裕 ……………………………… 315
张跃胜：促进地区间分配的共同富裕 ……………………………… 324
谭　泓：慈善事业助力共同富裕的路径实现研究 ………………… 334
贺汉魂：马克思增进人民幸福的财富生产正义思想研究 ………… 347

第一篇

共同富裕的基本理论研究

作者简介

刘国光，著名经济学家。1923年11月23日出生于南京。1946年毕业于国立西南联合大学经济系，毕业后考入清华大学研究院。1955年在苏联莫斯科经济学院获副博士学位，1988年被波兰科学院选为该院外籍院士。曾任国家统计局副局长，中国社会科学院副院长、学部主席团成员（现为学部委员、特邀顾问）、第十二届和第十三届中央委员会候补委员、第八届全国人大常委会委员。曾任国务院学位委员会委员、中国城市发展研究会理事长、中国生态经济学会会长、中国政治经济学学会顾问。曾兼任北京大学、南京大学、浙江大学、东北财经大学、上海财经大学等高校荣誉教授。

刘国光教授曾参与中央文件起草，其报送理论研究和政策建言的不少内参获得中央领导的批示和好评，参加和领导过中国经济发展、宏观经济管理、经济体制改革等方面重大课题的研究、论证和咨询，是当代中国最著名和最有影响力的马克思主义经济学家之一。他潜心于中国特色社会主义经济理论研究，取得了非凡成就，先后获得首届"中国经济学杰出贡献奖"、首届"世界马克思经济学奖"、"21世纪世界政治经济学杰出成果奖"等。

刘国光：实现共同富裕要坚持什么样的理论
——访中国社会科学院学部委员、著名经济学家刘国光

鲁保林

2021年，我国宣布全面建成小康社会，历史性地解决了绝对贫困问题。在两个一百年的历史交汇点上，习近平总书记将目光瞄向又一个新的宏伟目标——扎实推动共同富裕。2021年1月，习近平总书记在省部级主要领导干部学习贯彻党的十九届五中全会精神专题研讨班开班式上强调，实现共同富裕这项工作"不能等"。7月，在庆祝中国共产党成立100周年大会上，习近平总书记指出，着力解决发展不平衡不充分问题和人民群众急难愁盼问题，推动人的全面发展、全体人民共同富裕取得更为明显的实质性进展！习近平总书记在中央财经委员会第十次会议上提出了促进共同富裕的时间表和路线图。12月，习近平总书记在中央经济工作会议上着重阐述了几个重大问题，其中之一就是正确认识和把握实现共同富裕的战略目标和实践途径，摆在五个需要正确认识和把握的重大理论和实践问题之首。

鲁保林： 有人说，过去我们长期的政策导向是"国富优先"而不是"民富优先"，造成现在我国"国富民穷"或"国富民不富"的现象。还有人说，"国富优先"的政策导向，使国家生产力增长大大快于民众消费的增加，导致总需求不足。您对这些问题有什么看法？

刘国光： 把"国富"与"民富"并立和对立起来的提法，并不确切。就"民富"来说，也不能简单地讲现在是"民不富"或"民穷"。我国人民生活水平总体上比过去有很大提高，部分人群已经很富，甚至富得流油，堪比世界富豪。所以说，国民有富有穷，不能一概而论，说什么"民穷"或"民不富"并不准确。

究竟我国过去有没有所谓"国富优先"的政策导向？在我的印象中，过去从来没有宣布过或者实行过什么"国富优先"的政策，倒是明确宣布过并实行了"让一

部分人先富起来"的政策。如果说这也算是"民富优先"，那也只是让一部分人优先富起来的政策。这一部分人主要是私人经营者和有机遇、有能力、有办法、有手段积累财富的人群。应当说，这一政策导致中国经济结构发生了巨大变化。民营私有经济的增长大大超过国有、公有经济增长的事实，证明了我们这些年实际上实行的不是什么"国富优先"，而是"民富（当然是一部分'民'）优先"的政策。在社会主义初级阶段，需要放开一些个体、私营经济，以促进生产力的发展。这种借助"让一部分人先富起来"以推动经济发展的政策，本来也说得过去，是可以尝试的。当初宣布实行这一政策的时候，就曾提出"先富带动后富，实现共同富裕"的口号。但是多年的实践证明，"让一部分人先富起来"的目标虽然在很短的历史时期迅速完成，但"先富带动后富，实现共同富裕"却迟迟不能够自动实现。在市场化、私有化的大浪淘沙下，这也不大可能实现。相反地，随着市场化、私有化的发展，贫富差距越来越大，两极分化趋势"自然出现"。

为什么我们在实行"让一部分人先富起来"的同时，长时间地不能实现"先富带动后富，实现共同富裕"呢？光用"先做大蛋糕后分好蛋糕要有一个时间过程"来解释，是不足以说明问题的。邓小平同志早就指出，先由贫富差距的扩大，再到贫富差距缩小的问题，在20—21世纪之交基本达到小康的时候，就应该着手解决。中国经济发展的实际进程表明，由于中国资本原始积累过程中财富来源路径的特殊性，中国富豪积累财富时间超短。在中国，成功地完成"让一部分人先富起来"的任务所花的时间极短，而"先富带动后富，实现共同富裕"的任务却遥遥无期。一些为财富和资本辩护的精英们常常以分配问题复杂为借口，预言需要等待很长的时间才能解决分配公平的问题，要大家忍耐再忍耐，这真是奇怪的逻辑。要知道这是连邓小平同志也不能容忍的，因为他早就多次要求适时解决贫富差距扩大的问题，并警告说两极分化趋势将导致改革失败的危险后果。

目前我国收入分配领域最核心的问题是贫富差距急剧扩大、两极分化趋势明显。中心的问题不是什么"国富"与"民富"的矛盾，而是一部分国民先富、暴富与大部分国民相对不富或相对贫穷的矛盾。克服和扭转财富和收入差距扩大和两极分化的趋势需要的政策转向，不是什么"国富优先"转变为"民富优先"，而是明确宣布"让一部分人先富起来"的政策已经完成任务，今后要把这一政策转变为逐步"实现共同富裕"的政策，完成"先富"向"共富"的过渡。

鲁保林：邓小平同志在南方谈话中指出，"社会主义的本质，是解放生产力，发展生产力，消灭剥削，消除两极分化，最终达到共同富裕"。邓小平同志关于社会主义的本质的重要论断，对今天我们推动共同富裕有什么启示呢？

刘国光：在论述社会主义本质时，邓小平同志先从生产力方面讲了社会主义是解放生产力和发展生产力；然后又从生产关系方面讲了消灭剥削，消除两极分化，最终达到共同富裕。生产关系落脚在消除两极分化，达到共同富裕，这是属于由生产方式决定的分配领域问题，要通过社会收入和财富的分配才能体现出来。

邓小平南方谈话之所以把"解放生产力，发展生产力"包括在社会主义的本质特征中，是针对当时中国生产力发展还极其落后，而"四人帮"又在搞什么"贫穷的社会主义"，阻碍着中国生产力的发展，提醒人们注意中国的社会主义更需要发展生产力，以克服贫穷落后的紧迫性。这样讲是必要的。如果设想社会主义革命在生产力高度发达的资本主义国家取得胜利，就不会有把"解放和发展生产力"当作社会主义的本质特征和根本任务的说法，而只能是"消灭剥削，消除两极分化，达到共同富裕"。

邓小平还多次讲过，社会主义"有两个根本原则"，或者说有"两个非常重要的方面"。一个是"公有制为主体，多种经济共同发展"，另一个是"共同富裕，不搞两极分化"。"重要方面"或"根本原则"讲的属于分配领域，同"本质论"所讲的"消除两极分化，达到共同富裕"完全一致。

邓小平对社会主义的本质、根本原则，作了精神一贯的许多表述。他讲的东西可以说是社会主义的构成要素，如解放生产力、发展生产力、公有制为主体、消除两极分化等。就是说没有这些东西，就构成不了社会主义。但在这些要素中，他又特别强调生产关系和分配关系的要素。比如说，社会主义改革的任务当然是要发展生产力，但是如果单单发展生产力，而不注意社会主义生产关系的建设和改进，那么社会主义改革也是难以成功的。他的非常典型的一句话，即"如果我们的政策导致两极分化，我们就失败了"①，就很鲜明地说明了这一点。GDP哪怕增长得再多再快，也不能改变这个结论。这证明了分配关系这一要素在邓小平的社会主义改革理论中占有何等重要的地位。

邓小平假设的"改革失败"，不是指一般改革的失败，而是指社会主义改革的失败，或者改革的社会主义方向的失败。因为社会主义是必然要有消除两极分化、达到共同富裕的要素的。很可能生产力一时大大发展了，国家经济实力大大增强了，GDP也相当长时期地上去了，可是生产出来的财富却集中在极少数人手里，"可以

---

① 邓小平. 邓小平文选:第3卷[M]. 北京:人民出版社,1993:111.

使中国百分之几的人富裕起来，但是绝对解决不了百分之九十几的人生活富裕的问题"①，大多数人不能公平分享改革发展的好处。这样一种改革的结果也可以说是一种改革的成功，可这绝不是社会主义改革的成功，而是资本主义改革的成功。

中国由于生产力落后、经济不发达，在社会主义初级阶段提出解放和发展生产力也是社会主义的本质要求，这是顺理成章、非常正确的，但这不是社会主义的终极目的。社会主义的终极目的是人的发展，在经济领域的目的是各阶层人们的共同富裕。邓小平的社会主义"本质论"中，特别强调"共同富裕"这一要素，他说"社会主义最大的优越性就是共同富裕，这是体现社会主义本质的一个东西"② 就说明了这一点。所以在理解邓小平社会主义本质论的内容时，绝不可以仅仅重视发展生产力这一方面，而不更加重视调整生产关系和分配关系这一方面。

邓小平之所以反复强调社会主义本质、性质、原则的生产关系方面的东西，就是因为不同社会制度相区别的本质特征是在生产关系方面，而不是在生产力方面。马克思主义政治经济学的研究对象是联系生产力和上层建筑来研究生产关系；着眼于完善生产关系和上层建筑，来促进生产力的发展。所以在社会主义本质问题的研究和阐述上，主要的功夫应该下在生产关系方面，强调社会主义区别于资本主义的本质在于消灭剥削和两极分化，它的根本原则在于公有制为主体和共同富裕。

社会主义不同于其他社会的特殊性就在于公有制、共同富裕这些体现社会主义生产关系的本质特征。离开了这些本质特征，就不是社会主义。

坚持社会主义市场经济体制改革的方向，应从以下三方面着手：做优做强做大国有经济和集体经济，发挥国有经济的主导作用和公有经济的主体作用；转变政府职能，提高国家的宏观经济调控能力；从所有制结构和财产制度、强化公有制主体地位等方面入手，实现改善民生，逐步解决财富和收入两极分化问题。

鲁保林： 有人说公平与效率不可兼得。您对效率和公平关系有着非常深入的见解。现在，您是如何看待公平和效率关系问题的呢？

刘国光： 常识告诉我们，收入分配越平均，人们的积极性越被削弱，效率自然会低；适当拉开收入差距，只要分配程序规则公正，就会有助于提高效率。从另一方面说，不提高效率，"蛋糕"做不大，难以实现持久的更多的公平措施，也难以解决社会增多的矛盾；但是如果不讲公平，各阶层的财富和收入差距拉得过大，特

---

① 邓小平. 邓小平文选：第3卷[M]. 北京：人民出版社，1993：64.
② 邓小平. 邓小平文选：第3卷[M]. 北京：人民出版社，1993：364.

别是分配程序规则不公,也会导致效率的下降,甚至影响社会稳定。所以效率和公平从来就是既矛盾又统一的,处理好这两者的关系不容易。

改革开放前,分配体制存在一定的问题,使效率受到影响。实行市场取向的改革后,逐步讲求效率,收入差距拉开,"让一部分人先富起来",从农村到城市,经济活跃起来,非常见效。于是经过十多年,就把"兼顾效率与公平"作为经验总结,写进了1992年党的十四大的决议。据我所知,这是中央文件中第一次明确提到效率与公平关系的问题。但是两年以后,从党的十四届三中全会开始,在效率与公平关系问题上的提法有一个新的变化,即把以前的"兼顾效率与公平",改变为"效率优先,兼顾公平",使这两者关系由效率、公平处于同等重要地位,改变为效率处于"优先"的第一位。公平虽然也很重要,但处于"兼顾"的次要地位。这两次会议的两个"兼顾"意义很不相同。所以说,这是一个很重要的变化。"效率优先,兼顾公平"的提法,从党的十四届三中全会决议开始,一直到2003年党的十六届三中全会,每次中央重要会议都这么提。所以在相当长的时间里,它是我国在收入分配政策领域的正式精神。党的十六大报告中又补充了一句,提出"初次分配注重效率,再分配注重公平",这也是很重要的分配政策。

2003年,我写了一篇《研究宏观经济形势要关注收入分配问题》的文章,提出"逐步淡出'效率优先,兼顾公平'的口号,向实行'效率与公平并重'的原则过渡",并将这一意见在党的十六届三中全会文件起草组提出。当时我是起草组成员之一,大家的认识还不一致,没有接受我的意见。

2005年以后,我年纪大了,参加的社会活动少了,中央文件起草工作也没再参与。我于2005年发表《进一步重视社会公平问题》一文,后来又写了《把效率优先放在该讲的地方去》一篇短文,提出"效率优先,兼顾公平"要淡出,把公平置于"兼顾"的次要地位不妥,初次分配也要注重公平;效率优先不是方向,分配应该强调公平。我把文章的原稿呈送给了中央。中央主要负责同志很重视,批给了党的十六届五中全会文件起草组。但是,党的十六届五中全会报告征求意见稿当中又出现了"效率优先,兼顾公平"和"初次分配注重效率,再分配注重公平"的字样,遭到各方面很多同志的非议。我在中国社科院对此也提出了反对意见。党的十六届五中全会文件最终定稿时,勾掉了这两个提法,同时突出了"更加重视社会公平"的鲜明主张。据我所知,这是中央文件中第一次提"更加重视社会公平"。毫无疑问,这符合改革的大势所趋和人心所向,也有利于调动大多数人的改革积极性,无疑是收入分配理论和政策领域的一个重大进步。

2006年中央政治局专门召开会议研究解决贫富差距问题。党的十六届六中全会又强调了要更加重视社会公平。党的十七大报告提出了"合理的收入分配制度是社会公平的重要体现",并将初次分配也要实行社会公平这一原则写进了中央文件。党的十八大报告中进一步提出了"初次分配和再分配都要兼顾效率和公平,再分配更加注重公平"。党的十八届三中全会通过的文件要求"坚持社会主义市场经济改革方向,以促进社会公平正义、增进人民福祉为出发点和落脚点",将"社会公平正义"目标提到很高的位置。

把"蛋糕"做大,把我们的经济实力做大,让国家富强,这是一件事。另一件事是同时要把"蛋糕"分好,做好社会产品和国民收入的分配,让大家共同享受发展成果。

人们说把"蛋糕"做大是政府的责任,把"蛋糕"分好是政府的良知、良心。那么在"蛋糕"没有分好的情况下,政府就没有良知、良心吗?不能这样说。应该说这都是我们政府的责任,不仅仅是良知、良心的问题。但是政府在前一阶段不可能把这个"蛋糕"又做得大,又切得好。所以前一阶段我们要努力把这个"蛋糕"做大,到了一定的时候,就要两者并重,既要做大更要分好。社会主义要把分好"蛋糕"放在更加重要的地位,因为我们社会主义是大家共同分享,不是少数人占有发展的果实。同时不这样做也不行,不这样做怎么能进一步做大"蛋糕"?不这样做,老百姓不满意了,大家的积极性发挥不出来,"蛋糕"就没办法继续做大。现在已经到了"做大"与"分好"两者并重、应当更加注重分好"蛋糕"的时候了。

有人担心强调社会公平,会不会回到传统体制的分配体制?我倒是不担心。我国改革发展到现在这一步,很少有人想回到旧体制。引发不满的是体制外的灰色收入、法制外的黑色收入,以及体制内法律不健全、政策不完善造成的非规范的过高收入(如上千万的年薪),尤其是财富占有的严重差别。目前矛盾的主要方面已在分配天平的另一端,需要适当地矫正。我的忧虑是,如果忽视共同富裕的方向,建立起来的市场经济必然是人们所称的坏的市场经济、权贵市场经济、两极分化的市场经济。我们要避免这种情况,我们一定能够避免这种情况,那就只有一种办法——要更加重视公平问题。

鲁保林:有人说缩小贫富差距要靠再分配,您曾认为需要从强化公有经济为主体、国有经济为主导着手,扭转公降私升和国退民进的趋势,阻止化公为私的所有制结构转换过程。这些观点一度引起了强烈反响,现在您的看法是否有改变呢?

刘国光：贫富差距扩大的原因甚多，如城乡差距、地区不平衡、资本垄断、腐败、公共产品供应不均、再分配调节滞后等，必须一一应对。但这些都不是最主要的。按照马克思主义观点，所有制决定分配制，财产关系决定分配关系。财产占有上的差别，才是财富和收入差别最大的影响因素。

我国社会主义初级阶段的经济结构，随着"让一部分人先富起来"和"效率优先"政策取向的执行，私有经济的发展必然超过公有经济和国有经济，从而形成了多种所有制经济共同发展的局面。这是有利于整个经济的发展的。但这种私有经济超前发展和公降私升、国降"民"升的势头一直延续下去，"到一定的时候问题就会出来"，"两极分化自然出现"①。随着私人产权的相对扩大，资本财产的收入份额会相对扩大，劳动的收入份额则相对缩小，从而会扩大贫富差距，促进两极分化趋势。

在调整收入分配关系、缩小贫富差距时，人们往往从分配领域本身着手，特别是从财政税收、转移支付等再分配领域着手。完善社会保障公共福利，改善低收入者的民生状况。这些措施是完全必要的，需要加大力度继续做好。但是，仅仅就分配谈分配，仅仅从分配和再分配领域着手，还是远远不够的，不能从根本上扭转贫富收入差距扩大的趋势。还需要从所有制结构上直面这一问题，需要从强化公有经济为主体、国有经济为主导着手，来解决这个问题。这也是调整"国富"同"民富"关系的一个重要方面。

我国贫富差距扩大最根本的原因在于所有制结构的变化，已对公有制的主体地位造成深刻的影响。还需要从基本生产关系，从基本经济制度来接触这一问题，才能最终阻止向两极分化推进的趋势。

现在有不少人对公有制是否还是我国经济的主体有疑虑，主要是对公有制经济所占的比重，即量的方面有疑虑。公有资产占优势，更重要的是表现为质的优势，即公有资产在关键性的涉及国民经济命脉、战略全局和发展方向的生产资料上占优势，而不是在一般的微不足道的生产资料上占优势；是在先进的具有导向性、控制性的生产资料上占优势，并且不断提高、进步、发展壮大，而不是在落后的生产资料上占优势。这样，公有制经济才能控制国民经济命脉，对国民经济发展起主导作用，具有强大的控制力、影响力和带动力。

坚持社会主义初级阶段基本制度，不但要求公有制经济占主体地位，而且要求

---

① 中共中央文献研究室，编．邓小平年谱1975～1997年(下)[M]．北京：中央文献出版社，2004：1364．

国有经济对国民经济起主导作用，国家应控制国民经济命脉，使国有经济的控制力、影响力、带动力和竞争力得到增强，使广大人民群众都能享受到国有经济的好处。在社会主义经济中，国有经济不能如同在资本主义经济中那样，主要存在于私有企业不愿意经营的部门，仅仅起到补充私有企业和市场机制不足的作用，而是还需要保证国民经济持续稳定协调发展，巩固和完善社会主义制度。因此，必须反对不顾我国社会主义基本国情搞私有化的错误倾向。为了实现国民经济持续稳定协调发展，国有经济应主要集中于能源、交通、通信、金融等基础设施和支柱产业中。这些都是关系国民经济命脉的重要行业和关键领域，在这些行业和领域中国有经济应该有绝对的控制力、较强的控制力，国有资本要保持独资和绝对控股或有条件地相对控股。

关于国有经济的作用，理论界有不少论述，其中有一种观点值得注意和研究。这种观点把国有经济的社会责任分为两种：一种是帮助政府调控经济，另一种是保证社会公平的经济基础。前一个作用普遍适用于社会主义国家和现代资本主义市场经济国家，而后一个作用则是社会主义国家的国有经济所独有的。按照西方主流经济学的观点，在一定条件下国有经济有助于政府调控经济，但是一些发达国家的私有化实践证明，即使垄断性的基础产业实行了私有化，国有经济的比重下降到了10%以下，政府照样可以运用货币政策、财政政策、产业政策和商业手段等相对有效地调控经济。但维护和实现社会公平，则是高度私有化的经济和以私有制为主的混合经济解决不了的老大难问题。我国在坚持社会主义市场经济的改革方向中增强国有资本的控制力，发挥其主导作用，理应包括保障、实现和发展社会公平的内容和标准，需要发挥好国有经济保障社会公平的重要职能。因此，那些对于保障社会公平非常重要的竞争性领域的国有资产，也应该被认为是"重要"的国有资产，要力争搞好。

混合所有制经济是社会主义初级阶段基本经济制度的重要实现形式之一，我们要长期搞。社会主义初级阶段要向中高级阶段过渡，而向中高级阶段过渡当然不能是向私有经济过渡，而且这个过渡时间很长，所以混合所有制经济不应当是一种短暂地向资本主义私有制经济过渡的形式。

财富和收入分配不公源于初次分配，初次分配中影响最大的核心问题是劳动与资本的关系。若干年来，随着所有制结构的公降私升，随着市场化大潮中"拥抱资本、疏远劳动"的风气盛行，宪法中规定的"按劳分配为主"，事实上逐渐被"按资本分配为主"所代替。因此，劳动者报酬占比不断下降，而资本所得占比不断上升。由于劳动者报酬在居民收入中占最大份额，劳动者报酬在 GDP 中占比的下降，就决定了居民可支配收入在 GNP 中占比的下降。居民可支配收入占比的下降，主要是劳动者报酬占比下降和企业利润所得占比上升造成的，而不是由政府收入上升所造成的。因此，要扭转居民收入占比的下降趋势，核心问题在于提高劳动者报酬和中低收入者的收入，关键在于调整劳动收入与资本所得的比重。

提高劳动报酬在初次分配中的比重，具体在劳动工资制度方面，必须切实强化对劳动者权益的保护，加强对劳动法、劳动合同法等相关法规的执行力度，严禁低工资和以残酷剥削为手段的暴利行业和血汗工厂的出现，让职工的工资福利能够得到切实的提高。还要进一步完善社会保障制度，逐步提高最低工资标准，着力形成职工工资增长的长效机制，等等。

提高劳动报酬在初次分配中的比重，虽然不会影响财富、资本和其他生产要素报酬的绝对增长，但不可避免要影响其在初次收入分配中的比重。这就要本着按劳分配为主、资本和其他生产要素也参与分配的原则，对初次分配的机制进行必要的改革和调整。这也符合我国宪法中关于按劳动分配为主的精神。"按劳分配为主"是与"公有制为主体"相匹配的。如果公有制为主体能够坚持，按劳分配为主才能实现。否则就要变"按劳分配为主"为"按资分配为主"，这样就不可能提高劳动报酬在初次分配中的比重。

鲁保林：有人说缩小差距、推动共同富裕，还是需要依靠市场，让社会各阶层通过市场致富，您是主张缩小指令性计划和市场改革取向的最早倡导者和创新者，对这一说法有何看法？

刘国光：计划与市场的关系，是一个长期的、世界性的问题。1979 年，我在《论社会主义经济中计划和市场的关系》一文中就指出，社会主义经济中的计划和市场的关系是由社会主义经济的本质所决定的一种内在的有机结合。时任中共中央总书记胡耀邦在发表该文的中国社会科学院《未定稿》上批示："这是一篇研究新问题的文章，也是一篇标兵文章。在更多理论工作者还没有下最大决心，作最大努力转到这条轨迹上的时候，我们必须大力提高这种理论研究风气。"中央党校、国家计委、中国社会科学院等内部刊物全文转载。此文改写本提交 1979 年 5 月在奥地利召开的大西洋经济学年会，年会执行主席 Helmont Shuster 致胡乔木[①]电函称，该文受到年会的"热烈欢迎"，认为"学术上有重要意义"，并决定将此文同诺贝尔经

---

① 胡乔木(1912—1992 年)，时任中国社会科学院院长。

济学奖得主英国詹姆斯·E. 米德①的论文一同全文刊登在《大西洋经济学报》(*Atlantic Economic Journal*) 1979 年第 4 期上。

21 世纪初期，社会主义市场经济体制建立了，矛盾也持续发生了，我强调对市场经济和社会主义相结合的反思。针对计划与市场的两种情结，我提出"两个坚持"和破除"两个迷信"的意见：一是我们要坚持市场取向的改革，但不能迷信市场；二是我们要坚持计划调控，但不能迷信计划。

计划和市场都不是万能的。社会主义市场经济体制，是在国家宏观调控下，让市场在资源配置中起基础性作用或一般经济资源的决定性作用。国家宏观调控的手段，除了货币金融、财政税收，还包括国家计划。我们要建立的社会主义市场经济，不是资本主义的市场经济，也不是一般的市场经济，而是社会主义的市场经济。

社会主义有很丰富的内容，包含公有制为主体、共同富裕的内容，也包含"有计划"的内容。所以我们说社会主义市场经济是有计划的市场经济，是完全正确的。

现在资源配置的基础性手段是市场，计划是弥补市场缺陷与不足的必要手段。现在计划不再是行政指令性的，而是指导性的、战略性的和预测性的，同时必须具有导向作用和必要的约束、问责功能。这样的国家计划导向下的宏观调控，才是中国特色社会主义市场经济区别于其他市场经济所必备的内涵。

社会主义市场经济要遵守的不仅是市场价值规律，这不是社会主义市场经济唯一的规律。社会主义市场经济还要首先遵守有计划按比例发展规律。这就是在社会主义市场经济中，计划和市场、自觉地调节和自发地调节、"看得见的手"和"看不见的手"都要用的理论根据。

社会主义市场经济的改革方向，本身就是经济和政治的统一。我们的改革是要建立"社会主义市场经济"，不是单纯的市场经济，而是"社会主义 + 或 × 市场经济"。"社会主义市场经济"是一个完整的概念，是不容割裂的有机统一体。党的十四大报告中第一次提出社会主义市场经济的改革目标时，就明确在"市场经济"一词的前面加上一个前置词"社会主义"，还有一个前提条件，就是"在国家宏观调控下"，让市场在资源配置中发挥重要作用。资源配置有宏观、微观的不同层次，还有许多不同领域的资源配置。在资源配置的微观层次，即多种资源在各个市场主体之间的配置，市场价值规律可以通过供求变动和竞争机制促进效率提高，发挥非

---

① 詹姆斯·E. 米德(James E. Meade, 1907—1995 年)，英国经济学家，1977 年诺贝尔经济学奖得主。

常重要的作用，也可以说是"决定性"的作用。但是在资源配置的宏观层次，如供需总量的综合平衡、部门和地区的比例结构、自然资源和环境的保护、社会分配公平等方面，以及涉及国家社会安全、民生福利（住房、教育、医疗）等领域的资源配置，就不能主要依靠市场来调节，更不用说"决定"了。市场机制会在这些宏观领域存在很多缺陷和不足，需要国家干预、政府管理、计划调节来矫正、约束和补充市场的行为，用"看得见的手"来弥补"看不见的手"的缺陷。

市场的"决定性作用"是有限制的。政府和国家计划要在资源配置中起导向性作用。这样，市场与政府、市场与计划的"双重调节作用"的思想就凸现出来了。"功能性双重调节作用"是程恩富同志的一个提法，颇有道理。

鲁保林：2021年以来，以习近平同志为核心的党中央多次对防止资本无序扩张做出部署，并提出"要正确认识和把握资本的特性和行为规律"。但是仍有一些干部与资本勾连，支持资本无序扩张，甚至提出私营企业家是"老大"等理念。关于资本的特性和规律以及非公经济发展的原则和方向，您有哪些看法？

刘国光：为什么社会主义的中国会出现一部分人先富起来很容易，实现社会公平克服两极分化反而非常困难的现象？我认为主要原因之一，在于我们集中精力进行以经济建设为中心的伟大事业以来，把主要的注意力放在效率优先做大GDP规模上面，而把社会公平和分配好社会产品的问题放在"兼顾"的次要地位，以致一些同志逐渐把马克思主义关于社会经济发展规律的一些基本常识也淡忘了。比如说，社会主义初级阶段，对于个体经济、私营经济是应该允许其发展的，但不能忘了列宁指出的小生产时刻不断产生资本主义的规律；比如说，私人资本是应该允许其存在的，但不能忘了马克思早已指出的资本积累必然引起两极分化的规律；又比如说，私营企业主对社会经济发展的贡献是应当被承认的，但不能忘了他们作为资产阶级的两面性，特别是其嗜利逐利的本性，这一本性迫使他们不断为占有更多的剩余价值而奋斗，推动社会走向两极分化。"两极分化自然产生"，这是邓小平的又一句至理名言，但我们的一部分同志却竭力回避"两极分化"的字眼。党内一部分有影响力的同志淡忘了上述一系列马克思主义关于社会经济发展规律的ABC，所以在改革开放后实行"让一部分人先富起来"政策的时候，对于私人资本经济往往偏于片面支持刺激鼓励其发展社会生产力的积极方面，而不注意节制和限制其剥削和导致两极分化后果的消极方面，即与社会主义本质不兼容的东西。先富带后富和共同富裕长期难以实现，贫富差距的扩大和两极分化趋势的形成，根本原因就在这里。

由于剥削和追逐私利这一本质所带来的一系列社会后果如劳资纠纷、两极分化等，马克思主义的政治经济学不可不察，不可不研究。

私有经济与个体经济是有区别的。私营企业主与现在所称的新社会阶层中的管理技术人员、自由职业人员等其他成分也不一样。大家都是"社会主义事业建设者"，但个体劳动者、管理技术人员、自由职业人员等，一般是不剥削他人劳动的劳动者，而私营企业主雇用劳工生产经营，他们与雇工之间存在剥削与被剥削的关系。因为现阶段私营企业的生产经营是要为社会主义现代化建设服务的，所以这种剥削关系也受到我国法律的保护。私有经济在促进生产力发展的同时，又有占有剩余价值的剥削性质，这种由剥削制度所制约的私有制本性目的所必然带来的社会矛盾，无时无刻不在政治、经济、社会、文化、思想道德以及人与人的关系上表现出来。私有制在社会主义初级阶段下表现的两重性，是客观上必然存在的，只能正视，不能回避。应该把私有经济的性质与作用分开来讲。只要是私人占有生产资料，雇用和剥削劳动者，它的性质就不是社会主义的。至于它的作用，要放到具体历史条件下考察，当它处于社会主义初级阶段，适合生产力发展的需要时，它就起积极作用，以至于构成社会主义市场经济的一个重要组成部分。由于它不具有社会主义的性质，因此不能说它也是社会主义经济的组成部分。

在鼓励、支持私有经济发展的同时，还要正确引导其发展方向，规定能发展什么、不能发展什么。比如在竞争性领域，要允许私有经济自由进入，尽量撤除限制其进入的藩篱。特别是允许外资进入的，也应当开放内资进入。而对关系国民经济命脉的重要部门和关键领域，就不能允许私有经济自由进入，只能有条件、有限制地进入，不能让其操纵这些部门和行业、影响国有经济的控制力。私有经济在竞争性领域有广阔的投资天地，在关系国民经济命脉的一些重要部门现在也可以参股投资，分享丰厚的盈利。作为"社会主义建设者"群体和"新社会阶层"，私营企业主大概不会觊觎社会主义经济的"主体地位"。但是确有某些"社会精英"明里暗里地把他们往这方面推。要教育他们不要跟着这些"精英"跑。

社会主义初级阶段容许私人产权的发展，容许非劳动要素（主要是资本）参加分配，但这一切都要以公有制为主体和按劳分配为主为前提，不能让私有制代替公有制为主体，也应该扭转按资分配代替按劳分配为主的趋势。那种让私人资本向高利行业渗透（关系国民经济命脉的重要部门和关键领域，连民主革命的先行者孙中山先生的节制资本的口号中也反对这样做），那种盲目地、有违社情地鼓励增加"财产性收入"之类的政策，只能促使收入差距和财富差距进一步扩大，都应该调整。只要保持这两个主体，贫富差距就不会恶性发展到两极分化的程度，可以控制在合理的限度以内，最终向共同富裕的目标前进。否则，两极分化、社会分裂就是不可避免的。所以改革财富和收入分配制度要扭转贫富差距扩大趋势，要放在坚持共和国根本大法的角度下考虑，采取必要的政策措施，保证公有制为主体、按劳分配为主的"两个为主"宪法原则的真正落实。

作者简介

吴宣恭，著名经济学家，1930年生，福建晋江人。1951年厦门大学毕业后留校任教，1960年中国人民大学政治经济学研究班毕业，1985年任教授。历任厦门大学经济系主任、经济学院副院长，厦门大学副校长、校党委书记。现为厦门大学经济研究所教授、博士生导师，受聘为西南财经大学等6所高校客座教授、中国社会科学院马克思主义研究院等机构特约研究员或顾问。半个多世纪以来，吴宣恭教授深耕于马克思经济学领域，在社会主义政治经济学领域，尤其是中外产权理论和企业发展理论等方面取得前沿性和创新性的重要学术成就，被誉为"中国马克思主义经济学研究领域最前沿的、最有影响的前辈学人之一"。出版专著主要有：《社会主义所有制结构改革》《产权理论比较》等；出版文集主要有：《产权价值分配》《改革发展理论》。另外，在《中国社会科学》《经济学动态》《学术月刊》《高校理论战线》《当代经济研究》，以及《人民日报》《光明日报》等核心报刊上发表论文一百多篇，提出许多有影响和有创意的观点。

吴宣恭：实现公平与效率互相促进

一、公平与效率的内涵和特点

要正确处理公平与效率的关系的重要前提是，必须明确两者的内涵，尤其要认识它们的特点。公平主要是指公正和平等。从本质上看，公平是特定社会经济关系在社会成员思想意识上的反映。它以一定的社会经济制度为基础，形成相应的社会意识，得到法律保障，分别体现在条件、地位、机会、处理原则、人际关系、分配、收入、消费、生活层次等方面。有些人忽视社会经济关系对意识形态的决定作用，从抽象的"人性"去表达对公平的诉求；有些人只强调公平的某一方面，如从机会平等、结果平等或收入平等、法律平等方面去解释或界定公平。这些都不能全面科学地表述公平的内涵，更无法说明公平观念的特点。至于那种把公平等同于分配均等的观点，有的是混淆了不同时代公平基准的认识错误，有的则是为凸显公平与效率不可得兼而蓄意歪曲的错误释义。由于对公平观念的错误理解，当然无法正确认识和处理它与效率间的关系。

关于效率，西方古典经济学早先比较一致地将其内涵局限在资源有效配置的范围里，将资源的最优配置当作高效率的准则；效用学派兴起后又掺进主观判断和边际分析的因素强调效用的最大化；新制度经济学则突出交易费用的节省和经济增长。我国在讨论公平与效率时，有些学者采用这几类观点，有些学者则把效率当成单纯的生产力范畴。这些意见都不完全符合科学发展观，带有片面性。从宏观领域看，效率应包含社会各方面的发展及环境、生态的改善，人民生活质量的提高；从微观领域看，效率应包含劳动生产率、投入产出率、收益率及人民收入的增加、福利的改善和人的全面发展等。所以效率包括自然属性和社会属性且还存在短期效率和长期效率、持续效率的区别。应全面、长期地考察效率，而不能只局限在某些个别方面。有些行为在某些微观领域可能在短期内会取得较高的效率，如有的可以获得较多的企业利润，却无法提高广大人民群众的福祉；有的甚至还导致社会资源的损失和自然环境的破坏，妨碍国民经济的可持续发展。

公平一方面具有主体性，即它作为一种价值判断受到价值主体的意识的影响。但另一方面它作为一种社会成员共有的观念和准则，具有客观性、历史性、阶级性和相对性等特点。公平观念之所以具有客观性，首先，因为它虽然存在于人们的意识之中，属于主体的价值评判，却是以一定的社会制度为基础而形成的，受到客观条件的制约并被社会公众普遍认同，而不是由个别人的主观臆想决定的。具有这种客观性才能为社会提供一个不受个人左右的尺度，并为人们在作出公平与否的评价时提供客观的基础。其次，公平受到同一的社会规范和法律的维护，不因个人的观点或喜恶而任意变更。公平观念的历史性是指不同的社会制度下存在不同的公平观，不管是哪种公平观念"本身都是一种历史的产物，这一观念的形成，需要一定的历史条件"[①]。因为公平评价准则既然是在一定社会条件下形成的，当然也会随着条件的改变而发生变化。不仅封建制度、资本主义制度和社会主义制度各有自己的公平观念，即使是被后世认为极不公平的奴隶社会也有自身的公平准则，而且由于历史时期的差别，甚至同一概念也会出现不同的理解。如今的人们普遍从财富的均等状况去理解孔子所云"不患贫而患不均"，但南宋的朱熹对"均"的注释却是"谓各得其分"，即指人们所得的财富与其地位、身份相称。朱熹的注释可能更加接近孔子的本意，毕竟他们都同样处于按照地位、身份划分人群的时代，对社会关系的评价准则比较一致。即使在公有制社会，公平准则也会随社会生产条件的不同而出现重大差别。在原始社会，生产力极端低下，为维持每个成员的最低生活水平以保证群体的生存，不得不实行低水平的平均分配，平均主义就成为那一时期理所当然的公平原则。但在社会主义社会，平均主义却变成另一种形式的不公平，违反了社会主义的公平原则。可见，不存在各个社会共同的永恒不变的公平观念。

正是因为公平观念要受客观的物质条件所制约，在社会中处于不同经济地位的不同阶级当然会有不同的公平观念，这就是公平观的阶级性。恩格斯说过："希腊人和罗马人的公平观认为奴隶制度是公平的；1789年资产者的公平观则要求废除被宣布为不公平的封建制度……所以，关于永恒公平的观念不仅是因时因地而变者甚

---

① [德]马克思,恩格斯. 马克思恩格斯选集:第3卷[M]. 北京:人民出版社,2012:484-485.

至也因人而异。"①

公平的相对性表现在它不是抽象的、绝对的、完全的公平，只是在某些范围一定程度地改善先前的状态。如在封建制度下，农奴有了自己的财产并可自由地加以支配，不像奴隶那样与牲畜一起被奴隶主任意出卖或杀戮。就此而言，封建制度比奴隶制度公平。但农奴仍受到封建等级制度的统治，没有完全的自由权利和独立的人格，还得依附于土地，随土地一起转移给新的主人等，说明封建制度还是很不公平。资产阶级在反封建的革命时期，为将封建统治下的农奴或农民转变为雇用工人，并将其作为自己扩充剥削的对象，打出自由、平等、博爱的口号，将公平原则扩大到全体社会成员。从这一方面看，它比过去的剥削制度公平得多。但资本主义社会也存在少数人垄断生产资料、大量劳动者被剥削的问题，社会成员之间存在极大的不公平。可见公平是相对的，它从某一角度或范围衡量是公平的，但从另一角度或范围看又是不公平的。这样从历史上比较，公平的相对性就呈现出层次性，不同社会形态就依次形成了一个公平度不断提高的阶梯，新社会的制度比旧社会的制度更为公平也更能促进效率的提高。

效率准则也一样，随着社会的发展而不断扩充其内涵。奴隶社会和封建社会的效率主要以产品数量和剩余劳动量去衡量；资产阶级心中的效率则体现为利润的最大化。只有当使用价值是价值和剩余价值的物质担当者时，资产阶级才关心产品的增长及影响增长的技术进步和资源配置。他们在资本主义发展的很长一段时间里，为攫取高额利润而掠夺性地使用各种资源，只是在生态环境的破坏威胁到自身的发展和存在时才将其纳入效率的视野之中。中国共产党一向以发展生产、提高广大人民的福祉为奋斗目标，又提出新发展理念，强调要统筹经济社会发展、统筹人与自然和谐发展，科学地拓展了效率的内涵。

二、公平与效率的关系

西方古典经济学曾长期沉醉在资本主义战胜封建制度后的自由平等氛围中，认为依靠市场这只"看不见的手"的调节就能实现资源和产品的合理分配，个人在追求自身利益最大化的同时也实现了社会福利最大化。以这种基本观点为支撑，出现了资本主义的"和谐发展论"。但社会一系列激烈矛盾的不断爆发迫使经济学家无

---

① [德]马克思,恩格斯. 马克思恩格斯全集：第18卷[M]. 北京：人民出版社,1964:310.

法回避现实的不平等问题,纷纷创建福利经济学,以求得资本主义的稳定和巩固为目标,围绕公平与效率关系这一核心展开了讨论。但许多经济学家囿于唯心史观的方法论,脱离经济条件的分析,看不到公平的特点,把它当成不依存于特定经济关系的抽象和绝对的准则,且往往同均等和平均画等号,对公平和效率的内涵产生错误的认识。由此他们普遍把公平和效率对立起来。在这种基本认识的基础上,西方经济学对如何处理公平与效率形成了三种观点:一派主张效率优先;一派主张公平优先;一派主张公平与效率交替。但主张效率优先的观点依然占据主流,因为他们眼里的效率首先是企业的效率,它对资本家利益的影响最为直接、至关重要,所以当然要把它作为首要的选择放在优先地位。与上述观点不同,马克思主义以历史唯物主义方法分析公平与效率,认为它们虽然属于不同的范畴却存在着辩证统一的关系。

第一,公平与效率互相依存、互为前提。一方面,一种公平关系和观念要以一定的效率为物质条件。因为公平不是绝对固定不变的,而是一种建立在不断发展的生产力之上的历史范畴,没有效率和生产力的提高,就不可能出现新的社会制度和社会观念、就不会发生公平含义的变化。如在生产力和劳动效率得到巨大提高并出现剩余生产物时,原始社会那种平均分配的方式就使一些人得以无偿分享别人的劳动成果,这样不仅妨碍生产力的进一步提高,也破坏了劳动与产权的联系,出现了新条件下的不公平。为保护和促进新的生产力,人们便逐渐放弃平均分配这一行之多年的公平观念,承认个人或家庭拥有对自己劳动所得的权利,即谁劳动谁所有,使私有财产具有存在的合理性,于是出现了符合新社会制度的公平观念。在分析公平观念对经济条件的依存时,恩格斯讲过,人类最大的公平是阶级差别的消除,而将来之所以能消除阶级不平等,"并不是由于人们认识到阶级的存在同正义、平等等相矛盾,也不是仅仅由于人们希望废除阶级,而是由于具备了一定的新的经济条件"①。另一方面,效率是建立于一定公平观上的效率,要以公平为前提。因为离开了公平的支撑,生产者特别是劳动者就不可能长久保持积极性,效率就无法维持或进一步提高。

第二,公平与效率互相促进。一方面,公平待遇能促进社会成员之间的协作,配合调动、激发社会成员的积极性和主动性以更好地使用社会资源,有利于提高效率。另一方面,效率的提高可生产出更多的物质资料,在为统治者提供更多财富的

---

① [德]马克思,恩格斯. 马克思恩格斯选集:第3卷[M]. 北京:人民出版社,2012:669.

同时出现适当改善劳动者生活的物质条件，有助于催生新的公平观念。资本主义的产生和发展进程明显说明了这种关系。封建人身束缚的废除和劳动力的自由买卖消除了封建社会的阶级界限，极大地激励了劳动者的积极性，有力地提高了各方面的效率，使社会生产力获得空前发展。裹着自由平等外衣的雇佣劳动制度，才是新老制度经济学家们力图解开而得不到正确答案的西欧经济迅速增长之谜的真正原因。同时生产效率的迅速提高和生活资料的日益丰富，又为改善资本主义初期劳动者极端困苦的劳动和生活条件提供了物质基础，在一定程度上维护了劳动者的生存权利，缓和了社会矛盾，有利于资本主义公平价值观念的实现。

第三，公平与效率互相制约。表现在效率提高的根基在于人的积极性和主动性，而这一根基又取决于对人的公平待遇。因此，提高效率不得以牺牲公平为代价。如果漠视公平而片面强调和追求效率，一是必然挫伤利益受损方的积极性也妨碍他们素质的提高，破坏了效率的基础；二是它会导致社会总需求不足从而削弱经济增长的后劲。而且效率既然还包含人民福利的增进，不公平可能为少数人带来较大的利益却会损害更大部分人民的福利，这就是对效率本身的破坏。反过来看，公平既然要以效率的提高为物质前提，那么必定会受到效率条件的限制。就是说，对进一步的公平原则的诉求不得妨碍效率的提高，否则不仅无法达到还可能因动摇既有的利益格局、破坏社会生产的秩序从而导致效率的降低，不利于既有公平观的实现。

第四，公平与效率交互同向发展，共存于不同的层次。所谓公平与效率彼此对立、不可得兼的观点，是歪曲公平的概念或把它绝对化的结果。实际上，公平既然具有历史性、相对性，只有与一定社会发展阶段效率的实际水平相适应才能成为社会共同接受的价值准则。效率的提高促进了生产力的发展，到达一定的水平时就有利于社会成员福利的提高从而诱发新的公平观的产生；新的公平观的形成又会激发人们的内在动力从而进一步提高效率。从历史上观察，公平与效率就是这样朝着不断提高的层次互相促进、同向发展。

公平与效率之所以存在辩证统一关系，归根结底是因为它们都是由相同的特定社会经济制度决定的，是生产力与生产关系、经济基础与上层建筑之间辩证统一关系的一种体现。作为特定经济制度产生基础的生产力，既为经济制度的巩固和发展提供物质条件，也能促使适合于这种经济制度的上层建筑更好地发挥作用。在特定经济制度下形成的公平观既适应经济制度的需要也符合生产力发展的要求，促进了效率的提高。没有效率的提高，生产力达不到应有水平，特定的经济制度就不可能产生，就没有与其相适应的上层建筑和公平观念。同样，若违反了特定经济制度下的公平观念，这种制度包含的利益关系就会遭到破坏，就不可能稳定也无法发挥提高效率、促进生产力发展的积极作用。正是随着生产力的不断提高和社会经济制度的不断革新，公平与效率交互同向发展统一于不断提高的层次之中。

三、社会主义初级阶段的公平与效率

社会主义更加要求和更能实现效率与公平互相促进。因为在社会主义经济中，劳动者成为生产资料、生产过程和劳动产品的共同主人，互相间建立了平等合作关系，生活消费品实行按劳分配。这种关系赋予劳动者在所有制、发展机会、社会地位和收入分配原则等方面的平等。尽管社会主义的公平原则还不能消除人们在实际收入和生活水平上的差距，但它毕竟消灭了私有制、阶级和剥削这种人类社会最大的不平等，是适合先进生产力、远胜于以往各个时代的高层次的公平，体现出巨大的历史进步意义。邓小平同志指出："社会主义的本质是解放生产力，发展生产力，消灭剥削，消除两极分化，最终达到共同富裕。"[①] 这一本质同时显示了社会主义公平与效率的关系。消灭剥削、达到共同富裕是社会主义的目标，反映了社会主义所要争取的公平。为实现这个目标，必须发展生产力即要求提高效率。

我国还处于社会主义初级阶段社会，只能实行公有制为主体、多种所有制经济共同发展的基本经济制度。所有制性质不同，则人们之间的生产、交换、分配关系也不一样，于是形成了各自的公平原则。就基本方面看，各种性质的经济如能按照其公平原则运行就能促进效率提高，发展生产。但由于新的社会制度还不健全，加之几千年来私有观念的影响，许多人为牟取私利，在经济活动中出现大量破坏公平原则的行为，对效率产生不良影响，社会主义公有制经济中就出现了大量违反社会主义公平原则的行为。过去有一段时期，人们曾经错误地将平均主义当成公平，使劳动好的人得不到应得的报酬，实际上破坏了社会主义分配的公平原则。在认识和消除这些错误后，又在另一方面出现了新的不公平。如某些垄断部门发放的高额工资和奖金远远超过其付出的劳动；有的企业改制时不重视职工利益，造成职工大批下岗；少数公有企业负责人利用改革和管理漏洞攫取大量公共财富。以上破坏公平的现象在造就少数富豪的同时，形成了大批弱势群体，严重挫伤了广大群众的劳动热情，既不利于企业效率的提高，也损害了公有制经济，危害社会效益和生态效益，

---

① 邓小平. 邓小平文选:第3卷[M]. 北京:人民出版社,1993:373.

为社会秩序不稳留下隐患。决不能听任它们蔓延发展，必须寻找其根源并加以解决。

公有制为主体、多种所有制经济共同发展的基本经济制度，决定了社会不可能实行共同的、统一的公平准则。现阶段私有经济得到我国法律的保护。因此，在社会主义初级阶段不可能完全消灭剥削、在全社会实现更高层次的公平即社会主义公平，但社会总要排除倒退危险不断前进，以发展到更高的社会主义阶段、达到真正的和谐社会。这就要大力宣传社会主义目标，强调和切实保障社会主义公有制经济和按劳分配的主体地位，以社会主义公平观教育、引导人民。要坚决反对社会主义公有制经济中那些违反社会主义公平的行为，坚持生产过程的平等和按劳分配；坚决制止私有制经济侵犯劳动者权益和国家利益的行为，引导其合法经营。要通过立法制定最低工资标准，逐步提高劳动报酬水平，并利用税制增强国家财力，调节过大的收入和财产差距，集中必需的资源建立、健全社会保障体系。

作者简介

吴文新，1966年出生，1999年山西大学哲学系硕士研究生毕业，2002年获北京师范大学哲学系哲学博士学位，现任山东大学马克思主义学院教授、博士生导师，中国自然辩证法研究会休闲哲学专业委员会常务委员，中国实学会理事，山东省哲学政治经济学教学研究会副会长，山东省政治学与科学社会主义学会常务理事，自然辩证法研究会常务理事；主要从事马克思主义基本原理及其休闲价值观、马克思主义文化理论、中华文明与中国社会主义等研究。曾在《马克思主义研究》《思想理论教育导刊》《自然辩证法研究》《人民论坛》《山东社会科学》《东岳论丛》《理论学刊》等刊物发表论文100余篇，出版独立及第一作者著作7部，主要包括：《科技与人性：科技文明的人学沉思》（北京师范大学出版社，2003）、《人性与人生：新人生学导论》（2009）、《人的享受与发展——唯物史观视域中的休闲》（2013）、《休闲学导论》（北京大学出版社，中国农业大学出版社，2013）；主编及参编马克思主义学科教材教辅5部，主持和参与10余项课题。

程恩富，著名经济学家。中国社会科学院学部委员、学部主席团成员，经济社会发展研究中心主任；中国社会科学院大学学术委员会副主任兼首席教授；第十三届全国人大教科文卫委员会委员。曾任中国社会科学院马克思主义研究院院长。现

兼任西北工业大学创新马克思主义研究中心首席专家。

程恩富教授主编在英国出版的《国际思想评论》《世界政治经济学评论》国际期刊，以及在国内出版的《政治经济学研究》《海派经济学季刊》中文刊物；担任全球学术团体——世界政治经济学学会会长、中国政治经济学学会会长、中华外国经济学说研究会会长；世界文化论坛和中国创新马克思主义论坛主席，日本理论经济学会国际顾问，俄罗斯圣彼得堡大学和经济法律大学荣誉教授；在中国、美国、俄罗斯、日本、意大利、印度、越南等10个国家发表800多篇文章，出版40多部著作，是中外著名马克思主义理论家和经济学家；曾在中共中央政治局集体学习会上作过讲解，在两任中共中央总书记主持的座谈会上汇报过理论问题。

吴文新、程恩富：新时代实现共同富裕四维逻辑

众所周知，共同富裕是我们一贯强调的社会主义的根本原则和核心理念之一，尽管我们通过艰辛努力取得了消除绝对贫困、全面建成小康社会的伟大历史性成就，却直到党的十九届五中全会提出"全体人民共同富裕取得更为明显的实质性进展""扎实推动共同富裕"① 之前，依然出现了贫富差距日渐扩大、分配严重不公的发展困境，从而威胁到中国共产党执政安全和中国特色社会主义制度安全。这就不能不说，能否扭转贫富分化趋势、兑现共同富裕承诺，不仅是一个重要的经济问题，而且是一个严峻的"关系党的执政基础的重大政治问题"②。为此，中央及时提出《关于支持浙江高质量发展建设共同富裕示范区的意见》，浙江省也随即出台《浙江高质量发展建设共同富裕示范区实施方案（2021—2025）》，2021年8月17日，中央财经委第十次工作会议上关于共同富裕再次动员和部署。那么，如何理解新时代的共同富裕？又该如何扎实推动共同富裕呢？

一、新时代扎实推动共同富裕的几个逻辑前提

新时代要扎实推动共同富裕，必须澄清几个"预设性"认知，并以此作为思考共同富裕问题的逻辑前提；但这并非子虚乌有的"预设"，而是我们研究新时代共同富裕问题得以出发的事实基础。

---

① 本书编写组.《中共中央关于制定国民经济和社会发展第十四个五年规划和二〇三五年远景目标的建议》辅导读本[M].北京：人民出版社，2020：73.
② 资料来源：《中共中央 国务院关于支持浙江高质量发展建设共同富裕示范区的意见》，央视新闻客户端，http://zj.cnr.cn/zjyw/20210610/t20210610_525510049.shtml。

(一) 中国共产党推动实现共同富裕的意志和决心不会改变

众所周知,中国共产党的初心就是为中国人民谋幸福,中国共产党的根本宗旨就是全心全意为人民服务,中国共产党的性质就是代表中国最广大人民群众的根本利益,中国共产党所坚守的发展思想就是以人民为中心,所践行的新发展理念就是使全体人民共享改革发展成果;中国共产党始终把人民不仅喊在嘴上、写在文中,更是捧在手上、装在心里;中国共产党打江山、守江山,守的是民心,说的是民声,做的是民愿,成的是民利,造的是民福。因此,无论如何改革开放,无论非公有制经济如何发展、外资引入如何庞大,我们都不忘这个庄严的政治承诺——"绝不能出现'富者累巨万,而贫者食糟糠'的现象"①,"我们决不能允许贫富差距越来越大、穷者愈穷富者愈富,决不能在富的人和穷的人之间出现一道不可逾越的鸿沟"②;并且随着发展阶段的变化而不断调整实现共同富裕的方式和路径,在刚一打赢脱贫攻坚战、实现全面小康之后,就立即宣布下一步要扎实推动共同富裕。这都表明,中国对实现全体人民共同富裕始终保持足够的战略定力,以咬定青山不放松的意志和决心,不懈探求在社会主义道路上实现共同富裕的办法。

(二) 必须依靠人民群众的主体创造作用实现共同富裕

历史唯物主义的一个基本原理,就是人民群众创造历史。这个原理同样适用于实现共同富裕。也就是说,实现共同富裕一定不是靠劳动人民之外的群体,而是靠人民群众在党制定的社会主义初级阶段基本经济制度基础上的团结合作、艰苦奋斗、劳动创造。那种试图通过国家的二次分配,特别是先富群体的慈善救助来实现共同富裕的想法,缺乏世界历史和现实的事实支撑。人民群众依靠自己的力量实现自己的共同富裕,这是天经地义的,也是社会发展的客观规律。作为共产党人,我们的使命就是领导人民建构这样一种制度和体制,它"尊重人民主体地位和首创精神"③,人民劳动创造于其中,自然走在使"共享成为根本目的的发展"④ 道路上,到一定阶段即可达到共同富裕。

---

① 习近平. 习近平谈治国理政:第2卷[M]. 北京:外文出版社,2017:200.
② 资料来源:《习近平在2021年1月11日省部级主要领导干部学习贯彻十九届五中全会精神专题研讨班上的讲话》,学习强国,https://www.xuexi.cn/lgpage/detail/index.html?id=14731957454149630564&item_id=14731957454149630564.
③ 习近平. 习近平谈治国理政:第3卷[M]. 北京:外文出版社,2020:136.
④ 习近平. 习近平谈治国理政:第3卷[M]. 北京:外文出版社,2020:238.

（三）要从非公有制经济"56789"的事实出发追求共同富裕

自改革开放以来，非公有制经济由一开始的允许发展到必要补充，再到必要的有益补充，一直作为我国社会主义基本经济制度的重要组成部分，再到现在成为社会主义基本经济制度的有机组成部分，已由体制外融入体制内；而在量上，已经具有"56789"的显著特征①。目前，就业于非公有制经济的劳动者数量已居绝对多数②。这意味着我国的市场主体绝大多数是非公有制企业，而与此类似的西方资本主义国家还没有出现过共同富裕的先例；即使一度被人津津乐道的北欧诸国，由于实行"民主社会主义"政策，在不触动资本主义私有制的前提下显著缩小了贫富差距，但由于2008年国际金融危机和近年来新冠肺炎疫情的冲击，也被打回了极化冲突的原形。事实证明，建立于非公有制经济基础上只是通过二次、三次分配调节来实现的所谓"共同富裕"，从根本上说是靠不住的。而我们新时代走向共同富裕，能在不触动甚至不断做大先富群体"蛋糕"的前提下，使月入仅千元的6亿多人口③分得跟他们差不多的"蛋糕"吗？这既是历史给中国共产党命出的一个全新考题，也是我们新时代追求共同富裕的事实基础，以及我们思考共同富裕问题的逻辑前提。

二、新时代共同富裕的概念逻辑

概念逻辑主要是讲概念的内涵和外延，为了弄清楚到底什么才是我们新时代所追求的共同富裕，我们把属于理论逻辑的概念逻辑专列说明。由于共同富裕并非一

---

① "概括起来说,民营经济具有'56789'的特征,即贡献了50%以上的税收、60%以上的国内生产总值、70%以上的技术创新成果、80%以上的城镇劳动就业、90%以上的企业数量。"习近平. 在民营企业家座谈会上的讲话(2018年11月1日)[M]. 北京:人民出版社,2018:4-5.

② "公有制经济与私有制经济从业人员的比例(以下简称公、私之比)。在假定混合所有制中公、私所有制各占一半的条件下,在第二产业法人单位的从业人员中,公、私之比为19.2:80.8;在第三产业经济法人单位从业人员中,该比例为19.9:80.1。在全国第二、三产业经济法人单位从业人员中,该比例为19.55:80.45。从全国第二、三产业包括法人单位和个体经营户的经济总就业人员来看,公、私之比为13.3:86.7。从实际情况来看,关于混合所有制中公、私所有制就业人数各占一半的假定,可能低估了私有制经济的比重。"何干强. 我国第二、三产业生产资料所有制结构现状剖析——基于第四次全国经济普查数据的政治经济学分析[J]. 河北经贸大学学报,2021(5). 这意味着我国绝大多数第二、三产业劳动者是私人资本逻辑中的"雇佣劳动者"。

③ 2020年两会期间,李克强总理答记者问时说:"中国是一个人口众多的发展中国家,我们人均年可支配收入是3万元人民币,但是有6亿中低收入及以下人群,他们平均每个月的收入也就1000元左右,1000元在一个中等城市可能连租房都困难,现在又碰到疫情。"参见《人民日报》2020年5月29日第1版。

个自然事物可以精确定义,这里仅从几个角度进行分析阐述。

(一) 从共享发展理念来看共同富裕的内涵

习近平总书记在论述共享发展理念时,明确指出:"从坚持共享发展的角度看,共享理念实质就是坚持以人民为中心的发展思想,体现的是逐步实现共同富裕的要求。"[①] 这表明,共享发展理念是专门针对实现共同富裕而提出来的,也就是说,只有坚持共享发展理念才能真正实现共同富裕;而要实现共同富裕,必须贯彻落实共享发展理念。共享发展包含4个方面:全民共享是指共享的主体覆盖面,即"人人享有、各得其所,不是少数人共享、一部分人共享";全面共享是指共享的内容或对象,即"要共享国家经济、政治、文化、社会、生态各方面建设成果,保障人民在各方面的合法权益";共建共享是指共享的实现途径,即"人人参与、人人尽力、人人都有成就感",也就是协同共建;渐进共享指的是共享发展的推进过程,即"从低级到高级、从不均衡到均衡"。[②] 由于共享发展与共同富裕之间的逻辑关联性,我们可以推知,共同富裕的"共同"指的是:共富的享有主体是"全体人民";享有共富内容的客体是方方面面、所有发展成果;共富的创造主体是"人人",即所有人,所有有劳动能力的人共同劳动、共同创造;实现共富的步骤是从量变到质变、从局部到整体、从低级到高级、从不均衡到均衡。简言之,新时代的共同富裕,亦即共享发展理念下的共同富裕,就是全体人民通过共同劳动或共同建设,或快或慢共同享有所有财富和文明的历史过程、趋势和状态。

(二) 从协调发展理念看共同富裕的内涵

习近平总书记在不同场合讲到协调发展理念时,也多与共同富裕联系起来。他指出:"共同富裕本身就是社会主义现代化的一个重要目标","要自觉主动解决地区差距、城乡差距、收入差距等问题,坚持在发展中保障和改善民生,统筹做好就业、收入分配、教育、社保、医疗、住房、养老、扶幼等各方面工作,更加注重向农村、基层、欠发达地区倾斜,向困难群众倾斜,促进社会公平正义,让发展成果更多更公平惠及全体人民。促进全体人民共同富裕是一项长期任务,也是一项现实任务,必须摆在更加重要的位置,脚踏实地,久久为功,向着这个目标作出更加积

[①] 习近平. 习近平谈治国理政:第2卷[M]. 北京:外文出版社,2017:214.
[②] 习近平. 习近平谈治国理政:第2卷[M]. 北京:外文出版社,2017:215-216.

极有为的努力"①。在脱贫攻坚总结表彰大会上，习近平总书记明确指出："持续缩小城乡区域发展差距，让低收入人口和欠发达地区共享发展成果，在现代化进程中不掉队、赶上来。"② 这表明：第一，共同富裕是社会主义现代化的一个重要目标，社会主义现代化就是全体人民共同富裕的现代化；第二，共同富裕不只是居民收入差距问题，也是地区和城乡差距问题，就是基本实现地区和城乡的充分发展和均衡发展，乡村赶上城市、中西部赶上东部的发展水平；第三，共同富裕不仅是分配问题，而且包括了就业、收入、分配、教育、社保、医疗、住房、养老、扶幼等方面，这些方面达到了基本均衡的状态；第四，通往共同富裕路上的弱项、短板③，就是农村、基层、欠发达地区和困难群众等后富者，只有这些方面赶上来了，能够切实共享改革发展成果，才算真正实现了共同富裕；第五，共同富裕不只是口号和目标，而需要踏踏实实、持之以恒、坚持不懈地为之努力，是一个持续奋斗的过程。因此，从协调发展的角度看，新时代的共同富裕是一个不断推进地区、城乡等均衡发展，后富者的发展状况显著改善，财富和文明共享程度大幅提高，与先富者差距越来越小的历史趋势、过程和状态。

（三）从社会矛盾及其运动相关方面看共同富裕的内涵

首先，从社会基本矛盾看，共同富裕本质上是社会主义生产力和生产关系的矛盾在分配和消费领域的集中表现。把"共同富裕"分解开来，"共同"指的是生产关系的共同性、平等性、互助性和互惠性，是基于生产资料公有制的生产关系而言的；"富裕"指的是生产力的发展水平，其基本含义是物质财富超越了温饱生存的界限而有较丰富的可自由支配的剩余财富，以至充足、宽裕；从本质上来说，共同富裕就是全体人民共同平等地享受到丰足的物质生活（当然不限于物质生活）。也就是说，共同富裕实际上是社会主义社会生产力和生产关系有机统一发展到一定程度的产物或表现。"共同"主要源于不断做强做优做大的社会主义生产资料公有制经济，"富裕"源于社会主义制度下高质量发展的生产力。只有大力发展生产力才能实现财富的增加，才能达到富裕；只有坚持生产资料公有制为主体的社会主义根本经济制度，坚持生产过程中人与人之间的平等互助合作关系，坚持产品的按劳分

---

① 资料来源：《习近平2021年1月28日在十九届中央政治局第二十七次集体学习时的讲话》，学习强国，https://www.xuexi.cn/lgpage/detail/index.html?id=14731957454149630564&item_id=14731957454149630564。
② 习近平．在全国脱贫攻坚总结表彰大会上的讲话(2021年2月25日)[M]．北京：人民出版社，2021:21.
③ 习近平．习近平谈治国理政：第2卷[M]．北京：外文出版社，2017:206.

配为主体,才有真实的"共同"富裕。因为富裕本身没有社会性质的差异,但它不是无主体的富裕,它在社会成员中的分布状态却有社会制度之别,而"共同"则从生产关系上体现社会主义的制度属性,只有"共同"富裕才是社会主义应有的富裕,才从本质上体现社会主义价值观。贫穷不是社会主义的固有特征,但富裕也不一定是社会主义;只有全体人民共同富裕才是社会主义。显然,社会主义初级阶段的共同富裕是从较发达生产力和公有主体型生产关系辩证统一的高度规定了社会主义的经济本质。

其次,从新时代中国社会主要矛盾看,共同富裕相当于人民群众日益增长的美好生活需要的较大满足。而解决共同富裕问题的办法就是清除满足人民美好生活需要的各种障碍——其核心和实质就是社会发展中的那些不充分不平衡的方面、环节和因素。习近平总书记在谈到共同富裕、共享发展理念和高质量发展时,常常提到人民对美好生活的向往,"要坚持人民主体地位,顺应人民对美好生活的向往,不断实现好、维护好、发展好最广大人民根本利益,做到发展为了人民、发展依靠人民、发展成果由人民共享"[①];"我们要着力提高发展质量和效益,更好满足人民多方面日益增长的需要,更好促进人的全面发展、全体人民共同富裕"[②];"我们必须始终把人民对美好生活的向往作为我们的奋斗目标……不断促进人的全面发展、全体人民共同富裕"[③];"高质量发展,就是能够很好满足人民日益增长的美好生活需要的发展,是……共享成为根本目的的发展"。关于浙江建设共富示范区的中央意见和浙江方案,更是把高质量发展作为走向共富的必由之路。由此看来,满足人民美好生活的需要与实现共同富裕是一致的;在此意义上,高质量发展的内在要义之一就是能够实质性促进或扎实推动共同富裕。因此,新时代的共同富裕就是通过高质量发展来更好地满足人民日益增长的美好生活需要。

(四)从公平与效率的关系看共同富裕的内涵

虽然自党的十六大以来中国共产党就提出了"更加关注公平"的观点,并且语气愈加严厉,但贫富差距依然不断拉大;对效率与公平关系的争论也从未中断,从"效率优先,兼顾公平"到更加关注公平,再到初次分配重效率、再分配重公平,再到初次分配也要重视公平,彰显了政府和社会的焦虑和期待,已然成为一个关系

---

① 习近平. 习近平谈治国理政:第2卷[M]. 北京:外文出版社,2017:214.
② 习近平. 习近平谈治国理政:第3卷[M]. 北京:外文出版社,2020:133.
③ 习近平. 习近平谈治国理政:第3卷[M]. 北京:外文出版社,2020:183.

国家前途和民族命运的关键问题。党的十八大以来，习近平总书记屡屡提到公平，也总是与共同富裕和人民获得感等相关联，认为能否实现共同富裕也是一个社会公平问题。他强调，"我们要顺应人民群众对美好生活的向往，坚持以人民为中心的发展思想……保证人民平等参与、平等发展权利，使改革发展成果更多更公平惠及全体人民，朝着实现全体人民共同富裕的目标稳步迈进"①。他特别指出：改革"要往有利于维护社会公平正义方向前进……把以人民为中心的发展思想体现在经济社会发展各个环节，做到老百姓关心什么、期待什么，改革就要抓住什么、推进什么，通过改革给人民群众带来更多获得感"；谋划改革，要"多推有利于促进社会公平正义的改革，多推有利于增强人民群众获得感的改革"②。谈到共享发展，他首先明确，"共享发展注重的是解决社会公平正义问题。……让广大人民群众共享改革发展成果，是社会主义的本质要求，是社会主义制度优越性的集中体现"③；"要坚持社会主义基本经济制度和分配制度，调整收入格局……维护社会公平正义，解决好收入差距问题，使发展成果更多更公平惠及全体人民"④；他在谈到建设现代化经济体系时提出："要建设体现效率、促进公平的收入分配体系，实现收入分配合理、社会公平正义、全体人民共同富裕"⑤。由此可见，习近平总书记和党中央越来越重视公平问题。

实际上，共同富裕本身就是一个效率与公平相统一的目标。"富裕"意味着生产力的高效率发展，没有效率的发展不可能实现富裕，无效率的经济过程至多是简单再生产的维持，而不可能有财富的增加。有效率就会有富裕，为了富裕必须追求效率，舍弃效率便不可能有富裕，这也是追求富裕的历史规律。但我们追求的不只是富裕，而是"共同"富裕，"共同"就是公平的体现，"不共同"的富裕便会形成部分人——少数人——极少数人的日渐富裕，从而也是部分人——多数人——绝大多数人的相对贫穷，这无疑也是历史的规律。这个"共同"就是全体人民平等地享有致富的要素、资源、条件和环境，平等地享有共同发展的成果，也就是公平。这也符合马克思主义经济学"公平与效率互促同向变动假设"，即"经济活动的制度、权利、机会和结果等方面越公平，效率就越高；相反，越不公平，效率就越

---

① 习近平. 习近平谈治国理政：第2卷[M]. 北京：外文出版社，2017：40.
② 习近平. 习近平谈治国理政：第2卷[M]. 北京：外文出版社，2017：103.
③ 习近平. 习近平谈治国理政：第2卷[M]. 北京：外文出版社，2017：199 - 200.
④ 习近平. 习近平谈治国理政：第2卷[M]. 北京：外文出版社，2017：214.
⑤ 习近平. 习近平谈治国理政：第3卷[M]. 北京：外文出版社，2020：241.

低",而这种辩证统一就在于以共同富裕为目标的"市场型按劳分配"之中,① 存在于实现共同富裕的历史实践之中。离开共同富裕谈论二者的关系就是抽象而无益的。从某种意义上说,效率与公平的统一就是社会主义的生产力和生产关系的统一,没有效率的公平和没有公平的效率都违背社会主义的生产力和生产关系的辩证运动规律,也就不能实现共同富裕。可见,我们必须在共同富裕这一社会主义的本质方面来理解和把握效率与公平的关系,不利于社会主义生产关系自我完善和实现共同富裕的效率宁可不要。因此,新时代的共同富裕一定是社会公平正义价值导引下的全体人民愈益提高的富裕,是效率与公平的辩证统一。

(五) 从社会主义市场经济的价值目标看共同富裕的内涵

从经济制度层面看,社会主义市场经济作为中国特色社会主义基本经济制度要义之一,应该能够在效率与公平辩证统一的历史过程中助推共同富裕。社会主义市场经济,就是具有社会主义性质和类型的市场经济,本质上就是服务于、服从于并以社会主义为目的的市场经济。如果说社会主义的本质趋向是公平(当然也同时追求整体效率)——全体劳动人民基于共同占有生产资料而当家做主按劳分配,消灭剥削,消除两极分化等,市场经济的本质趋向就是效率(当然也同时追求市场公平)——通过市场的资源配置机制高效率地创造和获取财富,那么社会主义市场经济就会呈现为讲求公平的效率与讲求效率的公平的辩证统一,"公平与效率具有正相关联系,二者呈现此长彼长、此消彼消的正反同向变动的交促关系和互补性"②。在实践上可表现为效率为了公平、服从公平、促进公平,这也符合邓小平关于先富和共富关系的论述,部分先富就是讲求效率的结果,而其目的只是实现社会主义的公平即共同富裕;否则,只求效率和先富,共同富裕就是乌托邦。为此,必须克服关于共富的错误观念,比如,"只把共同富裕视为最终目标而非日趋推进过程,将共同富裕变成夸夸其谈而不付出实际行动,日行跬步、先搞贫富悬殊再搞共同富裕,以先富带动后富为借口大搞贫富分化,贫富差距越大越有利于发展,只需提高中低收入而无须调整超级富豪收入,政府不用调控私有化竞争导致的巨大的贫富差距以免影响资源配置效率,企事业和公务单位三大阶层财富和收入无须协调平衡等"③,这些都不符合社会主义市场经济的"初心"。因此,新时代的共同富裕一定是以社

---

① 程恩富. 改革开放与中国经济[M]. 北京:中央编译出版社,2018:88-89.
② 程恩富. 改革开放与中国经济[M]. 北京:中央编译出版社,2018:89.
③ 丁晓钦. 推动全体人民共同富裕取得实质性进展[J]. 政治经济学研究,2021(2).

会主义价值目标和根本制度驾驭市场经济，使之为最广大劳动人民的美好生活而高效创造财富。

总之，共同富裕是一个综合性概念，在中国特色社会主义新时代，它具有全时空性、全方位性、全民性和全过程性。从定性看是消除绝对贫困之后并超越温饱和小康的充足与丰裕；从定量看是全国范围内基尼系数、家庭收入和家庭净资产的五等份或十等份的倍数均应低于资本主义国家①；从时间看是全国人民虽起点不同或有时差但几乎同时走向不同程度的富裕；从空间看是各阶层、地区、城乡、行业等财富和收入差距加速缩小；从社保看是基础性的教育、住房、医疗、养老、安全等民生服务公益化、均等化和趋向免费化。这些应该成为社会主义初级阶段共同富裕的社会状态标志。

三、新时代推动共同富裕的理论逻辑

在大体搞清楚社会主义初级阶段共同富裕的概念逻辑以后，我们再来深入探究推动共同富裕几个主要问题的理论逻辑关系。这里大致从主导逻辑和辅补逻辑以及勤劳与致富的关系三个方面予以简单论述。

（一）公有制和按劳分配：共同富裕的内在主导性或决定性逻辑

马克思主义基本原理告诉我们，"消费资料的任何一种分配，都不过是生产条件本身分配的结果；而生产条件的分配，则表现在生产方式本身的性质"。② 如果确认共同富裕的核心是分配问题，那么就该承认，实现共同富裕的基本条件是生产条件的分配即生产资料所有制的共同性，只有所有人共同占有生产资料，所有人才能共同占有劳动产品，即共同享有他们共同创造的财富，实现共同富裕。历史表明，作为结果性的财富占有根本上取决于生产资料的占有，生产资料所有权（产权）直接决定财富占有权（或剩余索取权），也就是生产决定分配。因此，这里的逻辑就是：生产资料公有制——共同劳动——按劳分配——共同富裕。当然，这是所谓初次分配之主体方式的理论逻辑，初次分配在分配过程及其体系中具有原发性、根源

---

① "贫富分化的第一指标不是收入。收入只是财富的流量，而关键的是财富的存量，即家庭净资产。家庭净资产才是衡量财富分化的首要指标"，当然也应该是衡量共同富裕的首要指标。程恩富. 改革开放和中国经济[M]. 北京：中央编译出版社，2018：148.

② [德]马克思,恩格斯. 马克思恩格斯选集：第3卷[M]. 北京：人民出版社，2012：365.

性和决定性，但如果初次分配不能落实按劳分配，共同富裕便会成为空中楼阁。马克思这样讲到资本主义生产方式的基础："生产的物质条件以资本和地产的形式掌握在非劳动者手中，而人民大众所有的只是生产的人身条件，即劳动力。既然生产的要素是这样分配的，那么自然就产生这样的消费资料的分配。"这里"这样的"分配，当然是指资本主义的按资分配——资本家得到剩余价值而工人只得到自身劳动力的价值即工资。紧接着他说："如果生产的物质条件是劳动者自己的集体财产，那么同样要产生一种和现在不同的消费资料的分配。"① 那么这种分配是什么呢？众所周知，马克思在这封信里详细论述了一种叫作"按劳分配"的分配方式。马克思由此批评了庸俗社会主义观点，即"把分配看成并解释成一种不依赖于生产方式的东西，从而把社会主义描写为主要是围绕着分配兜圈子"，并认为这是在已经科学地发现分配和社会主义的本质时的一种"开倒车"。② 因此，在科学社会主义实践百余年后的今天，特别是正反两方面历史已经证明，"共同富裕是脱离不了按劳分配这一主体的"③，还有人在脱离生产方式、生产资料所有制和分配方式的性质而抽象地谈论分配公平或共同富裕问题，这应该说是缺乏马克思主义和历史常识的。显然，这个逻辑表明，不断巩固和壮大劳动人民生产资料公有制、不断扩大按劳分配制度对劳动者的受益覆盖面，这是实现共同富裕的根本路径。

（二）国家调节和慈善捐赠：共同富裕的外部辅助性和补偿性逻辑

在社会主义初级阶段，不仅存在前述公有制和按劳分配的逻辑，而且还存在国民经济中占比较大的非公有制经济和按资分配的逻辑。在这种情况下，计划社会主义社会和西方发达资本主义社会的某些举措均可借鉴。但必须明白，"社会民主主义"的北欧诸国调节财富分配、消解极化现象的做法，大都是通过国家财政转移支付和税收而实现财富的二次分配，从而可以缩小贫富差距，缓和阶级矛盾；同时倡导富豪们设立公益慈善基金（比如美国通过免税等激励），将部分财富用于所谓的公益慈善事业（或称"第三次分配"），从而使一些弱势群体得到救助，有的富豪甚至宣布死后"裸捐"。但目前看，没有事实表明，"社会民主主义"的福利保障制度或发达的公益慈善事业能够真正达到共同富裕的目标。2008年国际金融危机的强烈冲击，加上近年新冠肺炎疫情的重创，发达资本主义国家及北欧"社会民主主义"

---

① ［德］马克思，恩格斯. 马克思恩格斯选集：第3卷［M］. 北京：人民出版社，2012：365.
② ［德］马克思，恩格斯. 马克思恩格斯选集：第3卷［M］. 北京：人民出版社，2012：365.
③ 程恩富. 改革开放与中国经济［M］. 北京：中央编译出版社，2018：89.

诸国债务骤增、赤字庞大、贫富悬殊所造成的阶级矛盾、民族争斗、宗教冲突等，更是对其所谓发达的福利保障及慈善体系的绝大的嘲讽和否定。这说明，当初次分配遵循私人资本逻辑必然造成两极分化时，再通过一般所说的二次分配也只能是缓解而已，至于第三次分配更是杯水车薪、微不足道。

但是，这并不意味着强化二次、三次分配没有积极价值。社会主义国家通过政府利率、价格、税收等宏观调控政策，完善社会福利保障体系，以及通过中华儒商文化和社会主义核心价值观的传扬，倡导"先富者"富而思源、富而感恩、回馈社会、回报人民，积极担负社会责任，向"后富"地区投资生产、转移财富、支持公益、做好慈善等，践行"先富带后富"，这总归是充分利用市场资源，落实"以人民为中心"的社会主义发展思想的重要举措，当然是非常值得鼓励和倡导的。至少我们的民营企业家们应该有中华儒商的民本情怀和德为财本的伦理素养，并学习效仿空想社会主义思想家同时也是优秀企业家的罗伯特·欧文为工人阶级谋利益的精神；在现实中，应倡导企业家们像福耀董事长曹德旺、华为总裁任正非、鸿星尔克董事长吴荣照等那样，不做金融资本玩家，致力于制造实业，并具有高度的社会责任感和助力国强民富的使命感。但总体上，国家主导的再分配只能作为共富的辅助性手段，富人阶层的慈善捐赠等只能作为补偿性手段。

（三）勤劳何以致富：一个不能忽视的逻辑关系

勤劳是中华民族的传统美德，五千年灿烂文明无不是无数中华儿女、炎黄子孙奉献智慧、自强勤劳的结果。勤劳致富是我们不遗余力地倡导的正向价值观，也是一种朴素的财富真理。但问题在于，任何劳动者的勤劳都是在特定历史条件下进行的，因而也受到这些条件的制约，这些条件的核心是生产关系及其所有制基础和性质。我们知道，在几千年的私有制社会里，无论劳动人民如何勤劳，也的确创造了无限丰富的物质财富，支撑了人类社会的正常存在和持续发展，但通过勤劳致富的人及其事例在古今中外的历史上却非常罕见。原因何在？事实上，勤劳能否致富，并不取决于勤劳本身，也不取决于勤劳者的智慧和能力，而取决于勤劳者所生活其中的社会历史条件；勤劳与致富之间并不存在必然的因果关系，私有制的人类文明史的常态倒是，越勤劳越贫穷。①

---

① 事实表明，中外非公有制企业中即使从事"996""007"的职工也难以与雇主共同富裕。

看看恩格斯的《英国工人阶级状况》①和马克思的《资本论》中对19世纪英国和欧洲雇佣工人勤劳和生存状况的描述，在资本主义雇佣劳动制度下，"劳动为富人生产了奇迹般的东西，但是为工人生产了赤贫。劳动生产了宫殿，但是给工人生产了棚舍。劳动生产了美，但是使工人变成畸形"。②再看看19世纪80年代法国工人领袖拉法格的《懒惰权》（又译为《悠闲权》），就知道马克思主义认为资产阶级所倡导的勤劳本质上就是让雇佣工人世世代代做奴隶，是一种"你勤劳我致富"的资产阶级剥削逻辑。拉法格甚至热情地讴歌劳动人民"懒惰"的需求和渴望："工人阶级应从心底拔除统治他的并且使其本性退化的罪恶，以惊人的力量崛起，……制定一条铁律，禁止任何人每天工作三小时以上，地球，古老的地球，会因欢乐而颤抖，感到一个新的天地在腾起！"③经过广大劳动人民的长期斗争和科技的大发展，当代资本主义社会劳动和民生状况有所改善，但并没有从根本上改变上述制度的弊端及其恶果，因而波及约80个资本主义国家的"占领华尔街"运动中普遍提出要消除"1%与99%"贫富对立。

显然，勤劳致富的前提是，劳动者自己掌握生产资料并能得到一切相应的回报。这有两种情况：一是在小生产的小私有制条件下，劳动者本身就是私有者，生产经营规模较小，这时他越勤劳就会越富裕，这具有比较直观的线性因果关系；另一种情况是在大生产基础上的生产资料公有制，这时劳动者联合为一个劳动集体，共同掌握生产资料，分工协作、共同劳动，共同占有劳动产品，即按照劳动贡献大小进行消费品的分配（按劳分配），或者按照人的自由全面发展的需要进行分配（按需分配），这样都会达到虽有差异但基本相近的共同富裕。前一种情况在我国非公有制经济中还有一定程度的存在，即个体经济，劳动者基本上靠自己的勤劳和智慧来实现自己生活的富足。而非公有制经济中的民营企业和外资企业是有着资本主义性质的私有经济，按照历史规律，当然也难逃马克思所论证过的劳动者越勤劳越相对贫困的悖论。这大概也可视为近30余年我国社会贫富差距不断拉大的深层次原因吧！因此，要想实现绝大多数劳动者的勤劳致富，那就只有一条铁律——基于社会化大生产的生产资料公有制和按劳分配，这是社会主义共同劳动、共同享有的共富之路，亦即只有公有制基础上的勤劳才能全民致富。这也是《中华人民共和国宪

---

① 吴文新.恢复劳动者人的尊严——《英国工人阶级状况》的休闲意蕴[J].山东社会科学,2021(7).
② [德]马克思.1844年经济学哲学手稿[M].北京:人民出版社,2000:54.
③ 转引自陈鲁直.民闲论[M].北京:中国经济出版社,2000:92.引文与《拉法格文集》的译文有出入,作者重新作了翻译。

法》强调"公有制为主体""国有经济,即社会主义全民所有制经济,是国民经济中的主导力量"的根本原因。从本质上来说,在中国特色社会主义新时代,这一共富逻辑更加具有针对性和有效性。

四、推动实现共同富裕的历史逻辑

历史逻辑是探析共产党人追求共同富裕的历史过程和认识过程。或许可以说,共同富裕是我们观察170多年国际共产主义运动史、100年中国共产党史乃至500多年社会主义史的一个新视角。

(一)社会主义思想和国际共产主义运动的价值追求

我们知道,在过去几千年的私有制社会里,呈现在人们面前的最令人痛不欲生的现象,就是"富者累巨万而贫者食糟糠""富者广厦万间而贫者无立锥之地""朱门酒肉臭而路有冻死骨"这种违背人情天道的境况!这就是古今中外多少仁人志士所着力改变的人间惨状,期盼着人类大多数成员所创造的财富和文明能够使他们平等共享。这就是社会主义和共产主义的现实渊源——一个与现实根本对立的美好愿望。纵观历史,无论是空想社会主义产生之前的奴隶、农民或农奴起义,抑或被宗教界描述为理想天国的伊甸园、极乐净土,都针对当时的极化现象而高呼平等、共享的口号一路走来;空想社会主义者也都向往着公有制、人人劳动、人人享有的美好"乌托邦"。笔者曾经论证,私有制社会的基本矛盾造成一个颠倒了的理想世界:"现实的私有制社会倒逼出一种想象中的公有制社会;现实的阶级剥削和压迫催生出一种思想上的消除了一切剥削和压迫的无阶级社会;现实的贫富悬殊和两极分化映射出一种哈哈镜般的全体社会成员平等共享一切社会财富的美好状态。"①

到了马克思、恩格斯的时候,已经可以从飞速发展的社会化大生产中越来越看得清这种共同富裕的前景了——"正是由于这种工业革命,人的劳动生产力才达到了这样高的水平,以致在人类历史上破天荒第一次创造了这样的可能性:在所有的人实行合理分工的条件下,不仅进行大规模生产以满足全体社会成员丰裕的消费和造成充实的储备,而且使每个人都有充分的闲暇时间从历史上遗留下来的文化……承受一切真正有价值的东西;……还要把这一切从统治阶级的独占品变成全社会的

---

① 吴文新.社会主义何以值得信仰的历史逻辑探究[J].观察与思考,2017(9).

共同财富和促使它进一步发展"①。"只有通过大工业所达到的生产力的极大提高,才有可能把劳动无例外地分配给一切社会成员,从而把每个人的劳动时间大大缩短,使一切人都有足够的自由时间来参加社会的公共事务——理论的和实际的公共事务。"② 显然,这个理想世界正是我们马克思主义者和共产党人为之不惜抛头颅洒热血的社会主义和共产主义社会,是私有制社会的彻底颠倒,是劳动异化的彻底扬弃和人性的彻底复归。而国际共产主义运动中工人阶级在马克思主义指导下进行的艰苦卓绝的斗争,目的正是在于砸碎那个异化的奴役劳动的锁链,而获得自己所创造的整个世界——共享自己的勤劳所得;以至苏联、中国的社会主义革命和建设实践,事实上均进行了卓有成效的奔向共同富裕的有益探索。显然,共同富裕是劳动人民在社会主义理想社会的一种为每个人自由全面发展奠定基础的阶段性生存状态,实际上包含着与它前后关联的生产资料公有、共同劳动及共享文明、幸福和自由。从这个意义上可以说,一部国际共产主义运动史就是全世界劳动人民追求共同富裕的历史。

(二) 中国共产党人对于共同富裕的艰辛探索

在国际共运史上,可为典范的就是中国共产党团结带领中国人民摆脱了绝对贫困,实现了全面小康,从而为实现全体人民共同富裕奠定了扎实的基础,以至我们可以有把握地提出一个 15~30 年的中长期奋斗目标,一个包含着全体人民共同富裕的全面现代化的社会主义强国目标。早有学者指出,中国共产党的历史就是一部领导中国人民持续走向共同富裕的奋斗史③,现在看确有道理。

中国共产党建立之初的 28 年,新民主主义革命的直接结果就是推翻了"三座大山",实现了国家独立、民族振兴和人民解放,为推动共同富裕奠定了根本经济政治制度。新中国成立伊始,毛泽东同志就提出:"我们的目标是要使我国比现在大为发展,大为富、大为强。现在,我国又不富,也不强,还是一个很穷的国家。……我们实行这么一种制度,这么一种计划,是可以一年一年走向更富更强的,一年一年可以看到更富更强些。"他接着豪迈宣告:"而这个富,是共同的富,这个强,是共同的强……这种共同富裕,是有把握的,不是什么今天不晓得明天的

---

① [德]马克思,恩格斯. 马克思恩格斯选集:第3卷[M]. 北京:人民出版社,2012:199-200.
② [德]马克思,恩格斯. 马克思恩格斯选集:第3卷[M]. 北京:人民出版社,2012:562.
③ 孙武安,李建宁. 走向共同富裕——中国共产党与中华民族的伟大复兴[M]. 北京:当代中国出版社,2004.

事。"① 1953 年《中共中央关于发展农业生产合作社的决议》中明确指出：通过合作社将农民群众联合组织起来，走社会主义道路，"使农民能够逐步完全摆脱贫困的状况而取得共同富裕和普遍繁荣的生活"。② 事实证明，以毛泽东为代表的中国共产党人，用了一代人多一点的时间，在曲折的探索中使中国在极低收入的条件下实现了举世公认的比较公平、相对较高的人类发展水平③，从而为中国继续走向共富奠定了根本政治前提和制度基础，创造了宝贵经验、理论准备和物质基础。④

改革开放以来，邓小平同志继承中华文化"小康""大同"理想的精华，凸显共同富裕的社会主义理念。他指出："我们允许一些地区一些人先富起来，是为了最终达到共同富裕，所以要防止两极分化。这就叫社会主义。"⑤ 他还提出了实现共富的两步路线图：第一步让一部分人或地区先富起来，第二步先富带后富达到共同富裕。他把共同富裕纳入社会主义本质范畴，认为"社会主义的本质，是解放生产力，发展生产力，消灭剥削，消除两极分化，最终达到共同富裕"⑥；而且多次从反面强调共同富裕的极端重要性，"社会主义的目的就是要全国人民共同富裕，不是两极分化。如果我们的政策导致两极分化，我们就失败了；如果产生了什么新的资产阶级，那我们就真是走了邪路了"。⑦ "社会主义与资本主义不同的特点就是共同富裕，不搞两极分化"⑧。可见邓小平同志看待共同富裕问题的历史高度，以及共同富裕在邓小平理论中具有何等重要的地位！他还前瞻性地提出了解决共同富裕问题的时间表，设想 20 世纪末在达到小康时，就要突出地提出和解决这个问题。⑨ 江泽民同志多次强调"实现共同富裕是社会主义的根本原则和本质特征，绝不能动摇"。⑩ 胡锦涛同志也指出，"推进基本公共服务均等化，加大收入分配调节力度，坚定不移走共同富裕道路，努力使全体人民学有所教、劳有所得、病有所医、老有

---

① 毛泽东. 毛泽东文集：第 6 卷[M]. 北京：人民出版社，1999：495 – 496.
② 中共中央文献研究室，编. 建国以来重要文献选编：第 4 册[M]. 北京：中央文献出版社，1993：661 – 662.
③ 世界银行在 20 世纪 80 年代初指出，中国过去的发展战略和目前的体制总的来说，创造了极为平等的社会。中国城市收入不平等程度极低，可以说不存在极端贫困现象，中国农村在前 10 年大幅度降低了不平等和贫困程度，后 20 年则可能更加平等。世界银行经济考察团. 中国：社会主义经济的发展[M]. 北京：中国财政经济出版社，1983.
④ 习近平. 论中国共产党历史[M]. 北京：中央文献出版社，2021：53 – 55.
⑤ 邓小平. 邓小平文选：第 3 卷[M]. 北京：人民出版社，1993：195.
⑥ 邓小平. 邓小平文选：第 3 卷[M]. 北京：人民出版社，1993：364.
⑦ 邓小平. 邓小平文选：第 3 卷[M]. 北京：人民出版社，1993：110 – 111.
⑧ 邓小平. 邓小平文选：第 3 卷[M]. 北京：人民出版社，1993：123.
⑨ 邓小平. 邓小平文选：第 3 卷[M]. 北京：人民出版社，1993：374.
⑩ 江泽民. 江泽民文选：第 1 卷[M]. 北京：人民出版社，2006：466.

所养、住有所居"。① 他提出的科学发展观,就内含着对共同富裕的深刻诉求,有学者甚至把科学发展观看成中国共产党的"共富发展观",意味着开始不可逆转地落实邓小平同志关于实现共富的第二代发展战略。② 胡锦涛同志在党的十八大报告中重申"必须坚持走共同富裕道路",要"使发展成果更多更公平惠及全体人民,朝着共同富裕方向稳步前进"。③

2012年党的十八大以来,以习近平同志为核心的党中央提出创新、协调、绿色、开放、共享的新发展理念,并"把脱贫攻坚作为重中之重,使现行标准下农村贫困人口全部脱贫,就是促进全体人民共同富裕的一项重大举措"④。可以说,消除绝对贫困,实现全面小康,为我们今后实质性推动共同富裕奠定了坚实的基础,积累了丰富的经验。

五、新时代推动共同富裕的实践逻辑

综上可见,实现共同富裕确实有客观规律,为此我们需要探讨造成贫富分化的原因,并在科学认知"因果关系"的基础上,确立共同富裕的实践逻辑及其相关改革方略。

(一)造成贫富分化的一般原因

运用马克思主义的立场、观点和方法,根据古今中外的历史,我们发现造成贫富分化的一般原因主要是:

第一,商品经济价值规律是贫富分化的基本原因。价值规律是一切商品经济的最基本规律,它的一个具有"双刃剑"效应的经济作用就是,自发地调节资产和收入分配,必然导致两极分化。在小生产自然经济发展后期,商品经济愈益发达,这个作用造成小生产者和小商人的剧烈分化,从而为资本主义生产方式的产生创造了经济条件。据此或可说,私有制条件下价值规律在抽象的意义上蕴含着资本主义剩余价值规律的胚胎,其作用形式和结果蕴含着资本主义的资本积累导致两极分化和经济危机的萌芽。因此,只要是私有制范畴内的商品经济或更为发达的市场经济,

---

① 胡锦涛.胡锦涛文选:第3卷[M].北京:人民出版社,2016:540.
② 胡鞍钢.中国:新发展观[M].杭州:浙江人民出版社,2004:7.
③ 十八大报告文件起草组.中国共产党第十八次代表大会文件选编[M].北京:人民出版社,2012:14.
④ 本书编写组.《中共中央关于制定国民经济和社会发展第十四个五年规划和二〇三五年远景目标的建议》辅导读本[M].北京:人民出版社,2020:72.

无论竞争多么自由和公平,价值规律都会导致两极分化,这是不以人的意志为转移的。

第二,资本主义生产资料私有制是造成贫富分化的最根本原因。生产资料私有制使少数人拥有大多数生产资料或生产条件的所有权,因而具备了支配和剥削他人劳动的权力;商品经济的产生天然地与私有制连理同枝,而在资本主义条件下,劳动力被商品化,劳动者被雇佣化,私人剩余价值规律起着绝对作用,致使资产阶级无止境地追逐剩余价值或利润,无产阶级只获得自己劳动力的价值或价格的转化形式即工资,而利润和工资的差异之大,也为迄今全部的资本积累史所证明。

第三,基于私人剩余价值规律的按资分配是导致两极分化的直接原因。这是内嵌于资本主义生产方式中的分配方式,是剩余价值规律的内在要义。

在资本主义社会,社会福利保障体系和慈善捐赠等并不能克服贫富分化和巨差。不仅马克思主义并不蕴含这个所谓二次三次分配可以消除两极分化的理论逻辑,而且在实践上除了使穷人日子很不体面地稍微好过些,并不能根除他们作为雇佣劳动者的奴隶地位,遇到经济波动和自然灾难时依然难以逃脱赤贫的命运。近些年来国际金融危机和新冠肺炎疫情中西方发达国家广大劳工阶级的命运就是证明。

(二) 社会主义初级阶段发生贫富分化的多种原因

由于中国处于社会主义初级阶段,存在市场经济、非公有制经济和按资分配等体制机制,会形成贫富分化和巨差的多种原因。

第一,市场经济一般规律的自发作用,是形成贫富分化的市场原因。社会主义市场经济本质上也属于商品经济的范畴,不过属于大生产基础上的发达商品经济即市场经济,市场在资源配置中起着相当程度的决定性作用,因此,与市场相关的一切规律特别是价值规律都会发挥作用,它必然自发地导致资产和收入分配的两极分化。只不过,冠于市场经济之前的"社会主义"不是一个可有可无的定语,而是其根本的制度约束。因此,本质上说,社会主义根本制度应该能够克服市场经济的自发性,特别是价值规律造成两极分化的盲目性。但由于过分强调市场的决定性作用,尚未发挥好国家的主导作用,事实上就未能阻断贫富差距扩大的趋势。

第二,非公有制经济在全国所有制结构中占大多数(具有"56789"占比特征),是我国现阶段贫富分化的产权原因。"我们不难发现,只要允许私有制和资本要素参与分配,随着资本的积累,贫富差距的扩大、财富的两极分化就是一种必然趋势。"① 非公有制经济是相对于社会主义公有制经济而言的,本质上属于资本主义私有制的范畴,在市场主体的微观乃至中观层面,私人剩余价值规律依然不以人的意志为转移地发挥作用。因此,在占比较大的非公有制企业内部存在贫富分化的客观必然性,这是在由市场决定的初次分配环节出现雇佣劳动收入与资本收益天壤之别的重要原因,而就业占比很少的公有制企业按劳分配的收入在整个国民收入中显得相对次要。这也说明,不减少初次分配环节的非公有制经济占比,不扩大按劳分配的劳动者覆盖面,就无法在社会阶层这一衡量共同富裕的最重要层面上消除起决定性因素的贫富巨差。

第三,中国不同城乡、地域及其自然资源禀赋和交通等条件,是造成区域、城乡贫富差距的自然原因。众所周知,我国地域广阔、地形地貌复杂、自然资源分布不均、很多地区交通不便,乃至城市和乡村的自然禀赋及其功能等,都直接影响到不同条件地区人民群众的生产方式和生活状况。相对而言,东部、东南地区以及城市的条件优越,发展较好;中西部、北部地区以及乡村特别是山村发展条件较差。

第四,工农、行业和产业等历史基础和发展差异,是造成贫富差距的产业原因。工农差距不仅有新中国成立前的历史原因,也有新中国成立后工业化积累的需要及其对国家现代化发展所做贡献和牺牲的原因;行业差距应该说主要是由市场经济的逐利性和政策选择所导致的,一些行业公益性、基础性较强,因在市场竞争中不占优势而逐渐落后。

此外,社会福利或民生保障体系不完善、不平衡和不充分,均会在不同程度上影响贫富状况。

(三) 扎实推动共同富裕的实践逻辑和改革方略

根据以上贫富分化的因果逻辑,反过来可以发现共同富裕的客观规律,并确立共同富裕的圆满实践逻辑和改革方略。

第一,中国共产党的领导是实现共同富裕的根本保证。中国共产党的领导是由中国人民民主专政的社会主义国家性质或国体所决定的。共同富裕是由社会主义制度的本质和发展规律所决定的,对于社会主义制度而言具有内在必然性;同时也是由中国共产党的性质宗旨和初心使命所决定的。中国共产党领导全国人民走上了社会主义道路,取得了从温饱到小康特别是消除绝对贫困的全面胜利,历史仍将证明,

---

① 戴圣鹏,张旭. 准确理解马克思与恩格斯的正义批判思想[J]. 海派经济学,2021(3).

中国共产党的自我革命和英明领导是全国人民走向共同富裕的根本政治保证。

第二，社会主义公有制是实现共同富裕的产权基石。如前论所示，与私有制蕴含两极分化根本不同，公有制是共同富裕的内在根据或根源性内因。公有制意味着劳动人民掌握生产资料、驾驭生产条件，因而控制生产过程和生产结果，也就掌控着自己的命运，共同富裕不过是这种自我主宰的自然结果而已。习近平总书记指出："公有制主体地位不能动摇，国有经济主导作用不能动摇。这是保证我国各族人民共享发展成果的制度性保证。"① 因此，不断做强做优做大公有制经济，不断提高最大多数劳动人民掌控自己命运的能力，这是走向共同富裕的最深层基础。

第三，按劳分配是实现共同富裕的主要渠道。与资本主义性质的按资分配导致两极分化完全不同，按劳分配是内在于社会主义公有制并必然趋向共同富裕的分配方式。这里需要申明的是，根据马克思主义原理，按劳分配本身是按照劳动者付出的劳动量进行分配，跟商品交换遵循同一的原则，因而会由于"它默认，劳动者的不同等的个人天赋，从而不同等的工作能力，是天然特权"②，而造成有差异的共同富裕。显然，这与市场经济中由于价值规律所决定的优胜劣汰，跟私人资本逻辑中剩余价值规律所决定的利润工资的巨大反差，完全不是一回事。但在社会主义市场经济条件下，"市场型按劳分配为主体的分配格局可以实现共同富裕"③，"遵照劳动主体型分配原则改革财富和收入的分配体制机制，才能真正使共享发展和共同富裕落到实处，使广大劳动人民满意"。④ 那种强调共同富裕不是平均主义、不是均贫富、不是"吃大锅饭"、不是同步富裕等的观点，肯定没错，现实中也没人如此主张，因而这种强调可能不了解按劳分配与共同富裕之逻辑关系；那种强调共同富裕不是杀富济贫的观点，会不会不赞成通过税收、产权等改革来调整国民收入初次分配和再分配状况呢？看来还是要普及按劳分配为主体、多种分配方式并存的中国特色社会主义基本分配制度及其内在机理的理论。

第四，高质量的劳动联合是实现共同富裕的必要条件。劳动者的高效高质量劳动及其团结联合，从单纯生产的角度看是为了凝心聚力、提高劳动生产效率；从人的生存与发展角度看，是为每位劳动者提供一种情感和精神的家园，使之在劳动组织中自然生成物质之外的归属感、获得感、成就感、安全感和幸福感，以至增强劳

---

① 中共中央文献研究室,编.习近平关于社会主义经济建设论述摘编[M].北京:中央文献出版社,2017:63.
② [德]马克思,恩格斯.马克思恩格斯选集:第3卷[M].北京:人民出版社,2012:364.
③ 程恩富.改革开放与中国经济[M].北京:中央编译出版社,2018:89.
④ 卫兴华.中国特色社会主义经济理论的坚持、发展和创新问题[J].马克思主义研究,2015(10).

动者的主人翁意识；而在非公有制经济组织中，既可以在民营企业推行职工持股和股份合作制，来助力"劳资两利"和缩差共富，还可以增强劳动者与资本谈判的能力，来形成对资本在生产领域、初次分配中滥权垄断的内在规制，助力雇佣劳动者分享资本收益和缩差共富。有些西方国家也积极支持民营企业职工持股，且工会力量较大，便形成了与资本方的较强谈判能力，较大限度地保障了劳工的权益。这个经验也可提升为市场经济中保障劳工权益的一条辅助性规律，在中国则可通过强化和改善党领导下的工会组织和职工代表大会来实现①。

第五，不断完善的民生保障体系是实现共同富裕的重要标志。严格说来，民生保障体系并不是独立于国民经济体系之外的偶然存在，而是内生于国民经济体系的性质和发展过程的。过去我们曾经探索过在公有制经济组织内部彻底解决就业、教育、医疗、住房、养老等民生问题，但后来被作为"包袱"甩给社会或市场了，经济组织成为单纯的"赚钱机器"，而"社会"或"市场"又没有完全承担社会责任的动力和能力，其结果就是，民生保障并没有随着经济增长和规模扩张而同步改善，新的民生"几座大山"压在人们头上，改革发展的大多数红利难以及时惠及最广大劳动人民。因此，新时代共同富裕必然与民生保障紧密相关，按照劳动人民生存发展的客观需要来配置民生资源，既是共同富裕的内在要求，其完善程度也是共同富裕的重要标志。

六、结语：通过五种分配方式扎实推动共同富裕

这里说的分配方式，是包含分配原则、分配途径和分配层次的。依据上述分析和经济现实，扎实推动共同富裕，使全体人民共同富裕取得更为明显的实质性进展，可以通过"五种分配方式"来充分施放正效应，它们在总体分配中分别起不同的作用。其中：一是运用好起决定作用的"劳主资辅"分配方式。在公有制为主体、非公有制为辅体的产权基础上，坚持按劳分配为主体、按资分配为辅体的分配原则和方式，按劳分配为主体已表明了其主方式和主渠道的地位。二是运用好辅助作用的"国家法策"分配方式。国家的法律、法规和政策，既会影响到作为微观主体的企事业单位的初次分配（如国家规定每小时或每月最低工资），又会较全面地影响个

---

① "要把竭诚为职工群众服务作为工会一切工作的出发点和落脚点,全心全意为广大职工群众服务,认真倾听职工群众呼声,维护好广大职工群众包括农民工的合法权益,扎扎实实为职工群众做好事、办实事、解难事,不断促进社会主义和谐劳动关系。"习近平. 习近平谈治国理政:第1卷[M]. 北京:人民出版社,2014:47.

人、家庭、群体、阶层、城乡、地区、产业和民族等再分配。三是运用好起调节作用的"物价变动"分配方式。市场主体和政府制定或调整与生活有关的消费资料（含住房）和劳务价格，都会影响财富和收入的重新分配。四是运用好起胀缩作用的"资本市场"分配方式。证券、债券等资本市场的价格变动，会引起参与者财富和收入的膨胀或收缩变动。五是运用好起微补作用的"捐赠穷弱"分配方式。应鼓励有条件的个人和单位捐赠财物给穷人、弱者和遭灾难者等。此外，"家庭关系"等因素也会产生财富和收入的各种重置、转移等分配效应。

上述"五种分配方式论"比有的学者提出的"三次分配论"更加准确。①

第一，国民收入初次分配是在提供国民收入的单位进行的，其分配原则和性质是由单位的所有制或产权关系决定的，而不是由单位外部的市场决定的。撇开所有制和分配原则对初次分配的决定性力量和主要调节作用，而只讲"市场力量""市场机制力量的作用"，属于背离基本事实的西方经济学的有误观点。

第二，按照马克思主义政治经济学理论和最近十几年党中央文件的多次表述，初次分配不是"效率优先"或主要讲效率，而是"初次分配和再分配都要处理好效率和公平的关系，再分配更加注重公平"②，"初次分配和再分配都要兼顾效率和公平，再分配更加注重公平"③，"要坚持以人民为中心的发展思想，在高质量发展中促进共同富裕，正确处理效率和公平的关系，构建初次分配、再分配、三次分配协调配套的基础性制度安排"。④

---

① "把市场进行的收入分配称作第一次分配，把政府主持下的收入分配称作第二次分配。在这两次收入分配之外，还存在着第三次分配——基于道德信念而进行的收入分配。……把个人劳动与经营的能力和积极性这一因素撇开不谈，影响收入分配的大体上有三种力量：第一种力量是市场机制，个人提供的劳动数量与质量究竟能得到多少报酬，个人的经营收入有多少，以及个人的债券、股票、存款的利息（股息）收入究竟是增长还是减少，在社会主义条件下，其全部与市场机制的作用有关……第二种力量是政府。政府对收入分配的影响主要反映在两方面。一方面，政府制定工资标准与工资级差。……另一方面，政府对收入分配进行调节，如对收入偏高者的收入征收所得税等，对低收入户实行救济、部署、扶植等。……第三种力量是道德力量。……道德力量对收入初次分配和再分配的结果发生作用，即影响已经成为个人可支配收入的使用方向，包括个人间的收入转移、个人的某种自愿的交纳和捐献等。"厉以宁. 股份制与现代市场经济[M]. 南京：江苏人民出版社，1994:77-79.

② 胡锦涛. 高举中国特色社会主义伟大旗帜为夺取全面建设小康社会新胜利而奋斗——在中国共产党第十七次全国代表大会上的报告[M]. 北京：人民出版社，2007:38-39.

③ 胡锦涛. 坚定不移沿着中国特色社会主义道路前进为全面建成小康社会而奋斗——在中国共产党第十八次全国代表大会上的报告[N]. 人民日报，2012-11-08.

④ 习近平主持召开中央财经委员会第十次会议强调在高质量发展中促进共同富裕统筹做好重大金融风险防范化解工作[N]. 人民日报，2021-08-18(001).

第三，夸大中外基金会的捐赠作用是片面的。① 因为公益的概念比捐赠的慈善概念要大得多，许多基金会并非主要从事捐赠财物给穷人、弱者和遭灾难者等工作。即使一个社会有不少个人和单位进行捐赠，那对于缩小该社会各阶层的贫富差距也只起扬汤止沸的极小或个别作用（国家行政性规定的单位和地区扶贫捐赠另当别论）。其道德和宣传的正效应很大，必须鼓励和赞扬，而对全社会及其各阶层的共同富裕效应却小到难以真正成为一次分配。

因此，我们还是应在不断做强做优做大社会主义公有制经济的基石上，通过上述五种分配方式扎实地整体推动共同富裕。

---

① "2005年比尔和梅琳达·盖茨基金会的总资产达到350亿美元。而盖茨基金会每年只要捐献其中的5%，另外95%的资金就可以获得减免税收的好处，这个好处所带来的财富数额远超他所要捐赠的5%的数额。""在美国创办基金会的'慈善家'们并不是普通人所想象的多么'大公无私'。对于大资本家来说，建立基金会不仅可以享受税收减免与财富转移的好处，而且通过基金会的资金运作还可以获得巨大的资本收益。同时，通过基金会与政府之间的利益结合，也可以扩大资本家自身影响力，增强其盈利能力，并协助美国政治外交和文化价值观在全球不断扩展。"引自程恩富，鄢正明. 美国基金会"慈善"的内幕和实质[J]. 毛泽东邓小平理论研究,2018(12)。

作者简介

简新华,著名经济学家,武汉大学经济与管理学院教授、博士生导师,武汉大学珞珈杰出学者、师德标兵。中央马克思主义理论研究与建设工程首席专家,国家社会科学基金学科评审组专家,享受国务院政府特殊津贴专家。兼任中国政治经济学会顾问、湖北省工业经济学会名誉会长、国家行政学院等多所高等院校兼职教授。曾经担任中国《资本论》研究会副会长、中国政治经济学学会副会长、中国工业经济学会常务副理事长、武汉大学经济学院副院长、经济研究所所长、教育部全国高校人文社会科学重点研究基地——武汉大学经济发展研究中心副主任。先后承担包括国家社科基金,自然科学基金,教育部的重大、重点项目在内的科研项目20多项,出版学术著作和教材30多部,在包括《经济研究》《求是》《管理世界》《马克思主义研究》《中国工业经济》《世界经济》《人民日报》《经济日报》《光明日报》等权威报刊在内的刊物上发表研究论文300多篇,其中100多篇次被《新华文摘》《马克思主义文摘》《红旗文摘》《中国人民大学报刊复印资料》等刊物转载,获得科研成果奖励20多项,其中包括中国出版政府奖、中共中央宣传部"五个一工程奖"等。

简新华：节制资本，缩小贫富差距

近年来，中国的财富和收入分配不平等问题比较突出：贫富差距扩大，工薪阶层收入比重过低，而且是造成现在内需不足、扩大不易、经济增长动力减弱的主要原因之一；劳资矛盾成为中国现在的重要社会矛盾之一，劳资关系方面的问题层出不穷（工资低、拖欠克扣工资现象严重、工伤事故不断发生是突出表现），劳资纠纷或劳资冲突时有发生（罢工、职工围困伤害老板）。有人据此提出中国经济改革要考虑均贫富了。① 笔者认为，中国现在不能"均贫富"，但是需要"节制资本"。② 最近看了约瑟夫·斯蒂格利茨的《不平等的代价》、保罗·克鲁格曼的《美国怎么了——一个自由主义者的良知》、乔·史塔威尔的《亚洲教父——香港、东南亚的金钱和权力》，又重读了孙中山的《三民主义》，目前正在读托马斯·皮凯蒂的《21世纪资本论》，颇受启发，更加感到中国现在节制资本、缩小贫富差距的必要性和重要性。

一、节制资本、缩小贫富差距是世界的普遍要求

上述3位美国、1位法国著名经济学家，虽然都是不赞同马克思主义经济学的西方学者，但他们都依据大量的事实和数据证明，西方国家尤其是美国，财富和收入分配的不平等都在扩大，这种不平等的加剧正是2008年美国次贷危机引发的世界金融危机和经济危机、美国"占领华尔街"以及欧洲国家类似事件发生的主要原因之一，而不平等加剧的主要原因则是政府偏向资本的政策和资本力量的加强；他们

---

① 黄树东. 经济改革该考虑均贫富了[N]. 环球时报, 2011-08-02.
② 简新华. 让广大人民群众共享发展成果[N]. 中国社会科学报, 2011-09-13.

都对以收入分配应该市场化、由供求竞争决定、不能限制资本和袒护劳工、收入平等会牺牲经济效率为主要内容的偏向资本或站在资本立场上的西方传统主流的收入分配理论提出了疑问;他们都主张政府应该调整偏向资本的政策,实行节制资本、保护劳工的政策,以缩小贫富差距和解决不平等问题。

约瑟夫·斯蒂格利茨在《不平等的代价》(2014)中提出,个人追求私利、竞争的力量、收入不平等对投资和创新的激励等,不仅没有像传统经济学所说的那样带来更多的经济增长,相反,加剧了不平等、污染、失业。他指出,"现代经济学之父亚当·斯密提出,个人追求私利会增加所有人的福利,在这过程中好像有一只'看不见的手'在起作用。在金融危机余波尚存的今天,没有人会说银行家追求私利增加了所有人的福利";"在过去30年里,经济学有一个习以为常的观念是灵活的劳动力市场促进经济增长。与此相反,我认为强有力的工人保护会纠正经济势力的失衡。这类保护能造就高质量的劳动力队伍,工人们对其公司会更加忠诚并且更愿意对自身和对工作投资,也能营造更有凝聚力的社会和更好的工作场所"。传统经济学认为"给上层群体更多的钱会有益于每一个人","正如我们已经看到的,高度的不平等并没有带来更多的经济增长,……聚集到上层群体的财富是以牺牲下层群体为代价的","相互竞争的力量本该可以限制高管人员的超高薪酬,然而在现代公司中,CEO大权在握——包括有权决定他自己的薪酬","金融危机给予了人们一种新认识:我们的经济体制不但没效率、不稳定,而且根本不公平","资本主义不但没有实现诺言,反倒造成了一系列始料不及的结果——不平等、污染、失业。最严重的是,价值观堕落到了极点:什么都可以做而且不会被追究责任"。①

斯蒂格利茨认为,出路是对经济和政治进行改革,遏制上层群体的过度行为,减少寻租行为并创造公平的竞争环境,约束金融界,更严厉有效地执行竞争法规,改善公司治理——尤其是限制CEO把大量企业资源转入自己口袋的权力;全面改革破产法——从对金融衍生品的处理到贬值的住宅再到助学贷款;终止政府的慷慨给予——无论是对公共资产的处置还是在政府采购方面;终止公司福利——包括隐性补贴;改革法律——民主化司法程序并减少打官司行为;改革税制——创造一种累进的收入税和公司税制度,减少漏洞,创造一种更有效的并且能有效执行的遗产税收制度,以避免新寡头统治的形成,帮助普通民众提高受教育机会,帮助普通美国

---

① [美]约瑟夫·斯蒂格利茨. 不平等的代价[M]. 北京:机械工业出版社,2014:7,29,30,59,X,XIII.

人省钱,实行面向所有人的医疗保障,加强其他社会保障项目,管理全球化,恢复并保持充分就业,保持伴随平等的充分就业的财政政策,纠正贸易失衡,实行积极的劳动力市场政策及改善的社会保障制度,建立新型社会契约,支持工人和公民的集体行动,消除遗留下来的歧视,恢复可持续和公平的增长,保持公共投资的增长,重新定向投资和创新——保护就业和环境等。这些主张,虽然不能从根本上消除美国存在的贫富悬殊、两极分化,但多多少少还是能够缓解美国严重的不平等现象,对于我们在市场经济条件下节制资本有一定的参考借鉴作用。

保罗·克鲁格曼在《美国怎么了——一个自由主义者的良知》(2008)中也认为,对富人征税、补贴穷人、保护劳工等平等化政策,也就是节制资本的政策,并不是像通常经济学理论所说的那样会抑制经济发展,相反会带来经济繁荣。他指出,"通常的经济学理论告诉我们,挑战供需规律的做法一般行不通","对富人征税、提供社会保障与失业补贴、强化工人谈判权会破坏经济"是流行的观点,但是"事情的发展绝不会是这样的"。对于罗斯福新政,"许多人都断言,如此激进的平等化政策将破坏奖励机制,令经济一蹶不振。高利润税将导致商业投资崩溃;对高收入者征收高所得税将导致创业精神萎靡、个体创造力匮乏;强大的工会将提出过度的涨薪要求,导致大规模失业,抑制生产力的提高"。"但事实是,激进的收入平等化让人们联想到的种种恶果,在第二次世界大战后其实一个也没有发生。相反'大压缩'(新政)使收入均衡保持了三十多年之久。而平等的时代也是空前的繁荣时代,一个我们从未能重现的时代","发生了美国历史上最伟大的持续性经济繁荣"。"高管收入决定因素的理想化模型"认为争夺管理者的"竞争的结果就是,每个管理者的薪酬都反映其素质"。但是实际上"管理者的薪酬与基本的供需力量的联系没有那么紧密,而是大大受制于社会规范与政治权力的变化","它与经济学的基本理论相差实在太大了"。"CEO变成了摇滚明星","就算公司董事会确实认定,雇用明星经理人是正确的做法,它也不需要以畸高的薪水吸引那些名人"。"高管其实是在为自己制定工资"。"高管薪酬过高可能影响团队士气,或引发劳资纠纷","过去三十年间美国经济增长的最大成果落入了一小群富人的腰包,而且集中程度非常高,以致都无法清楚判断,普通家庭有没有从科技进步及其带来的生产效率的提高中获取一丁点利益"。克鲁格曼主张,"为了美国,他们应当实施一项坚定的自由主义计划(非经济自由主义,引者注),扩大社会安全保障覆盖面,缩小贫富差距,也就是要发动一场新的'新政'"。[①] "罗斯福新政"和克鲁格曼主张的"新的'新政'",实际上都是节制资本的新政策。以上两位获得诺贝尔经济学奖的美国经济学家都论证了美国和西方国家节制资本的必要性,值得我们参考。

乔·史塔威尔在《亚洲教父——香港、东南亚的金钱和权力》(2011)中也论证了东南亚贫富差距的严重性、危害性以及节制资本的必要性,他认为:"大亨们在会议和媒体中大肆赞美他们自己为东南亚经济繁华所做出的贡献,实际上,真正使东南亚繁华起来的是加工厂里的组装个人(大部分是女性)。"亚洲教父们不是通过"开发技术能力、创造品牌企业、提高生产效率"致富,而是通过与政治权贵结成联盟,取得"垄断性的特许经营权""攫取巨额财富"。他指出"香港与东南亚其他国家和地区一样,至今还是一个非常不公平的地方。最富的商人之所以富裕是因为卡特尔和垄断,而老百姓支付着被人为控制的极高的价格,却只得到了极差的服务,都是因为那些同样限制性的安排。拥有巨大财富的大亨阶层不用交税,因为他们的收入来自免税的分红;相反,没有最低工资保障的工薪阶层(这在富裕国家是绝无仅有的)却要承担食物、电、汽油、银行服务、房地产等一切价格的飞涨"[②]。这是东南亚模式不如东北亚模式的重要原因,东南亚经济要真正实现繁荣发达,必须改变政府倾向资本(富豪大亨)的政策,限制特许垄断经营及其暴利。

托马斯·皮凯蒂在《21世纪资本论》(2014)中通过对大量长期的相关历史数据的分析,得出资本主义历史上长期存在财富和收入分配的不平等的结论,提出"在财富积累和分配的过程中,存在着一系列将社会推向两极分化或至少是不平等的强大力量"。[③] 正如保罗·克鲁格曼在评价《21世纪资本论》时说的:"保守派坚持认为,我们生活在一个靠才能就能成功的时代,富人的巨额财富都是赚来的,也都是应得的。但皮凯蒂(《21世纪资本论》作者)阐明,富人的大部分收入并非来源于他们的工作,而是来自他们拥有的财产。"[④] 皮凯蒂强调"必须建立一整套公共机制,使资本为整体利益服务",建议实行累进式收入税和累进式财产税、加强国

[①] [美]保罗·克鲁格曼. 美国怎么了——一个自由主义者的良知[M]. 北京:中信出版社,2008:9,39,46,108,109,110,187.
[②] [美]乔·史塔威尔. 亚洲教父——香港、东南亚的金钱和权力[M]. 上海:复旦大学出版社,2011:3,41,218.
[③] [法]托马斯·皮凯蒂. 21世纪资本论[M]. 北京:中信出版社,2014:28.
[④] [美]保罗·克鲁格曼. 皮凯蒂新书引起的恐慌[N]. 纽约时报,2014-04-25. 转引自 http//article. Yeeyan. org。

际合作、防止资本外逃等政策措施,以缓和不平等。尤其值得我们关注的是皮凯蒂在中文版序言中的论断,虽然他认为"中国是一个极大的特例,因为眼下在中国,公共资本似乎占国民资本的一半左右(据估算约占 1/3~1/2)。如果公共资本能够保证更均等地分配资本所创造的财富及其赋予的经济权力,这样高的公共资本比例可以促进中国模式的构想——结构上更加平等、面对私人利益更加注重保护公共福利的模式。中国可能在 21 世纪初的现在最终找到了公共资本和私人资本之间的良好妥协与平衡,实现真正的公私混合所有制经济","中国原则上可以凭借强有力的中央统一领导体制和高层领导者的反腐和促进公益的决心贯彻累进税制,免于游说集团的压力和竞选政治献金带来的束缚",但同时他也指出,"尽管经济增长与趋同的速度令人惊叹,不能因此忘记贫富不均问题在发达国家和中国都存在,而且在未来数十年里中国存在的不平等问题会日趋突显,因为经济增长终究会不可避免地放慢","公共资产——至少以传统的国有形式存在的公共资产——有时候既没有带来效率也没有带来公平,更没有带来权力的民主分享,甚至在某些情况下被所谓公产管理者挪用和不法占用。在中国,尽管与苏联相比,做法没有那么极端,速度也没有那么快,但公共资本转为私人资本的进程已经开始,合理的理由是为了提高经济效率,有时却让个别人借此暴富。中国也出现了越来越多的寡头"。[①] 皮凯蒂虽然只是通过历史数据的分析证明了资本主义历史上长期存在财富和收入分配的不平等现象,没有像马克思那样深入分析资本主义不平等产生的制度根源,但同样也证明了资本主义制度下节制资本的必要性和重要性,而且对中国的相关看法和建议也是值得我们借鉴的。

以上研究和实际情况说明,财富和收入分配的不平等加剧是当今世界的普遍现象,调整国家偏向资本的政策、通过节制资本以缩小贫富差距和不平等、促进经济发展、维持社会稳定也是包括西方国家在内的世界各国的普遍要求。实际上,中国也不例外。

二、孙中山先生"平均地权、节制资本"的重要思想

"平均地权、节制资本"是中国民主革命的先驱孙中山先生提出来的解决中国民生问题的基本方针,他在《三民主义》名著中系统论述的思想是,中国的社会问

---

① [法]托马斯·皮凯蒂. 21 世纪资本论[M]. 北京:中信出版社,2014:XⅦ,XⅪ,XⅥ,XⅧ.

题"就是大家所受贫穷的痛苦",即民生问题,所以必须"以民生为重","民生就是社会一切活动中的原动力",解决民生问题就是要改变"普遍的贫"。全国人民怎样才能摆脱"贫穷的痛苦"?中国有两个潜在的巨大财源,即土地工商业利用产生的增值涨价收益和发展交通、矿产和工业产生的资本增值收益,但是土地增值涨价收益如果完全归地主(归私)、资本增值收益主要归私人资本,不仅不能消除"普遍的贫",甚至会导致"社会贫富不均的大毛病",所以孙中山先生明确指出"我们国民党的民生主义,目的就是要把社会上的财源弄到平均。所以民生主义就是社会主义,也就是共产主义,不过方法各有不同","国民党对于民生主义定了两个办法:第一是平均地权、第二是节制资本。只要按照这两个办法,便可以解决中国的民生问题"。

孙中山先生的"平均地权","就是政府照地价收税和照地价收买",土地"涨价归公","因为地价涨高,是由于社会改良和工商业进步","推到这种进步和改良的功劳,还是由众人的力量经营而来的;所以这种改良和进步之后所涨高的地价,应该归之大众,不应该归之私人所有"。"如果是照地价收税,政府每年便有一宗很大的收入。政府有了大宗的收入,行政经费便有着落,便可以整理地方",减轻人民特别是穷人太重的税负,就能够进行基础设施建设、提供公共品和公共服务,有助于改变人民大众的贫穷状况。这应该是中国最早的宝贵的"土地财政"思想,值得持全盘否定中国现在的"土地财政"的必要性、合理性和重要作用的观点的学者深思。为突出"节制资本"的主题,本文不展开论述"平均地权"和"土地财政"问题。

孙中山先生的"节制资本",是包括征收所得税在内的限制私人资本的措施。他特别强调中国"要解决民生问题,一定要发达资本、振兴实业","单靠节制资本的办法是不足的","必须加以制造国家资本,才可以解决之"。"何谓制造国家资本呢?就是发展国家实业也","要赶快用国家的力量来振兴工业,用机器来生产,令全国的工人都有工作","如果不用国家的力量来经营,任由中国私人或者外国商人来经营,将来的结果也不过是私人的资本发达,也要生出大富阶级的不平均"。这就是说,中国要富强,必须发挥资本的作用,而资本完全归私人所有又可能导致"社会贫富不均的大毛病",损害国计民生,所以提出要"节制资本",发展国家实业,以扬长避短、兴利除弊。

孙中山先生最后总结道:"如果交通、矿产和工业的三种大实业都是很发达,这三种收入每年都是很大的。假若是由国家经营,所得的利益归大家共享,那么全国人民便得享资本的利，不致受资本的害，像外国现在的情形一样。外国因为大资本是归私人所有，便受资本的害，大多数人民都是很痛苦，所以发生阶级战争来解除这种痛苦"，"我们要解决中国的社会问题，和外国是有相同的目标。这个目标，就是要全国人民都可以安乐，都不致受财产分配不均的痛苦。要不受这种痛苦的意思，就是要共产"，"我们三民主义的意思，就是民有、民治、民享。这个民有、民治、民享的意思，就是国家是人民所共有，政治是人民所共管，利益是人民所共享。照这样的说法，人民对国家不只是共产，一切事权都是要共的。这才是真正的民生主义，就是孔子所希望之大同世界"。[1]

虽然孙中山先生是不完全赞成马克思主义的，实现中华民族振兴的道路主张也和共产党有分歧，但他提出的"三民主义"还是准确地抓住了近代中国存在的三大问题，即外国列强的侵略掠夺和中国沦为半殖民地导致的民族问题、腐朽落后的封建专制独裁的残酷统治带来的民权问题、广大人民群众饥寒交迫的民生问题，并且发现了农地非农使用会大幅度增值和工业化会产生巨大财富，认为这是中国改变贫穷状况的两大财源，既符合中国的实际情况又具有预见性。尤其是他提出的解决民生问题的"平均地权""节制资本"的两大主张，在中华民族已经独立强大、人民已经掌握政权能够当家作主、社会实行多种所有制、私有制比重超过公有制、发展市场经济、需要发挥资本作用的现阶段，仍然具有重大的现实指导意义。因为中国特色的社会主义实行公有制为主体、多种所有制经济共同发展的基本经济制度，必须尽可能发挥私有制经济和资本的积极作用，但是，不可讳言，私有制经济和资本也存在消极影响，所以也应该"节制资本"。

三、中国节制资本的必要性和途径

2011年8月2日，《环球时报》国际论坛发表了题为《经济改革该考虑均贫富了》的文章，我非常赞同作者提出的在构建社会保障网络、财政税收、充分就业等方面解决民生问题的措施，但对"均贫富"的主张却不敢苟同，特提出以下商榷、讨论意见。

"均贫富、等贵贱"是封建时代农民起义反对封建等级特权和地主阶级残酷剥削的口号，在近现代是空想社会主义的追求，也是中国长期存在的平均主义倾向的

---

[1] 孙中山. 三民主义[M]. 北京:九州出版社,2012:184,195,198.

思想根源。如何"均贫富"、会造成什么样的后果呢？从历史上看，"均贫富"的具体做法，就是"劫富济贫"，甚至"杀富济贫"，用暴力无偿剥夺富人的财产，将其平均分配给穷人，使财富占有均等化。从历史事实来看，在产生的后果上，"均贫富"的确使富人变成了穷人，甚至被从肉体上消灭了，但是穷人并没有因此变成富人，因为富人总是占少数，穷人总是占绝大多数，把富人的财产全部没收，平均分配给所有穷人，没有一个穷人能富起来，穷人还是穷人，不可能由此变为富人，只不过穷得稍微好一点而已，如果富人的财产只是被少数穷人占有，也就只是改变了富人的构成，绝大多数穷人仍然是穷人，而且这个"均贫富"的过程会造成社会生产力的巨大破坏；的确，把封建地主、官僚的土地财产没收分配给农民，在一定时期内能够恢复和发展农业生产，但从较长时期来看，绝大多数农民并不能因此而成为富人，始终还是穷人。历史一次又一次反复证明，"均贫富"绝不是穷人的致富之路，只会使穷人永远贫穷！消除贫富悬殊、两极分化的更好办法，不能是消灭有产者或者让有产者变为无产者、大家都成为无产者，应该是让无产者也变为有产者、大家都成为合理公平的有产者、最终走向共同富裕。

的确，中国经济改革发展到今天，必须以人为本、以解决民生问题为重、以社会稳定为前提，在继续努力提高效率的同时应该更加注重公平、强调实现共同富裕的最终目标，在继续做大"蛋糕"的同时更要做好、分好"蛋糕"，在又好又快发展经济的同时让广大人民群众共享发展的成果。但是，公平绝对不是平均主义，共同富裕绝不是要"均贫富"。共同富裕是要消灭贫穷、大家都富裕、人人都成为有产者，是要把穷人变成富人，而不是要把富人变成穷人；"均贫富"则是要把富人变成穷人，这样不仅不能消灭贫穷，而且造成的结果往往是穷人还是穷人、人人都成为穷人、个个都是无产者。共同富裕是长期奋斗才能达到的目标，不是短期内通过"均贫富"就能实现的理想。如果硬要如此，"均贫富"的结果只能是"均贫穷"，即大家都贫穷！共同富裕是社会主义的最终目标，"均贫富"不是科学社会主义。中国经济改革现在决不能由邓小平提出的先让一部分人富起来、再引导全体人民走向共同富裕的道路转向"均贫富"、再搞平均主义、"劫富济贫"。

上述《环球时报》的文章用"均贫富"来概括"罗斯福新政"的内容是很不准确的，从加强金融监管、挽救银行危机的各种措施、强调"公平竞争"的规则、政府投资兴办公共工程、对失业进行救济、颁布《公平劳动标准法》、开征收入累进税和遗产税、建立社会保障制度等"罗斯福新政"的主要措施来看，"罗斯福新政"的基本特征根本不是什么"均贫富"，而是"节制资本"、保护和帮助劳工、缓和社会矛盾。

中国现在为什么要节制资本？因为改革开放以来，资本虽然在中国前所未有、举世瞩目的巨大经济发展中发挥了重要的作用，功不可没，但是同时也出现了劳动者权益保护不够、劳资纠纷层出不穷、劳资矛盾日益凸显、贫富差距不断扩大的现象，而这些现象发生的一个重要原因，就是资本在追求自身利润最大化、赚钱发财的过程中行为还不够规范合理，存在对劳动者的利益兼顾不够甚至侵犯的情况。中国近年来贫富差距扩大是由多方面原因引起的，其中的一个特别重要的原因是资本处于强势地位而且供不应求、劳动力处于弱势地位而且供过于求、政策又向资本倾斜，发展的成果中资本得到的更多，劳动者的工薪收入偏低。因此，缩小贫富差距必须多管齐下、综合治理，特别是要"节制资本"。

干群关系和劳资关系是当今中国最基本、最重要也是最需要妥善处理的两个社会人际关系。制度缺陷使得腐败蔓延，导致官民矛盾突出、干群关系不太和谐；资本的行为没有受到应有的约束、劳动者权益没有得到合理有效的保护，使得劳资关系也不融洽。这种状况极不利于维持社会稳定，难以做到干部与群众、资本与劳动都为推进中国现代化、实现中国梦而齐心合力，团结奋斗。反腐败、群众路线教育和民主法治是解决干群关系问题的撒手锏，节制资本、保护劳工则是解决劳资关系问题的关键措施。由于群众、劳工处于弱势地位，官员、资本处于强势地位，正确处理干群关系和劳资关系的关键是合理有效约束官员、资本的行为。

2015年3月21日，中共中央、国务院发布《中共中央 国务院关于构建和谐劳动关系的意见》（以下简称《意见》），指出我国正处于经济社会转型时期，劳动关系的主体及其利益诉求越来越多元化，劳动关系矛盾已经进入凸显期和多发期，劳动争议案件居高不下，有的地方拖欠农民工工资等损害职工利益的现象仍较突出，集体停工和群体性事件时有发生，构建和谐劳动关系的任务艰巨繁重。劳动关系的主体包括劳动者、企业、资本所有者、经营管理者，所谓劳动关系，不是指劳动者之间的关系，实际上主要就是劳动者与资本所有者、企业、经营管理者之间的关系，核心是劳动者与资本所有者的关系，所以构建和谐劳动关系，实质上就是要构建和谐劳资关系，而资本处于强势地位，不适当合理节制资本，和谐劳资关系或者劳动关系是不可能真正构建起来的。《意见》中提出的实现劳动用工更加规范、职工工资合理增长、劳动条件不断改善、职工安全健康得到切实保障、社会保险全覆盖、人文关怀日益加强、有效预防和化解劳动关系矛盾等构建规范有序、公正合理、互利共赢、和谐稳定的劳动关系的目标任务，实际上就是节制资本、构建和谐劳资关系的目标任务；制定的全面实行劳动合同制度、推行集体协商和集体合同制度、健全协调劳动关系三方机制、健全企业民主管理制度、推进厂务公开制度化和规范化、推行职工董事和监事制度、健全劳动保护监察制度等构建和谐劳动关系的制度改革和建设的措施，实际上也就是节制资本、构建和谐劳资关系的措施。

什么是节制资本？我们这里所说的节制资本与孙中山先生所讲的"节制资本"不完全相同，主要是指合理规范资本的生产经营和收入分配行为，限制和防止资本严重损害劳动者、消费者和国家利益的后果产生，缓解收入悬殊、贫富两极分化的趋势，兼顾资本所有者、职工、国家的利益，实现劳资双方的互利共赢、协调和谐。

中国现在应该怎样节制资本？由于私人资本具有自私性、逐利性、自发性、盲目性，有的还具有贪婪性、欺诈性，更易损害劳动者、消费者和国家利益，其行为更需要节制，私人资本应该是节制资本的重点。

节制资本主要是节制私有资本，是否还要节制公有资本特别是国有资本呢？本文认为，中国现在的节制资本还应该包括节制公有资本特别是国有资本。因为国有资本本来应该是消除不平等、实现社会公平、走向共同富裕的重要经济基础，国有资本或者国有企业的收入本来也应该归全体人民共享，不能只是为国企高管、本企业和部门的职工谋利益。但是由于国有企业制度和国有资产的经营管理体制存在缺陷或者不合理不健全，国有资本或者国有企业的权力和收入可能被侵占，只是用来为少数国企高管、政府官员等个人和某个企业或部门的职工谋利益。节制公有资本特别是国有资本，主要就是防止这些资本只是为少数高管、官员、部分职工谋利益，真正做到皮凯蒂所说的"保证更均等地分配资本所创造的财富及其赋予的经济权力""结构上更加平等、面对私人利益更加注重保护公共福利"，有效防止公共资产"既没有带来效率也没有带来公平，更没有带来权力的民主分享，甚至在某些情况下被所谓公产管理者挪用和不法占用"，避免"公共资本转为私人资本"、以提高经济效率为名让个别人借此暴富。

当前"节制资本"最重要、最突出的是要采取有效措施，合理提高劳动收入在国民收入分配中的比重，降低资本和政府（政府手中也掌握大量资本）在国民收入分配中的比重，尤其是要坚决取缔和防止通过以权谋私、权钱交易取得的腐败收入，国有企业和国有资本的利润收益应该拿出相当部分用于解决民生问题，国家的财政收入也应该大部分用于民生，特别是加薪、减税、健全社会保障制度；创造条件，尽快开征累进所得税、财产税、遗产税、房产税；必须健全法规，落实必要的监管,加强劳动保护,保障生产安全,维护劳动者的身心健康;严格实行《中华人民共和国劳动法》,适时合理调整最低工资标准,保证劳动者的收入随着经济和企业的发展而增长。只有这样,才能真正让改革发展的成果由广大人民群众共享、有效扩大内需、增强经济增长的动力、缓解社会矛盾、维持社会稳定、实现社会和谐。

节制资本会不会挫伤投资的积极性、限制资本作用的发挥?

本文认为,从短期来看,在一定程度上,节制资本可能会限制资本的自由行动、增加生产经营成本、降低资本的实际所得,但是从长期来看,其有利于形成和谐的劳资关系、合理合法范围内的生产经营,更有利于调动职工的积极主动性,降低生产经营成本,提高经济效益,实现企业长期稳定可持续发展,增加资本的最终所得,资本的作用也能够得以更好发挥。因此,节制资本利大于弊。资本是市场经济发展不可缺少的基本要素之一,在资本严重短缺、必然价格昂贵的情况下,政府为了刺激投资、调动投资者的积极性、吸引和筹集更多资本、克服资金不足的困难、促进经济增长,实行各种偏向资本的经济政策,给资本更多权利、自由、鼓励、扶持、优惠,是应该的、有益的,但是政府不能偏向于资本这一边,而忽视劳动者的利益和诉求,这是不公平、不合理、不可持续的。尤其是在贫富差距扩大、工薪收入偏低、职工利益得不到合理保护、劳资矛盾尖锐化、资本也不再那么短缺的情况下,更是需要调整偏向资本的经济政策,由向资本倾斜合理转变为向劳动倾斜,更加注重节制资本、保护劳工、缩小贫富差距、缓解不平等。有学者提出中国现在应该善待"企业家",我觉得善待"企业家"是应该的,但现在更需要的是善待劳工。不要害怕"得罪"资本、吓跑资本、挫伤投资者的积极性,也不要担心这样做不利于投资增加、技术进步、经济发展,现在国内资本相对充足,而且中国市场需求潜力和经济社会发展余地巨大、投资机会和领域更多、资本赢利空间广阔,对国内外资本都具有很强的吸引力。更何况我们现在要实行的"节制资本",不是要剥夺资本、"劫富济贫",而是要在合理保护资本合法权益的前提下,恰当规范和约束资本的行为,使之更为合理有效。

必须特别指出的是,我们所说的节制资本,是要通过制度创新,兼顾效率与公平,合理规范资本的生产经营行为,更好地发挥资本的作用,绝不是要像民营企业家蔡晓鹏所指出的那样去侵犯资本和企业的合法权益、危害资本和企业的正常生产经营,决不能允许有人以节制资本为名,让贪官污吏包括各级小贪小腐吃拿卡要、雁过拔毛、盘剥资本,特别针对私营企业、小微企业,人为制造资本合法经营的障碍和限制,加大资本生产经营的成本,使资本不能充分地发挥其积极作用①。同时,我们所说的节制资本,也是要兼顾资本与劳动者的合理合法权益,而不是只顾劳动者的利益最大化,也不能以保护劳工为名,过分偏袒、放任纵容职工不合理的要求和行为,牺牲资本的合理合法权益。

---

① 资料来源:蔡晓鹏:《国缺廉率、鼠辈猖獗》,财新网,2014年11月27日;杜珂:《蔡晓鹏:我在中纪委座谈会说了什么?》,财新网,2014年11月27日。

作者简介

文魁,著名经济学家,首都经济贸易大学原校长、经济学教授、博士生导师;享受国务院政府特殊津贴专家、北京市有突出贡献专家。曾任北京市人民政府专家顾问团顾问、市政协委员和政协经济委副主任、五年规划工作专家咨询委员会委员等社会兼职。

研究领域包括经济学理论、劳动经济学、首都发展和京津冀协同发展等方面。公开发表学术论文百余篇,出版专著多部,并多次获奖。近年来,就中国特色社会主义政治经济学的探索,先后发表了《民生社会主义论纲》《社会主义国民经济论纲》《规制市场经济论纲》《新时代共同富裕论纲》和《关于底线思维的政治经济学思考》《关于美好生活的政治经济学分析》等学术论文。

文魁：论共同富裕经济思想的新升华

中国共产党百年经济思想是一个庞大的体系，有着极其丰富的内容。其中，共同富裕经济思想最具中国特色，是中国共产党在社会主义实践中，经历艰苦实践探索所形成的独特的理论结晶。习近平总书记在党的十六届五中全会上对共同富裕的新论述，是中国共产党在开始向社会主义现代化进军的历史时刻，提出的新战略思想，不但具有重要的历史意义，而且内涵丰富，充满新意，具有深刻的理论价值。在中央财经委员会第十次会议上习近平总书记进一步强调，共同富裕是社会主义的本质要求，是中国式现代化的重要特征，要坚持以人民为中心的发展思想，在高质量发展中促进共同富裕。这些论述传承和创新的特征，彰显了党的共同富裕经济思想的新升华，需要我们进一步学习和领会，同时也有一系列相应的理论问题亟待深入探讨。共同富裕经济思想，应该成为中国特色社会主义政治经济学新的重要组成部分。本文在梳理中国共产党共同富裕经济思想的基础上，结合学习领会习近平总书记新的重要论述，提出自己的若干理论思考。

一、共同富裕经济思想的形成

共同富裕经济思想的形成，贯穿于新中国社会主义实践的整个过程。正如习近平总书记指出的，共同富裕统领新中国经济社会发展。

新中国成立后，为了使人民过上好日子，使社会主义国家能够迅速摆脱贫穷落后的局面，党首先确定了工业化的总方针。新中国工业化起步时期的经济政策采取了低工资、高就业，先生产、后生活的艰苦奋斗、勤俭建国的方针，为国民经济的发展奠定了坚实基础。但持续的高积累，也使居民消费受到压抑，阻碍了国民经济的良性循环。

在这个历史背景下，学界先后展开了两次理论大讨论：社会主义生产目的和按劳分配大讨论。明确了社会主义的生产目的是满足人民日益增长的物质和文化需要，纠正了片面追求高积累、忽视消费增长的倾向；进行了分配理论的拨乱反正，恢复了多劳多得的社会主义按劳分配原则，否定了"大锅饭""铁饭碗"的平均主义。国民经济发展战略则进行了优先发展轻工业的战略调整。从"翻两番"到全面建设小康社会，始终都是在向着让人民过上更好生活的不变目标前行。

针对"四人帮"提出的"宁要社会主义的草，不要资本主义的苗"的谬论，邓小平针锋相对地提出，"贫穷不是社会主义"。

针对社会上对社会主义长期存在的模糊认识和"社会主义就是平均主义"的理论误解，邓小平鲜明地提出了社会主义本质论。他提出："社会主义的本质，是解放生产力，发展生产力，消灭剥削，消除两极分化，最终达到共同富裕。"① 基于这一认识，出于发展生产力的"硬道理"，国家推出了"一部分地区、一部分人可以先富起来，带动和帮助其他地区、其他的人，逐步达到共同富裕"的政策构想。从而拉开了改革开放的大幕，中国经济驶入了快速增长的轨道。

回顾党在新中国成立以来对社会主义的实践和探索，无论改革前还是改革后，为实现人民共同富裕的宗旨始终没有改变，但其实现的路径却发生了巨大的转换。新中国成立后，通过生产资料所有制的改造，建立起社会主义经济制度，劳动人民翻身做了主人，消灭了剥削，实现了从未有过的平等，同时，国民经济的发展为共同富裕打下了坚实的基础；但是，人民富裕程度的提高却受到生产力发展的制约。特别是，为了防止资本主义复辟，一系列"割资本主义尾巴"的措施，阻碍了生产力的释放。改革开放后，共同富裕的实现方式从"堵不住资本主义的路，就迈不开社会主义的步"转换为"放开市场经济的步，蹚出社会主义的路"。"路"和"步"的转换，标志着共同富裕的实现方式发生了根本性的变化。初心未改、使命不变，但实现方式却是全新的。在市场经济条件下发展社会主义，经典作家没有讲过，实践上前无古人，充满了挑战和创新。一方面，经济得以高速增长、物质财富极大积累，为共同富裕的最终实现创造了物质条件；另一方面，社会主义公平正义的初心和使命，却也每每受到威胁和挑战。

"效率优先、兼顾公平"的理念取得了社会广泛的认同，极大地促进了生产力的发展。而一部分人先富起来后，如何实现先富带动后富，最终一浪接一浪走向共

---

① 邓小平. 邓小平文选:第3卷[M]. 北京:人民出版社,2001:373.

同富裕？却始终是一个亟待破解的历史性课题。

从毛泽东同志一开始就坚信"这种共同富裕，是有把握的，不是什么今天不晓得明天的事"①，到邓小平同志提出一部分人可以先富起来时就指出"共同致富，我们从改革一开始就讲，将来总有一天要成为中心课题"②，再到习近平总书记提出扎实推动共同富裕的一系列新论述，形成了中国共产党完整的共同富裕经济思想。共同富裕经济思想随着实践的发展还会不断丰富、不断发展。应该说，一部分人先富是共同富裕经济思想的有机组成部分，不同时期、不同条件下，"一部分"和"共同"可能会有不同的强调重点，但两方面始终共存。即使全面消除了贫困，在一部分的不平衡运动中，实现总体平衡的运动方式依然会存在，共同富裕不会是步调一致的齐步富裕，也不会是没有差别的均等富裕。有些人担心平均主义又会卷土重来，其实是多虑了。平均主义产生的根源是贫穷。在饥荒、灾难、战时的特殊困难时期，平均恰恰是共渡难关、避免冲突的有效之策，体现了社会主义生产关系的巨大优越性，这已为实践所证明。在后小康的现代化进程中，既然富裕了，就不会产生平均主义的要求，共同富裕不会导致平均主义。除非临时出现特殊困难、局部发生状况，平均的方式还会派上用场，但平均主义不再会成为主导。共同富裕将成为中国迈向社会主义现代化的旗帜。

二、扎实推动共同富裕新战略的重大现实意义

在社会主义也可以搞市场经济的理论突破下，中国的改革开放得到了人民的广泛支持；而市场经济的发展必须更好地实现社会主义，既是理论和实践的历史性逻辑自洽，更是人民真切的期盼。一部分人先富起来后，现实中出现了两种可能的趋势：贫富差距持续拉大或贫富差距逐步缩小。两种趋势的不同前景检验着社会主义市场经济的理论；人们对这两个趋势的切身感受，决定着人们对改革开放成败的判断。因此，中国共产党不可能任由前一种趋势展开，必须"让人民群众真真切切感受到共同富裕不仅仅是一个口号，而是看得见、摸得着、真实可感的事实"。如果人们在现实生活中，觉得共同富裕只是一个遥不可及的口号，看不见、摸不着、虚无缥缈，就不可能真正确立起"四个自信"、坚定向社会主义现代化迈进的决心。

---

① 毛泽东. 毛泽东文集:第6卷[M]. 北京:人民出版社,1999:496.
② 邓小平. 邓小平文选:第3卷[M]. 北京:人民出版社,1993:364.

李克强总理在 2020 年 5 月 28 日下午十三届全国人大三次会议闭幕式上对中国现实的收入差距亮了家底：中国是一个人口众多的发展中国家，我们人均年收入是 3 万元人民币，但是有 6 亿人每个月的收入也就 1000 元。这个家底，很多人不相信，但却是毋庸置疑的事实。

面对残酷的现实，我们就可以感受和理解中央提出扎实推动共同富裕新战略的重大现实意义。所以习近平总书记鲜明而尖锐地指出："实现共同富裕不仅是经济问题，而且是关系党的执政基础的重大政治问题。我们决不能允许贫富差距越来越大、穷者愈穷富者愈富，决不能在富的人和穷的人之间出现一道不可逾越的鸿沟。"①

三、习近平总书记关于共同富裕的新论述的理论价值

习近平总书记关于共同富裕的一系列新表述、新论断、新思想，不但丰富了党的共同富裕经济思想，而且使其在走向最终实现的实践中不断完善、得以升华。以下就其主要内容逐条进行解读。

（一）共同富裕是全体人民共同富裕

习近平总书记为共同富裕新加了"全体人民"的定语，并反复以"全体人民共同富裕"加以强调，意义深刻。与"一部分人""一部分地区"相呼应，与国内大循环相对接，形成了完整的理论逻辑。一部分，是战术层面的突破口和方法论；全体，才是战略上的总目标。一部分与全体构成一个辩证的统一体系，没有一部分的战术，难以实现全体的战略；偏离全体的战略，一部分就会走向偏路。我们党在全面建成小康社会后，把共同富裕提到实现的议事日程，正是及时把握战略走向、防止偏离航向的决定性举措。而强调"全体人民"正是共同富裕的灵魂。强调"全体人民"，是习近平总书记融化在血液中的特有情怀，在不同的场合，他总是强调"一个不能少""一个不能落下""不能用平均数掩盖大多数"。人人成为共同的形象释义。因此，"全体人民"意味着共同富裕就是要解决地区差距、城乡差距、工农差距、收入差距等各方面的问题。全体人民共同富裕，绝不是少数人之间的"共赢"和"大家一起发财"，也不是部分地区、部分行业、部分职业垄断性的持续高

---

① 习近平. 把握新发展阶段,贯彻新发展理念,构建新发展格局[J]. 求是,2021(9).

收入。强调"全体人民"就是强调共同富裕是一个整体性概念，同时也意味着结构上的共同富裕、共同富裕的一体化。

（二）共同富裕是社会主义的本质要求

习近平总书记多次强调共同富裕是社会主义的本质要求，是从马克思主义科学社会主义理论出发的，同时也是对邓小平社会主义本质论的再表述。首先，"社会主义"一词，有过多种主张各异的不同内容，但共同之处有两点：其一，都是针对资本主义弊病的批判；其二，都主张人人平等、无有分殊的大同世界的理想。因此，资本主义是个人主义、社会主义是集体主义成为社会广泛的共同认识。科学社会主义不同于其他社会主义主要在于，对未来社会的设想，不是出于正义的空想，而是从资本主义发展的现实中，发现生产力社会化和生产资料私人占有之间的矛盾，揭示资本主义必然灭亡的规律，提出工人阶级的历史地位和历史使命。所以其不是空想，而是科学。经典作家提出的物质极大丰富，人人平等，各尽所能、各取所需的共产主义理想目标与社会主义是集体主义的认知是完全一致的，是社会主义的历史必然逻辑，共同富裕符合科学社会主义的基本内涵。换句话说，社会主义的本质是共同富裕，只有实现了共同富裕，才真正实现了社会主义。同时，只有社会主义才能实现共同富裕，共同富裕是社会主义的专有特征。这是对共同富裕属性的理论界定。从中国的社会主义实践看，改革开放是从"贫穷不是社会主义"开始的，经过40多年坚持发展是第一要务，告别了短缺，摆脱了贫困，成为世界第二大经济体，实现了富裕。那么，富裕就是社会主义了吗？回答是否定的。世界上许多富裕国家不是社会主义，而是资本主义。社会主义的富裕一定是共同富裕；而存在两极分化的富裕国家，一定不是社会主义。全体人民共同富裕，是消灭了剥削、消除了两极分化的共同富裕，不同于资本主义富裕国家对工人阶级的让步政策和慈善事业；翻身做了国家主人的劳动者，享受着社会主义制度的生活保证，不需要仰人鼻息地祈求富人的怜悯和施舍。在我们迈向社会主义现代化新征程的历史关键时刻，明确共同富裕是社会主义的本质要求，具有重要的历史意义。

（三）共同富裕是人民群众的共同期盼

习近平总书记一直强调，人民的期盼就是共产党人奋斗的动力。人民的期盼是多方面的，但归结为一点就是共同富裕。习近平总书记专门指出共同富裕是人民的期盼，就是强调共同富裕不仅是社会主义的逻辑必然和理论诉求，而且是人民群众现实生活中"急难愁盼"的真切呼唤。

人民群众对共同富裕的期盼，是在党的领导下，在解决温饱进而取得全面建成小康社会伟大成就后，最现实、最迫切的呼唤；其实，这种期盼贯穿于新中国整个社会主义建设的全过程，甚至可以追溯到人类历史的各个时期。人类历史是在不同利益驱动下不断前行的，但也始终没有离开对共同富裕梦想的追求，可以说人们对共同富裕的期盼，一直伴随着人类历史进程。这一进程，我们可以从大量的学术文献、文学作品、政论文章、寓言故事、传说诗歌中得到印证，从托马斯·莫尔的《乌托邦》、康帕内拉的《太阳城》到陶渊明的《桃花源记》、康有为的《大同书》；从"朱门酒肉臭，路有冻死骨"到"安得广厦千万间，大庇天下寒士俱欢颜"，无论是深情地向往还是无情地鞭笞，这些仁人志士汗牛充栋的文字，都充分反映了人民的期盼。只要社会存在不公平、不平等，这种期盼就会一直存在。这些期盼成为一种人类文明进步的精神力量，代表着正义。社会主义制度的建立，使共同富裕的期盼从梦想期盼转变为现实期盼；新时代向现代化的进军，将进一步发展为实现期盼。

（四）共同富裕是经济社会发展的终极目标

习近平总书记在《关于〈中共中央关于制定国民经济和社会发展第十四个五年规划和二〇三五年远景目标的建议〉的说明》中指出："我们推动经济社会发展，归根结底是要实现全体人民共同富裕。"这种认识，穿透了一切表象，揭示了共产党领导经济社会发展的本质要义和终极目标。同时也揭示了社会主义与资本主义的不同本质所在。保持定力也好，灵活变通也好，韬光养晦也好，不忘初心也好，共同富裕的终极目标和历史使命，是理解和把握党的各种战略策略、方针政策的总锁钥。经济社会发展的终极目标正如习近平总书记在《关于〈中共中央关于制定国民经济和社会发展第十四个五年规划和二〇三五年远景目标的建议〉的说明》中所指出的，是人民群众物质生活和精神生活都富裕。

（五）全体人民共同富裕是一项长期任务

共同富裕，是生产力和生产关系都高度发展和协调适应的结果，哪一方面的单独冒进都难以实现。因此，解放生产力、发展生产力是共同富裕对生产力的要求；而消灭剥削、消除两极分化则是共同富裕对与高度发展生产力相适应的生产关系的必然要求。共同富裕所要求的生产力，和与之相适应的生产关系，都不可能一蹴而就，都要有一个发育、成长和成熟的历史过程。因此，习近平总书记提出全体人民共同富裕是一项长期任务，并解释道，实现共同富裕，要统筹考虑需要和可能，按照经济社会发展规律循序渐进。需要和可能，是共同富裕实现过程中必须始终把握好的基本条件，不能脱离实际地冒进。

（六）共同富裕不能等，要更加积极有为地推进

在提出共同富裕是一项长期任务、要循序渐进的同时，习近平总书记又特别强调："这项工作也不能等，要自觉主动解决地区差距、城乡差距、收入差距等问题，推动社会全面进步和人的全面发展，促进社会公平正义，让发展成果更多更公平惠及全体人民，不断增强人民群众获得感、幸福感、安全感，让人民群众真真切切感受到共同富裕不仅仅是一个口号，而是看得见、摸得着、真实可感的事实。"①

为什么不能等？从不能等的坚定语气，我们能够强烈感受到这项工作等不起的紧迫性。如果我们面临地区差距、城乡差距、收入差距等问题，以"长期任务"为理由，任其扩大、无所作为，人民群众看不到其明显在缩小的趋势，反而在担心其逐步恶化的可能，就会失去安全感、获得感，幸福感也会大打折扣，就会认为共同富裕只不过是一个空洞口号，遥不可及；就会动摇人民群众为社会主义现代化奋斗的意志和热情。虽然共同富裕的实现是一个长期任务，但我们必须以"等不起"的强烈意识，积极作为，扎实推动，让人们"看得见、摸得着、真实可感"，坚定信心，将共同富裕一步一步扎扎实实向前推进。

（七）2035年共同富裕取得更为明显的实质性进展

共同富裕不但不能等，而且提出了限期任务。习近平总书记提出，共同富裕2035年取得更为明显的实质性进展。② 这里，虽然没有给出具体的指标，但比具体指标更严格、要求更高、难度更大。在给定的2035年时限，要求共同富裕的实现取得实质性进展，而且要更加明显。任务看似很虚，但人民群众对共同富裕的"获得感、幸福感、安全感""真真切切感受""看得见、摸得着、真实可感"的要求，每一条都很实，都很硬，而且评审者是人民群众。

应该承认，中国的贫富差距还是很大的。关于贫富差距是逐步缩小还是持续扩

---

① 习近平. 把握新发展阶段,贯彻新发展理念,构建新发展格局[J]. 求是,2021(9).
② 习近平. 扎实推动共同富裕[J]. 求是,2021(20).

大，始终存在着两种前景。习近平总书记所担心的"贫富差距越来越大、穷者愈穷富者愈富""富的人和穷的人之间出现一道不可逾越的鸿沟"绝不是危言耸听。如果到 2035 年还不能出现共同富裕明显的实质性进展，贫富差距持续扩大的趋势就会成为不可扭转的定局，"富的人和穷的人"不但成为划分人们等级的既成事实，而且他们之间那道鸿沟"不可逾越"，那就完全背离了共产党人的初心，社会主义现代化就会成为泡影。正因如此，习近平总书记鲜明地指出：这不仅是一个经济问题，而且是关系党的执政基础的重大政治问题。

（八）在促进全体人民共同富裕的道路上不断向前迈进

习近平总书记还指出，共同富裕是一条不断向前迈进之路。这一重要思想揭示了全体人民共同富裕的道路，一头连着初心，一头连着目标，这个过程形成了共产党人的使命：改善人民生活品质，扎实推动共同富裕。虽然党中央把扎实推动共同富裕的实现提到了议事日程，但我们必须看到，共同富裕依然面临许多困难和问题，这些阻碍共同富裕实现的阻力不可能一下子全部消除，而且随着旧问题的逐步解决，又会不断产生新的问题。因此，习近平总书记强调：对共同富裕的长期性、艰巨性、复杂性要有充分估计，只能坚持循序渐进。按照这个思想，推动共同富裕的工作，既要主动进取、积极作为，又不能急于求成、盲目冒进；各地必须从实际出发，因地制宜地探索有效路径，总结经验，逐步推开。共同富裕永远在路上，不断向最终目标迈进。

四、共同富裕：中国式现代化的航标

习近平共同富裕经济思想的新论述，为我们擘画出一条实现共同富裕的新路径，展示出不同于其他国家现代化之路的中国式现代化。而中国式现代化的各种特征都是围绕共同富裕展开和呈现的，共同富裕是社会主义现代化的根本标志，共同富裕成为中国式现代化的航标。

现代化，是人类社会进步的文明成果。其重要标志是工业化、城市化、信息化、全球化等，其实现的路径主要是资产阶级革命产生的西方的现代化。中国式现代化首先属于无产阶级革命带来的社会主义现代化，中国式现代化除了社会主义性质的规定性外，还特别呈现出现代化进程中的中国特色。

中国改革开放以来，坚持发展是硬道理不动摇，取得了富裕的巨大成就；今天高举共同富裕大旗，就是要建立起共同富裕的大道理。大道理管小道理，硬道理要继续硬下去，丝毫不能放松，硬道理与大道理共同指导中国经济的发展。中国现代化事业，既要讲硬道理，也离不开大道理。大道理是管方向的。

航标是标识航道方向、界限和引导航线的标志，既是导引驶向目标的航向指示牌，又是警示规避各种危险和碍航的警戒线。共同富裕作为中国式现代化的航标，意味着中国式现代化绝不能以牺牲大多数人民的利益为代价，去获得生产力的发展；也不能以两极分化去固化一部分人的富裕；更要有效防范化解各种重大风险，确保经济社会发展的平衡、稳定和安全。没有共同富裕这个航标，国家就有可能偏离航线，甚至误入歧途。

五、破解实现共同富裕的理论新课题

毋庸讳言，共同富裕的实现绝不可能道路平坦、一帆风顺，一定会遇到种种沟沟坎坎、风风雨雨。我们只有不回避矛盾，直面各种矛盾和挑战，深入理论探究，发现客观规律，明确着力点，才能在坚忍不拔的努力中，克服重重阻力，一步一步将共同富裕逐步向前推动。

（一）全体人民共同富裕道路会遇到哪些矛盾和阻碍？

党中央一提出扎实推动共同富裕的实现，就引起社会的广泛关注，很快形成舆论的热点，各方面做出不同的解读。有的认为，中国即将发生重大转折；有的发出可能出现"杀富济贫"和"平均主义大锅饭"的预警。欢呼者有之，哀叹者有之，各方面带节奏者也没有缺席。虽然这里存在着对中央决策的各种误读和曲解，需要正确阐释和引导，但我们也从舆情的各种反应中，窥见共同富裕实现进程中的深层矛盾和阻力。对共同富裕的不同反响，暴露了贫富差距的现实，贫者大多拥护，富者大多抵制。共同富裕的推动，涉及利益调整，必然会动一些人的"奶酪"。这里，既然要缩小收入差距，首先就要对各种收入差距的现状和成因进行深入分析，揭示矛盾所在，发现趋势走向，才能为精准施策做好充分准备。各种收入差距的形成，既有不可逾越的发展阶段，也有亟待完善的制度缺陷、机制空白和失序失管，涉及经济社会运动的全过程，绝不仅仅是分配问题。马克思曾用"一枚硬币的两面"形容生产条件的分配决定生产成果的分配。如人民群众对少数明星畸高收入强烈不满，但这是由市场决定的；而科学家做出巨大贡献却没有获得应有的回报，这也是由市场决定的。有人抱怨"中国人有仇富心理",其实,人们真正仇恨的不是表面的富,而是富的背后脱离实际贡献的不劳而获和无功受禄;一些收入不高的人,却对社会发展做着实实在在的贡献。我们必须把收入差距形成的根源弄清楚,只有对收入差距有一个清醒的理论分析,才能把清理规范不合理收入、整顿收入分配秩序、坚决取缔非法收入落到实处。

我们也必须承认,国家的一切以人民利益为出发点的经济发展的指导思想与资本运动趋利的内在动力是存在矛盾的,把控得好,会与共同富裕同向而行;把控得不好,潜在矛盾则会显性化,甚至发生激烈冲突。

共同富裕的阻碍还来自社会上不同的理念和认知。传统文化中"吃得苦中苦,方为人上人""劳心者治人,劳力者治于人"等观念根深蒂固;现实生活中"见不得别人好"的想法普遍存在,"羡慕嫉妒恨"常常困扰着人们;对生活中的弱者表现出同情、怜悯并不少见,但当贫穷真的转变为富裕时,是不是就能得到人们普遍由衷的赞美和欢呼?特别是共同富裕使部分人高人一等的优越感不再,会不会使其产生失落感和抵触?这些阻力的消除,看来还需要人们提升共同富裕的心理素质,建立共同富裕的价值观和情怀。要加强促进共同富裕的舆论引导,共同富裕离不开良好的舆论环境。

(二)共同富裕与市场经济

正确认识共同富裕与市场经济的关系,是实现共同富裕绕不开的理论难题。我们必须看到,两者之间有着根本性的矛盾,但也有其一致的方向。

就两者的矛盾方面看,首先要承认,市场经济的出发点是私人利益,而共同富裕的出发点是公共利益;市场经济的功能是优胜劣汰、适者生存;而共同富裕是有福同享、不少一人。

就两者的一致方面看,主要表现在"富裕"二字上,市场经济的主要优势在于财富的快速增长,而共同富裕的前提恰恰是丰厚财富;同时,市场经济通过交换的触角伸向无所不在的角落,把整个社会链接为一个整体,为共同富裕的"共同",创造互联互通的载体;而且市场经济的平均化运动中,资源在不停地流动,不断削高填低,消除各种差别。从抽象的理论上看,市场经济又是可以与共同富裕相一致的。斯密的"看不见的手"隐喻了这种一致性。但市场经济的现实价格运动常常辜负经济学家"看不见的手"的美好信条,垄断的出现和坑蒙拐骗通过价格也可获利的现实,使所谓的"公共福利"在实现程度上大打折扣。同时,优胜劣汰的丛林法则无情地导致了两极分化。

冷静、客观地分析了市场经济对共同富裕的双重影响后,走市场经济条件下的共同富裕之路,就必须对市场经济采取以下态度:

首先,要继续坚定不移地发展市场经济,进一步释放市场经济的活力。在每个市场主体都追求富裕的过程中,加快生产力的大发展,为共同富裕积累更加雄厚的物质财富,为全体人民共同富裕创造互联互通的统一大市场。

其次,要为市场经济立规矩。要积极主动确立市场经济有序运行的规则秩序。坚决消除垄断和不正当竞争,打击一切通过坑蒙拐骗获取不义之财的违法行为;公平有效的市场规则是市场经济正常运行的保障,也是探索市场经济条件下实现共同富裕的基础前提。只要市场经济有规则、有秩序,一时的过高收入不会固化,迟早会被平均下来。以健全市场规则来有效消除无序的收入差距,是实现共同富裕的当务之急。

再次,社会一方面要对被市场淘汰的劳动者提供失业救助和再就业帮扶;同时,更要在产业转型中,借助数字经济等新兴产业,对劳动者进行素质培训,提高劳动者的新技能,为寻求创业的就业者赋能,使新就业岗位的增长速度快于旧岗位的消失速度。确保人民群众及时就业和收入增长,是实现共同富裕最现实的制度供给。

又次,共同富裕不仅需要活力,更需要合力。与市场经济相比,共同富裕属于社会主义国民经济的上位范畴。[①] 因此,市场经济作为资源配置的方式必须被纳入社会主义国民经济的框架体系,服从改善人民生活品质、扎实推动共同富裕的宗旨。而社会主义国民经济必须以其计划性和特有的战略目标、战略规划、战略步骤对市场经济的运行加以指导,使市场经济的活力整合为共同富裕的合力。

最后,破除"市场万能论"的迷信。市场经济对共同富裕存在失灵区,必须为市场经济设定边界。教育、医疗、环境等公共事业是共同富裕的重要方面,但市场在这些领域的功能是失效的,必须设定不可逾越的边界。在公共利益的领域适当引入竞争机制是可以的,为的是提高效率,但绝不能以利润最大化来主导和驱动。资本驱动一旦进入公共领域,甚至形成主导,就会对共同富裕形成极大的伤害。

(三) 共同富裕与高质量发展

共同富裕的"富裕",不仅是相对于拮据而言的宽松,而且包含生活品质档次

---

① 文魁. 社会主义国民经济论纲[J]. 海派经济学,2017,15(4).

的不断提升。在消灭绝对贫困后，人们在吃穿不愁的基础上，还要吃得好、穿得好；不但有学上，还要上好学；生活由简朴、将就逐渐变为精细、讲究；不但衣食无忧，而且丰富多彩；共同富裕不仅表现为丰衣足食的物质富裕，而且表现为人生精彩的精神富裕。人民群众多样化、多层次、多方面的精神文化需求越来越强烈，而这些全要靠高质量发展来保障。因此，共同富裕意味着高品质生活。高品质生活是高质量发展的内在动力，高质量发展是高品质生活的可靠来源。高质量发展本身就内藏着高品质生活，共同富裕的实现呼唤高质量发展。我们必须在高质量发展中促进共同富裕。

（四）共同富裕与国内大循环

国内大循环，是中央在新发展格局中提出的经济发展新战略。新战略基点是：扩大内需，依托国内市场。发展的立足点必须放在国内，更多依靠国内市场。中国14亿人口，人均GDP突破1万美元，已成为全球最大、最有潜力的消费市场。关键在于经济循环的畅通无阻。正如习近平总书记分析的："在正常情况下，如果经济循环顺畅，物质产品会增加，社会财富会积聚，人民福祉会增进，国家实力会增强，从而形成一个螺旋式上升的发展过程。如果经济循环过程中出现堵点、断点，循环就会受阻，在宏观上就会表现为增长速度下降、失业增加、风险积累、国际收支失衡等情况，在微观上就会表现为产能过剩、企业效益下降、居民收入下降等问题。"① 国内大循环新战略与共同富裕新战略具有高度的内在一致性。国内大循环的形成，是共同富裕实现的着力点和体制保障；共同富裕是国内大循环的出发点和落脚点。所以共同富裕与国内大循环必须辩证统一、协同推进。

（五）共同富裕与新发展理念

创新、协调、绿色、开放、共享的新发展理念，贯穿整个"十三五""十四五"时期，是中国经济社会发展的各个方面、各个环节的总方针。同样，对于共同富裕的实现也有着极为重要的指导意义。完整、准确、全面贯彻新发展理念，必须更加注重共同富裕问题。新发展理念，每一个理念与共同富裕都有着密切的关联。市场经济条件下的共同富裕迫切需要各方面的制度创新、机制创新、政策创新、路径创新；共同富裕是解决发展不平衡、不充分问题，实现协调发展的题中之义，共同富

---

① 习近平. 把握新发展阶段,贯彻新发展理念,构建新发展格局[J]. 求是,2021(9).

裕实现了，协调发展也就实现了；绿色发展更是共同富裕的特有要求，环境污染、生态破坏往往是市场主体和地方只追求个体利益、局部利益造成的恶果，只有从共同富裕出发才能实现绿色发展，也只有把绿色发展与共同富裕辩证统一起来，才能真正领悟"绿水青山才是金山银山"的真谛；开放发展绝不只是个人和局部的致富之道，只有从共同富裕出发，才能正确把握开放发展的方向；共享发展点出了共同富裕的精神要义，共同就是要共享，发展就是致富，共同富裕与共享发展具有同样内涵和同等意蕴，共享发展，就是共同富裕的理念化表述。扎实推动实现共同富裕，就是要把新发展理念落到实处。

（六）共同富裕与收入分配

共同富裕，直接表现为收入分配的格局。人们往往从收入分配的差距来观察和测度共同富裕的实现程度。因此，从收入分配入手，就成为推动实现共同富裕的重要抓手。首先，在初次分配中，效率优先。必须坚持按劳分配的主体原则，使处在创造物质财富第一线的普通劳动者及时获得与其劳动贡献相匹配的可靠劳动报酬，分配水平随着劳动生产率的提高稳步提高；企业家根据效益依法依规获得经营收入和创新回报；投资者分享要素回报和产权收入；同时要确保公共财政的可靠来源。其次，在再分配领域，强调公平。按照中央要求，要加强对高收入的规范和调节，依法保护合法收入，合理调节过高收入，鼓励高收入人群和企业更多回报社会。要保护产权和知识产权，保护合法致富，促进各类资本规范健康发展。公共财政的支出，是再分配中实现共同富裕的主渠道。加大税收、社保、转移支付等调节力度并提高其精准性，扩大中等收入群体比重，增加低收入群体收入，合理调节高收入，取缔非法收入，形成"中间大、两头小"的橄榄形分配结构，促进社会公平正义，促进人的全面发展，使全体人民朝着共同富裕目标扎实迈进。

（七）共同富裕与公共消费

共同富裕不仅仅是表面上的收入分配问题，贫穷和富裕最终是通过消费体现的，消费的实际状况体现着真实的收入差距和贫富差距。共同富裕有着多方面的实现方式，其中公共消费是最为显性的实现方式之一。市场经济中的公共消费，与资本主义的内在属性相悖，不同于私人消费，排斥竞争，所有人不分阶级、不论地位，公共占有，人人享有，不具有排他性。在资本尚存、收入差距短期内难以缩小的现代经济中，公共消费是最能体现社会主义要求的消费方式，现代资本主义如此，社会主义市场经济更是如此。公共消费，是典型的共享经济。社会主义市场经济在所有制结构上比资本主义市场经济有着根本的制度优势，不但能确保收入分配整体上的社会主义性质，而且能为公共消费提供更为可靠的供给保证。

公共消费，要特别注重公共基础设施和公共服务体系的投入和建设，公共基础设施越强大、公共服务体系越健全，公共消费就越有条件发展，共同富裕实现的基础就越牢靠。公共服务，在均等化的过程中，会惠及全社会每个人，人们在日常生活中，能切身感受到生态良好、环境舒适、出行快捷、办事便利、宜居宜业，就能实现习近平总书记所提的共同富裕"看得见、摸得着、真实可感"的要求。公共消费，特别是农村人居环境的改善，是实现共同富裕"取得更为明显的实质性进展"的重要方面。

此外，与公共消费相对应的私人消费，虽然是以个人利益为主导，也是实现共同富裕的重要方面，但同样受到共同利益的约束。特别是对破坏和伤害公共利益的私人消费必须加以有效的规范、限制和引导。

（八）共同富裕的差异化与动态化

所谓富裕，是相对于贫穷而言的，富裕与贫穷具有相对性。没有贫穷，就没有富裕；没有富裕，也无所谓贫穷。因此，相比对方，贫穷和富裕都存在程度不同的等级和类别差异。贫穷有绝对贫穷和相对贫穷之分，富裕也有富裕程度的差别。我们所说的消除贫困，是指绝对贫困，即在一定的时间、空间和社会发展阶段的条件下，维持人们的基本生存所必须消费的物品和服务的最低费用。联合国制定了 1.25 美元 1 天支出的贫困线标准。中国也制定了人均脱贫的最低标准是每人每年收入 4000 元，也就是：不愁吃、不愁穿，基本医疗、义务教育和住房安全有保障。低于"两不愁，三保障"的就是绝对贫困。在消除绝对贫困后，还会存在相对贫困，我们讲的缩小贫富差距，就是指相对贫困与相对富裕之间存在的差距。整体脱贫后的贫困，只是相对于更高水平富裕的不富裕，而不是绝对贫困。富裕程度的差异是永远存在的，不要说社会主义初级阶段由于多种分配方式并存必然存在富裕程度的差异，就是进入社会主义的中级阶段、高级阶段，只要劳动还是谋生手段，整个社会主义阶段都会存在多劳多得、少劳少得的富裕程度差别，直到实现按需分配的共产主义。而那时，随着私有制的消亡，财富的概念已经消失。社会主义只有承认和尊重富裕程度的差异，才能激励人民不断进取、不甘落后，追求更加美好的生活，社会才能不断进步。

但富裕程度的差别也不可能无限扩大，也有临界线。人类生存和发展的资源不可能是取之不尽、用之不竭的。一些人过度的富裕，势必挤占他人共有的稀缺有限的资源，影响共同富裕的实现。资本存在的历史作用在于将富裕的"剩余"不断地投入再生产，从而扩大经济规模，使社会财富更加富裕。如果资本无序扩张，只是个人发财致富、骄奢淫逸，没有促进社会财富的增长，反而会影响和伤害社会共同利益，这种贫富差距与共同富裕相悖，就突破了临界线，是社会主义市场经济所不能接受的。

富裕差异虽然不可能消除，但决不能固化。所以共同富裕还具有动态化的特征。所谓共同富裕的动态化，是指共同富裕是一个运动过程，在这个过程中，富裕差异，或者说贫富差距，在不断变化。贫者通过努力奋斗，会由贫转富，富裕程度可以不断提升；富者也可能降低富裕程度，甚至转贫。因此，社会制度不应该保护富有者的特权，每个人都应该有更加富裕的机会和通道。所以中央要求为人民提高受教育程度、增强发展能力创造更加普惠公平的条件，畅通向上流动通道，给更多人创造致富机会，形成人人参与的发展环境。增强区域发展的平衡性，强化行业发展的协调性，支持中小企业发展。要着力扩大中等收入群体规模，抓住重点、精准施策，推动更多低收入人群迈入中等收入者行列。

（九）共同富裕的根本性制度保障

全体人民共同富裕，不但是党的初心和目标，而且有着一定能够实现的制度保障。这个制度就是党的十九届四中全会对社会主义基本经济制度内涵的新表述："公有制为主体、多种所有制经济共同发展，按劳分配为主体、多种分配方式并存，社会主义市场经济体制等社会主义基本经济制度，既体现了社会主义制度优越性，又同我国社会主义初级阶段社会生产力发展水平相适应，是党和人民的伟大创造。"这一对基本经济制度内涵的新界定，不仅继续突出了其鲜明的社会主义属性，标定了全体人民共同富裕的根本经济基础，而且彰显了其独特的中国特色，即立足于社会主义初级阶段，坚持"两个毫不动摇"，坚持公有制为主体、多种所有制经济共同发展，允许一部分人先富起来，先富带后富、帮后富，以及通过市场经济的运行机制，鼓励辛勤劳动、合法经营、敢于创业、带头致富的共同富裕实现机制。

党的十九大明确指出，新时代我国社会主要矛盾是人民日益增长的美好生活需要和不平衡不充分的发展之间的矛盾，必须坚持以人民为中心的发展思想，不断促进人的全面发展、全体人民共同富裕。并且强调，坚持党对一切工作的领导。党政军民学,东西南北中,党是领导一切的。确保党始终同人民想在一起、干在一起,就一定能够引领承载着中国人民伟大梦想的航船破浪前进,胜利驶向光辉的彼岸。

坚持以人民为中心的发展思想,体现了党的理想信念、性质宗旨、初心使命。为人民谋幸福、为民族谋复兴,既是我们党领导现代化建设的出发点和落脚点,是新发展理念的"根"和"魂",也是确保实现全体人民共同富裕的指南针和方向盘。我们党所做的一切,归根结底都是为了让人民过上好日子。只有坚持发展为了人民、发展依靠人民、发展成果由人民共享,才会有正确的发展观、现代化观。党的百年奋斗历史证明,只有在党的领导下,才能推动社会全面进步和人的全面发展,促进社会公平正义,让发展成果更多更公平惠及全体人民,不断增强人民群众的获得感、幸福感、安全感,让人民群众真真切切感受到共同富裕不仅仅是一个口号,而是看得见、摸得着、真实可感的事实。

作者简介

辛向阳,1991年毕业于中国人民大学,获法学博士学位。现任中国社会科学院马克思主义研究院党委书记、副院长,中国特色社会主义理论体系研究中心副主任,习近平新时代中国特色社会主义思想研究中心执行副主任,中国历史唯物主义学会副会长,世界社会主义研究中心副主任,二级研究员、博士生导师。2012年获国务院政府特殊津贴,2015年被评为中宣部宣传文化系统"四个一批人才",2016年被评为中组部、人社部的"万人计划"领军人才,国家社科基金评委,国家出版基金评委。社会兼职:中国思想政治工作研究会特约研究员、全国党的建设研究会特邀研究员等。主要研究成果:个人专著20部,主编和参与编写著作30余部,在《人民日报》《光明日报》《马克思主义研究》《中国特色社会主义研究》等报刊发表文章400余篇,主持和参与的国家和省部级课题50余项,先后获得过10余项国家和省部级奖项。

辛向阳：习近平的共同富裕观

中国共产党从成立之日起就担负着为人民谋幸福的初心使命，人民幸福很重要的一个方面就是全体人民要实现共同富裕。全面建成小康社会，为促进共同富裕创造了良好条件，现在已经到了扎实推动共同富裕的历史阶段。这个阶段十分鲜明的一点就是社会主要矛盾发生了历史性转化，"适应我国社会主要矛盾的变化，更好满足人民日益增长的美好生活需要，必须把促进全体人民共同富裕作为为人民谋幸福的着力点，不断夯实党长期执政基础"①。党的十八大以来，习近平总书记高度关注全体人民共同富裕的实现，形成了一系列重要新论断新理念。这些论断不仅阐发了实现共同富裕的重要意义与必须遵循的主要原则，而且阐明了实现共同富裕的阶段性目标与实践路径。

一、实现共同富裕是中国式现代化的基本内涵和重要特征

进入中国特色社会主义新时代，特别是进入新发展阶段，习近平总书记始终把共同富裕作为中国式现代化的基本内涵和重要特征来看待，他指出："共同富裕是社会主义的本质要求，是中国式现代化的重要特征。"② 他强调，中国式现代化就是实现共同富裕的现代化。

中国式现代化有很多目标，其中一个主要方面就是实现共同富裕，这是由现代化的社会主义性质决定的。2021年2月，习近平总书记赴贵州看望慰问各族干部群众时强调，共同富裕本身就是社会主义现代化的一个重要目标，要坚持以人民为中

---

① 习近平. 扎实推动共同富裕[J]. 求是,2021(20).
② 习近平. 扎实推动共同富裕[J]. 求是,2021(20).

心的发展思想,让群众看到变化、得到实惠。不能实现的共同富裕的现代化,既不是社会主义现代化,更不是中国式现代化。中国式现代化是体现社会主义本质要求的现代化,而共同富裕就是本质要求之一。习近平总书记多次强调,共同富裕是社会主义的本质要求,是人民群众的共同期盼,是我们党坚持全心全意为人民服务根本宗旨的重要体现。他指出:"共同富裕是社会主义的本质要求,我国现代化坚持以人民为中心的发展思想,自觉主动解决地区差距、城乡差距、收入分配差距,促进社会公平正义,逐步实现全体人民共同富裕,坚决防止两极分化。"① 因此,我们要始终把满足人民对美好生活的新期待作为发展的出发点和落脚点,在实现现代化过程中不断地、逐步地解决好这个问题。也就是说,在任何时候任何情况下,中国式现代化都要锚定共同富裕这一目标,不能有任何的偏离。在全面建设社会主义现代化国家新征程中,我们必须把促进全体人民共同富裕摆在更加重要的位置。所谓更加重要的位置,是强调实现共同富裕对于中国特色社会主义事业发展有着战略意义,对于实现中华民族伟大复兴的中国梦也同样有着战略意义。为此,要有战略定力,要有制度安排,脚踏实地、久久为功,向着这个目标更加积极有为地努力。

从全球范围来看,资本主义性质的现代化由于不注重解决收入分配差距,造成社会动荡,现代化往往会半途而废。在二战结束后,一批新兴国家踏上了追赶现代化的征程,70多年过去了,没有几个国家迈过了现代化的门槛,原因有很多,其中一个重要因素就是收入不平等引发的社会动荡。当前,全球收入不平等问题十分突出,发展成果不能惠及最广大的民众。一些国家特别是发展中国家贫富分化严重,中产阶层塌陷,贫困人口暴增,导致社会撕裂、政治立场极化、民粹主义泛滥,社会动荡不安,现代化的航船或者被风浪吹偏航向或者遭遇暗礁裂碎而沉。这就启示我们,在现代化进程中,必须坚决防止两极分化,促进共同富裕,创造和谐安定的社会环境。和谐的社会环境不仅能为中国式现代化提供良好的社会氛围,而且能为现代化提供强大的社会动力。习近平总书记指出:"发展了,还有共同富裕问题。物质丰富了,但发展极不平衡,贫富悬殊很大,社会不公平,两极分化了,能得人心吗?"② 可以说,共同富裕既是一个经济领域的问题,又是一个社会领域的问题。实现共同富裕的过程,就是一个不断化解社会矛盾、释放社会正能量、促进经济高

---

① 习近平. 新发展阶段贯彻新发展理念必然要求构建新发展格局[M]//十九大以来重要文献选编(中). 北京:中央文献出版社,2021:823.
② 中共中央党史和文献研究院,编. 习近平关于尊重和保障人权论述摘编[M]. 北京:中央文献出版社,2021:49.

质量发展的过程。

二、促进共同富裕要有阶段性目标和举措

习近平总书记一直强调,要深入研究不同阶段的目标,分阶段促进共同富裕。这个论断符合马克思主义社会发展阶段的理论。习近平总书记在纪念马克思诞辰200周年大会上的讲话中指出,"我们要全面掌握辩证唯物主义和历史唯物主义的世界观和方法论,深刻认识实现共产主义是由一个一个阶段性目标逐步达成的历史过程,把共产主义远大理想同中国特色社会主义共同理想统一起来、同我们正在做的事情统一起来。"[①] 实现共同富裕也是由一个一个阶段性目标逐步达成的历史过程,不可能一蹴而就。这个论断又符合经济社会发展的客观规律。在经济社会发展的起飞阶段,收入分配差距会有一定程度的扩大,随着经济发展进入成熟阶段,制度不断完善,这个差距会缩小,经济学上的库兹涅茨曲线就说明了这一点。共同富裕,是马克思主义的一个基本目标,也是自古以来我国人民的一个基本理想。习近平总书记指出:"我国正处于并将长期处于社会主义初级阶段,我们不能做超越阶段的事情,但也不是说在逐步实现共同富裕方面就无所作为,而是要根据现有条件把能做的事情尽量做起来,积小胜为大胜,不断朝着全体人民共同富裕的目标前进。"[②] 实现全体人民的共同富裕,从总体上看,是分三步走的:到"十四五"末,全体人民共同富裕迈出坚实步伐,居民收入和实际消费水平差距逐步缩小;到2035年,全体人民共同富裕取得更为明显的实质性进展,基本公共服务实现均等化;到本世纪中叶,全体人民共同富裕基本实现,未来居民收入和实际消费水平差距缩小到合理区间。

第一步,未来到2025年年底,是全体人民共同富裕迈出坚实步伐的阶段。这个阶段应当解决以下问题:①巩固拓展脱贫攻坚成果,脱贫攻坚战的全面胜利标志着我们在实现共同富裕的道路上迈出了坚实的一大步。在这个时期,对易返贫致贫人口要加强监测,做到早发现、早干预、早帮扶,坚决守住不发生规模性返贫的底线。发生较大规模性返贫现象,就会严重影响共同富裕的实现。②逐步解决相对贫困问题,使更多的人能够靠自身的力量向着富裕的目标发展。所谓相对贫困,是相对于

---

① 习近平. 在纪念马克思诞辰200周年大会上的讲话[N]. 人民日报,2018-05-05.
② 习近平. 深入理解新发展理念[J]. 求是,2019(10).

一个国家中等收入群体的富裕程度而言的，通常以一个国家或地区社会中位收入50%或60%作为相对贫困的标准，也就是假定中等收入者一年的收入是5万美元，那么相对贫困的收入就是2.5万美元及以下。在解决这个问题的过程中，必须使相对贫困群体的致富能力有较大程度提高。③走出中等收入阶段，进入高收入国家行列。从国际经验看，缩小收入差距和财富差距是成功跨入高收入国家行列的必要条件。

第二步，到2035年，全体人民共同富裕取得更为明显的实质性进展，基本公共服务实现均等化。这是2020年10月29日中国共产党第十九届五中全会通过的《中共中央关于制定国民经济和社会发展第十四个五年规划和二〇三五年远景目标的建议》中明确提出来的。未来的13年之所以能够使全体人民共同富裕取得更为明显的实质性进展，原因在于：①我国经济实力、科技实力、综合国力将大幅跃升，经济总量和城乡居民人均收入将再迈上新的大台阶。2021年3月，全国人大通过的《中华人民共和国国民经济和社会发展第十四个五年规划和二〇三五年远景目标纲要》中再次强调了这一目标。中国的GDP总量到2035年假定比2020年100万亿元人民币翻一番，达到200万亿元，人均GDP将达到2万美元以上，进入较为富裕国家的行列，伴随着贫富差距的继续缩小，这个时期我国的共同富裕程度将比现在有显著提高。②鼓励东部地区加快推进现代化，并且在这一过程中建设好共同富裕的试验区。支持深圳建设中国特色社会主义先行示范区、浦东打造社会主义现代化建设引领区、浙江高质量发展建设共同富裕示范区，深入推进山东新旧动能转换综合试验区建设。深圳的先行示范区、浦东的现代化建设引领区、浙江的共同富裕示范区、山东新旧动能转换综合试验区的建设，都会为中国的共同富裕走出一片新天地。③社会主义经济体制日益完善，不断强化公平竞争审查制度的刚性约束，完善公平竞争审查细则，持续清理废除妨碍全国统一市场和公平竞争的规定及做法，为经济高质量发展提供良好的竞争基础；加大反垄断和反不正当竞争执法司法力度，防止资本无序扩张，使资本运行更加合理有效，更加促进公平正义。

第三步，2049年前后，基本实现全体人民的共同富裕，居民收入和实际消费水平差距缩小到合理区间。这个要求是很高的：这是14亿人民的共同富裕，不是1.4亿，也不是4.1亿，而是14亿，这是世界上最大规模的民众的共同富裕；是一个较高标准的共同富裕，是在人均GDP 4万美元以上的共同富裕；不仅要求居民收入差距缩小到收入平等国家的标准，例如基尼系数降低到0.3左右，而且居民实际消费水平差距还要缩小到合理区间内,没有过富的,也没有过穷的,更不能出现"富者累巨万,而贫者食糟糠"的局面。

三、实现共同富裕必须加强党的领导

在一个14亿多人口的国家实现全体人民的共同富裕,是人类历史上最为宏大、最为复杂、最为壮丽迷人的事业之一。完成好这一事业不允许我们出现任何重大的偏差,更不能出现颠覆性的错误。因此,在实现共同富裕的过程中,加强党的建设不仅迫切,而且十分重要。

我们党始终是在不断丰富和发展关于共同富裕理论的基础上推进实践发展的。早在社会主义建设时期,毛泽东同志就指出,社会主义就是一种能够共同富、共同强的制度。1955年7月,毛泽东同志在《关于农业合作化问题》报告中明确提出了"共同富裕"的思想,他指出:"在逐步地实现社会主义工业化和逐步地实现对于手工业、对于资本主义工商业的社会主义改造的同时,逐步地实现对于整个农业的社会主义的改造,即实行合作化,在农村中消灭富农经济制度和个体经济制度,使全体农村人民共同富裕起来。"[①] 在改革开放新时期,邓小平同志更是把最终实现共同富裕作为社会主义本质来看待:"社会主义的本质就是解放生产力,发展生产力,消灭剥削,消除两极分化,最终达到共同富裕。"[②] 江泽民同志强调,实现共同富裕是社会主义的根本原则和本质特征,绝不能动摇。他一再强调,能否实现共同富裕是区别社会主义与其他制度的重要标准。胡锦涛同志进一步指出,使全体人民共享改革发展的成果,使全体人民朝着共同富裕的方向稳步前进。我们党从制度本质特征和本质要求的角度阐明了共同富裕的极端重要性,指出实现全体人民共同富裕是为人民谋幸福的着力点,也是夯实党长期执政基础的内在要求。在中国特色社会主义新时代,我们党形成了关于共同富裕的一系列新理论新思想,这集中体现在习近平总书记的一系列重要论述之中,他指出:"我们说的共同富裕是全体人民共同富裕,是人民群众物质生活和精神生活都富裕,不是少数人的富裕,也不是整齐划一的平均主义。"[③] 这就告诉我们:共同富裕是全体人民的富裕,不是少数人的富裕,也不是一部分人的富裕,是所有人的富裕,是一个也不能少的富裕;共同富裕

---

① 毛泽东. 毛泽东文集:第6卷[M]. 北京:人民出版社,1999:437.
② 邓小平. 邓小平文选:第3卷[M]. 北京:人民出版社,1993:373.
③ 习近平. 扎实推动共同富裕[J]. 求是,2021(20).

不是一夜之间大家都富裕起来，也不是整齐划一的平均主义，不是完完全全都平均的共同富裕；共同富裕不仅仅是物质生活方面的富裕，更包括精神层面，是人民群众物质生活和精神生活两个方面都富裕；共同富裕是鼓励勤劳创新致富，是鼓励依法合法致富，是符合道德进步要求的致富。正是有了这一系列科学理论的指导，我们才能在实现共同富裕的道路上越走越宽广。

党的领导为共同富裕的实现建构了系统的制度体系。全体人民实现共同富裕不能靠主观意志，也不能靠运气，而是靠制度。我们党在推进共同富裕实现的过程中始终强调制度体系建构的极端重要性，不断用制度体系的完善来解决实现共同富裕所面临的现实问题。首先，立足社会主义初级阶段，把共同富裕建立在基本经济制度的丰富和完善上。不仅强调将公有制的完善和发展作为实现共同富裕的所有制基础，也强调将发展非公有制经济作为实现共同富裕的重要基础。坚持按劳分配为主体、多种分配方式并存，使分配制度成为实现共同富裕的基础性制度。坚持多劳多得，着重保护劳动所得，增加劳动者特别是一线劳动者劳动报酬，提高劳动报酬在初次分配中的比重；健全以税收、社会保障、转移支付等为主要手段的再分配调节机制，强化税收调节，合理调节城乡、区域、不同群体间分配关系；发挥第三次分配作用，发展慈善等社会公益事业。通过所有制制度和分配制度的完善，鼓励勤劳致富，保护合法收入，增加低收入者收入，扩大中等收入群体，调节过高收入，清理规范隐性收入，取缔非法收入。加快完善社会主义市场经济体制，使社会主义市场经济体制成为实现共同富裕的支撑性制度。建设高标准市场体系，完善公平竞争制度，使市场主体能够平等地进行创造创业；强化竞争政策基础地位，加强和改进反垄断和反不正当竞争执法，使市场主体在追求财富的过程中实现更多更高水平的公平性；健全以公平为原则的产权保护制度，这种公平性的产权保护制度一方面鼓励人们大胆地在创造中获得财富，另一方面使财富分配更公平；推进要素市场制度建设，实现要素价格市场决定、流动自主有序、配置高效公平。其次，从解决民生领域的问题入手推动共同富裕。共同富裕不仅是收入待遇上的差别问题，还涉及民生领域的方方面面，需要建立健全的制度有很多：健全幼有所育、学有所教、劳有所得、病有所医、老有所养、住有所居、弱有所扶等方面国家基本公共服务制度体系，也就是说，通过国家公共财政的投入使这七个方面的"有"能够为所有民众所享有；完善覆盖全民的社会保障体系，健全统筹城乡、可持续的基本养老保险制度和基本医疗保险制度，稳步提高保障水平，还要加快建立基本养老保险全国统筹制度。

四、实现共同富裕要坚持的基本原则

习近平总书记2021年8月17日在中央财经委员会第十次会议上讲话中提出了促进共同富裕要把握好四个原则：鼓励勤劳创新致富，幸福生活都是奋斗出来的，共同富裕要靠勤劳智慧来创造；坚持基本经济制度，要立足社会主义初级阶段，坚持"两个毫不动摇"；尽力而为量力而行，要建立科学的公共政策体系，把"蛋糕"分好，形成人人享有的合理分配格局；坚持循序渐进，共同富裕是一个长远目标，需要一个过程，不可能一蹴而就，对其长期性、艰巨性、复杂性要有充分估计。这四个原则具有这样一些特点：

一是具有系统性，这四个原则是系统观念在实现共同富裕中的具体要求和体现。勤劳致富是前提，而且是长久致富的前提，更是共同富裕的前提，任何一个国家要实现富裕，特别是要实现共同富裕，最基本的前提就是提升全社会人力资本的专业技能，提高其就业创业能力，增强其致富本领；基本经济制度是根本，离开了基本经济制度，就无法实现共同富裕，公有制经济在促进共同富裕中发挥着极为重要的作用，非公有制经济健康发展对于促进共同富裕也具有重大意义；建立科学的公共政策体系是基础，加强基础性、普惠性、兜底性民生保障建设，使改革发展成果更多更公平地惠及全体人民；循序渐进是方法，实现共同富裕不是等来的，是干出来的，同时要有耐心，实打实地一件事一件事办好，提高实效。

二是具有辩证性，这四个原则是唯物辩证法在推动共同富裕工作中的生动体现。首先是"做大蛋糕"和"分好蛋糕"的辩证关系。强调在发展中保障和改善民生，把推动高质量发展放在首位，一定要把"蛋糕"做大做好，特别是给更多人创造致富机会，创造更多做大"蛋糕"的机会，在这个基础上分好"蛋糕"。2021年12月举行的中央经济工作会议指出："要正确认识和把握实现共同富裕的战略目标和实践途径。在我国社会主义制度下，既要不断解放和发展社会生产力，不断创造和积累社会财富，又要防止两极分化。实现共同富裕目标，先要通过全国人民共同奋斗把'蛋糕'做大做好，然后通过合理的制度安排把'蛋糕'切好分好。这是一个长期的历史过程，要稳步朝着这个目标迈进。"[①] 这里的核心问题是处理好做大"蛋糕"和切好分好"蛋糕"的关系，"蛋糕"没有做大时不能急于分"蛋糕"。其次

---

① 中央经济工作会议在北京举行[N].人民日报,2021-12-11.

是先富和后富的辩证关系。要允许一部分人先富起来、早富起来、大富起来，重点鼓励辛勤劳动、合法经营、敢于创业的致富带头人，同时要强调先富带后富、帮后富、助后富。再次是需要和可能的辩证关系。把保障和改善民生建立在经济发展和财力可持续的基础之上，使民生的改善可持续；在共同富裕问题上，不要好高骛远、吊高胃口、作兑现不了的承诺。最后是等不得和急不得的辩证关系。共同富裕是不能等的事情，是必须有紧迫感的事情，因为无论是到2035年的任务，还是到2049年的目标，都只有短短的十几年、二十几年了，就是弹指一挥间的事情。同时还要看到，共同富裕又是一件急不得的事情，因为实现共同富裕的复杂性是超乎想象的，一旦急躁，就会出现各种复杂的难题。急不得要求我们要有科学谋划，制定完善制度，有清晰的路径结合举措；等不得就是一旦政策制定，就要尽快落实，不能拖拖拉拉。

三是具有战略性，是站在全球视野来看待实现共同富裕问题。首先，要看到在人类现代化进程中，没有几个国家能够真正解决共同富裕问题。习近平总书记指出："一些发达国家工业化搞了几百年，人均GDP都已经超过50000美元了，但由于社会制度原因，到现在共同富裕问题仍未解决，贫富悬殊问题反而越来越严重。"[①] 也就是说，共同富裕不能自发到来，更不会自动到来。库兹涅茨曲线表明了一种趋势，趋势要变为现实需要社会制度的安排。因此，推进中国式现代化，必须发挥社会主义制度的优越性，才能切实解决共同富裕问题。这也是为人类做出的新贡献。其次，要看到，一些国家在解决收入分配差距的过程中落入了"福利主义""养懒汉"的陷阱，这个陷阱不仅会带来国家发展的不稳定，而且会降低劳动生产率。合理的福利保障水平必须与经济发展阶段相适应。目前，我国福利政策的调整并不是一个简单的提高保障水平的问题，而是涉及人民生活、经济发展和经济效率等因素的系统性难题，需要放在整体框架下来认识。作为民生重要组成部分的社会保障制度，应与经济增长同步发展，既不能滞后也不应超前，滞后将不利于扩大消费和经济增长，超前会"透支"经济增长的可持续性。关于这一点，习近平总书记在2021年2月十九届中央政治局第28次集体学习时就强调过："要拓展国际视野，关注国外社会保障发展情况，汲取经验教训，既避免盲目进行'福利赶超'落入'中等收入陷阱'，又避免实行'泛福利化'导致社会活力不足。……经济发展和社会保障是水

---

① 习近平. 扎实推动共同富裕[J]. 求是，2021(20).

涨船高的关系，水浅行小舟，水深走大船，违背规律就会搁浅或翻船。"①

五、实现共同富裕要有切实可行的具体路径

历史发展到今天，促进共同富裕、实现社会和谐安定，是我们必须回答好的一道必答题。在这个方面，习近平总书记指出了一系列切实可行的具体路径，主要包括：

一是扩大中等收入群体规模，使共同富裕的主体力量越来越广泛。习近平总书记指出："着力扩大中等收入群体规模。要抓住重点、精准施策，推动更多低收入人群迈入中等收入行列。"② 共同富裕是全体人民的共同富裕，就要使人民群众这一主体更加广泛地参与到共同富裕的进程中。至少有这样一些主体值得我们关注：低收入人群，通过收入倍增计划等方式，使很多人从低收入群体迈入中等收入行列；高校毕业生群体，提高高等教育质量，做到学有专长、学有所用、学有所果，使他们在走上社会后利用自己学到的知识，能够尽快步入中等收入人群行列；技术工人群体，是中等收入群体的重要组成部分，要加大技能人才培养力度，提高技术工人工资待遇，使更多高素质人才加入技术工人队伍，使他们在自身的创造中致富、在自己的发展中致富；科学家队伍，他们富有创造力，这种创造力不仅体现在技术发明上，而且体现在技术转化上，这支队伍中很多人都是高收入群体或者中等收入群体中的高收入者；教师队伍，这是中等收入群体中较为稳定的力量，要继续推动全社会尊重教师的风尚，抓好教师队伍收入待遇的进一步改善；中小企业主和个体工商户，是创业致富的重要群体，要通过深化改革帮助他们稳定经营、持续增收、不断发展，使他们在发展中不仅成为中等收入群体的中坚力量，而且要向高收入群体迈进；进城农民工，是中等收入群体的重要来源，通过深化户籍制度改革，使常住人口市民化，稳定其就业，同时提升其就业质量，常住人口市民化可以产生一大批新的中等收入群体；公务员，特别是基层一线公务员及国有企事业单位基层职工，是中等收入群体的重要组成部分，要适当提高他们的工资待遇以及其他待遇，要随着国民经济的发展和人民群众收入水平的提高而不断提高其收入水平；广大农民，我国农村当前户籍人口还有7个亿，"要全面推进乡村振兴，加快农业产业化，盘活

---

① 习近平.论把握新发展阶段、贯彻新发展理念、构建新发展格局[M].北京:中央文献出版社,2021:528.
② 习近平.扎实推动共同富裕[J].求是,2021(20).

农村资产，增加农民财产性收入，使更多农村居民勤劳致富"①。中等收入群体的范围随着经济社会发展还会越来越广泛，中国目前的 4 亿以上的中等收入群体人数到 2035 年会增加到 8 亿以上，那时共同富裕的主体基础就会得到极大夯实。

二是完善福利政策与注重经济效率相统一，在这种统一中推动共同富裕目标的实现。要把福利的保障性、公平性放在第一位，同时也要防止西方的"福利病"，注重提高经济效率。中国的福利体制从传统体制中改革重生，摒弃了"大锅饭"的做法，也突破了平均主义思想的禁锢，从而具有自己的理念和模式，即注重公平、保障基本和提升效率。因此，推动福利制度的调整绝不是要搞福利扩张。推进我国福利制度的调整和完善，要正确地看待福利平等主义观点。"福利平等"应当被限制在基本保障范畴内，而不是覆盖到所有福利项目。习近平总书记一直强调社会保障的基本方面，"要完善兜底救助体系，加快缩小社会救助的城乡标准差异，逐步提高城乡最低生活保障水平，兜住基本生活底线"②。这是激发市场效率、加快经济高质量发展的前提。福利制度改革的目标和福利政策的落脚点，应当是兼顾社会福利的最大化和福利政策效果的最优化，而不应是福利的完全均等化。所以要改变关注福利差距有余而对福利效应认识不足的状况，坚定市场经济改革方向以发展经济，以逐步提高福利水平和不断调节福利差距并举的双路径策略解决福利政策面临的矛盾与问题。这不仅有利于避免"福利主义"陷阱，而且是履行政府责任、提高福利政策效率的有效途径。因此，福利制度的调整，重点是要解决福利水平的适度、福利资源的配置优化等问题。根本目的是要在持续加大投入福利资源的同时，最大化福利的积极效应。

三是防止阶层固化和流动渠道堵塞，畅通向上发展向上流动的各种通道。实现共同富裕不是等着天上掉馅饼，掉无数馅饼，大家一起自动富裕；更不是等着一部分人富得流油，富得不能再富了，就捐出自己的一大部分收入给穷的人。这些认识都是不对的。习近平总书记指出："要防止社会阶层固化，畅通向上流动通道，给更多人创造致富机会，形成人人参与的发展环境，避免'内卷'、'躺平'。"③ 无论怎样的"躺平"，无论是什么方式的"内卷"，只会损害共同富裕事业的发展。因为"躺平者""内卷者"越多，就会越毒化社会风气，谁都想着靠别人致富。同时，要在发展过程中，注意打破一些体制性障碍，切实防止"贫困的代际传递"。这就需

---

① 习近平. 扎实推动共同富裕[J]. 求是, 2021(20).
② 习近平. 扎实推动共同富裕[J]. 求是, 2021(20).
③ 习近平. 扎实推动共同富裕[J]. 求是, 2021(20).

要：促进改革公平，使改革举措能够真正有利于最广大的人民群众；促进教育公平，推动义务教育均衡发展和城乡一体化；促进司法公平，把体现人民利益、反映人民愿望、维护人民权益、增进人民福祉落实到全面依法治国各领域全过程，保障和促进社会公平正义，努力让人民群众在每一项法律制度、每一个执法决定、每一宗司法案件中都感受到公平正义。

四是发展政治文明和精神文明，健全全过程人民民主，促进人民政治生活共同发展、精神生活共同富裕，为实现共同富裕提供政治保障和精神动力。实现共同富裕不仅仅是经济领域的事情，也是政治问题。只有不断发展全过程人民民主，使人民当家作主的主体能力发挥出来，才能为财富的创造提供最深厚的政治基础。可以说，没有全过程人民民主的发展，就没有共同富裕的实现。一个政治文明不断发展的国家，才能真正实现共同富裕。促进共同富裕，更需要强大的精神动力。一方面通过不断满足人民群众多样化、多层次、多方面的精神文化需求，使人民群众的精神风貌不断改善，以敢于创业善于创新的精神状态去干事；另一方面要形成能够不断促进共同富裕发展的舆论环境，"要加强促进共同富裕舆论引导，澄清各种模糊认识，防止急于求成和畏难情绪，为促进共同富裕提供良好舆论环境"[①]。一说到共同富裕，有些人就会想是不是要"劫富济贫"了，于是一些企业家的经营积极性就会受到影响，生怕被"劫富"了；一说到共同富裕，另有一些人就想到一夜暴富、一日发大财，就想走各种捷径，从区块链到元宇宙，从"花钱就是挣钱"到虚拟货币。在实现共同富裕的过程中，正确的舆论引导十分重要。

回首过去，我们在解决困扰中华民族几千年的绝对贫困问题上取得了伟大历史性成就，消除绝对贫困这个梦想已经在 2020 年如期实现；同时我们实现了第一个百年奋斗目标，在中华大地上全面建成了小康社会，实现了中国人民的千年梦想。展望未来，在一代人的时间内，全体人民共同富裕基本实现的目标就会变成现实。

---

① 习近平. 扎实推动共同富裕[J]. 求是,2021(20).

作者简介

董金明,中央马克思主义理论研究与建设工程专家;上海市学位委员会马克思主义理论第五届学科评议组成员,上海市生产力学会副会长、中国生产力学会理事等;上海海事大学马克思主义学院教授,党委书记,原院长;马克思主义海洋文明与中国道路研究中心主任。长期从事马克思主义理论研究与教学工作,侧重于马克思主义制度经济理论、唯物史观与中国道路研究。中宣部"马工程"重点教材——《马克思主义政治经济学概论》(第二版)修订编写组主要成员。教育部优秀示范教学研究团队项目负责人。在《马克思主义研究》《马克思主义与现实》《复旦学报》《毛泽东邓小平理论研究》等期刊发表学术论文40余篇,主编著作3部。主持完成国家社科基金项目1项,教育部、上海市哲社项目4项。荣获上海市哲学社会科学奖、上海市育才奖等奖项,"上海市优秀思政课教师""上海市思政课教学名师"等称号。

董金明：马列主义及其中国化理论关于共富的基本思想

实现社会共同富裕和人的自由而全面发展是马克思主义的社会理想。马列主义及其中国化理论关于共同富裕的论述十分系统和丰富，其中贯穿着马克思主义的根本立场和方法，蕴含着马克思主义的基本原理。重温马克思主义创始人关于共同富裕的重要论述，系统梳理一代代共产党人对共同富裕思想的坚持、丰富和发展，对于我们深入理解科学社会主义关于共同富裕的核心思想和基本原则，在新时代中国特色社会主义伟大实践中推动"全体人民共同富裕取得更加实质性进展"极为重要。

一、马克思、恩格斯、列宁、斯大林关于共同富裕的重要思想

马克思、恩格斯作为科学社会主义学说的创始人，毕生都在为消除社会的不平等、实现公平正义和共同富裕而奋斗。共同富裕思想贯穿在科学社会主义的基本原理之中，体现了马克思主义的思想灵魂。

第一，共同富裕是与社会主义制度的本质特征相联系的，社会占有生产资料是实现共同富裕的制度前提，私有制与共同富裕根本对立。马克思、恩格斯认为，资本主义私有制是资本主义社会产生不平等的根源，资本积累的结果必然会产生社会的两极分化：财富在资产阶级一方积累，贫困在无产阶级一方积累。资本主义私人所有制和生产社会化这一资本主义基本矛盾的运动发展，使资本主义必然走向自我否定和灭亡。生产资料社会所有制的建立，从根本上消灭了凭借生产资料而无偿占有他人劳动的剥削制度，消除了资本私有制条件下劳动的异化和人与人的根本对立关系，为实现全体社会成员的共同富裕奠定了根本的制度基础。恩格斯指出："一

旦社会占有了生产资料,不仅可能保证一切社会成员有富足的和一天比一天充裕的物质生活,而且还可以保证他们的体力和智力获得充分的、自由的发展和运用。"①

第二,生产力的高度发达是实现共同富裕的物质基础。马克思、恩格斯认为,人类社会的发展是一个"自然历史过程"。生产力是推动人类社会发展进步的根本动力,生产力和生产关系的矛盾、经济基础和上层建筑的矛盾是人类社会的基本矛盾,它的运动发展推动社会生产方式的不断变革和物质资料生产的不断增长。资本主义生产力的发展实现了从小生产向社会化大生产的历史性转变,所创造的生产力"比过去一切世代创造的全部生产力还要多还要大"②,但财富分配严重不公。共产主义是在继承过去物质财富和精神财富的基础上实现的。以社会生产力高度发展为前提的共产主义社会,不仅消灭了剥削制度,也消灭了异化劳动,消灭了"三大差别"。发达的生产力是实现共产主义和全体社会成员共同富裕的坚实物质基础。马克思、恩格斯深刻指出,如果生产力发展不起来,"那就只会有贫穷、极端贫困的普遍化;而在极端贫困的情况下,必须重新开始争取必需品的斗争,全部陈腐污浊的东西又要死灰复燃"③。

第三,未来社会共同富裕的实现是一个渐进的过程。马克思、恩格斯认为,共产主义社会需要在生产力和社会成员精神境界极大提高的基础上才能真正实现,需要一个较长的历史过程。社会主义是共产主义的第一阶段,在社会主义社会,劳动还是谋生的手段,只能实现"各尽所能,按劳分配"的分配制度与较低层次的共同富裕;在共产主义社会的高级阶段,物质文明和精神文明高度发达,社会将在自己的旗帜上写着"各尽所能,按需分配",真正实现全体人民的共同富裕。

列宁作为马克思主义学说的继承者与发展者,坚持和发展了科学社会主义理论关于共同富裕的思想。列宁指出,"工人阶级要获得解放,必须进行消灭生产资料私有制,建立公有制的社会革命",社会主义就是要"保证社会全体成员的充分福利和自由的全面发展"④,"新的、更好的社会里不应该有穷有富,大家都应该做工,共同劳动的成果不应该为一小撮富人享受,应该归全体劳动者享受"⑤。他还强调,"只有社会主义才可能广泛推行和真正支配根据科学原则进行的产品的社会生产和分配,以便使所有劳动者过最美好的、最幸福的生活。只有社会主义才能实现这一

---

① [德]马克思,恩格斯. 马克思恩格斯文集:第3卷[M]. 北京:人民出版社,2009:563,564.
② [德]马克思,恩格斯. 马克思恩格斯文集:第2卷[M]. 北京:人民出版社,2009:36.
③ [德]马克思,恩格斯. 马克思恩格斯文集:第1卷[M]. 北京:人民出版社,2009:538.
④ [苏]列宁. 列宁全集:第6卷[M]. 北京:人民出版社,1986:193.
⑤ [苏]列宁. 列宁全集:第7卷[M]. 北京:人民出版社,2013:112.

点。而且我们知道,社会主义一定会实现这一点,而马克思主义的全部困难和它的全部力量也就在于了解这个真理"①。列宁坚持了马克思主义创始人关于在社会主义生产资料公有制和生产力高度发达基础上实现全体社会成员共同富裕的基本原理,突出强调"使所有劳动者过最美好的、最幸福的生活"。他之所以把这一点提到这样的高度,是因为这个问题是社会主义的根本问题,它关系到坚持和发展什么样的社会主义以及无产阶级政党如何领导和建设社会主义经济等一系列重大理论实践问题。

斯大林继承了列宁开创的社会主义事业,他在总结社会主义建设实践经验的基础上深刻指出,共同富裕是社会主义的特质,"社会主义只有在高度的劳动生产率基础上,只有在比资本主义制度更高的劳动生产率基础上,只有在产品和各种消费品丰裕的基础上,只有在社会全体成员都过着富裕而有文化的生活的基础上,才能获得胜利"②。他还说,"社会主义不是要大家贫困,而是要消灭贫困,为社会全体成员建立富裕的和文明的生活"③。在斯大林的领导下,苏联实现了社会主义工业化,经济文化建设取得巨大成就,初步显示了社会主义的优越性。但是,此后的苏联领导人没有在坚持马克思列宁主义原则的前提下进行改革和发展,偏离了正确方向,最终放弃了社会主义制度,导致苏联解体,留下了沉痛的历史教训。

二、以毛泽东、邓小平、江泽民、胡锦涛为代表的中国共产党主要领导人关于共同富裕的基本思想

十月革命一声炮响给中国送来了马克思列宁主义。中国共产党人对把马克思主义普遍真理与中国实际相结合进行了艰辛探索,推动了马克思主义中国化进程中的两次飞跃,形成了毛泽东思想与中国特色社会主义理论体系两大理论成果。以毛泽东、邓小平、江泽民、胡锦涛为代表的中国共产党主要领导人坚持马克思主义基本原理,在各个不同历史时期对实现共同富裕的中国道路进行了深刻阐述,丰富发展了马克思主义关于共同富裕的重要思想。

作为中国共产党第一代中央领导集体的核心,毛泽东始终将社会主义共同富裕作为中国共产党人的奋斗目标和理想,并就如何实现共同富裕提出了一系列重要

---

① [苏]列宁. 列宁选集:第3卷[M]. 北京:人民出版社,1995:546.
② [苏]斯大林. 斯大林选集:上卷[M]. 北京:人民出版社,1979:375 – 376.
③ [苏]斯大林. 斯大林选集:下卷[M]. 北京:人民出版社,1979:337.

论述。

第一,实现共同富裕必须坚持走社会主义道路。众所周知,由新民主主义向社会主义的转变是毛泽东中国革命"两步走"的战略之一。新中国成立后,关于实行社会主义改造、走社会主义道路、"掌握自己命运的问题",毛泽东指出,现在我国又不富,也不强,但实行社会主义制度,可以一年一年走向更富更强。而"这个富,是共同的富,这个强,是共同的强","这种共同富裕,是有把握的"[1]。因为社会主义制度是人民当家作主的制度,是保障全体人民根本利益的制度,坚定不移地走社会主义道路,可以让社会主义制度的优越性更充分地发挥出来,可以增进全体人民的共同福祉。相反,"资本主义道路,也可增产,但时间要长,而且是痛苦的道路"[2]。到1956年,我国完成了对资本主义工商业、农业和手工业的社会主义改造,建立了社会主义基本经济制度。

第二,实现共同富裕必须要大力发展生产力,实现国家的社会主义工业化。毛泽东认为,中国要建成社会主义现代化国家,实现全体人民的共同富裕,就必须不断发展生产力,努力实现国家的社会主义工业化。"社会主义革命的目的是解放生产力","为大大地发展工业和农业的生产创造了社会条件"[3]。社会主义工业化是实现共同富裕的物质保证。在经济文化比较落后的东方大国里进行社会主义建设,推进国家的工业化更是非常必要。毛泽东指出,"必须实现国家的社会主义工业化",而且"我们一定会建设一个具有现代工业、现代农业和现代科学文化的社会主义国家"[4]。

第三,在社会主义建设实践中要防止两极分化。毛泽东认为,要实现共同富裕,就必须反对两极分化。因此,他主张大力发展社会主义全民所有制经济和集体经济,壮大公有制经济的力量,为实现共同富裕奠定坚实基础。他反对平均主义,认为平均主义不是社会主义,不是真正的共同富裕,也高度警惕和自觉限制两极分化,提出了消灭特权、"两参一改三结合"[5]等思想主张。毛泽东指出,"过分悬殊也是不对的。我们的提法是既反对平均主义,也反对过分悬殊"[6]。

改革开放以来,在深刻总结社会主义建设正反两方面经验和教训的基础上,以

---

[1] 毛泽东. 毛泽东文集:第6卷[M]. 北京:人民出版社,1999:495,496.
[2] 毛泽东. 毛泽东文集:第6卷[M]. 北京:人民出版社,1999:299.
[3] 毛泽东. 毛泽东文集:第7卷[M]. 北京:人民出版社,1999:1.
[4] 中共中央文献研究室. 建国以来重要文献选编:第10册[M]. 北京:中央文献出版社,1957:111.
[5] 即干部参加劳动,改革不合理的规章制度,工人参加管理,领导人员、工人和技术人员三结合。
[6] 毛泽东. 毛泽东文集:第8卷[M]. 北京:人民出版社,1999:130.

邓小平为代表的中国共产党人对社会主义本质的认识不断深化，提出了共同富裕是社会主义本质的重要论断。邓小平多次强调："社会主义最大的优越性就是共同富裕，这是体现社会主义本质的一个东西。"[①] 在1992年南方谈话中，他进一步指出，社会主义的本质是"解放生产力，发展生产力，消灭剥削，消除两极分化，最终达到共同富裕"[②]。在这一论述中，"最终实现共同富裕"，体现了社会主义生产力和生产关系的统一，体现了社会主义根本任务和根本目的的统一，体现了社会主义物质基础和社会关系的统一，因而是社会主义本质的集中概括。

邓小平反复强调："社会主义有两个非常重要的方面，一是以公有制为主体，二是不搞两极分化。公有制包括全民所有制和集体所有制。"[③] 邓小平南方谈话中关于社会主义本质的概括，突出地强调了解放生产力和发展生产力，纠正了脱离生产力发展而抽象谈论社会主义优越性、固守某些僵化的理论观点的错误倾向，明确了社会主义的根本任务就是要发展生产力。同时，他的关于社会主义本质的概括突出地强调了消灭剥削，消除两极分化，最终达到共同富裕，阐明了社会主义制度与以往一切以私有制为基础的社会经济制度的本质区别和社会主义的根本目的。

在中国特色社会主义实践中，共同富裕是目标与过程的统一。邓小平指出："走社会主义道路，就是要逐步实现共同富裕。一部分地区、一部分人可以先富起来，带动和帮助其他地区、其他的人，逐步达到共同富裕。"[④] 但是，"先富"与"后富"不是贫富分化，而是富裕程度的差别，差距不能过大。邓小平强调，"社会主义与资本主义不同的特点是共同富裕，不搞两极分化"[⑤]。

随着中国特色社会主义事业的推进，在新的历史条件下，以江泽民和胡锦涛为代表的中国共产党人坚持立党为公、执政为民、以人为本的价值理念，坚持共同富裕是社会主义的本质特征，强调要不断实现好、维护好、发展好最广大人民的根本利益，强调改革开放的成果由全体人民共享。江泽民指出，"实现共同富裕是社会主义的根本原则和本质特征，绝不能动摇"[⑥]。胡锦涛强调，"使全体人民共享改革成果，使全体人民朝着共同富裕的方向稳步前进"[⑦]。

---

① 邓小平. 邓小平文选:第3卷[M]. 北京:人民出版社,1993:364.
② 邓小平. 邓小平文选:第3卷[M]. 北京:人民出版社,1993:373.
③ 邓小平. 邓小平文选:第3卷[M]. 北京:人民出版社,1993:138.
④ 邓小平. 邓小平文选:第3卷[M]. 北京:人民出版社,1993:373.
⑤ 邓小平. 邓小平文选:第3卷[M]. 北京:人民出版社,1993:123.
⑥ 江泽民. 江泽民文选:第1卷[M]. 北京:人民出版社,2006:466.
⑦ 中共中央文献研究室. 十六大以来重要文献选编[M]. 北京:中央文献出版社,2006:604.

三、习近平新时代中国特色社会主义思想关于共同富裕的重要论述

党的十八大以来,以习近平同志为核心的党中央顺应时代发展潮流,举旗定向,攻坚克难,推动中国特色社会主义进入了新时代。习近平总书记关于实现共同富裕的重要论述,既坚持了马克思主义的基本原理和立场方法,又体现了时代要求,守正创新,开拓了马克思主义政治经济学的新境界,为新时代推进中国特色社会主义现代化建设、逐步实现全体人民共同富裕提供了理论指南。

第一,共同富裕是中国特色社会主义的根本原则。习近平总书记认为,中国特色社会主义是改革开放以来我们党全部理论和实践的主题,是我们党和人民长期实践取得的根本成就。中国特色社会主义是科学社会主义,而不是别的什么主义,共同富裕是社会主义的本质要求和价值取向,因而也是中国特色社会主义的根本原则。习近平总书记指出,"共同富裕是中国特色社会主义的根本原则,所以必须使发展成果更多更公平惠及全体人民,朝着共同富裕方向稳步前进"[①]。

第二,坚持社会主义基本经济制度是实现共同富裕的制度基础。马克思主义的先贤们始终重视生产资料公有制对实现共同富裕的重要作用。在此基础上,习近平总书记强调坚持和完善社会主义基本经济制度对实现共同富裕的制度保障作用。习近平总书记指出"坚持和完善公有制为主体、多种所有制经济共同发展的基本经济制度,关系巩固和发展中国特色社会主义制度的重要支柱"[②],要毫不动摇地巩固和发展社会主义公有制经济,做强做大做优国有企业,夯实共产党的执政基础。"国有企业是壮大国家综合实力、保障人民共同利益的重要力量,必须理直气壮地做强做优做大,不断增强活力、影响力、抗风险能力,实现国有资产保值增值。"[③]

党的十九届三中全会立足于新的发展实际,将公有制为主体、多种所有制经济共同发展,按劳分配为主体、多种分配方式并存,社会主义市场经济作为社会主义基本经济制度。这一基本经济制度既坚持了社会主义基本原则和方向,又有利于充分调动一切积极因素大力发展社会生产力;既体现了社会主义制度优越性,又同我国社会主义初级阶段社会生产力水平相适应,兼顾了公平和效率的辩证统一。其中,

---

① 习近平. 习近平谈治国理政:第1卷[M]. 北京:外文出版社,2014:13.
② 习近平. 习近平谈治国理政:第1卷[M]. 北京:外文出版社,2014:78.
③ 习近平. 理直气壮做强做优做大国有企业[N]. 人民日报,2016-07-04.

"公有制为主体、多种所有制经济共同发展"处于重要的基础和核心地位,在公有制为主体、多种所有制经济共同发展的基础上,实行按劳分配为主体、多种分配方式并存和社会主义市场经济体制。

第三,坚持以人民为中心的发展是实现共同富裕的重要方针。根据我国经济社会发展的新情况、新特征,以习近平同志为核心的党中央做出我国社会主要矛盾已经转变为人民日益增长的美好生活需要与不平衡不充分发展之间的矛盾这个重大历史判断。习近平总书记指出,"我们要始终把满足人民对美好生活的新期待作为发展的出发点和落脚点","要自觉主动解决地区差距、城乡差距、收入差距等问题","促进全体人民共同富裕是一项长期任务,也是一项现实任务,必须摆在更加重要的位置"①。在现阶段,推动共同富裕就是要坚持以人民为中心发展的根本方针,着力解决发展不平衡不充分中的突出问题,"坚持在发展中保障和改善民生,统筹做好就业、收入分配、教育、社保、医疗、住房、养老、扶幼等各方面工作,更加注重向农村、基层、欠发达地区倾斜,向困难群众倾斜,促进社会公平正义,让发展成果更多更公平惠及全体人民"②,做到发展成果由人民共享,使人民群众有更多的获得感,缩小全体社会成员之间的差距,逐步实现共同富裕。

党的十八大以来,以习近平同志为核心的党中央坚持以人民为中心的根本立场,始终围绕全面实现小康社会的目标要求,紧扣新时代社会主要矛盾的变化,以提高发展质量和效益为中心,沉着应对问题和挑战,补短板,保民生,着力解决发展不平衡问题,坚决打赢脱贫攻坚战,历史性地消除绝对贫困和区域性整体贫困,全面建成小康社会,中华民族伟大复兴向前迈出了新的一大步。在此基础上,我国开启全面建设社会主义现代化国家新征程,向第二个百年奋斗目标进军。党的十九届五中全会规划了我国迈向社会主义现代化强国和实现共同富裕的宏伟蓝图:到2035年,基本实现社会主义现代化,"全体人民共同富裕迈出坚实步伐";到本世纪中叶,把我国建成富强、民主、文明、和谐、美丽的社会主义现代强国,"全体人民共同富裕基本实现"。

第四,坚持党的领导是实现共同富裕的根本保证。社会主义的目标是要消灭剥削、消除两极分化,最终实现共同富裕和人的自由全面发展,这一切只有在无产阶

---

① 习近平. 在中共中央政治局第二十七次集体学习时强调 完整准确全面贯彻新发展理念 确保"十四五"时期我国发展开好局起好步[N]. 人民日报,2021-01-29.
② 习近平. 在中共中央政治局第二十七次集体学习时强调 完整准确全面贯彻新发展理念 确保"十四五"时期我国发展开好局起好步[N]. 人民日报,2021-01-29.

级政党的领导下才能实现。中国共产党是马克思主义政党,坚持全心全意为人民服务的根本宗旨。习近平总书记指出:"坚持党对一切工作的领导。党政军民学,东西南北中,党是领导一切的。"① 中国共产党是中国特色社会主义事业的领导核心,发挥着总揽全局、协调各方的领导核心作用。无论是脱贫攻坚,还是社会保障体系建设,抑或是实现区域、城乡的协同发展,都需要坚持党的领导。习近平总书记强调:"人民对美好生活的向往,就是我们的奋斗目标。我们的责任就是要团结带领全党全国各族人民,继续解放思想,坚持改革开放,不断解放和发展社会生产力,努力解决群众的生产生活困难,坚定不移走共同富裕的道路。"② 党的坚强领导是实现共同富裕的根本政治保证。

在生产资料公有制和生产力高度发展的基础上不断推进全体社会成员的共同富裕和人的自由全面发展,是科学社会主义理论关于共同富裕的目标和原则,也是一代代共产党人的信念与追求。中国特色社会主义是科学社会主义在当代中国具体国情中的伟大生动实践。在我国现阶段,由不同所有制性质、市场体制和结构、自然禀赋、经济发展水平等因素导致的社会成员的收入分配公平问题及不同产业、地区及城乡之间的分配公平问题广泛存在。坚持效率与公平的辩证统一,不断推进我国社会分配公平、实现社会主义的共同富裕目标,迫切需要我们以马列主义及其中国化理论关于共富的基本思想为指导,对现实分配问题从收入、产业、地区和城乡等视角进行深入研究,以形成正确的应对思路和方略。

---

① 习近平.决胜全面建成小康社会夺取新时代中国特色社会主义伟大胜利——在中国共产党第十九次全国代表大会上的报告[M].北京:人民出版社,2017:16.
② 中共中央文献研究室,编.习近平关于社会主义社会建设论述摘编(上)[M].北京:中央文献出版社,2017:70.

作者简介

段学慧,延安大学马克思主义学院教授,延安大学创新马克思主义研究中心主任,马克思主义基本原理专业硕士生导师。在《马克思主义研究》《经济学动态》《当代经济研究》《经济纵横》等期刊发表论文40余篇,其中4篇被《中国社会科学文摘》和"人大复印资料"转载;主持国家社科基金项目等各类课题15项。研究方向:政治经济学。

段学慧：马克思主义共同富裕思想演化历程及启示[①]

纵观人类社会发展进程，共同富裕一直是迈入文明社会后各国人民的共同愿望和不懈追求。尽管封建社会代替奴隶社会、资本主义社会代替封建社会使生产力水平大幅提升，但在生产资料私有制条件下，不同阶级之间物质利益的差异决定了社会成员无法平等分享发展成果，贫富悬殊甚至两极分化难以避免，人类所向往的共同富裕始终没有实现。因此，消除两极分化，实现全体人民共同富裕，成为无产阶级政党持之以恒的价值追求。新中国成立以后，在如何尽快摆脱贫穷落后面貌、加快社会主义现代化建设进程的路径选择上，党的历代领导集体始终不渝地领导人民坚持走社会主义共同富裕的道路，在理论和实践上进行了不懈和卓有成效的探索，特别是改革开放后"先富带动后富"政策的实施以及党的十八大以来践行"共享发展"理念，让人民群众共享改革发展成果，实现由贫穷到温饱、再到全面建成小康社会的历史性跨越，中国特色社会主义共同富裕的实践取得巨大成效。在此基础上，党的十九届五中全会明确提出要"扎实推动共同富裕"。2021年7月1日，习近平总书记在庆祝中国共产党成立100周年大会上的重要讲话中强调，新征程上必须"推动人的全面发展、全体人民共同富裕取得更为明显的实质性进展"[②]。

近年来，学者们围绕共同富裕的内涵与实现方式进行了较为深入的分析。范从来提出，作为目标的共同富裕和作为结果的共同富裕，是马克思从社会制度演变和生产力发展规律两个角度，对未来社会做出的本质规定[③]。新时期共同富裕的内涵应该包含两层含义：一是整个社会已经没有处于绝对贫困状态的人口，人民生活水

---

① 此文与柳晓明合作撰写。
② 习近平. 在庆祝中国共产党成立100周年大会上的讲话[EB/OL]. 新华网, http://www.xinhuanet.com/politics/leaders/2021-07/15/c_1127658385.htm.
③ 范从来. 探索中国特色社会主义共同富裕道路[J]. 经济研究, 2017(5): 23-25.

平普遍达到了富裕状态；二是人们社会财富积累的差距处于合理范围内①。作为共同富裕的核心要素，发展性、共享性和可持续性也是推动共同富裕进程的必要条件，三者缺一不可②。实证分析层面，可以运用人均国民收入、人均财富保有量、人均物质财富保有量以及全员劳动生产率等指标的绝对水平和相对于发达国家水平等方面对总体富裕程度进行测度。同时，通过运用人群差距、区域差距与城乡差距等子维度，测量发展成果共享程度③。

  关于共同富裕目标的实现方式，程恩富和张建刚④强调，公有制经济是推动共同富裕进程的必要制度基础，坚持以公有制为主体并充分发挥其优越性是共同富裕目标顺利实现的根本保障。共同富裕的实现，是发展和分配的统一。共同富裕无法一蹴而就，必须以共享发展作为必要步骤⑤。贾康⑥提出，为实现共同富裕预期目标，需要运用系统思维构建收入分配的制度体系与具体方式，适当调整市场竞争形成的结果，实现各经济主体"起点的公平"。实证分析结果显示，通过公路体系网络化将乡村纳入由城市带动的既有分工体系内，有利于进一步提升城乡整体经济发展水平，推动共同富裕进程⑦。杜江和龚浩⑧的分析表明，需要进一步完善财政运行体制，科学运用财政政策工具，充分发挥现代财政的共同富裕职能。而在实现脱贫攻坚目标和全面建成小康社会的背景下，如何有效治理相对贫困是共同富裕进程中亟待解决的问题，需要优化资源和机会分配格局，进一步保障和改善民生⑨。

  马克思、恩格斯阐述了共同富裕的历史性与实现这一目标的物质基础、制度前提与社会途径，从生产关系演进和生产力发展两个角度揭示了共同富裕的发展规律。但现有文献更侧重于分析实现共同富裕的重要意义和具体方式，对结合马克思主义共同富裕思想内在要求的研究较为薄弱。因此，如何认识新时期的共同富裕内涵，如何在坚持马克思主义共同富裕思想的前提下通过体制机制创新推动共同富裕，这就需要坚持以人民为中心的发展思想，依据社会主义社会本质特征，将习近平总书记

---

① 龚云. 论邓小平共同富裕理论[J]. 马克思主义研究,2012(1):46-55.
② 郁建兴,任杰. 共同富裕的理论内涵与政策议程[J]. 政治学研究,2021(3):13-25.
③ 刘培林,钱滔,黄先海,等. 共同富裕的内涵、实现路径与测度方法[J]. 管理世界,2021(8):117-129.
④ 程恩富,张建刚. 坚持公有制经济体主体与促进共同富裕[J]. 求是学刊,2013(1):62-67.
⑤ 钟俊平,杨敏. 从"共同富裕"到"共享发展"理念演进探析[J]. 西北民族大学学报(哲学社会科学版),2019(5):35-41.
⑥ 贾康. 共同富裕与全面小康:考察及前瞻[J]. 学习与探索,2020(4):77-81.
⑦ 江鑫,黄乾. 城乡公路体系网络化与共同富裕:基于超边际分工理论分析[J]. 南开经济研究,2019(6):64-85.
⑧ 杜江,龚浩. 新时代推进共同富裕实现的理论思考:基于财政的视角[J]. 求是学刊,2020(3):55-62.
⑨ 陈燕. 中国共产党的共同富裕:理论演进与实现路径[J]. 科学社会主义,2021(3):115-120.

关于共同富裕的重要论述置于马克思主义共同富裕思想演化历程中进行系统性研究，在全面建设现代化国家进程中探索适合中国国情的共同富裕之路，如期实现党的十九届五中全会提出的到 2035 年"全体人民共同富裕取得更为明显的实质性进展"这一预期目标。

一、马克思主义共同富裕思想的形成与实践

通过在学理上对历史进程的深入研究，马克思、恩格斯探讨和阐释了人类社会演进的一般规律。他们关于分配制度、生产力发展和私有制改造的论述，从经济基础与制度保障等方面分析共同富裕的内涵与实现路径，蕴含着丰富而深刻的共同富裕思想。在对前人关于共同富裕构想深入分析的基础上，使共同富裕在理论上从空想迈向科学。

（一）马克思主义共同富裕思想的形成

马克思描述了对生产资料社会占有的基本框架，"通过社会化生产，不仅可能保证一切社会成员有富足的和一天比一天充裕的物质生活，而且还可能保证他们的体力和智力获得充分的自由的发展和运用"①，由此最终实现共产主义条件下全人类的共同富裕。社会生产力水平的提升和物质产品的不断丰富，是人类社会迈入共同富裕的前提条件和物质基础。为此，共同富裕既要确保社会成员的自由发展，还应以产品总量的不断增加为前提，将实现生产力的高度发达作为物质条件。

资本主义社会在发展中创造了大量的物质财富，但由于具有剥削性质的雇佣劳动制度的存在，资本家攫取了绝大部分社会财富。以追求利润最大化为目标的资本逻辑以及生产资料的私人占有制，决定了资本主义制度下生产的目的。由于最大限度榨取剩余价值这一动机始终存在，工人阶级虽然是物质财富的创造者，但其贫困程度日益加深。全社会形成了截然不同的两端：一端是资本家财富滚雪球式的积累，另一端则是劳动者贫困的循环生产，"在一极是财富的积累，同时在另一极，即在把自己的产品作为资本来生产的阶级方面，是贫困、劳动折磨、受奴役……"②，结果必然造成两极分化，导致广大人民有支付能力的需求相对于资本主义生产无限扩

---

① ［德］马克思,恩格斯. 马克思恩格斯文集:第 3 卷[M]. 北京:人民出版社,2009:563 - 564.
② ［德］马克思,恩格斯. 马克思恩格斯文集:第 5 卷[M]. 北京:人民出版社,2009:744.

大的趋势始终不足。在这种情形下，经济危机难以避免并周期性爆发，使社会生产力遭到了严重破坏。

为解决这一问题并将工人阶级彻底解放出来，马克思站在解放全人类的高度，立足于物质生产实践，运用唯物史观分析方法，揭示了人类社会发展的终极目标——建立在共同富裕基础上的所有社会成员均实现自由全面发展。同时，为实现所有人的自由全面发展，应建立人人平等的社会形态。为实现这一目标，马克思在分析资本运动的基础上，揭示了剩余价值本质，公开了寄生者不劳而获和劳动者积累贫困的秘密。通过对生产力与生产关系对立统一性的一般分析，以及对经济基础和上层建筑相关性的深入探讨，马克思强调实现人民共同富裕的制度基础是生产资料公有制。因此，需要通过暴力革命消灭资本主义私有制，废除雇佣劳动制度，才能最终实现共同富裕的目标①，从而完成社会主义理论从空想到科学的飞跃，科学论证了人类共同富裕"何以可能"②，也使共同富裕思想更具实践性和科学性。

按照马克思对未来社会的基本设想，社会主义社会将彻底消灭剥削和压迫，全体社会成员共同拥有全部社会生产资料，并以按劳分配原则平等占有社会全部产品，实现人人平等、人人富裕和自由而全面发展。因此，社会主义不但要实现全体社会成员政治地位平等，还要保证其经济地位平等。社会产品由全体劳动者所有并实行公平分配，每个人都拥有按需获取消费资料的权利，个人在量的占有上也完全平等，"生产将以所有的人富裕为目的"③，表明马克思鲜明地坚持全体社会成员共同富裕的价值理念。

（二）列宁和斯大林对马克思主义共同富裕思想的实践与发展

列宁在领导建立世界上第一个社会主义国家后，以坚持马克思主义共同富裕思想为指导，积极探索在生产力水平落后的背景下，如何推动社会主义制度下共同富裕的进程。他认为，社会主义社会中，全体成员的政治和经济地位是完全平等的，"新的、更好的社会里不应该有穷有富，大家都应该做工，共同劳动的成果不应该为一小撮富人享受，应该归全体劳动者享受"④。因此，要做到任何个人和团体都不能也不应该剥削其他人所生产的劳动成果，"在社会主义制度下，全体工人，全体

---

① 刘长明，周明珠. 共同富裕思想探源[J]. 当代经济研究，2020(5)：37-47.
② 孟书广，朱可辛. 马克思恩格斯论证"人类共同富裕何以可能"的四个维度[J]. 毛泽东邓小平理论研究，2020(4)：26-33.
③ [德]马克思，恩格斯. 马克思恩格斯文集：第8卷[M]. 北京：人民出版社，2009：200.
④ [苏]列宁. 列宁全集：第7卷[M]. 北京：人民出版社，1987：112.

中农,人人都能在决不掠夺他人劳动的情况下完全达到和保证达到富足的程度"①,从而能够消灭阶级压迫所导致的贫富分化。

因此,只有在大力发展社会生产力且产品十分丰富的背景下,社会主义方可实现全面充分地满足劳动人民的一切合理需要。而这都离不开生产资料公有制的建立与发展,否则共同富裕的实现就没有制度保障。"只有社会主义才可能广泛推行和真正支配根据科学原则进行的产品的社会生产和分配,以便使所有劳动者过最美好、最幸福的生活"②。因此,经济发展实践中列宁采取集中统一的计划经济手段,实现生产资料高度公有化。同时,坚持实行与社会主义公有制相适应的按劳分配制度。列宁提出,"因为富裕的程度还会不同,而不同就是不公平"③,使这一时期的共同富裕思想带有同步富裕的色彩。

斯大林进一步明确了共同富裕思想在马克思主义理论体系中的重要地位,并将社会主义生产目的与实现手段概括为"社会主义的基本经济规律"。他认为,"如果我们不是要使我国人民过美满生活,那就用不着在1917年10月推翻资本主义,进行多年的社会主义建设了"。他强调,"社会主义不是要大家贫困,而是要消灭贫困,为社会全体成员建立富裕的和文明的生活",④ 同时,斯大林还坚持富裕生活的实现有一个历史的发展过程,需要有合适的实现方式。在具体途径上,斯大林坚持将集体化道路作为实现共同富裕的基本方式,强调"不实行集体化,就不能把我国引向建成社会主义经济基础的康庄大道,就不能使千百万劳动农民摆脱贫困和愚昧"⑤,并将使全体集体农庄庄员生活富裕作为彼时亟待完成的重要目标。

在第一次推进社会主义建设的实践中,列宁和斯大林基于自身对社会主义制度的认识以及当时的历史条件,就社会主义制度建成后如何推动共同富裕进程,开展了具有重要意义的摸索。在此过程中既有正确的方向和明确的目标,也采取了具体的措施,形成了一个较为完整的政策体系,其经验和教训为后来的马克思主义者提供了重要借鉴。

---

① [苏]列宁. 列宁选集:第35卷[M]. 北京:人民出版社,1987:470.
② [苏]列宁. 列宁全集:第34卷[M]. 北京:人民出版社,1987:356.
③ [苏]列宁. 列宁全集:第31卷[M]. 北京:人民出版社,1987:89.
④ [苏]斯大林. 斯大林选集:下卷[M]. 北京:人民出版社,1979:337.
⑤ [苏]斯大林. 斯大林全集:第13卷[M]. 北京:人民出版社,1956:171-172.

二、新中国成立后对马克思主义共同富裕理论与实践的探索

新中国成立后,中国社会生产力从旧的生产关系的束缚中解放出来,为推动共同富裕的实践进程奠定了坚实的制度基础。在中华民族从站起来、富起来到强起来的历史征程中,党的几代领导集体围绕共同富裕的实现模式进行了艰苦探索,在此过程中对马克思主义共同富裕思想的认识也不断深化。

(一)新中国成立初期中国关于共同富裕理论与实践的探索

新中国成立初期,面对普通民众的极端贫困和不同群体之间存在的巨大收入差距,亟待解决的问题就是如何带领广大人民早日摆脱贫困状态,尽快实现共同富裕和国家富强。在此背景下,毛泽东强调:"这个富,是共同的富……大家都有份。"[①]但在当时的情形下,他清醒地认识到想要彻底改变贫穷落后面貌进而推动共同富裕,无法急于求成,需要历经一个长期的艰苦奋斗的历程。他指出,"我们还是一个农业国。在农业国的基础上,是谈不上什么强的,也谈不上什么富裕的"[②]。因此,实现人民共同富裕首先要大力发展生产力,实现包括农业在内的社会主义现代化。

毛泽东认为,共同富裕的实现要以农民的富裕为前提,人民的共同富裕首先是农民的共同富裕。他提出,"要巩固工农联盟,使农民群众摆脱贫困和改善生活,就必须领导农民走社会主义道路,使农民群众共同富裕起来"[③]。因此,他将实现富裕作为农村反贫困和农业发展的奋斗目标,而合作社则被视为重要的组织形式,"发展互助合作运动,不断地提高农业生产力,这是党在农村中工作的中心"[④]。毛泽东强调,分散的个体必须联合起来,在社会主义建设中凝聚力量、共同奋斗,组织农民走集体化道路是解决农民共同富裕问题的唯一途径[⑤],为此,要"逐步地实现对于整个农业的社会主义的改造,即实行合作化……使全体农村人民共同富裕起

---

① 中共中央文献研究室. 毛泽东思想年编(一九二一—一九七五)[M]. 北京:中央文献出版社,2011:790.
② 中共中央文献研究室. 共和国走过的路:建国以来重要文献选编:1953—1956[M]. 北京:中央文献出版社,1994:302.
③ 中共中央文献研究室. 建国以来重要文献选编(第七册)[M]. 北京:中央文献出版社,1993:308.
④ 顾龙生. 毛泽东经济年谱[M]. 北京:中共中央党校出版社,1993:324.
⑤ 龚云. 毛泽东与中国农民问题[J]. 河南社会科学,2014(9):94-99.

来"①。农业合作化强调共同富裕过程的公平，注重分配上的绝对平等，使农民原有经济条件差别逐步消失，为农民实现集体致富奠定组织基础。

毛泽东将对私有制的改造及社会主义公有制的建立作为达到社会发展和人民共同富裕的制度前提，是在当时的社会条件下，对共同富裕实现方式的积极探索。在个人分配关系上表现为尽量缩小个人间的收入差距，致力于推动社会成员的平均与平等。但在生产力水平较为落后的情况下，实行高度集中的计划经济体制和平均分配方式，影响了劳动者的生产积极性，在一定程度上制约了生产力发展水平。由于没有现成的经验可供参考，这一时期对社会主义共同富裕道路的探索过程十分艰辛。

（二）改革开放以后对共同富裕认识的深化

改革开放后，邓小平将满足广大人民的根本利益与实现共同富裕有机结合，提出"贫穷不是社会主义"，发达的生产力是共同富裕的物质基础。他坚持以经济建设为中心，通过改革开放来解放和发展生产力，"使整个国民经济不断地波浪式地向前发展，使全国各族人民都能比较快地富裕起来"②。他强调，"社会主义的本质，是解放生产力，发展生产力，消灭剥削，消除两极分化，最终达到共同富裕"③。将共同富裕作为社会主义本质正式提出来，科学阐述了社会主义制度下生产力和生产关系的统一，以及实现过程和最终目标的延续性④。

具体实践中，在确保社会公平与防止两极分化的基础上，邓小平提出"先富带动后富，实现共同富裕"的发展战略。部分人先富起来是为了更好地带动其他群体，最终目标是实现所有人的共同富裕。"允许一些地区、一些人先富起来，是为了最终达到共同富裕，所以要防止两极分化"⑤。邓小平强调："社会主义财富属于人民，社会主义的致富是全民共同致富。社会主义原则，第一是发展生产，第二是共同致富。"⑥ 这一重要论述阐明了改革开放背景下中国社会主义性质的判断标准和发展要求⑦。实践中通过多种措施引导"先富"带动"未富"，进而推动共同富裕进程。先富地区通过两种方式带动其他地区共同富裕：一是通过经济增长产生空间

---

① 中共中央文献研究室. 建国以来重要文献选编：第七册[M]. 北京：中央文献出版社，1993：79.
② 邓小平. 邓小平文选：第2卷[M]. 北京：人民出版社，1994：152.
③ 邓小平. 邓小平文选：第3卷[M]. 北京：人民出版社，1993：373.
④ 莫炳坤，李资源. 十八大以来党对共同富裕的新探索及十九大的新要求[J]. 探索，2017(6)：15-22.
⑤ 邓小平. 邓小平文选：第3卷[M]. 北京：人民出版社，1993：195.
⑥ 邓小平. 邓小平文选：第3卷[M]. 北京：人民出版社，1993：172.
⑦ 程恩富，刘伟. 社会主义共同富裕的理论解读与实践剖析[J]. 马克思主义研究，2012(6)：41-47.

外溢效应，带动其他地区实现经济增长；二是通过财政转移支付与对口支援等方式，帮助欠发达地区提升生产力发展水平①。

随着社会主义市场经济体制的建立与完善，中国经济在保持持续高速增长的同时，不同群体收入水平也出现了较为明显的差距。为解决这一问题，在坚持"在社会主义初级阶段，尤其要把集中力量发展社会生产力摆在首要地位"②的同时，江泽民强调"最重要的是必须首先考虑并满足最大多数人的利益要求"③，这有利于反映和兼顾不同群体的利益所在，引导全体人民朝着共同富裕的方向不断前行。"实现共同富裕，是社会主义的最大优越性，这个目标是不会改变的，是一定要实现的"④。因此，在制定涉及国计民生的重大战略时，要充分考虑并最大限度保证和满足居民的合理利益诉求，充分调动和保护各方面的积极性与主动性。

为此，江泽民坚持推进区域经济协调发展和逐步缩小地区之间的发展差距，进一步推动不同地区之间的经贸往来与经济合作，努力实现区域间的优势互补和共同发展。在发展理念上坚持效率优先、兼顾公平，在提升社会整体生产力发展水平的同时，通过国家宏观调控和各地区自身努力，逐步缩小不同区域之间的差距。江泽民指出，"社会主义的优越性不仅表现在经济政治方面，表现在能够创造出高度的物质文明上；而且表现在思想文化方面，表现在能够创造出高度的精神文明上"。他强调，"全党同志都要把加强社会主义精神文明建设，作为一项长期的重大的战略任务，认真抓好"⑤。因此，社会主义制度下的共同富裕，不仅是物质层面的富裕，还应该包括"精神富裕"⑥，这一论述深化了对共同富裕的认识，也丰富了共同富裕理论的内涵。

进入 21 世纪后，针对经济发展存在的不协调与非持续性等问题，胡锦涛提出科学发展观和构建社会主义和谐社会的战略思想，将提高效率同促进公平两个方面有机结合。他在党的十七大报告中强调，初次分配和再分配均需正确处理效率和公平

---

① 覃成林,杨霞. 先富地区带动了其他地区共同富裕吗:基于空间外溢效应的分析[J]. 中国工业经济, 2017(10):44-61.
② 江泽民. 高举邓小平理论伟大旗帜,把建设有中国特色社会主义事业全面推向二十一世纪——在中国共产党第十五次全国代表大会上的报告[J]. 求是,1997(18):2-23.
③ 中共中央文献研究室. 江泽民思想年编[M]. 北京:中央文献出版社,2010:538.
④ 中共中央文献研究室. 江泽民论有中国特色社会主义:专题摘编[M]. 北京:中央文献出版社,2002:164.
⑤ 中共中央文献研究室. 社会主义精神文明建设文献选编[M]. 北京:中央文献出版社,1996:473-474.
⑥ 中共中央文献研究室. 江泽民论有中国特色社会主义:专题摘编[M]. 北京:中央文献出版社,2002:380.

的关系,再分配层面则应更关注公平的实现①。这表明我们党更加注重经济社会的全面发展,是对效率与公平关系认识的一次升华②,也体现了社会主义最终要实现共同富裕的本质特征。就内容而言,科学发展观的第一要义是发展。正如胡锦涛所强调的,"解决我国经济社会面临的许多矛盾和问题,……关键还是要靠发展。只有形成又好又快的发展,……才能形成更完善的分配关系和社会保障体系,才能创造更多就业机会,才能不断满足人民群众多方面的需求"③,表明共同富裕的实现是社会和经济等领域全面发展的结果。

同时,胡锦涛强调全体居民都应该能够享受经济社会发展的成果,必须"依法逐步建立以权利公平、机会公平、规则公平与分配公平为主要内容的社会公平保障体系,使全体人民共享改革发展的成果,使全体人民朝着共同富裕的方向稳步前进"④。为此,他提出共同富裕要以人为本,是协调发展的共同富裕。在实践中坚持经济发展和人口、资源与环境相协调,更加突出维护社会公平在共同富裕进程中的重要性,也进一步丰富了马克思主义共同富裕思想体系。

三、党的十八大以来对马克思主义共同富裕思想的继承与发展

党的十八大以来,习近平总书记根据新时代中国经济社会发展状况,以现实问题为导向,从精准扶贫方略的实施到全面建成小康社会,强调经济发展成果由全体人民共同享有,逐步推动共同富裕进程,并通过新时代的实践,从多角度发展了共同富裕的思想,推动了马克思主义共同富裕思想的理论深化与实践创新。

(一) 习近平总书记关于共同富裕的重要论述与马克思主义共同富裕思想一脉相承

习近平总书记在党的十九大报告中提出:"经过长期努力,中国特色社会主义进入了新时代,这个新时代……是全国各族人民团结奋斗、不断创造美好生活、逐

---

① 胡锦涛. 高举中国特色社会主义伟大旗帜 为夺取全面建设小康社会新胜利而奋斗——在中国共产党第十七次全国代表大会上的报告[J]. 求是,2007(21):3-22.
② 王荣党. 反贫困视角下效率与公平的历史归结和中国情结[J]. 江淮论坛,2014(1):10-14.
③ 胡锦涛. 胡锦涛文选:第二卷[M]. 北京:人民出版社,2019:287.
④ 胡锦涛. 胡锦涛文选:第二卷[M]. 北京:人民出版社,2019:291.

步实现全体人民共同富裕的时代。"① 将共同富裕作为一种明确和现实的目标直接提出,并作为新时代的重要内涵,是在坚持马克思主义共同富裕思想的前提下,立足中国经济社会发展现状,对确立什么样的发展理念这一重大问题进行的深入探索。强调实现共同富裕是社会主义的本质要求,经济发展成果要能有效转化为人民收入和生活水平的普遍提高,"经济发展了,还有共同富裕问题"②,这与马克思主义共同富裕思想一脉相承。

在推动共同富裕进程中,习近平总书记坚持问题导向,聚焦突出问题和明显短板,及时回应人民群众的诉求和期盼。通过实施精准扶贫并顺利实现预期目标,在大多数有能力和有条件的群体继续提升收入水平的同时,让处于弱势地位的群体也能分享经济发展成果。精准扶贫方略和脱贫攻坚战略的实施,克服了贫困人口区域分布广以及成因复杂等困难,历史性地解决了我国的绝对贫困问题,为全面改善民生、推动共同富裕进程奠定了坚实的基础。在此过程中,坚持扶贫与扶智和扶志相结合,更加强调脱贫的彻底性与可持续性。在提升人民物质生活水平的同时,注重发展的充分性与全面性,不断增强人民群众的幸福感与安全感,充分体现了马克思主义共同富裕思想的内在本质。

习近平总书记在党的十九大报告中提出了实现共同富裕的阶段性目标和路线图:在开启全面建设社会主义现代化国家的征程中,到2035年,全体人民共同富裕将取得更为明显的实质性进展;到本世纪中叶,基本实现全体人民的共同富裕。这为共同富裕的实现提供了更为清晰和务实的时间表,既清醒认识到距离真正实现共同富裕仍有较长的一段路程,需要付出艰辛的劳动,又具有很强的方向引领性和可操作性。通过明确进度安排,将共同富裕目标融入经济与社会发展战略体系之中,表明共同富裕的实现是一个从量变到质变的渐进过程,需要遵循马克思主义共同富裕思想的基本原则。

(二)习近平总书记关于共同富裕的重要论述发展了马克思主义共同富裕思想

发展是基础,唯有发展才能满足人民对美好生活的热切向往,为共同富裕目标的实现奠定坚实的物质基础。就现状而言,发展的不平衡不充分成为满足人民美好

---

① 习近平. 决胜全面建成小康社会 夺取新时代中国特色社会主义伟大胜利:在中国共产党第十九次全国代表大会上的报告[N]. 人民日报,2017-10-28.
② 习近平. 做焦裕禄式的县委书记[M]. 北京:中央文献出版社,2015:35.

生活需要的最大制约因素。在解决这一矛盾的过程中，"要根据现有条件把能做的事情尽量做起来，积小胜为大胜，不断朝着全体人民共同富裕的目标前进"①。为此，习近平总书记强调要实施经济高质量发展战略。这既是过去物质生产实践的结果，也是朝着更高阶段演进的前提条件，在实践中营造与高效、公平和可持续发展目标相契合的体制政策环境②。此外，物质财富要极大丰富，精神财富也要极大丰富③。"富"不仅是物质上的"富"，同时也应是精神上的"富"，这进一步丰富了新时期共同富裕的内涵。幸福感与获得感等主观感受不仅是物质生活的简单表达，也包含着人民对精神文化产品供给状况的主观诉求。新时期实现共同富裕不仅强调物质富裕的重要性，而且更加注重人民在精神层面的提升与进步。到本世纪中叶，全体人民不仅要实现物质层面的富足，精神层面上也要处于非常高的水平。

基于生产力发展与实现共同富裕的辩证关系，习近平总书记将共同富裕实现方式与解决新时期中国社会主要矛盾相统一，深化了对马克思主义方法论的运用。中央财经委员会第十次会议强调，共同富裕是全体人民的富裕，是人民群众物质生活和精神生活都富裕，不是少数人的富裕，也不是整齐划一的平均主义，要分阶段促进共同富裕④，这一重要论述进一步深化了对共同富裕进程的认识。支持浙江高质量发展建设共同富裕示范区，有利于通过实践进一步丰富共同富裕的思想内涵，有利于探索破解新时代社会主要矛盾的有效途径，有利于为全国推动共同富裕提供省域范例⑤，从而使我国新时期关于共同富裕体制机制和政策体系的设计更为科学，各种发展要素和发展制度与共同富裕的目标相匹配，使各发展主体有动力、有能力朝着共同富裕目标迈进，使马克思主义共同富裕思想具有了更鲜明的时代特征和实践价值，增强了理论的时代性和系统性。在经济全球化的时代背景下，要坚持共商共建共享的全球治理观，构建世界各国人民同呼吸的人类命运共同体，将共同富裕思想置于全球视野进行规划。要实施更大范围、更深层次的对外开放，倡导和推进"一带一路"建设，携手消除全球范围内的贫穷落后，使世界人民共享发展成果。这些理念的提出和付诸实践，表明新时代中国对马克思主义共同富裕思想的认识上升到了一个新的高度。

---

① 习近平. 习近平谈治国理政：第 2 卷[M]. 北京：外文出版社,2017:215.
② 张军扩,侯永志,刘培林,等. 高质量发展的目标要求和战略路径[J]. 管理世界,2019(7):3-10.
③ 习近平. 习近平谈治国理政：第 2 卷[M]. 北京：外文出版社,2017:323.
④ 在高质量发展中促进共同富裕 统筹做好重大金融风险防范化解工作[N]. 人民日报,2021-08-18.
⑤ 中共中央 国务院关于支持浙江高质量发展建设共同富裕示范区的意见[EB/OL]. http://www.gov.cn/zhengce/2021-06/10/content_5616833.htm.

(三) 习近平总书记关于共同富裕的重要论述充分体现了以人民为中心的发展思想

共同富裕的推进与广大人民的地位和作用息息相关,离不开人民的共同参与和共同努力。人民群众是历史的创造者,更是共同富裕进程中的"剧中人"和"剧作者"。习近平总书记多次强调要向人民群众学习,要深入发掘群众中蕴藏的智慧和创造力。他指出,"好措施、好办法哪里来?答案是从群众中来"①。关于共同富裕,他坚持,"我们追求的发展是造福人民的发展,我们追求的富裕是全体人民共同富裕"②。这充分表明我国经济和社会发展要满足人民日益增长的美好生活需要,要依靠一代又一代中国人的共同努力。因此,应充分尊重人民群众所表达的意愿并保障其所拥有的权利,将人民的呼声和利益诉求放在首要位置。

中央财经委员会第十次会议明确提出共同富裕是中国式现代化的重要特征,要在高质量发展中促进共同富裕③。习近平总书记坚持将共享发展新理念作为治国理政的基本方略,提出共享发展是"人人享有,各得其所,不是少数人的共享,一部分人的共享"④,不仅包含全体人民在发展成果上的共同享有,还强调人民群众如何更加公平地享有各种权利和机会。同时,进一步强调发展的全面性,在不断提升居民收入水平的同时,努力满足人民对更高水平的医疗服务等多层次的需求。在实现物质层面公平分享的基础上,从注重整体取向转为更关注个体的具体需求,与人民群众在新时期的具体要求有机融合,实现社会公平正义地发展,突出人民在共同富裕进程中的主体性。

坚持在发展中保障和改善民生,一步一个脚印迈向共同富裕,从根本上解决发展为了谁和依靠谁来发展的问题,蕴含了为人民造福以及实现共同富裕的本质要求。同时,在实践中坚持发展为了人民、发展依靠人民,在共同富裕进程中充分发挥人民的主动性、积极性和创造性,强调国家富强与民族振兴都离不开人民基本权利得到保障与幸福感得到满足。习近平总书记强调,"中国梦归根到底是人民的梦,必须紧紧依靠人民来实现,必须不断为人民造福","绝不能出现'富者累巨万,而贫

---

① 习近平. 之江新语[M]. 杭州:浙江人民出版社,2007:61.
② 中共中央宣传部. 习近平新时代中国特色社会主义思想学习纲要[M]. 北京:学习出版社,人民出版社,2019:45.
③ 在高质量发展中促进共同富裕 统筹做好重大金融风险防范化解工作[N]. 人民日报,2021-08-18.
④ 习近平. 习近平谈治国理政:第2卷[M]. 北京:外文出版社,2017:215.

者食糟糠'的现象"①，使人民群众在共建共享的进程中有更多获得感，朝着共同富裕的方向不断前进。

四、马克思主义共同富裕思想演进对中国推动共同富裕的启示

作为一个兼具长期性与过程性的发展历程，实现共同富裕是中国经济社会发展过程中不断演进变化的课题。在高质量发展中扎实推动共同富裕，已经成为当前中国的重大理论和实践议程。在此过程中，需要坚定走中国特色社会主义社会共同富裕道路的信念，在实践中通过完善各项制度安排推动共同富裕取得实质性进展。

（一）推动经济高质量发展是实现共同富裕的物质基础

生产力水平高度发达和经济普遍繁荣，进而达到物质产品富足，是实现共同富裕的物质基础。这需要有效解决地区差距、城乡差距、收入差距等问题，推动经济社会的高质量发展，为全社会持续而公平地提供更为充实的物质产品和服务，尽可能满足人民对美好生活的需要。为此，需要在实践中深入贯彻创新、协调、绿色、开放、共享的新发展理念，提升经济发展效率和质量，持续转换发展动力，把发展经济着力点放在实体经济上，厚实产业基础，提升产业链现代化水平，增强企业发展的核心竞争力和提高国民经济的运行质量。在此过程中逐渐形成与之相适应的政策体系以及高效、公平和可持续的运行机制。立足于本国内需形成国民经济的良性循环，推动形成既能满足国内需求又能提升产业技术发展水平且有利于形成国际经济合作和竞争新优势的发展格局。在此基础上，推动经济发展质量变革、动力变革，提高全要素生产率，建设创新引领的产业体系，不断改善供给结构，实现实体经济、科技创新与金融市场有效协同，为推动共同富裕奠定更为坚实的物质基础。

（二）坚持公有制的主体地位是实现共同富裕的根本保证

经济发展的实践历程证明，所有制基础对于共同富裕的实现至关重要。生产力的高度发达并不意味已经实现了共同富裕。西方发达资本主义国家生产力已处于较高发展水平，但仍然无法避免贫富悬殊与两极分化。只有在公有制经济条件下，企业的利润才能转化为全社会或集体所有的共同财富，并有效遏制市场经济条件下的

---

① 习近平. 在党的十八届五中全会第二次全体会议上的讲话(节选)[J]. 求是,2016(1):3-10.

资本权力扩张以及贫富两极分化倾向，从根本上克服私有制与生产社会化之间的对立关系。因此，巩固和发展社会主义公有制，才能确保广大人民对生产资料的所有权，在经济发展中缩小不同群体之间的收入差距。在经济发展的实践中，国有企业通过税收、红利上缴及国有资产权益划转等方式，让全体居民分享经济发展带来的红利，体现了其作为社会主义公有制实现形式的根本性质，也限制了任何个体凭借生产资料所有权无偿占有他人剩余劳动产品的行为。这使生产资料成为全社会和一定范围内劳动者所共有的从事生产活动和提高福利水平的物质条件，避免了阶层分化的可能性。因此，实现共同富裕必须坚持公有制的主体地位。同时，在这一组织框架内探索新时代公有制企业贯彻按劳分配原则的具体途径，推动企业内部劳动生产关系和组织形态的创新，实现提升企业效益与提高劳动者收入的内在统一。

（三）优化收入分配体系是推动共同富裕的基本途径

发展不平衡在收入分配领域突出表现为不同群体之间较为明显的收入差距。由于资本性与财产性收入的增速超过劳动性收入，不同群体特别是城乡居民之间的收入差距较为明显。这种收入差距还可能会代际传递，成为收入差距持续拉大的重要原因。因此，需要构建既有利于经济增长又能促进社会财富公平分配的制度体系，进一步优化与财富生产结构相匹配的分配方式。在初次分配过程中更加强调公平，提高劳动报酬所占比重，实现国民财富在社会成员间实现合理分配与平等受益，让社会财富在初次分配时就能实现更大范围的共享。同时，利用现代信息技术进一步提升再分配过程的精准性，保障低收入群体的各种合法利益。在对收入水平及来源进行细分的基础上优化面向低收入群体的财政支出配置政策，在扩大转移性支出规模的同时优化支出结构。强化税收和转移支付等政策工具的系统性与整体性，实现国民收入再分配的有效调节，合理分配社会资源，缩小居民之间的收入差距。通过推进供给侧结构性改革优化功能性收入分配结构，拓宽中低收入阶层向上流动的渠道。在此基础上，优化社会保障领域的资源配置格局，形成以全民覆盖与运行高效为特征的多层次保障体系。

（四）促进人的自由全面发展是共同富裕的终极目标

实践过程既是人的主体性、目的性与能动性实现的过程，又是社会发展的历史进程与实践过程。从终极目标来看，人的自由全面发展是人类社会发展的必然。无产阶级政党的历史使命就在于建立自由人的联合体，正如马克思所强调的，"代替那存在着阶级和阶级对立的资产阶级旧社会的，将是这样一个联合体，在那里，每个人的自由发展是一切人的自由发展的条件"①。就发展领域而言，人的自由全面发展，既是个人能力、知识与综合素质等方面的发展，也包括政治权利和社会权利等方面的实现，这需要以社会关系的高度解放为历史条件。在人民对美好生活的向往得以满足的同时，极大地发挥人民群众的创造力，形成人的自由全面发展与共同富裕良性互动的运行机制。富裕的内涵也逐渐从物质转向兼顾物质与精神两个层面。因此，需要持续提升文化教育水平，为人的全面发展提供健康的文化环境，形成有效的社会治理与良好的社会秩序，使人的能力得到发展，每个社会成员都能完全自由地发展和发挥其全部才能。推动人的社会关系在一个更宽广的层面上得到生成和发展，使人真正成为自然界、社会和自身的主人，在共同富裕的实现过程中寻求本质回归，最终实现完全解放与全面发展。

---

① [德]马克思,恩格斯. 马克思恩格斯文集:第2卷[M]. 北京:人民出版社,2009:53.

作者简介

陈金明，1966年生，法学博士，教授、博士生导师。湖北省首届"中青年马克思主义理论家"培育计划获得者，湖北省中国特色社会主义理论体系研究中心（三峡大学研究基地）首席专家，三峡大学中国化马克思主义海外传播研究中心主任，世界政治经济学会常务理事。主持国家社科基金项目2项（其中1项结项"优秀"）、省部级课题4项；在《人民日报》《光明日报》《教学与研究》等重要报刊发表学术论文50余篇；在人民出版社、中国社会科学出版社出版《新中国外援战略研究》等学术著作3部；多次荣获三峡大学"优秀共产党员""优秀教师""师德标兵"等称号。

陈金明：毛泽东与邓小平共同富裕思想之比较[①]

一、毛泽东、邓小平共同富裕思想的一致性

（一）文化底蕴一致

毛泽东、邓小平的共同富裕思想与中国传统文化有着密不可分的历史渊源，中国优秀传统文化中追求天下为公的"大同"思想、不患寡而患不均的"均贫富"思想、重视人民物质生活的"民本"思想等，无不为深受中国传统文化熏陶的毛泽东、邓小平形成共同富裕理想奠定了厚重的文化底蕴。

第一，"大同"思想的浸润。中国传统意义上的"大同"思想可谓源远流长，并成为中华民族共同的理想追求。天下为公的"大同"思想虽带有空想性，但这种憧憬和向往长期以来却一直启迪和激励着历代仁人志士对理想社会的追求。毛泽东也早在青年时期就十分倾心于中国传统的"大同"社会，曾发出"大同者，吾人之鹄也"[②]的豪迈志向。后来人民公社的出现更是激活了毛泽东的"大同"理想，他自信已经找到了一条通往"大同"世界的道路。邓小平对传统"大同"思想进行了积极的扬弃，提出了先富带动后富、最终走向共同富裕的发展道路。

第二，"均贫富"思想的影响。中国传统文化中的均贫富思想可谓生生不息、传承不绝，它既体现了一种治国理念，也反映了民众的一种普遍信仰。这种反对贫富悬殊和两极分化、极力主张"均贫富"的思想，无不对毛泽东、邓小平共同富裕思想产生了潜移默化的影响。

[①] 此文与柳红霞合作撰写。
[②] 陈晋. 毛泽东读书笔记解析：上册[M]. 广州：广东人民出版社，1994：132.

第三，民本思想的熏陶。古人云："民为邦本，未有本摇而枝叶不动者。"而民之最大追求乃生活富裕，"国以民为本，民以谷为命"。因此，"富民"乃国家根本大计，"凡治国之道，必先富民"，"为人臣者，以富乐民为功，以贫苦民为罪"。故为政者要体恤百姓疾苦，关心农业生产，使百姓过上富裕安宁的幸福生活。酷爱中国传统文化的毛泽东、邓小平无疑受到中国古代民本思想的熏陶和浸润，因而他们能勾画出国民共同富裕的宏伟蓝图。

（二）理论根基一致

毛泽东、邓小平的共同富裕思想不仅有着深厚的中国传统文化底蕴，而且还具有马列主义的理论根基。为了实现人类的共同富裕，马列经典作家对此都进行过积极的探索。马克思在《1857—1858年经济学手稿》中，曾谈到未来社会生产将以所有人的富裕为目的的思想。1878年，恩格斯在《反杜林论》中进一步指出："通过社会化生产，不仅可能保证一切社会成员有富足的和一天比一天充裕的物质生活，而且还可能保证他们的体力和智力获得充分的自由的发展和运用。"① 当然，他们所设计的未来共产主义"按需分配"更是一种共同富裕的理想。

列宁在领导俄国社会主义革命和建设实践中，对共同富裕问题进行了比较深入的探讨。1903年3月，他在《告贫穷农民》中指出："在这个新的、更好的社会里不应该有穷有富，大家都应该做工，共同劳动的成果不应该归一小撮富人享受，应该归全体劳动者享受。"② 1919年2月，列宁又进一步指出："在社会主义制度下，全体工人、全体中农，人人都能在决不掠夺他人劳动的情况下完全达到和保证达到富足的程度。"③ 从列宁的这些重要论述中我们不难看出，他已经初步提出了社会主义共同富裕的思想。

斯大林在列宁探索的基础上继续前进，并结合苏联社会主义建设的实践经验，对共同富裕问题进行了比较系统的思考，并提出了许多有价值的思想观点。第一，"社会主义不是要大家贫困，是要消灭贫困，为社会全体成员建立富裕的和文明的生活"。④ 并且只有社会主义才能使人民摆脱贫困，获得富裕，"除了和社会主义工业结合，除了通过农民普遍合作化把农业经济引上社会主义发展的总轨道以外，没

---

① ［德］马克思，恩格斯. 马克思恩格斯选集：第3卷[M]. 北京：人民出版社，1995：633.
② ［苏］列宁. 列宁全集：第7卷[M]. 北京：人民出版社，1986：112.
③ ［苏］斯大林. 斯大林选集：上卷[M]. 北京：人民出版社，1979：470.
④ ［苏］斯大林. 斯大林选集：下卷[M]. 北京：人民出版社，1979：337.

有而且不可能有其他足以使农民免于贫困和破产的道路"。① 第二,"只有在高度的劳动生产率基础上,只有在产品和各种消费品丰裕的基础上"②,才能使社会全体成员走向共同富裕之路。

毛泽东、邓小平正是在继承和发展马克思、恩格斯、列宁和斯大林关于共同富裕理论的基础上,提出了具有中国特色的共同富裕思想。

(三) 忧虑焦点一致

毛泽东、邓小平在带领人民走向共同富裕道路的进程中,非常忧虑和警惕两极分化现象。毛泽东认为,"小农经济是不稳固的,时刻向两极分化"③,"如果党不积极引导农民走社会主义道路,资本主义在农村中必然发展起来,农村中的两极分化就会加强起来"。④ 显然,毛泽东把两极分化看作与共同富裕相对立的事物。要避免两极分化就要引导农民走社会主义合作化道路,这样才能实现共同富裕,消灭两极分化。为此,他主张要逐步实现对整个农业的社会主义改造,即实现合作化,在农村中消灭富农经济制度和个体经济制度,"使全体农村人民共同富裕起来"。⑤

面对改革开放后中国开始出现的贫富差距,邓小平深表忧虑:"如果富的愈来愈富,穷的愈来愈穷,两极分化就会产生。"⑥ "如果搞两极分化,情况就不同了,民族矛盾、区域间矛盾、阶级矛盾都会发展,相应地中央和地方的矛盾也会发展,就可能出乱子。"⑦ "如果我们的政策导致两极分化,我们就失败了,如果产生了什么新的资产阶级,那我们就真是走了邪路了。"⑧ 所以他告诫第三代中央领导同志:"社会主义不是少数人富起来、大多数人穷,不是那个样子。"⑨ "社会主义与资本主义不同的特点就是共同富裕,不搞两极分化。"⑩ 并且他坚信,"社会主义制度就应该而且能够避免两极分化",当人民生活"达到小康水平的时候,就要突出地提出

---

① [苏]斯大林. 斯大林选集:上卷[M]. 北京:人民出版社,1979:450.
② [苏]斯大林. 斯大林选集:下卷[M]. 北京:人民出版社,1979:375-376.
③ 中华人民共和国国家农业委员办公厅,编. 农业集体化重要文件汇编:上集[M]. 北京:中共中央党校出版社,1981:206.
④ 中华人民共和国国家农业委员办公厅,编. 农业集体化重要文件汇编:上集[M]. 北京:中共中央党校出版社,1981:451.
⑤ 毛泽东. 毛泽东文集:第6卷[M]. 北京:人民出版社,1999:437.
⑥ 邓小平. 邓小平文选:第3卷[M]. 北京:人民出版社,1993:374.
⑦ 邓小平. 邓小平文选:第3卷[M]. 北京:人民出版社,1993:364.
⑧ 邓小平. 邓小平文选:第3卷[M]. 北京:人民出版社,1993:111.
⑨ 邓小平. 邓小平文选:第3卷[M]. 北京:人民出版社,1993:364.
⑩ 邓小平. 邓小平文选:第3卷[M]. 北京:人民出版社,1993:123.

和解决这个问题"。①

（四）价值指向一致

共同富裕是毛泽东、邓小平领导中国革命和建设所追求的理想目标，也是社会主义的本质规定和核心所在，其价值指向是为了最大限度地实现人民利益，并以人民利益标准为社会主义的最高价值标准。对此，毛泽东明确指出："共产党人的一切言论行动，必须以合乎最广大人民群众的最大利益，为最广大人民群众所拥护为最高标准。"② 邓小平基于对社会主义价值指向地深刻理解，也指出，"中国共产党的含意或任务，如果用概括的语言来说，只有两句话：全心全意为人民服务，一切以人民利益作为每一个党员的最高准绳"。③ 在毛泽东、邓小平的价值观中，人民利益是其全部思想内容展开的逻辑起点。正如邓小平所说，"我们过去几十年艰苦奋斗，就是靠用坚定的信念把人民团结起来，为人民自己的利益而奋斗"。④ 今天，"我们要想一想，我们给人民究竟做了多少事情呢？我们一定要根据现在的有利条件加速发展生产力，使人民的物质生活好一些，使人民的文化生活、精神生活好一些"。⑤

（五）制度保证一致

社会主义是实现共同富裕的制度保证。新中国成立伊始，毛泽东就曾指出：党在农村工作的根本任务，是要"逐步实行农业的社会主义改造……并使农民能够逐步完全摆脱贫困的状况而取得共同富裕和普遍繁荣的生活"。⑥ 他还告诫全党："社会主义道路才是全体农民富裕和生产迅速发展的光明大道。"⑦ "全国大多数农民，为了摆脱贫困，改善生活，为了抵御灾荒，只有联合起来，向社会主义大道前进，才能达到目的。"⑧ 此外，毛泽东还从巩固新时期的工农联盟的高度强调："要巩固工农联盟，我们就得领导农民走社会主义道路，使农民群众共同富裕起来，穷的要

---

① 邓小平.邓小平文选:第3卷[M].北京:人民出版社,1993:374.
② 毛泽东.毛泽东选集:第3卷[M].北京:人民出版社,1991:1096.
③ 邓小平.邓小平文选:第1卷[M].北京:人民出版社,1994:257.
④ 邓小平.邓小平文选:第3卷[M].北京:人民出版社,1993:190.
⑤ 邓小平.邓小平文选:第2卷[M].北京:人民出版社,1994:128.
⑥ 中共中央文献研究室.建国以来重要文献选编:第四册[M].北京:中央文献出版社,1993:662.
⑦ 中共中央文献研究室.建国以来重要文献选编:第四册[M].北京:中央文献出版社,1993:721.
⑧ 毛泽东.毛泽东文集:第6卷[M].北京:人民出版社,1999:429.

富裕,所有农民都要富裕,并且富裕的程度要大大地超过现在的富裕农民。"①

邓小平也认为:"一个公有制占主体,一个共同富裕,这是我们所必须坚持的社会主义的根本原则。我们就是要坚决执行和实现这些社会主义的原则。"②"只有社会主义,才能有凝聚力,才能解决大家的困难,才能避免两极分化,逐步实现共同富裕。"③"如果搞资本主义,可能有少数人富裕起来,但大量的人会长期处于贫困状态,中国就会发生闹革命的问题。"④ 所以,要实现共同富裕,就必须坚持社会主义这一制度保证。

二、毛泽东、邓小平共同富裕思想的不同点

毛泽东、邓小平的共同富裕思想尽管在文化底蕴、思想根基等方面有较多的一致性,但因两位伟人的思维方式及对事物认识的视角各异,他们在共同富裕的动力把握、发展战略等方面有着不同的思想观点与实践活动。

(一) 动力把握不同

毛泽东虽在理论上明确认识到发展生产力是实现共同富裕的物质基础和基本前提,然而因种种原因,他在实践中并没有能够始终贯彻他的理论,对于采用何种形式来发展生产力也不十分清楚。他经常偏向于从政治角度考虑生产力问题,所谓"抓革命,促生产",急于求成、盲目求快,过于强调群众运动的力量而对客观经济规律重视不够。他把促进现代化建设、实现共同富裕的立足点主要放在生产关系的变革和完善上,而偏离了生产力这个根本,其结果是,不仅现代化建设难以取得应有的成果,无法达到共同富裕,反而严重束缚、阻碍甚至破坏了生产力的发展。

与毛泽东不同的是,邓小平不仅始终坚持马克思主义的生产力论,而且在实践中通过一系列改革开放政策大大促进了生产力的发展。他认为,"社会主义必须大力发展生产力,逐步消灭贫穷,不断提高人民的生活水平。否则,社会主义怎么能够战胜资本主义"?⑤ 他还提出"社会主义阶段的最根本的任务就是发展生产力"这

---

① 毛泽东. 毛泽东选集:第5卷[M]. 北京:人民出版社,1977:197.
② 毛泽东. 毛泽东文集:第6卷[M]. 北京:人民出版社,1999:111.
③ 邓小平. 邓小平文选:第3卷[M]. 北京:人民出版社,1993:357.
④ 邓小平. 邓小平文选:第3卷[M]. 北京:人民出版社,1993:229.
⑤ 邓小平. 邓小平文选:第3卷[M]. 北京:人民出版社,1993:10.

一重大命题,并强调"社会主义原则,第一是发展生产,第二是共同致富"①。

(二) 发展战略不同

如何实现共同富裕的发展战略,毛泽东、邓小平对此有不同认识。毛泽东认为,"中国是一个大国,但是现在还是不富不强,希望经过各族人民的共同努力,在几个五年计划以后,变为一个又富又强的国家"。②大致"要有几十年时间,经过艰苦的努力,才能将全体人民的生活水平逐步提高起来"③,实现共同富裕。而首先要做的事情是,"我们准备在几年内……使农业得到发展,使合作社得到巩固,使农村中没有了贫农,使全体农民达到中农和中农以上的生活水平"。④ 从"几个""几十""几年"可以看出,毛泽东对共同富裕的发展战略还没有一个具体而清晰的认识,特别是在实践中又犯了"跑步进入共产主义"的急躁冒进的错误,这样共同富裕的理想无疑只是难以实现的"乌托邦"。

邓小平深刻总结毛泽东急于求成的经验教训,坚持把实现共同富裕与我国经济发展的进程紧密联系在一起,具体提出了"三步走"的发展战略。1987年4月,邓小平明确指出:"我们社会主义制度是以公有制为基础的,是共同富裕,那时候我们叫小康社会,是人民生活普遍提高的小康社会。更重要的是,有了这个基础,再过五十年,再翻两番,达到人均四千美元的水平,在世界上虽然还是在几十名以下,但是中国是个中等发达的国家了。"⑤ 邓小平始终把实现共同富裕同"三步走"发展战略联系起来,这样一步一步、实实在在地实现共同富裕目标,即第一步解决温饱问题,第二步到20世纪末达到小康水平,第三步到21世纪中叶达到中等发达国家水平,基本实现社会主义现代化和人民的共同富裕。

(三) 关注重点不同

实现广大农民的共同富裕是毛泽东关注的重点。中国是一个农业大国,占人口绝大多数的农民无疑是毛泽东最为关切的群体。"我国有五亿多农业人口,农民的情况如何,对于我国经济的发展和政权的巩固,关系极大。"⑥ 因此,如何实现中国

---

① 邓小平.邓小平文选:第3卷[M].北京:人民出版社,1993:172.
② 中共中央文献研究室.建国以来毛泽东文稿:第5册[M].北京:中央文献出版社,1990:451.
③ 中共中央文献编辑委员会.毛泽东著作选读:下册[M].北京:人民出版社,1986:775.
④ 中共中央文献编辑委员会.毛泽东著作选读:下册[M].北京:人民出版社,1986:776.
⑤ 邓小平.邓小平文选:第3卷[M].北京:人民出版社,1993:216.
⑥ 中共中央文献编辑委员会.毛泽东著作选读:下册[M].北京:人民出版社,1986:773.

五亿多农民的共同富裕,始终是毛泽东提出和解决问题的出发点和着眼点。他提出"逐步地实现对于整个农业的社会主义的改造,即实行合作化,在农村中消灭富农经济制度和个体经济制度,使全体农村人民共同富裕起来"。① 可见,在很大程度上,毛泽东的共同富裕思想和模式主要是针对广大农民而设计、制定的,这是我们理解毛泽东共同富裕思想一个不可忽略的视角。

如果说毛泽东主要是从城乡差异的角度重点关注农民的共同富裕,那么邓小平则是从地区差异的角度重点关注落后地区如何走向共同富裕的问题。他说:"共同富裕的构想是这样提出的:一部分地区有条件先发展起来,一部分地区发展慢点,先发展起来的地区带动后发展的地区,最终达到共同富裕。"② 邓小平还将这种先发展后发展的问题概括为"两个大局":"沿海地区要加快对外开放,使这个拥有两亿人口的广大地带较快地先发展起来,从而带动内地更好地发展,这是一个事关大局的问题。内地要顾全这个大局。反过来,发展到一定的时候,又要求沿海拿出更多力量来帮助内地发展,这也是个大局。那时沿海也要服从这个大局。"③ 这里,邓小平实际上回答了在社会主义初级阶段落后地区如何脱贫致富、最终走向共同富裕的重大问题。

(四) 实现途径不同

究竟通过什么途径实现共同富裕,毛泽东、邓小平有着不同的选择。毛泽东通过生产资料的公有制和计划经济,选择了一条平均发展、同步富裕的发展道路。

邓小平通过实行公有制为主体多种所有制并存的基本经济制度和市场经济体制,选择了一条符合国情实际的先富带动后富的发展道路。邓小平还在总结中外社会主义建设经验教训的基础上,明确指出,"社会主义优越性最终要体现在生产力能够更好地发展上。多年的经验表明,要发展生产力,靠过去的经济体制不能解决问题"。④ 只有通过走市场经济的发展道路,才能更有效地发展生产力,实现共同富裕。同毛泽东相比,邓小平更加充分地认识到商品经济、市场经济在发展生产力方面的巨大作用,并率先突破了将计划经济等同于社会主义、将市场经济等同于资本主义的传统观念,把大力发展社会主义市场经济作为实现共同富裕的有效途

---

① 毛泽东. 毛泽东选集:第5卷[M]. 北京:人民出版社,1977:187.
② 邓小平. 邓小平文选:第3卷[M]. 北京:人民出版社,1993:373 – 374.
③ 邓小平. 邓小平文选:第3卷[M]. 北京:人民出版社,1993:277 – 278.
④ 邓小平. 邓小平文选:第3卷[M]. 北京:人民出版社,1993:149.

径。从根本上讲，实行社会主义市场经济是实现共同富裕的现实选择。只有建立和完善社会主义市场经济体制，才能有效地解决共同富裕所面临的主要矛盾，才能极大地调动人们先富起来的积极性，然后带动和影响其他地区和其他人共同走向富裕之路。

第二篇
共同富裕的实现路径探究

作者简介

程恩富,著名经济学家。中国社会科学院学部委员、学部主席团成员,经济社会发展研究中心主任;中国社会科学院大学学术委员会副主任兼首席教授;第十三届全国人大教科文卫委员会委员。曾任中国社会科学院马克思主义研究院院长。现兼任西北工业大学创新马克思主义研究中心首席专家。

程恩富教授主编在英国出版的《国际思想评论》《世界政治经济学评论》国际期刊,以及在国内出版的《政治经济学研究》《海派经济学季刊》中文刊物;担任全球学术团体——世界政治经济学学会会长、中国政治经济学学会会长、中华外国经济学说研究会会长;世界文化论坛和中国创新马克思主义论坛主席,日本理论经济学会国际顾问,俄罗斯圣彼得堡大学和经济法律大学荣誉教授;在中国、美国、俄罗斯、日本、意大利、印度、越南等10个国家发表800多篇文章,出版40多部著作,是中外著名马克思主义理论家和经济学家;曾在中共中央政治局集体学习会上作过讲解,在两任中共中央总书记主持的座谈会上汇报过理论问题。

伍山林,1963年生,上海财经大学经济学院讲席教授、博士生导师,上海财经大学中国经济思想发展研究院中国经济战略与政策思想研究中心主任;中华外国经

济学说研究会常务理事、中国政治经济学会常务理事;《经济思想史学刊》《政治经济学研究》《海派经济学》编委,《经济研究》《世界经济》等期刊审稿专家。已在《经济研究》《中国社会科学内部文稿》《学术月刊》《财经研究》等中外学术期刊发表论文 60 多篇,出版著作 7 部。独立获得教育部高等学校科学研究优秀成果二、三等奖(人文社会科学)3 项,全国优秀财政理论研究成果二等奖 1 项,上海市哲学社会科学优秀成果一、二、三等奖 5 项;主持和参与国家社科基金一般、重点、重大项目 7 项,国家自科基金项目 2 项,省部级项目 5 项;目前主持国家社科基金重大项目"中华人民共和国经济战略思想史研究"和上海市教育委员会科研创新计划项目"新形势下我国构建双循环互促新发展格局研究",长期研究"西方大国崛起与中华民族复兴的经济战略思想"。

程恩富、伍山林：促进社会各阶层共同富裕的若干政策思路

一、共同富裕关乎社会主义长远大计

在社会主义改造时期，毛泽东就把共同富裕作为一个美好前景来看待。例如，他说："我们还是一个农业国。在农业国的基础上，是谈不上什么强的，也谈不上什么富的。但是，现在我们实行这么一种制度，这么一种计划，是可以一年一年走向更富更强的，一年一年可以看到更富更强些。而这个富，是共同的富，这个强，是共同的强……这种共同富裕，是有把握的，不是什么今天不晓得明天的事。"[①]

改革开放后，邓小平多次强调共同富裕。例如，他从社会主义本质的角度指出："我们坚持走社会主义道路，根本目标是实现共同富裕"，[②]"社会主义不是少数人富起来、大多数人穷，不是那个样子。社会主义最大的优越性是共同富裕，这是体现社会主义本质的一个东西"。[③] 再如，改革开放后他一直重视这个问题，并且认为共同富裕在将来某个时候会成为中心课题。他说："共同致富，我们从改革一开始就讲，将来总有一天要成为中心课题。"[④]"走社会主义道路，就是要逐步实现共同富裕。……如果富的愈来愈富，穷的愈来愈穷，两极分化就会产生，而社会主义制度就应该而且能够避免两极分化。……什么时候突出地提出和解决这个问题，在什么基础上提出和解决这个问题，要研究。可以设想，在本世纪末达到小康水平的时候，

---

① 毛泽东. 毛泽东文集：第6卷[M]. 北京：人民出版社，1999：495-496.
② 邓小平. 邓小平文选：第3卷[M]. 北京：人民出版社，1993：155.
③ 邓小平. 邓小平文选：第3卷[M]. 北京：人民出版社，1993：364.
④ 邓小平. 邓小平文选：第3卷[M]. 北京：人民出版社，1993：364.

就要突出地提出和解决这个问题。"①

进入中国特色社会主义新时代后,习近平总书记十分重视共同富裕问题。他也从社会主义本质角度看待共同富裕问题。他说:"共同富裕是社会主义的本质要求,是人民群众的共同期盼。我们推动经济社会发展,归根结底是要实现全体人民共同富裕。"他指出,党的十九届五中全会文件第一次给出这样的表述,即针对2035年远景目标,要做到"全体人民共同富裕取得更为明显的实质性进展";针对改善人民生活品质,要做到"扎实推动共同富裕"②。2021年4月30日,习近平总书记主持中共中央政治局会议,会议提出要"制定促进共同富裕行动纲要"。③

由此可见,从毛泽东之憧憬共同富裕,到邓小平之鼓励先富共富,再到习近平之倡导共享共富,均体现了共同富裕观念的传承和发展④。从邓小平的论述来看,鼓励部分先富是共同富裕前提下的先富,共同富裕这个前提是被牢牢抓住的;从习近平总书记的论述来看,共享发展需要共同富裕来体现。因此,在当前直至2050年,促进共同富裕不仅是我国经济工作的一个重要方针,而且是我们学术研究的一个重要主题。这里想谈的主要是,我们在政策上应该如何落实共同富裕精神,特别是通过促进社会各阶层共同富裕践行"不忘改革的初心",推动中国特色社会主义发展。

二、促进社会各阶层共同富裕的政策原则

改革开放至今,我国经济增长已取得了瞩目成就;但是,从经济发展角度来看,还有很多需要改进的地方。在这个过程中,我国社会已经出现阶层分化,实现社会各阶层共同富裕任重道远。其中最主要的是,最富与最贫人群之间的财富和收入差距过大;中等收入人群规模较小。我国尽管已经取得了脱贫攻坚战的全面胜利,但不少人的财富很少或收入依然很低,离贫困线的距离依然较近,而极少数富豪的财富和收入急速增长。很显然,社会各阶层尚未达到共同富裕状态,而财富和收入差

---

① 邓小平. 邓小平文选:第3卷[M]. 北京:人民出版社,1993:373-374.
② 习近平. 关于《中共中央关于制定国民经济和社会发展第十四个五年规划和二〇三五年远景目标的建议》的说明[N]. 人民日报,2020-11-04(002).
③ 中共中央政治局召开会议分析研究当前经济形势和经济工作听取第三次全国国土调查主要情况汇报审议《中国共产党组织工作条例》中共中央总书记习近平主持会议[N]. 光明日报,2021-05-01(001).
④ 谭劲松,李思思. 准确把握习近平共享发展思想——从鼓励部分先富到共享发展[J]. 海派经济学,2017(4):88-98.

距不断拉大与共同富裕又是相抵触的,这对我国未来经济增长和经济社会高质量发展会产生不利影响。

共同富裕是社会主义的本质要求。我们在制定相关经济政策的时候,需要注意一些原则。这里仅谈三点。

第一点,我们要树立共富共享共福的理念①。社会各阶层共同富裕是实现共同富裕、共享发展、共同幸福的美好前景的必由之路;相应地,经济政策必须体现以人民为中心和促进社会经济全面发展的精神。这里,人民是包括社会各阶层在内的人民;各阶层人民之间尽管在诸多方面存在差异,但在推动国民经济实现"更高质量、更有效率、更加公平、更可持续、更为安全"发展的过程中,都是可协同的力量;而社会各阶层共同富裕,又是协同这些力量的基本保证和必要条件。从社会角度来看,社会各阶层如果不能实现共同富裕,各阶层的财富和收入差距过大,特别是高财富者和高收入者在财富和收入中的占比过大,那么长此以往社会撕裂将在所难免,最终可能演变为难以治理的社会顽疾;从经济角度来看,社会各阶层如果不能实现共同富裕,内循环将从需求侧开始受到抑制,消费结构畸形和分层板结将同时并存,产业结构升级和优化将丧失部分内在动力。仅从上述两个方面来看,我们也要把促进社会各阶层共同富裕作为工作重心来抓,通过政策组合予以落实。

第二点,我们要从实物和价值两个方面考虑政策安排。我国国内市场交易采用人民币进行计价和结算。但是,物价具有很大的区域差异。特别是房价,在一线城市,每平方米(建筑面积)高达10万元人民币早已并不鲜见;但是在四线城市,房价(均值)甚至不及一线城市的1/10。从实物角度来考虑,一线城市人均住房面积更小一些;从价格方面来考虑,一线城市人均拥有住房的市场价值高得多。可问题是,除其他方面之外,物理空间对于居住体验来说是很重要的。20平方米的房子,再怎样设计也住不出200平方米房子的感觉。一般地,这种由区域差异带来的实物与价值之间的矛盾,在制定社会各阶层共同富裕政策的时候,是有必要予以认真考虑的;否则,会引出很多难解的社会问题,不利于共同富裕和共同幸福。我国香港一般劳动者住房过于狭小引发了一系列经济社会问题便是教训。

第三点,要将共同富裕理解为制度优势和竞争竞赛优势。在资本主义社会,越是任由私人资本在社会经济生活中起全面决定性作用,社会各阶层财富和收入差距

---

① 程恩富. 改革开放以来新马克思经济学综合学派的十大政策创新[J]. 河北经贸大学学报,2021(3):18-26,102.

就越大。在这样的社会,政府即使付出很高的治理代价,大部分人依然处于相对苦难之中,他们很难实现阶层向上流动。那里,是富人的天堂,穷奢极欲;是穷人的地狱,逃离无门。那样的社会尽管将资产阶级民主和自由等作为冠冕堂皇的理念,但残酷的现实时时敲打着不愿装睡的人。社会主义的一个本质特征是共同富裕;就共同富裕而言,最重要的是社会各阶层共同富裕,其次才是城乡、地区、产业、民族等共同富裕。生活于社会主义社会的人们,既能从共同富裕中得到满足,又可通过适当的差距体现人们对社会的不同贡献,进而激励人们改善素质和奋发有为,实现阶层向上流动。因此,社会主义完全可以是生机勃勃的。从这个角度来看,社会主义社会既应该是和谐与美丽的社会,也应该是人人奋进追求美好生活的社会,因而是充满自信与具有制度优势和竞争竞赛优势的社会。私有制主体的市场经济是单纯的优胜劣汰,甚至尔虞我诈,你死我活,而公有制主体的市场经济应是公平竞争与互助竞赛(以比学赶帮超为特征)并举①。就此而言,采用适当的政策组合促进社会各阶层共同富裕,在任何时候都要有时不我待的紧迫感,不应把它当作遥远的未来再需要去解决的问题②。

三、以国资收益全民分红的方式促进共享共富

为了更好地贯彻落实《中共中央关于制定国民经济和社会发展第十四个五年规划和二〇三五年远景目标的建议》中提出的"民生福祉达到新水平"③的要求以及习近平总书记的"必须把促进全体人民共同富裕摆在更加重要的位置,脚踏实地,久久为功,向着这个目标更加积极有为地进行努力"④的指示,并且贯彻和完善《国企改革三年行动方案》,我们(与宋方敏教授和梁军研究员)主张实行"壮国企、多分红"的改革政策⑤。

也就是说,创新制度顶层设计,以实施国有资产经营收益向全民分红的全民共

---

① 徐文斌,董金明.资本主义、社会主义与市场竞争——重提社会主义劳动竞赛[J].海派经济学,2020(1):121-130.
② 程恩富.改革开放以来新马克思经济学综合学派的十大政策创新[J].河北经贸大学学报,2021(3):18-26,102.
③ 中共中央关于制定国民经济和社会发展第十四个五年规划和二〇三五年远景目标的建议[N].光明日报,2020-11-04.
④ 习近平.关于《中共中央关于制定国民经济和社会发展第十四个五年规划和二〇三五年远景目标的建议》的说明[N].人民日报,2020-11-04.
⑤ 程恩富.新时代为什么要做强做优做大国有企业[J].世界社会主义研究,2018(3):35-37.

享实现方式为牵引，落实国有资产全民所有的社会主义公有制属性，调动全民对国有资产经营的关注，进而通过搭建全民有效监督国有资产经营的平台和渠道，打造符合市场化和法制化要求的全民所有、全民监督、全民共享的责权利闭环，同时，实现坚持人民主体地位、完善社会主义民主与法制、全体人民共享共富的伟大目标。

政策设计要点如下：建立国有资产收益向全民分红的制度。出资企业董事会根据企业经营状况和发展需要，按年度做出既符合股东利益又满足企业可持续发展要求的利润分红计划，经企业股东（大）会批准，向包括国有资产出资人在内的各方股东实施分红。其中，属于国有资产出资人的利润分红部分，全部汇入由本级人大常委会设立并监管的财政专户。人大常委会讨论并表决，确定利润分红部分的年度全民分红方案，并通过个人社会保障卡分层级向全民实施分红。

实施国有资产经营收益向全民分红，是一项理论和实践创新工程，符合中国特色社会主义的理论逻辑、历史逻辑和实践逻辑。其基本逻辑就是：按照各类生产要素由产权和市场决定报酬的机制，以国有资产要素使用权、收益权为依据，将国有资产经营收益作为要素收入和财产性收入，向国有资产的实际所有人即全民分红，充分体现国有企业的全民所有制性质。近年来，我国开始逐步提高国有资本收益上缴公共财政的比例。2020年，我国国内生产总值突破一百万亿元，全面建成小康社会，经济实力、科技实力、综合国力跃上新的大台阶。我们已经具备条件办成过去想办而没有办成的大事。在开启全面建设社会主义现代化国家新征程之际，兑现我们党对全民共同富裕的庄严承诺，实施国有资产经营收益全民分红，是历史发展的必然结果。这可以助力实现城乡居民人均收入再迈上新的大台阶，促进社会公平，增进民生福祉，使人民生活更加美好，全体人民共同富裕取得更为明显的实质性进展。这表明国有企业是名副其实的全民所有企业，与其他市场主体具有相同的市场属性和治理规则，破解了西方对我国非市场经济、国家资本主义等方面的认定和规制，占据了国际经济贸易规则的法理制高点。因此，建议相关部门尽快组织力量开展理论论证和实证推演，完善制度顶层设计和实施细则。可选取若干省份或中心城市开展试点，及时总结经验，适时全面推广。我们可以考虑借鉴澳门全民分红的经验。

四、促进社会各阶层共同富裕的财税政策

除调整所有制结构的政策之外，财税政策是促进社会各阶层共同富裕的主要手段。通过一系列财税政策，既可对不同要素所有者（所谓要素贡献，只有从要素所

有权意义上来使用才是准确的)在收益上从事前角度产生稳定预期和积极引导,也可从事后角度对财富和收入分配格局做出必要调节。

最主要的是所得税政策。各国税制存在很大差别。在美国,公司所得税和个人所得税是主体税种。在我国,增值税和企业所得税是主体税种,但个人所得税正变得越来越重要。有人认为,所得税仅在第二次分配中起作用,这样的观点是需要修正的。所得税在第二次分配中确实起重要作用。但是,所得税作为制度体系的一部分,在一定条件下对要素投入和产品生产的初次分配也起作用,在追求"分匀蛋糕"目标的时候,要将这一点考虑进去①。此为其一。其二,资本是生产要素,劳动也是生产要素。从根本上说,价值是由劳动创造的;但是,劳动和资本这两种生产要素的人际分布的社会阶层分布很不一致。需要特别注意的是,在人的一生中,真正能提供劳动的时间是有限的,劳动要素的提供受劳动者心智和健康的影响,难以做到代际转移;但是,资本即使在原所有者毁灭之后仍可发挥作用,并且可以代际转移。因而导致社会各阶层共同富裕不能很好实现的主因,必然是以私人利润为唯一目标的私人资本。马克思分析私人资本逻辑之后指出,在资本主义社会必然导致一极是"财富的积累",另一极是"贫困、劳动折磨、受奴役、无知、粗野和道德堕落的积累"②。所以在确定资本和劳动所得税时,为了促进社会各阶层共同富裕,应尽快完成个人所得税征税单位的改变,即征税单位从个人转变为家庭③。在此基础上,逐步作如下调整:

(1)对家庭人均收入实行新的累进所得税。参照各国个人所得税法,我们建议(详见表1):首先,在现阶段,按家庭人均月收入,免征额可以提高到1万元,并且以实际人均月收入减掉1万元的余额作为应纳税所得额。其次,家庭人均月收入超过8万元(或应纳税所得额超过7万元)的部分,可以实行60%的最高边际税率。在不少国家,个人所得税最高边际税率都相当高。例如,个别国家的个人所得税的最高边际税率曾超过60%;超过50%的国家更是非常之多(如丹麦、荷兰、芬兰、法国、日本等,就曾达到过这样高的水平)。最后,我们假设,就提供劳动这一种要素而言,家庭人均月收入5万元(或应纳税所得额为4万元)在市场上大致属于一个天花板;超过此一层级,其收入决定中很可能存在明显的非劳动要素。这

---

① 伍山林. 收入分配格局演变的微观基础——兼论中国税收持续超速增长[J]. 经济研究,2014(4):143-156.
② [德]马克思. 资本论:第1卷[M]. 北京:人民出版社,1975:708.
③ 程恩富. 改革开放以来新马克思经济学综合学派的十大政策创新[J]. 河北经贸大学学报,2021(3):18-26,102.

些因素是非常复杂的，并且是难以具体甄别的。比如说，个人的形象、名气、广告效应等在收入决定中起越来越重要的作用。因此，在这个天花板之上，可以再设立四个特别的级距。其中，对家庭人均月收入超过 8 万元（或者说应纳税所得额超过 7 万元）者，适用最高边际税率 60%。这样一来，就兼顾了如下几个方面：一是劳动要素收入的最高边际税率（15%），不再高于资本要素的最高边际税率（25% 或 20%）。为什么劳动收入的最高边际税率定在 15% 呢？主要是参考（比如说）深圳市和大湾区等制定的针对高端人才所使用的优惠税率（15%），与我国香港个税最高边际税率也较接近。二是对于超高收入（在收入决定中非劳动要素起主要作用而劳动要素只起部分作用）的那一类人，有一个更大力度的调整。这样一来，与现有个人所得税制度相比较，就对应的最高边际税率来说，则是针对劳动收入的下降了一些，针对非劳动收入的提高了一些。因此，可以预期，这样征税既有助于促进社会各阶层共同富裕的实现，又可以更好地体现超高收入者对国家财政收入的贡献；并且，即使在这样的个税制度下，超高收入者的税后收入依然是很高的。

表 1　基于家庭人均月收入的个人所得税修改建议

级数	家庭人均月应纳税所得额	税率	收入决定方式
1	>0 ~ ≤1 万元	3%	劳动因素起主要作用
2	>1 万元 ~ ≤2 万元	6%	
3	>2 万元 ~ ≤3 万元	10%	
4	>3 万元 ~ ≤4 万元	15%	
5	>4 万元 ~ ≤5 万元	25%	非劳动因素起主要作用
6	>5 万元 ~ ≤6 万元	35%	
7	>6 万元 ~ ≤7 万元	45%	
8	>7 万元	60%	

这里，还要说明两点：其一，在我国现行个人所得税制度中，个人所得的最高边际税率为 45%。对于纯粹因提供劳动要素而取得收入的人来说，这样的边际税率很显然是过高了；而对于主要凭借非劳动要素取得收入的那些收入超高的人来说，这样的边际税率很显然又是过低了。上述设计还有一个优点，就是那些凭借非劳动要素取得超高收入的人群，绝大部分只能在国内才能取得那样的超高收入，税收（国际）流失的可能性是比较小的。而对于优质劳动者，又可因税收的优惠而稳固在国内，同时产生一定的对国际人才的吸引作用。其二，要对劳动和资本收入的征税有一个全面认识。这样，在比较针对劳动和针对资本所得进行征税的时候，就可以建立起比较清晰的概念。有人可能要说，资本的国际流动性高，针对资本所得把

最高边际税率定高了，将导致资本外流。但是，我们要知道的是，税收只是这种流动性的决定因素之一。美国之所以把资本所得的最高边际税率定得相对较低（它在过去是趋势性降低的），主要有两个原因：一是社会制度使然，即执政者必须为资本家的利益作最多的考虑。二是美国可以通过向外国发行政府债（其中一部分用于以债还债）来作财政性融资。这相当于说美国利用美元霸权地位，可以对美国资本所得少征一些税。我国与此是很不相同的。

有人可能会说，资本所得不稳定，企业可能出现亏损，企业亏损时，政府不会对亏损作做出补贴；而劳动所得是稳定的。其实，后面这一点是错误认识，因为劳动者也可能失业。一旦失业，收入来源中断了，生活却还要继续。另外，间接税以隐蔽的方式增高了个人的税收负担。在中国，增值税是主体税种之一，个人缴纳所得税后，购买商品和服务时还要缴纳增值税。在这种税收制度下，个人的税收负担水平（各种税收与收入之比）并不仅仅体现在所得税的负担上，甚至可能出现税收负担水平与收入水平倒挂的现象。因此，在确定企业和个人所得税的免征额和累进征税的级距时要进行综合考虑，应让绝大多数城乡劳动人民都不交或少交劳动综合所得税，以体现"以人民为中心"的发展新路，区别于西方资本主义国家"以资本为中心"的发展邪路。

（2）应尽快开征税率较高的退籍税（借鉴美国、法国、加拿大等国做法，针对退出中国国籍的纳税人）、遗产税（借鉴日本等国做法）、资本利得税（借鉴美国等国做法，针对非专门从事不动产和有价证券买卖的纳税人），设法预防和制止通过离岸信托途径大量转移在中国的资产的行为。

五、实行有利于共同富裕的高中义务教育、免费医疗和住房政策

为了促进社会各阶层共同富裕，有必要在教育均衡化和免费医疗等方面做出政策努力。主要是三点：第一，将义务教育全面提升至高中阶段，即采用12年制义务教育。其中，我国尤其需要加强职业教育。这样做的目的是创造起点上更加公平的人力资源基础，从源泉上促进社会各阶层共同富裕。第二，在考虑劳动力流动的基础上，促进基础教育的区域均衡化。尤其是加强农村地区基础教育，为农村孩子将来实现阶层向上流动奠定必要基础。第三，尽快实行免费医疗制度和政策。我国在改革开放前以及不少资本主义国家都实行过免费医疗，为了显示社会主义改革开放的成就和制度优越性，有必要尽快恢复免费医疗体制机制。目前，家庭成员健康出

了问题特别是大病住院,可能因为劳动能力中止甚至丧失以及需要承担高额医疗费用而对未来收入、财富乃至生活产生长期难以恢复的巨大影响。因此,有必要建立个人出资极少的政策性保险机制,分摊和平滑这种冲击以促进共同富裕。

我国对城镇土地实行国家所有制,对农村土地实行集体所有制。在市场经济情形下,无论城镇还是农村土地,都会因区位差异而影响它的市场价值;但是,地上附着物的所有权往往不是国家或农村集体的。这样一来,一系列问题接踵而至,如何做到"涨价归公"存在诸多难题。以地上附着物是私人住宅为例。由于业主劳动就业、基本生活和社会交往等在住房周边长期展开,进行征收时需要做出一定补偿。问题是应该按照怎样的标准进行补偿。是在市值基础上附加一定的溢价进行补偿吗?果真如此的话,涨价几乎被业主拿走了;当业主住宅面积很大时,他将因物业被征而暴富。由此引起的问题是房多者或被征者因区位因素而暴富,产生特殊阶层,而这有悖于社会各阶层共同富裕。在非一手物业交易中,还会引出两类难题:一是高中介费导致房地产中介公司垄断市场并且以抬价牟利,使无房或少房者的财富阶层下移;二是政府征地成本日益提高,对旧城改造以及老城区其他建设产生不利的影响。通常认为,土地国有具有一种优势,即可给建设事业带来方便,免去征地过程中的诸多麻烦。但是,在具有私有地上附着物的情形下,这种优势可能不复存在。因此,为了消除区位因素产生的共同富裕难题,为了消除其给后续经济发展造成的阻碍,需要在政策上做出妥善安排以控制房价,如大幅降低房地产中介费,对相关垄断和操控价格的行为进行惩罚等。

总的来说,应该征收房地产税。最佳方案是根据不同地区的收入与房价,确定每位18岁以上公民一定的免税金额或免税面积(家庭可以从中任选其一),让大多数居民不用交税,以免影响大多数居民的生活质量。当然,超出金额或面积者,应实行密级距和大幅度的累进税率。需要注意的是,这种征税的主要目的是抑制炒房和住房贫富分化。究竟哪种方案可以达到征收房产税的宗旨?应该由全民先讨论,待方案完善之后再推出[1]。为此,应尽快开展全国性住房普查,摸清我国住房家底,参照其他国家有关经验,立即对空置房和闲置房采取包括征税和收费在内的必要措施,促其出租或出售,以抑制房价上涨和调节住房资源与恢复公平。

---

[1] 程恩富. 改革开放以来新马克思经济学综合学派的十大政策创新[J]. 河北经贸大学学报,2021(3):18-26,102.

作者简介

温铁军,著名经济学家。现为暨南大学乡村振兴研究院学术委员会主席、首席研究员,西南大学中国乡村建设学院执行院长,新疆大学天山学者,海口经济学院雅和人居工程学院首席教授,北京大学习近平新时代中国特色社会主义思想研究院乡村振兴中心主任,南京农业大学金善宝现代农业研究院特聘教授,以及中国邮政储蓄银行独立董事。

温铁军及其科研团队的主要研究领域有:发展中国家比较研究、生态文明转型与城乡融合战略、乡村治理与乡村建设。温教授科研经验丰富,先后到访40多个国家和地区,参加过上百次国际会议和海外交流活动。其代表著作有《"三农"问题与制度变迁》《解读苏南》《八次危机:中国的真实经验》《三农与三治》《全球化与国家竞争:新兴七国比较研究》等,其中多部著作被韩、美、日、印、法等国学者翻译出版。

温铁军：共同富裕的在地化经济基础与微观发展主体

"治国之道，富民为始"，在中国以举国体制完成脱贫攻坚的历史目标之后，中共中央"十四五"规划明确指出："共同富裕是社会主义的本质要求，是人民群众的共同期盼。我们推动经济社会发展，归根结底是要实现全体人民共同富裕。"以全国生态文明先行地的浙江省作为高质量发展建设共同富裕示范区，是与中国新生产力发展相适应的生产关系重大变革，体现着马克思主义中国化要求的不同于资本主义一般生产方式的中国特色社会主义的内在逻辑。

一、共同富裕要坚持正确的政治方向

习近平总书记 2021 年 1 月 11 日在中央党校省部级领导专题研讨班上强调，"实现共同富裕不仅是经济问题，而且是关系党的执政基础的重大政治问题"。这就是要求各级政府及业务部门必须具有高于经济理性的政治理性和国家综合安全理性，坚持高质量发展及共同富裕的正确政治方向。

凡是追求现代化并被纳入全球化体系的发展中国家，在全球化竞争中不可能像先发国家那样对外转嫁成本，大都会落入制度成本大于制度收益造成的发展陷阱，主要是城乡差距造成农村人口流入大城市贫民窟，不仅成为动乱的基础，也阻碍了劳动密集型一般商品生产的发展条件。中国作为一个世界上人口最多而人均资源占有率低的发展中国家，客观上存在着高速现代化进程中国民经济不同发展阶段不平衡导致的城乡差距扩大问题。

随着发达国家金融资本危机深化和新冠肺炎疫情等系统性风险加剧，越来越多的不平衡问题恶化了长期存在的两极分化，进而出现西方实用主义思想影响下的国家民粹化倾向，资本的排斥性特征演变到法西斯化的排外政策！全球危机下"私利最大化"的所谓个体理性派生的后果势必导致社会撕裂。

国际社会的教训使我们认识到，要缓解被危机恶化的社会矛盾，就要坚持正确的政治方向，在中国特色社会主义体制下实现高质量发展和共同富裕，才能遏止两极分化造成的社会混乱在中国重演。

二、夯实共同富裕的在地化经济基础

党的十九大报告中指出：中国特色社会主义新时代的社会主要矛盾是人民日益增长的美好生活需要和不平衡不充分的发展之间的矛盾，同时确立了新型举国体制要"以人民为中心"的核心思想。近年来，国家通过脱贫攻坚、乡村振兴和发展壮大农村集体经济等一系列重大举措，通过国家资本承担重资产的投资责任，带动财政、金融和一切优惠政策向"三农"倾斜，改造农村生产条件和偏远地区自然约束，使包括农民在内的缺乏资本积累能力的弱势群体有轻资产开发新生产力要素的条件，逐渐形成自主积累能力。这些措施都在客观上重塑了在地化可持续发展的经济基础，是利于社会平衡、公平的渐进转型的社会主义制度安排。

浙江省推动高质量发展和建设共同富裕示范，将改革创新作为根本动力，以解决地区、城乡、收入三大差距为主攻方向，更加注重向农村、基层、相对欠发达地区倾斜，优化收入分配制度。而其中的关键是能否让农民共享经济发展的长期财产性收益分配，改变单纯依赖劳动收入的不利条件。

在过去，改革的深水区是"外部资本利益"的调节，"三农"领域的金融、保险、物流等这些第三产业增值环节都在外部，与在地化经济主体无缘，也就不可能让农民获得产业链增值收益。所以针对三大差距的深改，就要对外部资本占有资源开发利益作内部化分配，即针对空间生态资源资本化收益流失的原因，进行相应的县、乡、村三级统筹改革，贯彻习近平总书记"三新（新阶段、新理念、新格局）"思想，构建全域的、多业态的、质量效益型的市场体系。

对于全国最早践行"绿水青山就是金山银山"这一生态化转型新理念的浙江，其最大的优势在于生态资源价值实现的综合制度创新带来的巨大增值收益。

在新阶段，新生产力要素的拓展主要是空间生态资源开发，需要相适应的生产关系深改才能使"生态产业化"成为新格局的经济内容，其生产方式不同于工业化时期的平面资源开发。由于不可拆分的空间生态资源要素呈现出在地性、公共性和整体性等基本特征，内嵌于具有区域特色的自然地理环境之中，在地化包含着依托生态空间形成的多样性、可能性和包容性，既是一种在地物质空间的载体，也是基于成员生存权利的多元主体互动过程，因而要求新生产力要素的整合开发要回嵌到在地化的自然及社会之中。

由此，就有了通过空间生态资源资产化而使农民享有生态增值收益的制度变革需求。其一，实现在地化的综合发展的关键，是推动城乡两个要素市场融合需要的"三变改革"，培育生态资源资产经营平台，做好乡村集体经济的公司化改制和符合在地化内涵的外部性风险内部化处置的机制建设。其二，使地方金融机构在深度参与农业供给侧改革中同步实现金融供给侧改革，用地方金融过剩的头寸活化在地的资源性资产，使农民在重构新型集体经济的财产关系变化中得到长期的财产性收入。这两个要点，可使共同富裕在农民与市民及社会力量的联合创业创新过程中真正得到体现。

只有坚持正确政治方向的深改，才能使基本财产关系实现以人民为中心的调整，才能从根本上化解发展不平衡不充分带来的两极分化，使中国新发展阶段的生态资源价值化有利于广大民众长期财产性收益增加，才能真正夯实共同富裕的社会经济基础。

三、培育共同富裕的微观经济主体

生产关系要适应生产力发展的内在要求。新时代的微观主体要为生态化战略转型和实现共同富裕目标自觉改造自己。中国需要夯实的真实基础，是如何实现以在地化为主要内涵的县域经济。党的十九届五中全会特别强调"乡村建设行动"，提出县、乡、村综合规划，这与2006年新农村建设战略强调的县域经济两个支柱（中小企业和城镇化）都是以在地化为主要内涵；体现了"以国内大循环为主体的双循环战略"新时代要求。

客观上看，县域经济要实现的是贯彻"两山"新理念的生态产业化，所对应的新生产力要素主要是空间生态资源，其内生具有的整体性和公共性，要求微观主体改革应该是"重构新型集体经济组织"，通过公司化改制成为"社会企业"，这类有利于实现包容性可持续经济发展的微观主体，应以追求收益在地化和共同富裕社会化为目标。若然，则既符合空间生态资源开发与"资本深化"结合的质量效益型市场经济要求，又能体现"空间正义"原则推进"生态产业化"和"产业生态化"，最终以生态资本深化带动生态产品价值化实现。

在微观主体改革上可以采用"双层 PPP（Public–Private–Partnership）"模式，国家投资是公共性（Public），村集体经济组织作为成员集合对内收益分配要量化到户，属私有性质（Private）。据此，由政府财政投入做股到村，村集体量化做股到户；再由集体投入合作社运营资产，构成村域生态资源开发的财产关系。

首先是政府先做"投改股"才能让"资金变资产"。近年来，大量"三农"投资形成了基层很大的资产量，其带动的乡村资源性资产价值总量也显著增加。由此，在三变改革中先用各级政府投到村集体的项目资金形成的资产变成第一道 P（Public），村级集体作为准公有制经济主体得到的是公共资产的使用权、处置权和收益权。

其次是"村民变股东"。当村集体把政府投到村一级的资产通过做股量化到村民，那就变成第二道 P（Private），得到股权的农户在保留受益权的同时，将拥有使用权的村域资源性资产按照一比一的对价变成村集体可以处置的资产。这样，村民通过实物资产价值化得到倍加的股权，据此获取长期的财产性收入。一方面构建了共同富裕的财产基础，另一方面使村集体得到村域设施性资产和资源性资产的处置权及分配权。

再次是发展"三位一体"合作社。由国资乡村振兴公司投资到村集体，发展成员内部资金合作，完成村域一级市场对闲置物业、土地、林木等资源性产品的内部定价之后，再吸引外部投资主体加入合作社，村集体以资源性资产入股，以市场对价来显化村域资源性资产的价格；再以此类内外参股的多元股权的合作社作为企业注册。如此，县域空间生态经济既会以乡村集体经济的社会企业性质做出全县资源性资产底数，又有利于激活政府多年投入农村的基础设施资产。

最后，在县委乡村振兴领导小组的统筹协调下推进组织创新和制度创新，进一步以村合作社为股权单位做股到县级平台公司，为县、乡、村三级接受全域生态经济的统筹规划奠定基础条件，推进"把产业留在县域，让农民分享县域产业收益"的在地化共享经济的全面发展。

以上步骤，是贯彻党的五中全会精神、构建共同富裕的经济基础和具体措施。

作者简介

蒋永穆,四川大学经济学院院长,马克思主义学院教授,博士生导师。中央马克思主义理论研究和建设工程首席专家、四川大学双一流超前部署学科"马克思主义理论与中国特色社会主义创新"首席科学家、国家社科基金重大招标项目首席专家、国务院特殊津贴获得者、教育部新世纪优秀人才、教育部思想政治理论课马克思主义基本原理教学指导委员会委员、教育部金融类教学指导委员会委员、全国宝钢优秀教师奖获得者、天府万人计划文化领军人才、四川省学术技术带头人、四川省教学名师、四川省委省政府第三届决策咨询委员会宏观经济组委员、四川省首届十大杰出青年经济人物、成都市有突出贡献专家。中国政治经济学学会副会长、全国马克思列宁主义经济学说史学会副会长、中国《资本论》研究会副会长。研究方向为马克思主义中国化、中国特色社会主义政治经济学、"三农"问题。

蒋永穆：扎实推动共同富裕的逻辑理路与实现路径

共同富裕是马克思主义的重要理论，也是中国人民的美好愿望，更是中国共产党的奋斗目标。党的十九届五中全会第一次在党的全会文件中提出要"扎实推动共同富裕"，这对于"十四五"开好局、起好步具有重要的理论价值与实践意义。在全面建成小康社会后扎实推动共同富裕，既具有理论逻辑、历史逻辑、实践逻辑的支撑，也需要可行的实现路径。

一、扎实推动共同富裕的理论逻辑

扎实推动共同富裕作为当前及今后一个时期我国经济社会发展的重要任务，是马克思主义经典作家共同富裕理论与中国国情有机结合的中国特色社会主义理论的集中体现。

（一）马克思、恩格斯科学的扎实推动共同富裕理论

早在马克思主义共同富裕理论产生之前，作为空想社会主义者的典型代表，英国的托马斯·莫尔、意大利的托马斯·康帕内拉、法国的圣西门和傅立叶、英国的欧文等人，就深刻地揭露了私有制的种种罪恶，并在批判现有社会的基础上，构想理想社会，实现共同富裕目标。例如，托马斯·莫尔提出建立"最完美最和谐的社会制度"，托马斯·康帕内拉虚构了共同富裕的公社制空想社会主义，圣西门预言了成果共享的"实业制度"，傅立叶构想了和谐生活的"和谐制度"，欧文设计了劳动"公社制度"。这些"天才的思想萌芽"抓住了未来社会的本质特征，为马克思主义共同富裕理论的形成提供了可借鉴的宝贵资源。但是，由于空想社会主义者没有找到未来社会美好蓝图的实现路径，最终导致了共同富裕思想的空想性质。因此，

要对空想社会主义者的共同富裕理论进行扬弃。

马克思、恩格斯科学地揭示了人类社会发展规律,"论证了社会主义和共产主义最终必然代替资本主义和一切私有制社会的规律性和历史趋势"①,于是"扬弃了人类历史上所有关于共同富裕的理论成果,使共同富裕理论由空想走向科学"②。对于如何扎实推动共同富裕,马克思和恩格斯认为,第一,实行公有制是实现共同富裕目标的前提条件。资本主义私有制的存在决定了资本家生产的目的是更多地压榨、无尽地剥削工人,这就势必导致资本家与工人阶级的两极分化,从而也就不可能实现所有人共同富裕的目标。因此,马克思、恩格斯指出,"共产党人可以把自己的理论概括为一句话:消灭私有制"。③ 据此,只有消灭私有制、实行公有制,才能为最终实现共同富裕的目标提供制度保障。第二,发展生产力是实现共同富裕目标的内在要求。马克思、恩格斯高度强调发展生产力的重要性,并且指出未来社会是以生产力的高度发达为显著特征,因为只有当生产力发展到一定程度才能实现共同富裕。正如马克思指出的,"社会生产力的发展将如此迅速,以致生产将以所有的人富裕为目的"。④ 第三,阶段性和渐进性是扎实推动共同富裕的重要特征。根据马克思、恩格斯对未来社会的科学构想,渐进性和阶段性是扎实推动共同富裕的显著特征,因为共产主义社会第一阶段还存在着资本主义社会的痕迹,人们仍然存在消费资料分配和占有上的区别。正如马克思指出的,"这些弊病,在经过长久阵痛刚刚从资本主义社会产生出来的共产主义社会第一阶段,是不可避免的"。⑤ 于是,只有进入共产主义高级阶段,才能实现一个真正共同富裕的社会,即实现"各尽所能、按需分配"。第四,解决贫困问题是实现共同富裕目标的重要路径。马克思、恩格斯认为,无产阶级贫困问题产生的根源在于资本主义生产方式的存在,即资本家凭借对生产资料的占有,无情压榨无产阶级廉价的劳动、霸占无产阶级创造的财富,进行扩大生产、资本积累,从而导致无产阶级越贫困、资产阶级越富有。因此,要解决贫困问题,必须清除阻碍共同富裕目标实现的主要障碍。这个有效路径就是消灭资本主义私有制和剥削阶级,实行生产资料公有制,平等拥有财富,在自由人联合体中实现共同富裕目标。

---

① 邱海平. 马克思主义关于共同富裕的理论及其现实意义[J]. 思想理论教育导刊,2016(7):19-23.
② 刘长明,周明珠. 共同富裕思想探源[J]. 当代经济研究,2020(5):37-47.
③ [德]马克思,恩格斯. 马克思恩格斯选集:第1卷[M]. 北京:人民出版社,2012:414.
④ [德]马克思,恩格斯. 马克思恩格斯选集:第2卷[M]. 北京:人民出版社,2012:786-787.
⑤ [德]马克思,恩格斯. 马克思恩格斯选集:第3卷[M]. 北京:人民出版社,2012:364.

(二) 列宁、斯大林丰富的扎实推动共同富裕思想

在进行社会主义建设的探索中,面对如何扎实推动共同富裕,列宁、斯大林不仅继承了马克思、恩格斯的共同富裕理论,并在实践中进行了理论的创新与发展。主要体现在:第一,实现共同富裕目标是社会主义的基本特征。列宁和斯大林分别对社会主义与共同富裕之间的关系进行了厘清和阐释。列宁明确指出,"在社会主义制度下,……人人都能在决不掠夺他人劳动的情况下完全达到和保证达到富足的程度"①。斯大林也同样强调这一点,指出"为社会全体成员建立富裕的和文明的生活"②。第二,实现共同富裕目标要以发展生产为物质基础。列宁明确指出,"只有社会主义才可以广泛推行和真正支配根据科学原则进行的产品的社会生产和分配,以便使所有劳动者过最美好的、最幸福的生活"③。斯大林也强调发展生产的重要性,指出"社会主义只有在高度的劳动生产率基础上……才能获得胜利"④。第三,实现共同富裕目标必须以公有制为制度保障。列宁继承了马克思、恩格斯的消灭私有制、确立公有制的思想,认为只有建立公有制才能为共同富裕创造条件,因为"工人阶级要获得解放,必须进行消灭生产资料私有制,建立公有制的社会革命"⑤。

由此可见,马克思主义经典作家关于扎实推动共同富裕有着科学、丰富的理论。同时,这些理论也表明,扎实推动共同富裕是社会主义建设的本质要求和题中应有之义,是与中国国情有机结合的中国特色社会主义理论的集中体现。实现共同富裕目标也是一个漫长的过程,需要长期奋斗和不懈探索。

二、扎实推动共同富裕的历史逻辑

共同富裕既是中华民族一直以来众多仁人志士的追求,更是中国共产党自建党以来明确的奋斗目标。扎实推动共同富裕正是在中华民族历史中,尤其在中国共产党成立以来的百年奋斗史中,彰显着一贯的历史逻辑。

中华民族历史上对实现共同富裕目标有着强烈的向往和期盼,集中体现在两方面:一是诸子百家对实现共同富裕目标的理想描绘。诸子百家对实现共同富裕的理

---

① [苏]列宁. 列宁全集:第7卷[M]. 北京:人民出版社,1986:112.
② [苏]斯大林. 斯大林选集:下卷[M]. 北京:人民出版社,1979:337.
③ [苏]列宁. 列宁全集:第7卷[M]. 北京:人民出版社,1986:546.
④ [苏]斯大林. 斯大林选集:上卷[M]. 北京:人民出版社,1979:375-376.
⑤ [苏]列宁. 列宁全集:第3卷[M]. 北京:人民出版社,1985:193.

想社会有着强烈诉求和向往。例如，儒家勾勒了"大同"思想的理想社会，道家描绘了"小国寡民"的理想社会，墨家提出了"兼爱交利"的理想社会，法家设想了"富国强兵"的理想社会。二是农民阶级对实现共同富裕目标的美好愿望。实现共同富裕目标体现了广大农民对消除差别、实现平等的美好愿望与不懈探索。例如，陈胜、吴广有着"苟富贵，毋相忘"的共富追求，以洪秀全为首的太平天国运动希望确立"无处不均匀，无人不饱暖"的理想天国。

中国共产党自1921年成立以来，高举马克思主义旗帜，不断探索实现共同富裕的道路，并进行了扎实推动的各种实践。1922年召开的中共二大明确提出实现共产主义社会是中国共产党的最高纲领，而共产主义社会以实现共同富裕为显著特征和题中应有之义。同时，中国共产党也认识到，进行土地革命是实现共同富裕目标的有效举措，只有解决了土地问题，才能改善农民的物质生活。为此，1927—1947年，中国共产党先后进行了四次土地革命，有效满足了农民对土地的迫切需求，对于改善农民生活、促进农业发展具有重大意义。

新中国成立后，毛泽东同志对于如何实现共同富裕目标进行了深入思考和探索。主要体现在：第一，社会主义改造是实现共同富裕目标的现实途径。毛泽东同志深受马克思主义经典作家关于农业合作化重要论述的影响，提出了对农业进行社会主义改造的举措。毛泽东同志指出，"逐步地实现对于整个农业的社会主义改造，……使全体农村人民共同富裕起来"。① 第二，社会主义制度为实现共同富裕目标奠定了制度基础。根据马克思主义经典作家的重要论述，社会主义制度较资本主义制度有着无可比拟的优越性，就在于可以实现共同富裕目标。随着社会主义制度的确立，毛泽东同志坚定地指出："我们现在实行的这么一种制度……是共同的富。"② 第三，高度发达的生产力有助于实现共同富裕目标。只有生产力发展了，才能创造更多的物质财富，而共同富裕目标的实现又以物质的丰厚为条件。为此，毛泽东同志继承了马克思、恩格斯高度重视生产力的思想，指出，"中国一切政党的政策及其实践在中国人民中所表现的作用的好坏、大小，归根到底，看它对于中国人民的生产力的发展是否有帮助及其帮助之大小"。③

改革开放后，邓小平同志对于如何实现共同富裕目标进行了进一步探索和思考。主要体现在：第一，实现共同富裕目标是社会主义的本质特征和最终目的。邓小平

---

① 毛泽东. 毛泽东文集：第6卷[M]. 北京：人民出版社，1999：437.
② 毛泽东. 毛泽东文集：第6卷[M]. 北京：人民出版社，1999：495.
③ 毛泽东. 毛泽东选集：第3卷[M]. 北京：人民出版社，1991：1079.

同志对社会主义的本质进行了高度概括、精准提炼,即"解放生产力,发展生产力,消灭剥削,消除两极分化,最终达到共同富裕"①。从邓小平同志的社会主义本质论中可以归纳出两个重要结论:一是社会主义是以实现共同富裕目标为本质特征的,也就是说,发展社会主义就是要实现共同富裕目标;二是社会主义是以达到共同富裕目标为最终目的的,并且这个最终目的是要实现全国人民的共同富裕,而不是部分人民的特有富裕。正如邓小平同志强调的,"社会主义的目的就是要全国人民共同富裕,不是两极分化"②。第二,实现共同富裕目标的重要路径是在坚持社会主义道路上实施"先富带动后富"方略。资本主义道路可以解决个人富裕的问题,但是解决不了共同富裕的问题,同时还会出现两极分化问题。与此形成鲜明对比的是,社会主义道路不仅可以解决个人富裕问题,还可以解决共同富裕问题。为此,邓小平同志特意强调了坚持社会主义道路的重要性,"坚持社会主义,实行按劳分配原则,就不会产生贫富过大的差距"③。同时,邓小平同志还强调通过"先富带动后富"最终"实现共同富裕"的重要方略,因为"每个人和每个地区不可能按照同一步伐一道富,也不可能在同一时间一样富,致富的步伐有快有慢,富裕的时间有先有后,富裕的程度有高有低"④。第三,实现共同富裕目标需要坚持对外开放政策和利用和平国际环境。实现共同富裕目标需要以经济的发展奠定物质基础、以社会稳定提供良好环境,这就要坚持对外开放政策,在充分利用国际市场、国外资源的基础上大力发展本国经济。同时,"要利用现在有利的和平国际环境来发展自己",⑤因为只有世界和平,中国才能一心一意谋求经济社会发展,才能顺利实现共同富裕目标。

进入新时期,为了"使全体人民朝着共同富裕的方向稳步前进"⑥,江泽民同志在国内外局势发生重大变化的时代背景下推动共同富裕的探索和实践。主要体现在:第一,在加快地区发展中实现共同富裕目标。面对东部、中部、西部地区间在发展方面存在的差距,江泽民同志继承了邓小平同志"发展才是硬道理"的思想,认为"必须不失时机地加快中西部地区的发展"⑦。第二,在经济体制改革中促进经济发

---

① 邓小平. 邓小平文选:第3卷[M]. 北京:人民出版社,1993:373.
② 邓小平. 邓小平文选:第3卷[M]. 北京:人民出版社,1993:110-111.
③ 邓小平. 邓小平文选:第3卷[M]. 北京:人民出版社,1993:64.
④ 龚云. 论邓小平共同富裕理论[J]. 马克思主义研究,2012(1):46-55.
⑤ 邓小平. 邓小平文选:第3卷[M]. 北京:人民出版社,1993:281.
⑥ 江泽民. 江泽民文选:第3卷[M]. 北京:人民出版社,2006:543.
⑦ 江泽民. 江泽民论有中国特色社会主义(专题摘编)[M]. 北京:中央文献出版社,2002:177.

展。建立社会主义市场经济体制，这就"需要有一系列相应的体制改革和政策调整"①，以此进一步解放和发展生产力，为人民脱贫致富创造重要条件。第三，在科学把握效率与公平的关系中实现共同富裕目标。强调效率是与我国处于社会主义初级阶段的基本国情相符的，必须大力发展生产力，从而满足人民的物质文化需求。同时，在强调效率的前提下也要强调公平，因为"高效率、社会公正和共同富裕是社会主义制度本质决定的"②。关于如何科学把握效率与公平的关系，江泽民同志在探索中提出"既鼓励先进，促进效率，……逐步实现共同富裕"③。

跨入新世纪，在经济快速发展、社会稳步前进、人民生活水平逐步提高的同时，地区、城乡、群体之间的收入差距也在进一步扩大。正是在这样的时代背景下，胡锦涛同志继续推动共同富裕的探索。主要体现在：第一，在注重社会公平中实现共同富裕目标。社会主义所具有的独特优势不仅在于高度发达的生产力、集中力量办大事，而且在于消灭剥削和贫富分化等不公平现象。为此，就要建立"社会公平保障体系……使全体人民朝着共同富裕的方向稳步前进"④。第二，在坚持统筹兼顾中实现共同富裕目标。坚持统筹发展是实现共同富裕探索中的重要创新。例如，胡锦涛同志多次强调"必须实现好、维护好、发展好占我国人口大多数的农民群众的根本利益"⑤。在党中央、国务院出台的取消农业税、减免学杂费等一系列政策支持下，我国新农村建设改善了农村的居住环境，提高了农民的生活质量，从而缩小了城乡之间的发展差距，推动农村向共同富裕迈进。第三，在坚持以人为本中实现共同富裕目标。坚持以人为本是对马克思主义群众观的继承与创新，关注人的多样需求，强调人的全面发展。对此，胡锦涛同志也提出了具体要求，即"走共同富裕道路，……发展成果由人民共享"⑥。

中国特色社会主义进入新时代以来，习近平总书记关于实现共同富裕目标的思考与探索，体现着浓厚的时代特征、民族特色和世界视野。主要表现在：第一，实现共同富裕目标是科学社会主义的本质要求。实现共同富裕目标不仅体现着社会主义与资本主义的重要区别，更是从根本上彰显着社会主义制度较资本主义制度优越的关键所在。为此，党的十八大以来，习近平总书记多次强调："实现共同富裕，

---

① 江泽民.江泽民文选:第1卷[M].北京:人民出版社,2006:228.
② 江泽民.论社会主义市场经济[M].北京:中央文献出版社,2006:137.
③ 江泽民.江泽民文选:第1卷[M].北京:人民出版社,2006:227.
④ 中共中央文献研究室.十六大以来重要文献选编:中[M].北京:中央文献出版社,2008:712.
⑤ 中共中央文献研究室.十六大以来重要文献选编:下[M].北京:中央文献出版社,2008:277.
⑥ 中共中央文献研究室.十七大以来重要文献选编:上[M].北京:中央文献出版社,2009:12.

是社会主义的本质要求。"① 并且在理念上,将实现共同富裕目标作为一种价值追求;在实践上,将实现共同富裕目标作为一种工作要求。第二,实现共同富裕目标要坚持以人民为中心的根本立场。习近平总书记指出:"共同富裕本身就是社会主义现代化的一个重要目标,要坚持以人民为中心的发展思想。"② 坚持以人民为中心的发展思想,是习近平总书记对马克思主义群众观的继承与创新。坚持以人民为中心的根本立场,就是要有效解决人民反映突出的就业、教育、医疗等问题。唯有如此,才能有效解决地区之间、城乡之间、群体之间的差距,从而实现共同富裕目标。第三,打赢脱贫攻坚战是实现共同富裕目标的重要条件。脱贫攻坚的成效和质量决定着全面小康社会的成色,影响着共同富裕目标的实现进程。正如习近平总书记指出的:"使现行标准下农村贫困人口全部脱贫,就是促进全体人民富裕的一项重大举措。"③ 为此,党的十八大以来,习近平总书记亲自实地考察贫困地区,深入贫困家庭了解情况,亲自指挥脱贫攻坚行动,努力解决绝对贫困问题,为实现全体人民的共同富裕奠定了深厚基础。第四,"两步走"战略是实现共同富裕目标的路径安排。实现共同富裕目标是一个由"消除贫困"到"全面小康"及由"部分先富"到"共同富裕"的过程,具有渐进性、阶段性的显著特征。为此,党的十九大对实现共同富裕目标作了科学的"两步走"战略安排,即第一步是 2020—2035 年,这一阶段的目标是要"全体人民共同富裕迈出坚实步伐";第二步是 2035 年到本世纪中叶,这一阶段的目标是要让"全体人民共同富裕基本实现。"④ 第五,贯彻共享发展理念是实现共同富裕目标的重要支撑。党的十八届五中全会提出了新发展理念,其中的共享发展理念在主体上要求人人享有、全民共享,即在发展过程中逐步缩小群体差异;在客体上要求覆盖全面、分享均衡,即在发展成果上公平惠及全体人民。坚持共享发展理念,在价值取向、基本原则等方面与实现共同富裕目标具有一致性,同时"为实现共同富裕提供了思想保证、精神动力和智力支持"⑤。第六,构建人类命运共同体是促进全球实现共同富裕目标的中国方案。习近平总书记提出的构建人类命运共同体理念,其中在政治上倡导摒弃"冷战思维"、坚持和平发展,这就为

---

① 习近平到河北阜平看望慰问困难群众时强调 把群众安危冷暖时刻放在心上 把党和政府温暖送到千家万户[N]. 人民日报,2012-12-31.
② 习近平春节前夕赴贵州看望慰问各族干部群众 向全国各族人民致以美好的新春祝福 祝各族人民幸福吉祥祝伟大祖国繁荣富强[N]. 人民日报,2021-02-06.
③ 习近平. 关于《中共中央关于制定国民经济和社会发展第十四个五年规划和二〇三五年远景目标的建议》的说明[N]. 人民日报,2020-11-04.
④ 习近平. 习近平谈治国理政:第3卷[M]. 北京:外文出版社,2020:22-23.
⑤ 蒋永穆,张晓磊. 共享发展与全面建成小康社会[J]. 思想理论教育导刊,2016(3):74-78.

人类实现共同富裕目标创造了和平的国际环境；在经济上倡导共同发展、反对保护主义，这就为人类实现共同富裕目标奠定了物质发展基础。因此，构建人类命运共同体对于促进全球的共建共享发展、人类的自由全面发展意义重大。正如习近平总书记强调的，"中国愿同各国一道，合力建设远离贫困、共同发展的美好世界"。①

综上所述，中国人民和中国共产党人有着实现共同富裕目标的美好愿望，也有着为实现共同富裕目标的不懈探索，在前进的道路上一步一步地扎实推动共同富裕目标的实现。

三、扎实推动共同富裕的实践逻辑

新发展阶段也是我国"开启全面建设社会主义现代化国家新征程"②的重要阶段。我国的现代化是全体人民共同富裕的现代化，必须"自觉主动解决地区差距、城乡差距、收入差距等问题"③。2020年我国国内生产总值突破100万亿元大关，稳居世界第2位；按照现行贫困标准计算，我国7.7亿农村贫困人口摆脱贫困；按照世界银行国际贫困标准，我国减贫人口占同期全球减贫人口70%以上。但同时也要清醒地认识到，我国地区之间、城乡之间、国民收入之间的差距较大问题急需解决，而这也构成了当前扎实推动共同富裕的实践逻辑。

（一）解决地区间发展差距问题是扎实推动共同富裕的客观选择

我国先后实施的西部大开发、振兴东北老工业基地、中部崛起等系列重大区域战略，为缩小地区之间的发展差距发挥了重要作用，但从总体看，我国地区之间的发展差距依然较大。从区域差距看，改革开放以来，我国经济飞速发展，各区域经济总量也不断攀升，但东、中、西部区域之间，南、北区域之间的经济差距仍然较大。从东、中、西部区域之间看，1992年，东部地区生产总值为12639.30亿元，分别是中部地区、西部地区、东北地区的2.38倍、2.47倍、4.38倍；2019年，东部地区生产总值达511161.20亿元，分别是中部地区、西部地区、东北地区的2.34倍、2.49倍、10.17倍，东部地区与其他地区之间的差距日益扩大。从南、北区域

---

① 习近平出席二十国集团领导人第十五次峰会第二阶段会议[N]. 人民日报,2020-11-23.
② 中共中央关于制定国民经济和社会发展第十四个五年规划和二〇三五年远景目标的建议[N]. 人民日报,2020-11-04.
③ 习近平在中共中央政治局第二十七次集体学习时强调 完整准确全面贯彻新发展理念 确保"十四五"时期我国发展开好局起好步[N]. 人民日报,2021-01-30.

之间看，一方面，经济增速呈现出"南快北慢"的趋势。南方地区经济增速高于北方地区且差距不断拉大，2013年南方地区经济增速比北方地区快0.70个百分点，2019年该差距扩大到近1.40个百分点。另一方面，经济比重呈现出"南升北降"的趋势。2019年，南方地区经济总量占全国经济总量的比重达64.56%，接近2/3，而北方地区占比仅为1/3多一点。从区域内部差距看，以四川为例，2019年成都地区生产总值为17012.65亿元，省内排名第一，分别是德阳（排名第4）的7.28倍、内江（排名第10）的11.87倍、广元（排名第16）的18.06倍、甘孜藏族自治州（排名21）的43.80倍。成都作为省会城市，经济优势明显，但市区之间差距过大，省内经济发展不平衡问题较为严重。再从城镇化率看，成都的城镇化率达74.41%，而甘孜藏族自治州仅为32.94%，现代化发展水平存在较大差距。地区发展差距过大既不利于区域协调发展，也不利于新发展格局下现代化产业体系的合理布局，影响要素的充分流动。而扎实推动共同富裕就是要避免区域的极化效应，在区域协调发展、产业合理布局的基础上，实现各区域居民的共同富裕。

（二）解决城乡间收入差距是扎实推动共同富裕的必然要求

随着改革开放的深入推进、经济社会的快速发展，我国城乡居民收入都在不断提高，但从总体看，城乡收入差距问题仍然比较突出。一方面，城市与农村之间收入差距较大。1978—2019年，我国城乡居民人均可支配收入均增长迅速，但城乡之间差距却呈扩大趋势。1978年城乡居民人均可支配收入比为2.56∶1，2019年为2.64∶1，城乡居民人均可支配收入绝对差额也从1978年的209元扩大到2019年的26338元。另一方面，农村、城市各自内部收入差距明显。例如，从不同区域的农村收入差距看，2019年东部地区农村居民人均可支配收入最高达19988.60元/人，东北地区为15356.70元/人，中部地区为15290.50元/人，西部地区最低，仅为13035.30元/人。中央明确提出，"实施乡村振兴战略，是解决人民日益增长的美好生活需要和不平衡不充分的发展之间矛盾的必然要求，是实现'两个一百年'奋斗目标的必然要求，是实现全体人民共同富裕的必然要求"。[①] 扎实推动共同富裕，就是要解决城乡收入差距问题，实现城市居民和农村居民的共同富裕。

---

① 中共中央 国务院关于实施乡村振兴战略的意见[EB/OL]. 中国政府网，http://www.gov.cn/gongbao/content/2018/content_5266232.htm.

(三) 解决国民收入分配差距问题是扎实推动共同富裕的题中应有之义

改革开放40多年来，我国经济的快速发展为提高国民收入创造了重要条件，日益完善的分配制度为缩小收入差距提供了制度保障。但是，我国国民收入分配差距仍然较大。1978—2019年，我国基尼系数呈波动上升后逐渐趋稳的发展趋势。1994年超过0.4的国际警戒线，达到0.436，此后则一直在0.4~0.5徘徊。近年来，国民收入分配差距虽然整体呈下降趋势，但下降幅度有限。把农村居民收入按五等份划分，2019年，20%高收入组家庭可支配收入达到36049.40元/人，20%中间偏上收入组家庭人均可支配收入为19732.40元/人，20%中间收入组家庭人均可支配收入为13984.20元/人，20%中间偏下收入组家庭人均可支配收入为9754.10元/人，20%低收入组家庭人均可支配收入仅为4262.60元/人。将国民收入分配差距控制在合理范围、实现全体人民的共同富裕，是中国特色社会主义制度区别于资本主义制度的显著特征，也是扎实推动共同富裕的题中应有之义。

(四) 扎实推动共同富裕实践逻辑的现实基础

如前所述，我国在经济社会快速发展的同时，还存在地区和城乡发展、收入分配等差距依然较大的问题，这些问题的存在直接制约了共同富裕的推动进程和实现水平。新发展阶段将开启全面建设社会主义现代化国家的新征程。要实现全体人民共同富裕的现代化，在建设现代化过程中就必须坚持以人民为中心的发展思想，扎实推动共同富裕[1]，自觉主动解决地区差距、城乡差距、收入分配差距，促进社会公平正义，坚决防止两极分化。在新发展阶段扎实推动共同富裕，我们具有扎实的物质基础、制度基础和文化基础支撑。从物质基础看，我国经济总量在2020年突破了100万亿元，成为世界第二大经济体，对世界经济增长的贡献率连续多年保持在年均30%以上，拥有世界第一制造业大国的地位和最完整的产业链。从制度基础看，我国拥有坚持党的统一领导的政治优势、集中力量办大事的体制优势、坚持人民至上的价值优势等社会主义制度优势。从文化基础看，中华民族在历史上形成了

---

[1] 我们认为,在先富基础上实现的共同富裕会存在阶段性。共同富裕至少要经过三个阶段:第一阶段的特点是在全面建成小康社会背景下完成以脱贫攻坚底线任务为代表的共享发展;第二阶段的特点是在全面建设社会主义现代化进程中扎实推动共同富裕;第三阶段的特点是在更高生产力水平下构建高水平的共同富裕格局。对于这一问题,笔者将在另外的研究中专门阐述。

众多优秀文化,中国共产党百年历史形成的各种红色精神,尤其是"生命至上、举国同心、舍生忘死、尊重科学、命运与共"①的伟大抗疫精神和"上下同心、尽锐出战、精准务实、开拓创新、攻坚克难、不负人民"②的脱贫攻坚精神等,都将成为扎实推动共同富裕的强大文化基础。

四、扎实推动共同富裕的实现路径

在新发展阶段扎实推动共同富裕,必须针对社会主要矛盾的变化、人民反映的突出民生问题等,采取有针对性、实效性的重大举措。

(一)着力保障稳定脱贫,建立相对贫困治理长效机制

重点解决相对贫困问题既是扎实推动共同富裕的内在要求,也是扎实推动共同富裕的重要方面。2020年"我们如期完成了新时代脱贫攻坚目标任务"③,但这并不意味着我国就没有贫困问题了,而是贫困的存在形式发生了变化,即"从较易识别和发现的绝对贫困转变为难以直接衡量和辨别的相对贫困"④。相对贫困之所以存在,一是我国经济社会快速发展后必然面临的问题,即绝对贫困人口的减少和相对贫困人口的增加。二是存在返贫、致贫的可能,即脱贫的不稳定户及边缘户脱贫后的返贫和因灾、因病后的致贫。因此,保障稳定脱贫是我国在新发展阶段减贫的新奋斗方向。为此,要正确"把握其动态性、多维性和隐蔽性等典型特征,积极建立解决相对贫困的长效机制"⑤。首先,要针对相对贫困的动态性建立长效识别机制。确定相对贫困的合理标准和主体对象是破解相对贫困的前提。相对贫困合理标准的确定要与我国发展阶段和最大国情相符合,同时还要充分考虑城乡、地区发展上的差距问题。对相对贫困主体对象的识别既可根据既定的标准科学识别,又可利用科技手段精准识别,同时还要考虑潜在的相对贫困人口。其次,要针对相对贫困的多维性建立长效保障机制。确定相对贫困的主要类型和帮扶内容是破解相对贫困的条件。相对贫困的主要类型包括收入型贫困、消费型贫困和生活型贫困。相对贫困的

---

① 习近平. 在全国抗击新冠肺炎疫情表彰大会上的讲话[N]. 人民日报,2020-09-09.
② 习近平. 在全国脱贫攻坚总结表彰大会上的讲话[N]. 人民日报,2021-02-26.
③ 中共中央政治局常务委员会召开会议 听取脱贫攻坚总结评估汇报 中共中央总书记习近平主持会议[N]. 人民日报,2020-12-04.
④ 蒋永穆. 建立解决相对贫困的长效机制[J]. 政治经济学评论,2020(2):28-34.
⑤ 蒋永穆. 建立解决相对贫困的长效机制[J]. 政治经济学评论,2020(2):28-34.

帮扶内容主要包括健全提高收入、保障生活等方面的制度保障，健全既体现普遍性又体现特殊性的政策保障，以及健全运用和改进现有减贫机制的工作保障。最后，要针对相对扶贫的隐蔽性建立长效动力机制。确定相对贫困的多重原因和减贫方式是破解相对贫困的关键。相对贫困的原因既来源于物质贫困，也引发于能力贫困，还造成于精神贫困。破解相对贫困要在促进乡村振兴与脱贫攻坚有机衔接中增强内生动力、在深化改革中激发内生动力、在构建大扶贫格局中提升内生动力。

（二）强化就业优先政策，多层次、多渠道促进就业

就业是最大的民生，解决好就业问题才能增加人民收入、改善人民生活质量，从而促进人民安居乐业；才能缩小收入差距，从而实现共同富裕目标。要强化就业优先政策，一是从国家层面看，要推动经济持续健康发展，在经济发展中增加就业岗位。要健全就业公共服务体系，完善就业引导机制，加强劳动技能培训，提升劳动者技能素质，缓解就业结构性矛盾。要鼓励创新创业、灵活就业，通过创业解决自己就业、带动他人就业。例如，鼓励个体工商户、自由职业者、下岗失业人员开设投资少、风险小、见效快的小超市、小吃店、小门面等小微实体。同时，针对残疾人等特殊帮扶群体，要扩大公益性就业岗位，例如交通协管、社区保安、生态护林等，通过政策支持、照顾安置就业。二是从企业层面看，要鼓励企业在经济效益较好时增加就业岗位、增加招聘人数、提高劳动报酬。同时，还要从劳动者角度出发，维护其合法权益，保障其福利待遇，解决其后顾之忧。三是从个人层面看，要转变就业观念，通过多种渠道解决就业问题。增强就业本领，在激烈竞争中赢得就业机会。提高劳动技能，在快速发展中实现稳定就业。

（三）构建高质量教育体系，促进教育高质量均衡发展

教育的发展既可阻止贫困代际传递，符合摆脱贫困的需要；又可丰富人们的精神世界，满足人们的精神需求。要建设高质量的教育体系，一是健全学校、家庭、社会协同育人机制。只有实现学校、家庭、社会三者的有效结合，才能凝聚育人的更大共识、汇集育人的更大合力。二是明确学校、教师和学生的主要任务。对于学校而言，要高度重视学科建设，加快培养紧缺人才，不断深化校企合作。对于教师而言，要不断加强师德师风建设，不断提升教书育人的能力和服务社会的本领。对于学生而言，要显著增强文明素养，高度重视社会实践，切实牢固树立责任意识。三是针对不同层次教育提出相应要求。要推动义务教育的均衡发展，鼓励高中学校

的多样化发展，提升高等教育的发展质量。四是加大教育改革力度，努力实现教育公平。改革是促进教育发展的动力，公平是推动教育发展的要求；教育改革是为了实现教育公平，教育公平是教育改革成效的体现。要统筹城乡、区域教育发展，重点解决教师结构性缺员问题，提高教师福利性待遇。要提升民族地区、贫困山区教育质量，重点在于配齐优质的师资力量和提供舒适的教学环境。五是针对不同性质的教育采取不同措施。尤其民办教育在促进教育发展中发挥着越来越重要的作用，已成为推动教育发展不可忽视的重要力量，需要大力支持和规范民办教育发展，并规范校外培训机构。①

（四）健全社会保障体系，不断提升保障水平和能力

社会保障对于减少突发性损失、增加临时性救助和保障基本生活、缩小贫富差距意义重大，是扎实推动共同富裕的重要构成部分。为此，要在明确社会保障主要内容、主要帮助对象及最终效果中健全社会保障体系。一是发展多层次、多支柱养老保险体系，②实现老有所养。二是实现医疗、失业、工伤保险的省级统筹，健全医疗保险制度，落实异地就医结算，以此减轻人民经济负担，带给人民真切实惠，防止因病返贫、因病致贫。三是促进社会救助方面呈现分类分层特征、形成城乡统筹局面，充分发挥其基础性、兜底性作用，实现最低生活有保障。四是完善针对孤、寡、残等特殊群体的帮扶制度，使弱势群体生活得到关爱和保障，逐步构建完善的社会福利制度体系。五是积极发展医疗保险及相关商业保险，以更好地应对突发重大疾病而造成的重大损失，增强抵御风险的能力。此外，针对灵活就业、自由职业的群体，完善相应的社会保障制度，更好地满足这类新兴群体的现实需要；针对妇女、儿童等群体，要高度重视其合法权益的保障与落实。

（五）坚持基本分配制度，不断提升人民收入水平

扩大中等收入群体、增加低收入者收入③是缩小收入差距、实现共同富裕的重要举措。应明确影响收入增加的制约因素、确保收入增加的制度基础、落实收入增加的可行举措。一是推动经济持续健康发展。经济的持续健康发展是把"蛋糕"做

---

① 中共中央关于制定国民经济和社会发展第十四个五年规划和二〇三五年远景目标的建议[N]. 人民日报,2020-11-04.
② 中共中央关于制定国民经济和社会发展第十四个五年规划和二〇三五年远景目标的建议[N]. 人民日报,2020-11-04.
③ 习近平. 习近平谈治国理政:第3卷[M]. 北京:外文出版社,2020:36.

大、提高人民收入水平的重要基础，是有"蛋糕"可分、促进共同富裕目标实现的重要前提。在新发展阶段推动经济持续健康发展，首先，要贯彻新发展理念，这是促进经济持续健康发展的内在要求。坚持创新发展理念，加快转变发展方式、优化发展结构；坚持协调发展理念，推进区域、城乡等协调发展；坚持绿色发展理念，提高资源利用率，减少对环境的破坏，推动经济可持续发展；坚持开放发展理念，充分利用国外市场、国际资源；坚持共享发展理念，使更多的人享受到经济发展的成果，为城乡之间、区域之间、边疆地区的协调发展、共享发展、共同发展创造物质条件。其次，要构建新发展格局。构建新发展格局是为了促进我国经济更好发展而实施的重大举措。要坚持扩大内需，充分发挥消费对促进经济发展的重大作用。要坚持供给侧结构性改革，努力提高供给质量对扩大国内需求的适配作用。要坚持科技创新，充分利用科技力量推动经济实现高质量发展。再次，要实行高水平对外开放。坚持对外开放是促进国际合作、实现互利共赢的内在要求，也是发展对外经济、促进经济发展的重要条件。实行高水平对外开放，要完善自由贸易试验区的布局，增强对外贸易综合竞争力，建设更高水平的开放型经济新体制。要坚持共商共建共享原则，推动"一带一路"高质量发展。二是坚持基本分配制度。我国的分配制度是做大"蛋糕"的重要后续、分好"蛋糕"的制度基础，更"是新时代共享发展和共同富裕的重要保障"[①]。在初次分配中，要提高劳动报酬比重，"完善工资制度，健全工资合理增长机制"[②]；在再分配中，要充分发挥税收、社保的调节作用，通过加大调节力度、实现精准调节促进共同富裕；在第三次分配中，要充分发挥慈善事业的作用，改善收入和分配格局，进而推动社会公平、实现共同富裕。

（六）推进"健康中国"建设，加强医疗和卫生环境建设

保障人民健康生活、推进健康中国建设，是进一步促进人的自由全面发展的重要条件，也是进一步实现共同富裕目标的内在要求。推进健康中国建设应明确其动力来源、主要机制、主体责任和方式方法。一是通过改革推进医药卫生、疾病防控事业的发展和完善，实现优质医疗资源区域均衡分布，并对农村给予适当倾斜和政策支持。同时，强化对公立医院的建设与管理，充分发挥公立医院的作用。二是通过建立和完善处置机制与投入机制，提高医疗救治水平。发挥科技的支撑作用，提

---

① 蒋永穆,卢洋.坚持和完善社会主义基本经济制度[J].学习与探索,2020(6):87-93.
② 中共中央关于制定国民经济和社会发展第十四个五年规划和二〇三五年远景目标的建议[N].人民日报,2020-11-04.

升应对保障能力。加强医疗卫生人才队伍的培养与建设,在扩充医疗队伍数量的同时提升队伍质量、优化队伍结构,不断改善医疗条件和卫生环境。三是落实医疗机构公共卫生责任,通过责任细化、责任明确实现责任到人,通过追究责任、承担责任强化责任意识。四是通过开展卫生健康主题教育活动,促使人们转变陈旧的卫生健康观念,提高安全卫生健康意识,养成良好的卫生健康习惯,促进学习、工作、生活卫生健康环境建设。

五、结语

扎实推动共同富裕是马克思主义经典作家共同富裕理论与中国国情有机结合的中国特色社会主义理论的集中体现,对于"十四五"开好局、起好步具有重要的理论价值与实践意义。扎实推动共同富裕既继承了马克思主义经典作家的共同富裕理论,也体现了中华民族千百年来孜孜以求的目标,彰显了扎实推动共同富裕的理论逻辑和历史逻辑。同时,我们在创造了"经济快速发展奇迹和社会长期稳定奇迹"[①]的同时,地区之间、城乡之间、国民收入之间的差距问题构成当前扎实推动共同富裕的实践逻辑。新发展阶段将开启全面建设社会主义现代化国家的新征程,要实现全体人民共同富裕的现代化,在建设现代化过程中就必须坚持以人民为中心的发展思想,扎实推动共同富裕,自觉主动解决地区差距、城乡差距、收入分配差距,促进社会公平正义,坚决防止两极分化。新发展阶段扎实推动共同富裕,我们具有扎实的物质基础、制度基础和文化基础支撑。在此基础上,需要针对社会主要矛盾的变化、人民反映的突出的民生问题等、采取有针对性、实效性的重大举措。

---

① 习近平. 在全国抗击新冠肺炎疫情表彰大会上的讲话[N]. 人民日报,2020 – 09 – 09.

作者简介

杨云霞,西北工业大学马克思主义学院院长、教授、博士生导师,"万人计划"哲社领军人才、陕西省"六个一批"人才、陕西省教学名师、陕西省教指委委员、西安市决策咨询委员会委员,英国诺丁汉大学访问学者。主要从事马克思主义理论教学与研究。主持国家社科基金、最高人民法院司法研究重大课题、陕西省社科基金重大课题等30余项,出版专著2部,在《马克思主义研究》《马克思主义与现实》等CSSCI期刊发表论文70余篇,荣获陕西省哲学社会科学研究优秀成果一等奖、陕西省教学成果一等奖等各项奖励10余项。主持《〈陕西省劳动监察条例〉立法论证研究》等多项地方性立法论证工作。兼任中国高等教育学会马克思主义研究会副理事长等,国家社科基金中华学术外译项目评审专家、教育部法学学科评估评审专家等。

杨云霞：推动共同富裕是企业社会责任的价值旨归

《中共中央关于坚持和完善中国特色社会主义制度推进国家治理体系和治理能力现代化若干重大问题的决定》中提出要"重视发挥第三次分配作用，发展慈善等社会公益事业"[①]。党的十九届五中全会进一步提出"全体人民共同富裕取得更为明显的实质性进展"。"十四五"规划和2035年远景目标纲要对"优化收入分配结构"作出重要部署，强调"更加积极有为地促进共同富裕"。2021年8月17日，中央财经委员会第十次会议针对扎实推动共同富裕问题，提出"三次分配"作为调节收入分配，是实现共同富裕的有效路径，未来一个时期初次分配、再分配、三次分配协调配套将成为我国新的分配基础性制度。如何推进三次分配实现共同富裕，不仅需要制度安排，更需要价值观的引领，因为凝聚价值共识是维护社会秩序的关键。

在已有的理论研究中，泽炎等提出"推动共同富裕是民营企业履行社会责任的战略方向"[②]等观点。在实践层面，一些企业以共同富裕为目标，开始践行企业社会责任。2020年8月18日，腾讯宣布，继今年4月投入500亿元升级"可持续社会价值创新"战略后，再增投500亿元开启"共同富裕专项计划"[③]。但关于为什么共同富裕是企业社会责任的战略方向，二者之间的关联性是什么，共同富裕的目标需要怎样的价值观支撑，如何将价值观支撑落地，成为推进共同富裕的机制，已有研究和实践都鲜有论述。本文通过对三次分配与企业社会责任的关系进行分析，提出二者具有道德性这一属性的耦合，从而决定了可以寓社会主义核心价值观于企业

---

① 中共中央关于坚持和完善中国特色社会主义制度推进国家治理体系和治理能力现代化若干重大问题的决定(2019年10月31日中国共产党第十九届中央委员会第四次全体会议通过)[N]. 人民日报,2019-11-06(001).

② 泽炎,等. 推动共同富裕是民营企业履行社会责任的战略方向[EB/OL]. 2021-02-26, http://www.rmlt.com.cn/2021/0226/608603.shtml.

③ 深企:勇担社会责任助力"共同富裕"[EB/OL]. https://www.sohu.com/a/484775212_626425.

社会责任之中，形成符合社会主义核心价值观的企业主流价值观。

一、社会主义核心价值观引领企业社会责任的价值观演进，助推共同富裕

共同富裕是社会主义核心价值观的现实目标、核心要义。马克思在《1857—1858 年经济学手稿》中指出，未来社会的"生产将以所有的人富裕为目的"。恩格斯指出，只有实现"所有人共同享受大家创造出来的福利"，方可使"社会全体成员的才能得到全面发展"。邓小平指出："社会主义的本质，是解放生产力，发展生产力，消灭剥削，消除两极分化，最终达到共同富裕。"在新时代，共同富裕的内涵超出了单纯的物质丰富的范畴，而是全国人民共同创造和发展的总体成果，是包括政治权利以及经济、文化、社会和生态福利的全结构福祉。《中共中央 国务院关于支持浙江高质量发展建设共同富裕示范区的意见》中也提出："共同富裕具有鲜明的时代特征和中国特色，是全体人民通过辛勤劳动和相互帮助，普遍达到生活富裕富足、精神自信自强、环境宜居宜业、社会和谐和睦、公共服务普及普惠，实现人的全面发展和社会全面进步，共享改革发展成果和幸福美好生活。"由此可以看出，社会主义核心价值观所倡导的"富强、民主、文明、和谐、自由、平等、公正、法治、爱国、敬业、诚信、友善"等价值理念，正是共同富裕的现实目标和核心要义。

第一，企业社会责任价值理念的演进与社会主流价值观具有同向同行性。企业社会责任的发展过程，以不断适应社会发展、适应社会核心价值观和主流意识形态需求为其主导线索。1924 年，美国学者谢尔顿（Oliver Sheldon）在其著作 The Philosophy of Management 中就提出了"公司社会责任"的概念，他把公司社会责任与公司经营者满足产业内外各种人类需要的责任联系起来，并认为公司社会责任含有道德因素在内。1975 年，Sethi 提出社会责任"是与社会主流规范价值期望相一致时的企业行为层次"。1979 年，著名学者 Carroll 认为企业社会责任是在给定的时间内社会对组织所具有的经济、法律、伦理、慈善方面期望的总和。今天，履行企业社会责任作为一种共识，已经成为企业的基本义务和道德责任。在社会主义制度条件下，企业社会责任不再停留在资本主义制度下对企业社会责任的界定，必然服从和服务于社会主义核心价值观的需求，向适应中国特色社会主义现代化需求的主流价值观的现代化演进。正如习近平总书记 2020 年 7 月 21 日在企业家座谈会上的讲

话中所指出的"企业既有经济责任、法律责任，也有社会责任、道德责任"。

第二，企业社会责任，是社会主义核心价值观在企业微观层面的落实和落地。让人民群众过上更加幸福的好日子是我们党始终不渝的奋斗目标，实现共同富裕是中国共产党领导和我国社会主义制度的本质要求。共同富裕是社会主义的本质要求，实现每个人的自由全面发展是社会主义的最高价值追求，社会和谐是中国特色社会主义的本质属性。社会主义核心价值观基于实现这一奋斗目标和本质要求的现实需求，从宏观层面确立了富强、民主、文明、和谐等核心价值体系。社会主义核心价值观作为全社会的最为主流的价值观，对企业、事业单位、社会团体、自然人等各个社会主体都提出了要求。其中，在企业层面，表现为寓社会主义核心价值观于企业主流价值观之中。由企业等社会力量通过民间捐赠、慈善事业、志愿服务等形式进行的第三次分配，内嵌着社会主义核心价值观，是弘扬核心价值观的实践载体，对于促进社会和谐、形成良好的社会风尚和提升社会文明程度具有重要作用[①]。实现共同富裕，是新时代赋予企业社会责任的全新的内涵和价值目标。开展慈善、捐赠等社会公益事业，是社会主义企业社会责任固有的价值理念。

二、企业在履行社会责任中推进第三次分配，助推共同富裕

第三次分配的社会主导性决定了企业担负着重要角色。2021年1月11日，在省部级主要领导干部学习贯彻党的十九届五中全会精神专题研讨班开班式上，习近平总书记深刻阐述了实现共同富裕的重要意义："实现共同富裕不仅是经济问题，而且是关系党的执政基础的重大政治问题。我们决不能允许贫富差距越来越大、穷者愈穷富者愈富，决不能在富的人和穷的人之间出现一道不可逾越的鸿沟。"而如何实现共同富裕，以慈善等社会公益事业为主要渠道的第三次分配成为初次分配和再分配的重要补充。第三次分配不同于初次分配中的以市场为主导，也不同于再分配中的以政府为主导，它是以社会力量为主导的分配制度，企业作为社会力量的主体，尤其是最为重要的经济主体，在第三次分配中担当着重要的角色。正如福耀玻璃工业集团股份有限公司董事长曹德旺所讲的，"企业家团队在经济上是最敏感最优秀的团队，因此这些人必须为国家经济的发展承担责任，这是责无旁贷的"。刘庆峰也表示，"一代企业家有一代企业家的责任，推动共同富裕，带领中国在全球价值

---

① 元晋秋. 坚持和完善我国基本分配制度要重视发挥第三次分配作用[J]. 现代经济探讨,2020(9).

链中获得更大的话语权是我们这一代企业的责任"。

第三次分配与企业社会责任的耦合性决定了实现共同富裕是企业社会责任的应有之义。一是道德属性的耦合性。关于三种分配方式，有学者提出：第一次分配通过市场实现，侧重市场效率；第二次分配通过政府转移支付实现，侧重社会公平；第三次分配则为社会富裕人群及企业自发进行转移支付，侧重道德义务及社会责任。可以看出，第三次分配与企业社会责任在道德上具有耦合性。二是推进主体的耦合性。企业社会责任的主体是企业，第三次分配的推动主体也是包括企业在内的社会主体，其中企业是其核心力量。二者的推进主体最终都体现在企业这一重要社会主体的身份之上。三是责任形式的耦合性。企业社会责任不仅具有经济责任、法律责任的属性，还具有社会责任和道德责任的属性；第三次分配作为担当着"市场不为"且"政府不能"的责任的分配形式，是"托起社会的第三只手"[①]，是促进社会公平正义的"温柔之手"[②]，其同样属于社会责任的范畴。第三次分配与企业社会责任在上述三个层面的耦合性，决定了推进第三次分配是企业社会责任的应有之义。

三、建立履行企业社会责任的激励和保障机制，推进第三次分配

第三次分配的道德属性决定了企业社会责任的履行离不开激励机制。第三次分配不同于初次分配和再分配，其核心和基础是道德属性。首先，这一道德属性表现为自愿性，而非强制性。显然，这就有别于初次分配中市场作为主导所依赖的价值规律属性，要求必须遵循市场逻辑的要求；也有别于再分配中政府作为主导所依赖的宏观调控，要求在社会转移支付和社会保障等方面建立完备的制度体系。而第三次分配是以自愿为基础而不是以强制性为基础的再分配。其次，其自愿性决定了驱动力来源于道德伦理。主要由企业、高收入人群、公益慈善机构和志愿者组织在自愿基础上，以社会公德、社会公益为标杆，以伦理道德为驱动力，以募集、捐赠和资助等慈善公益方式对社会资源和社会财富进行分配，通过企业等自我驱动、自主运行，实现社会分配的低成本和谐运行。再次，其伦理道德驱动力来源于社会需求。道德的本质在于追求"善的生存"，道德的养成离不开对"类"的依赖，企业或高收入群体对促进社会的和谐发展、对低收入群体的关注和关照，成为其道德发展的

---

① 宋林飞. 第三次分配是构建和谐社会的重要途径[J]. 学海,2007(3).
② 何忠国. 重视发挥第三次分配的作用[J]. 学习时报,2019-12-18(001).

主动要求。第三次分配中,慈善、捐赠等社会公益事业正是基于这一特性而产生的社会行为。最后,满足社会需求需要来自社会的激发、激励与认可。因为"激发道德主体追求德性,引导道德主体内化道德规范"[①] 是人作为社会人所需要的重要属性;与此同时,满足社会需求的道德激发"既体现着人的主体性发展需要,也体现为社会和谐发展的社会性需要,是人的主体性和社会性的共同要求"[②]。推动慈善等社会公益事业需要建立激励机制,最为核心的是企业家精神的弘扬。正如习近平总书记2020年7月21日在企业家座谈会上的讲话中所说:"社会是企业家施展才华的舞台。只有真诚回报社会、切实履行社会责任的企业家,才能真正得到社会认可,才是符合时代要求的企业家。"我们需要大力弘扬企业家精神,把企业发展同国家繁荣、民族兴盛、人民幸福紧密结合在一起,在实现企业自身利益的同时,推动全社会共同进步。

第三次分配的制度属性决定了需要借助于社会主义核心价值观融入法治建设。第三次分配,与初次分配和再分配具有相同的属性,即作为基础性制度。首先,其制度属性决定了法律制度介入的必要性。对于以共同富裕为目标的第三次分配,尽管是秉承自愿原则而开展的公益慈善,但是政府应当通过法律制度加以引导、鼓励,并在制度建设方面积极做一些必要的配套。要消除一种错误认识,即认为慈善、捐赠等社会公益事业是基于道德、基于自愿,所以无须法律的干预和调解。这一认识完全抹杀了法律和道德的关联性,将法律与道德对立起来。事实上,道德的弘扬不仅需要道德的力量加以支撑,更需要法律的力量予以激励。其次,需要解决法律激励的制度缺位问题。在第三次分配的制度保障中,我国现有的《中华人民共和国慈善法》《中华人民共和国志愿服务法》《中华人民共和国红十字会法》《中华人民共和国公司法》《中华人民共和国税收法》等方面都还存在一系列的问题,如在《中华人民共和国慈善法》中,需要消解慈善的资本主义伪慈善性。恩格斯在《英国工人阶级的状况》中提出"富人慈善的本质就是生意、是交换",而不是为人民谋幸福。因此,需要以社会主义核心价值观来引领慈善的发展,使得其符合社会主义道德的特性,逐步消除慈善消极的一面,而发挥慈善积极的一面。再者,需要借助于社会主义核心价值观融入法治建设实现制度价值。运用法律法规和公共政策向社会传导正确价值取向,是大力培育和践行社会主义核心价值观的重要途径。正如

---

① 刘国华. 道德教育的本质与有效策略——道德二属性的视角[J]. 教学与管理,2010(21).
② 彭忠信. 对道德教育本质论的辩证思考[J]. 教育与职业,2007(18).

习近平总书记 2015 年 10 月 29 日在十八届五中全会第二次会议上的讲话中所强调的"我们必须坚持发展为了人民、发展依靠人民、发展成果由人民共享，作出更有效的制度安排，使全体人民朝着共同富裕方向稳步前进，绝不能出现'富者累巨万，而贫者食糟糠'的现象"。《关于进一步把社会主义核心价值观融入法治建设的指导意见》，对于在立法、司法、执法和守法中融入核心价值观进行了较为全面的部署，但对于如何以核心价值观融入法治建设促进第三次分配还有很大的制度空间，还需要进一步注重培育适应中国国情的社会主义公益慈善文化和财富伦理观，为第三次分配提供强大而深厚的精神驱动力量，并将其转化为符合社会主义核心价值观的制度支撑，建立包括与捐赠相关的所得税优惠政策、扩大对企业捐赠所能享受的最高优惠扣除比例额度等，强化对慈善行为的激励作用。通过社会主义核心价值观融入法治建设，把企业发展同国家繁荣、民族兴盛、人民幸福紧密结合在一起，在实现企业自身利益的同时，推动全社会共同富裕。

作者简介

谭劲松，1951年12月出生，湖南益阳人。浙江东方职业技术学院马克思主义学院教授，曾任浙江理工大学法政学院和马克思主义学院院长、硕士研究生导师。现为中国政治经济学学会常务理事，中国高校经济理论与思政教改研究会副会长，全国民办高校思想政治理论课建设研究会副会长。曾任浙江省《资本论》与社会主义经济研究会副会长，浙江省科学社会主义学会副会长，浙江省马克思主义理论教育理事会副理事长，浙江省"毛泽东思想和中国特色社会主义理论体系概论"课程研究会会长。主持国家社科基金项目1项、参与1项，教育部人文社会科学研究项目2项、浙江省哲学社会科学研究项目6项，获省部级优秀教学成果奖6项、省部级优秀科研成果奖3项、省委领导批示4项。担任浙江省高等学校德育统编教材《中国特色社会主义在浙江的实践》主编。先后在《求是》《人民日报》《马克思主义研究》《思想理论教育导刊》《华东师范大学学报》《当代经济研究》《经济学动态》等报刊发表论文130多篇，出版《现代领导方法与领导艺术概论》等著作与教材多部。

谭劲松：共同富裕示范区建设要把握好四重关系[①]

党的十八大以来，党中央高度重视全体人民共同富裕，并为促进共同富裕创造了良好条件。2021年5月20日，《中共中央 国务院关于支持浙江高质量发展建设共同富裕示范区的意见》（以下简称《意见》）启动共同富裕示范区建设，浙江省迅速制定《浙江高质量发展建设共同富裕示范区实施方案（2021—2025）》；8月17日中央财经委员会第十次会议研究扎实推进共同富裕问题，习近平总书记发表重要讲话，明确提出："共同富裕是社会主义的本质要求，是中国式现代化的重要特征，要坚持以人民为中心的发展思想，在高质量发展中促进共同富裕。"[②] 推进共同富裕是中国共产党全心全意为人民服务宗旨和以人民为中心发展思想的集中体现，是贯穿中国式现代化建设全过程的红线。在全国推动共同富裕伟大事业中，浙江要先行先试，在实现从部分先富到全民共富提升、从生活富裕到全面发展拓展上发挥先行性、先导性、先进性作用，正确处理好共同富裕示范区建设的四重关系。

一、共同富裕示范区建设要正确处理高质量发展做大"蛋糕"同公平分配"蛋糕"的关系

对实现共同富裕的认识长期存在误区，有人把实现共同富裕单纯看成分配问题，认为是平分财富，甚至误解为"劫富济贫"，这显然是不正确的。马克思主义政治经济学基本原理告诉我们，消费资料的任何一种分配，都不过是生产条件本身分配的结果；而生产条件的分配，则体现了生产方式本身的性质。只有先生产出社会财

[①] 此文与边春慧合作撰写。
[②] 习近平. 共同富裕是社会主义的本质要求，是中国式现代化的重要特征[EB/OL]. http://www.qstheory.cn/zhuanqu/2021-08/22/c_1127784024.htm.

富才有财富分配可言,因此,实现共同富裕既是分配问题更是生产问题。建设共同富裕示范区要正确处理做大"蛋糕"与分配"蛋糕"的关系,把高质量发展做大"蛋糕"摆在首位。高质量发展是建设高水平共同富裕的基础,没有高质量发展,高水平共同富裕就成了无源之水、无本之木。建设共同富裕示范区要把立足点放在实现高质量发展上,把思想统一到实现高质量发展上来。而不能本末倒置,轻生产、重分配,把目光聚焦在分"蛋糕"上,把精力集中在分配上。如何推动高质量发展,笔者认为应在科技创新、深化体制机制改革和夯实实体经济上发功用力。

(一) 要以科技创新为动力推动高质量发展

《意见》指出:高质量发展要"以创新型省份建设为抓手,把科技自立自强作为战略支撑,加快探索社会主义市场经济条件下新型举国体制开展科技创新的浙江路径。实施好关键核心技术攻关工程,强化国家战略科技力量,为率先实现共同富裕提供强劲内生动力"。[①] 实现从高速度发展到高质量发展的转变,关键是要以创新发展为动力,提高经济发展的科技含量,使经济发展从速度增长型、规模扩张型、劳动密集型转向质量型、效益型、技术密集型、人才密集型。一要加快科学技术创新研究,加大对新技术、新能源、新材料、新工艺、新方法研发的支持与投入力度,为高质量发展提供科技支撑。二要支持激励科研工作者、工程技术人员、生产一线能工巧匠精准针对经济社会发展中的难点、堵点、短板、弱项、卡脖子工程进行技术革新和创造发明,以推动产品更新换代、企业转型升级、产业结构优化。三要畅通产学研渠道,健全科技成果转化为经济发展动能机制。一方面,鼓励支持科技人员将科学研究植根于推动高质量发展上,把论文写在解决经济社会发展急需上,多出成果,出大成果;另一方面,要及时有效地做好科研成果转化工作,使科研成果快速推动经济发展、创造经济效益,而不是束之高阁,锁在"保险柜"里。

(二) 要以体制机制改革创新为高质量发展提供制度保障

推动高质量发展是一项复杂的系统工程,既需要有强有力的政策支持,也离不开高效健全的体制机制环境。一要为高质量发展提供政策支持和引领。一方面,要系统清理与高质量发展不相适应的过时政策以扫清发展政策障碍;另一方面,要及

---

① 中共中央 国务院关于支持浙江高质量发展建设共同富裕示范区的意见(全文)[EB/OL]. http://m.news.cctv.com/2021/06/10/ARTInijLyECw39TbWnOzSncd210610.shtml.

时出台服务和推动高质量发展新政策,以政策创新推动和引领高质量发展。二要为高质量发展创造高效健全的体制机制。一方面,在深化体制机制改革上党委政府要有勇气和魄力,敢于攻坚克难,啃硬骨头,既要破除思想上的畏难情绪和行动上的不作为不担当,又要敢于打破既得利益集团的阻力,主动改革、超前改革,打通堵点、攻克难点;另一方面,党委政府在体制机制创新上要有超前思维、辩证思维、战略眼光、前瞻意识,完善顶层设计,搞好科学论证,尤其要以深化优化"最多跑一次"改革成果为改革突破口,提高办事效率,让企业和老百姓少跑路不跑路,为高质量发展提供高效畅通的体制机制保障。

(三) 要以发展壮大实体经济为高质量发展奠定坚实基础

实体经济是国民经济的根基,实体经济强则国民经济兴,实体经济不振国民经济就会地动山摇。实体经济是创造社会财富、增加社会就业的基础。发展实体经济要培养企业家精神、工匠精神、担当精神,政府要出台政策引导和鼓励企业家坚守发展实体经济的定力,不为短期利益所动,不为炒热钱分心,切实扭转脱实向虚倾向,潜心把企业做优、做强、做大、做精、做成品牌。发展实体经济要"加快推进产业转型升级,大力推动企业设备更新和技术改造,推动传统产业高端化、智能化、绿色化发展,做优、做强战略性新兴产业和未来产业,培育若干世界级先进制造业集群"。① 金融业要持续加大对实体经济发展的支持力度,尤其要帮助中小微生产企业解决融资难等困难,支持实体经济高质量发展。

二、共同富裕示范区建设要正确处理坚持公有制主体地位与发展非公有制经济之间的关系

共同富裕作为社会主义本质要求,是马克思设想的发达社会主义的重要标志。马克思主义政治经济学认为,生产决定消费,生产资料所有制决定分配方式。共同富裕是生产资料公有制的内在要求和本质属性,私有制不能实现共同富裕,资本主义私有制必然造成贫富两极分化。我国正处在社会主义初级阶段,只能实行以公有制为主体、多种所有制经济共同发展的生产资料所有制。在存在生产资料私有制经

---

① 中共中央 国务院关于支持浙江高质量发展建设共同富裕示范区的意见(全文)[EB/OL]. http://m.news.cctv.com/2021/06/10/ARTInijLyECw39TbWnOzSncd210610.shtml.

济和生产力发展不充分不平衡的社会主义初级阶段如何实现全体人民共同富裕,这在马克思主义经典著作中没有现成理论可应用,在社会主义发展史上没有现成经验可借鉴,在国外没有现成模式可参考,是一项前无古人的极具挑战性的伟大事业,是中国共产党和社会主义中国需要面对和解决的时代难题和历史任务。浙江省要以探路者的勇气在多种所有制并存的基本经济制度下,闯出一条推动实现全体人民共同富裕新路子来。

(一)要充分发挥公有制经济推动共同富裕的主力军作用

社会主义公有制是共同富裕的制度基础,实现共同富裕是社会主义公有制的内在要求,公有制具备实现共同富裕的天然条件,公有制经济应该成为国家推动共同富裕的主力军,为全社会共同富裕做出示范。按照习近平总书记"大力发挥公有制经济在促进共同富裕中的重要作用"① 的要求,一是公有制经济要成为国民经济高质量发展的示范。"在高质量发展中促进共同富裕"②。公有制经济如何实现高质量发展,最重要的是要坚定不移地贯彻实行新发展理念,把工作重心和注意力聚焦到高质量发展上来,把推动高质量发展作为公有制经济发展的第一要务,在推动高质量发展上开新局、谋新篇,实现新突破、取得新进展、创造新业绩,以公有制经济高质量发展成果支撑高水平共同富裕示范区建设。二是公有制经济要全面实行社会主义分配制度。没有社会主义分配制度就没有共同富裕。社会主义分配制度是按劳分配,公有制经济要全面实行多劳多得、少劳少得、优劳优酬的按劳分配原则,以按劳分配激励劳动者求富、创富、致富的热情和积极性,以推动经济高质量发展和全体人民共同富裕。

(二)非公有制经济要服从服务于国家共同富裕战略大局

从理论上讲,非公有制经济中的私营经济和外资经济与共同富裕是有矛盾的。如何破解这一难题?笔者认为:一要毫不动摇地鼓励、支持、引导非公有制经济高质量发展,充分发挥非公有制经济在创造财富、增加税收、扩大就业、发展经济、繁荣市场、激发竞争活力等方面的直接或间接助推共同富裕的积极作用。二要确保非公有制经济在基本经济制度中的正确定位。基本经济制度明确规定"坚持公有制

---

① 习近平. 扎实推动共同富裕[EB/OL]. http://www.gov.cn/xinwen/2021 - 10/15/content_5642821.htm。
② 习近平. 在高质量发展中促进共同富裕[EB/OL]. http://www.xinhuanet.com/mrdx/2021 - 08/18/c_1310134578.htm。

主体地位，多种所有制经济共同发展"。一方面在鼓励、支持、引导非公有制经济发展上要不犹豫、不动摇；另一方面，非公有制经济的发展要以坚持和维护公有制主体地位为前提，而不能喧宾夺主，削弱、改变、取代公有制经济的主体地位，动摇国家实现共同富裕的基本经济制度根基。三要引导私企老板正确处理资本利润同劳动报酬的关系。非公有制企业吸纳就业人数占城镇就业人口的80%①以上，私营企业中的劳动者能不能致富关系国家共同富裕战略的成败。政府要通过法律法规和政策引导监督私企老板严格执行《中华人民共和国劳动法》和最低工资标准，严禁克扣和压低劳动者工资，确保劳动者依法获得正常劳动收入。习近平总书记强调"要允许一部分人先富起来，同时要强调先富带后富、帮后富，重点鼓励辛勤劳动、合法经营、敢于创业的致富带头人。靠偏门致富不能提倡，违法违规的要依法处理"②。政府要引导支持私有企业吸收职工参股，向职工让利，让职工共享企业发展红利，把私有企业打造成"劳资两利"的资本所有者与劳动者的利益共同体。四要教育引导企业家树立正确的财富观。引导企业家深入思考致富的初心是什么、为什么致富、为谁致富、怎样致富、富起来后怎么办、财富留给谁，如何使自己成为富而有德、富而有爱、富而有责，感恩国家、回报社会、扶贫济困、先富帮后富，热心慈善事业，取之于民用之于民的实业家，为服务国家共同富裕战略大局做贡献。在举国上下推动共同富裕的伟大事业中，非公有制经济不能缺位，非公有制经济人士不能置身之外、徘徊观望、无所作为，更不能成为阻力和障碍，而应积极投身国家共同富裕的伟大事业中去，既利用国家改革开放政策加快自身发展，率先致富和带领企业职工致富，又积极为全民致富发展经济、创造财富、增加税收、扩大就业，主动在抑制分配剥削、防止贫富分化、推动共同富裕上尽责出力。

三、共同富裕示范区建设要正确处理坚持按劳分配同实行按生产要素分配之间的关系

实行共同富裕离不开公平公正的分配制度。我国社会主义初级阶段的分配制度是"坚持按劳分配为主体、多种分配方式并存"。建设共同富裕示范区，要积极探索发挥按劳分配为主体的多种分配方式这一基本经济制度对实现共同富裕的推动作

---

① 市场监管总局. 民营经济主体超1.26亿 吸纳80%以上就业[EB/OL]. https://baijiahao.baidu.com/s?id=1677424747436678894&wfr=spider&for=pc.
② 习近平. 扎实推动共同富裕[EB/OL]. http://www.gov.cn/xinwen/2021-10/15/content_5642821.htm.

用。习近平总书记指出:"促进共同富裕,总的思路是坚持以人民为中心的发展思想,在高质量发展中促进共同富裕,正确处理效率和公平的关系,构建初次分配、再分配、三次分配协调配套的基础性制度安排,加大税收、社保、转移支付等调节力度,并提高精准性,扩大中等收入群体比重,增加低收入群体收入,合理调节高收入,取缔非法收入,形成中间大、两头小的橄榄型分配结构,促进社会公平正义,促进人的全面发展,使全体人民朝着共同富裕目标扎实迈进。"[1]《意见》中指出:"坚持按劳分配为主体、多种分配方式并存,着重保护劳动所得,完善要素参与分配政策制度,在不断提高城乡居民收入水平的同时,缩小收入分配差距,率先在优化收入分配格局上取得积极进展。"[2]

(一)发挥按劳分配推动共同富裕的基础作用和保障功能

按劳分配是对剥削和平均主义的双层否定,是人类社会迄今为止既从根本上消除了剥削,又能有效克服平均主义,防止两极分化,效率公平兼得,最有利于实现共同富裕的分配制度。发挥按劳分配推动共同富裕"稳压器"的基础作用和"压舱石"的保障功能,要处理好三个关系。一要处理好企业内部管理层与一线职工的按劳分配关系,确保公有制经济内部劳动者收入差距始终维持在合理区间。既要依据劳动贡献拉开收入差距,杜绝"大锅饭",不搞平均主义,又要防止脱离劳动贡献差距的收入悬殊和分配不公,做到公平分配。二要处理好工资增长同生产发展的关系。既要克服只讲生产发展而忽视提高工资的倾向,也要防止脱离生产发展水平而一味强调工资增加问题。要坚持在经济增长的同时实现居民收入同步增长、在劳动生产率提高的同时实现劳动报酬同步提高。三要处理好积累与消费的关系。合理确定积累与消费的比例,既不能只顾消费而影响正常积累和扩大再生产,也不能高积累、低消费影响劳动者致富和消费水平提高,既要尽力而为,又要量力而行。建设共同富裕示范区要毫不动摇地坚持按劳分配的主体地位,以按劳分配激发劳动者求富、创富、致富积极性,推动共同富裕目标的实现。

(二)按生产要素分配要服从服务于国家实现共同富裕战略大局

按生产要素分配是由多种所有制经济并存决定的,是社会主义市场经济的内在

---

[1] 习近平. 扎实推动共同富裕[EB/OL]. http://www.gov.cn/xinwen/2021-10/15/content_5642821.htm.
[2] 中共中央 国务院关于支持浙江高质量发展建设共同富裕示范区的意见(全文)[EB/OL]. http://m.news.cctv.com/2021/06/10/ARTInijLyECw39TbWnOzSncd210610.shtml.

要求。按生产要素分配对共同富裕的作用具有二重性。一方面，按生产要素分配这一制度安排，有利于人尽其才、物尽其用、地尽其力，优化资源配置，激活生产要素，提高劳动生产力，为国家实行共同富裕战略创造物质条件。另一方面，按生产要素分配中包含着私人企业和外资企业利润按资分配、工资按雇工劳动力价值分配，这意味着允许经济剥削，存在两极分化的可能性，与共同富裕的要求相违背。政府在实行按生产要素分配时，要通过健全完善分配制度、税收政策和社会保障体系，规范初次分配，加大再分配调节力度，发挥第三次分配的补充作用，优化国民收入分配格局，规范分配秩序，调节高收入、取缔非法收入、遏制灰色收入、保护合法收入、规范隐性收入、保障基本收入，防止贫富两极分化，把按生产要素分配对共同富裕的消极负面影响限制在最小范围内，确保非公有制经济劳动者共享国家共同富裕战略红利。

（三）充分发挥第三次分配在推动共同富裕中的补充作用

实现全体人民共同富裕是国家总体战略。不仅要保证公有制经济成员共同富裕，而且要努力使非公有制经济中的劳动者富起来；不仅要保证有劳动能力的人实现共同富裕，而且要保证年老退休人员、丧失劳动能力和没有劳动能力的人也过上富裕生活。推动共同富裕不仅要发挥国民收入初次分配和再分配作用，而且要充分发挥第三次分配的补充作用。政府要通过舆论宣传、政策支持和税收引导，借助道德、文化影响，鼓励支持企业和社会成员自愿捐赠、支持慈善事业，扶贫济困，帮助弱势群体摆脱相对贫困共同迈入共同富裕行列。为此，政府要鼓励有条件的企业自愿提取利润的一定比例，用于公益慈善支出。通过建立企业参与第三次分配机制，为慈善事业提供财力物力支持，为助推全民共同富裕开辟新通道。

（四）充分发挥政府国民收入调控对推动共同富裕的引导作用

受自然条件、经济社会发展水平、教育科技发展程度和生产力发展不充分不平衡问题影响，不同地区不同时期社会成员的收入始终呈低、中、高状态分布。推动共同富裕要防止收入悬殊，高的畸高、低的过低的两极分化会产生收入鸿沟。习近平总书记要求："要加快完善社会主义市场经济体制，推动发展更平衡、更协调、更包容。要增强区域发展的平衡性，实施区域重大战略和区域协调发展战略，健全转移支付制度，缩小区域人均财政支出差异，加大对欠发达地区的支持力度。"① 各级政府要充分运用经济手段、法律手段和必要的行政手段,对社会成员的收入进行有效合理的调节,让低中高收入保持在合理区间,与实现共同富裕目标同频共振。

1. 示范区要在帮助低收入群体增收致富上走在前列

低收入群体是实现共同富裕的短板弱项。没有低收入群体的富裕就没有全体人民的共同富裕。物质富裕是共同富裕的基础,收入增长是共同富裕的保障。作为共同富裕示范区,要把提高低收入群体收入作为推动全民共同富裕的重点,以低收入群体富裕作为共同富裕底线,在帮助低收入群体增收致富上做出示范、积累经验。一要通过扩大就业,保障低收入群体有稳定的工作和劳动收入。通过保就业增加劳动收入,是帮助低收入群体走向共同富裕的治本之策。既要通过经济社会发展尽可能多地创造就业岗位,更要支持帮助低收入群体优先就业。二要通过激励大众创业和拓宽城乡居民财产性收入渠道,探索通过土地、资本等要素使用权、收益权增加低收入群体要素收入。三要依法根据经济发展水平及时调整最低工资水平,确保最低工资水平与高质量发展水平和高水平共同富裕示范区相适应。要按照习近平总书记的要求,"要完善兜底救助体系,加快缩小社会救助的城乡标准差异,逐步提高城乡最低生活保障水平,兜住基本生活底线"。② 四要通过对低收入群体的技能培训、思想教育,帮助他们增强自身"造血功能"、自立自强意识、生存发展本领,支持鼓励他们通过诚实劳动、辛勤劳动、创新创业实现增收致富,使低收入群体增收能力和社会福利水平明显提升,助其迈入中等收入群体行列,跟上共同富裕步伐。

2. 示范区要在培植壮大中等收入群体上率先示范

中等收入群体是共同富裕的基础,建设共同富裕示范区要培植壮大中等收入群体,使中等收入群体为社会主体。习近平总书记提出"要抓住重点、精准施策,推动更多低收入人群迈入中等收入行列"③。重点帮助五类人群迈入中等收入行列:"高校毕业生是有望进入中等收入群体的重要方面","技术工人也是中等收入群体的重要组成部分","中小企业主和个体工商户是创业致富的重要群体","进城农民工是中等收入群体的重要来源","要适当提高公务员特别是基层一线公务员及国有

---

① 习近平. 扎实推动共同富裕[EB/OL]. http://www.gov.cn/xinwen/2021-10/15/content_5642821.htm.
② 习近平. 扎实推动共同富裕[EB/OL]. http://www.gov.cn/xinwen/2021-10/15/content_5642821.htm.
③ 习近平. 扎实推动共同富裕[EB/OL]. http://www.gov.cn/xinwen/2021-10/15/content_5642821.htm.

企事业单位基层职工工资待遇"。① 按照习近平总书记"扩中"的要求,一要在全社会营造"大众创业、万众创新"的环境和氛围,为勇于创业、乐于创业者提供施展创业才华的舞台。鼓励有资金、有技能、有才华、有经验的社会成员通过创办小微企业进入中等收入群体。二要随着经济发展使公务员、教师、医师、科技工作者、自由职业人士、企业工程技术人、能工巧匠、中高层管理人员等的收入逐步提高,壮大和提高中等收入群体。三要拓宽城乡居民财产性收入渠道,探索通过土地、资本、技术等要素使用权、收益权参与分配以培植壮大中等收入群体。

3. 示范区要在调节高收入群体上攻坚克难、先行先试

高收入群体是改革开放中先富起来的一部分人,他们中绝大部分人既为社会成员发家致富做出了榜样,也为国家走向共同富裕做出了贡献。但少数人收入过高畸高容易造成两极分化,有违共同富裕原则。建设共同富裕示范区要在调节高收入上先行先试深化改革。一要按照习近平总书记"要合理调节过高收入,完善个人所得税制度,规范资本性所得管理"②的要求,通过税收改革对高收入进行合理调节,让高收入群体多缴税以支持政府推动共同富裕。二要依法监督和引导私营企业主严格执行《中华人民共和国劳动法》,合理确定资本收益和劳动报酬比例,提高雇工劳动收入比重。三"要坚决取缔非法收入,坚决遏制权钱交易,坚决打击内幕交易、操纵股市、财务造假、偷税漏税等获取非法收入行为"。③ 依法打击偷税漏税逃税和非法转移财产等行为、非法侵害国家利益和侵吞老百姓利益的非法牟利,开征遗产税、赠予税等,依法加强对畸高收入的调节与监管。四"要加强公益慈善事业规范管理,完善税收优惠政策,鼓励高收入人群和企业更多回报社会"。④ 加强对私营企业主感恩国家、回报社会、取之于民用之于民的思想教育,引导他们先富帮后富,扶贫济困、支持慈善事业,为实现共同富裕尽责出力。

四、共同富裕示范区建设要正确处理满足生活需要与实现人的全面发展之间的关系

习近平总书记说:"促进共同富裕与促进人的全面发展是高度统一的。"⑤ "共同

---

① 习近平. 扎实推动共同富裕[EB/OL]. http://www.gov.cn/xinwen/2021-10/15/content_5642821.htm.
② 习近平. 扎实推动共同富裕[EB/OL]. http://www.gov.cn/xinwen/2021-10/15/content_5642821.htm.
③ 习近平. 扎实推动共同富裕[EB/OL]. http://www.gov.cn/xinwen/2021-10/15/content_5642821.htm.
④ 习近平. 扎实推动共同富裕[EB/OL]. http://www.gov.cn/xinwen/2021-10/15/content_5642821.htm.
⑤ 习近平. 扎实推动共同富裕[EB/OL]. http://www.gov.cn/xinwen/2021-10/15/content_5642821.htm。

富裕具有鲜明的时代特征和中国特色,是全体人民通过辛勤劳动和相互帮助,普遍达到生活富裕富足、精神自信自强、环境宜居宜业、社会和谐和睦、公共服务普及普惠,实现人的全面发展和社会全面进步,共享改革发展成果和幸福美好生活。"① 共同富裕是与人的全面发展相对应的概念,包括人的生活需要和全面发展两个方面。建设共同富裕示范区,要深化和拓宽对共同富裕内涵的认识。长期以来,受生产力不发达的影响,人们自觉或不自觉地把共同富裕理解为物质富裕、丰衣足食,这显然存在认识上的片面性和时代局限性。物质富裕是共同富裕的基础,但共同富裕并不只是物质富裕,更不等同于物质富裕,共同富裕是物质富裕和精神富有、生活幸福与全面发展的有机结合和统一。习近平总书记指出:"我们说的共同富裕是全体人民共同富裕,是人民群众物质生活和精神生活都富裕。"② 共同富裕涵盖的内容是随着生产力发展、社会进步不断拓宽和提升的。一方面,物质生活需要从以生存资料为主向以发展资料与享受资料为主提升,由"数量型"向"质量型"、"低档型"向"高档型"、"简单型"向"复杂型"、"单一型"向"多样型"转变。另一方面,从满足生存生活需要向成就事业、实现价值、获得全面发展转变;从对私人产品的需要向均等享受公共产品、社会福利需要延伸;从个人与家庭生活向社会生存环境拓展,如企盼环境幽雅、生态良好、社会和谐、安全保障、政治清明、公平公正;从满足于经济生活需要向拥有当家做主的参与权、知情权、监督权等民主政治需要拓展。《意见》指出:共同富裕示范区要"紧扣推动共同富裕和促进人的全面发展,坚持以满足人民日益增长的美好生活需要为根本目的"③。建设共同富裕示范区要深刻理解共同富裕的内涵,处理好生活富裕同全面发展的关系,按照"五位一体"战略布局整体推动共同富裕示范区建设。

(一)示范区要在建设高水平社会保障体系上走在前列

建设高水平共同富裕示范区,不仅要解决好幼有所育、学有所教、劳有所得、病有所医、老有所养、住有所居、弱有所扶的基本社会保障需要;而且要率先向学有优教、劳有多得、病有良医、老有善养、住有宜居提升,健全完善全领域全方位全员共同富裕社会保障体系,夯实共同富裕的社会兜底保障基础。

---

① 中共中央 国务院关于支持浙江高质量发展建设共同富裕示范区的意见(全文)[EB/OL]. http://m.news.cctv.com/2021/06/10/ARTInijLyECw39TbWnOzSncd210610.shtml。
② 习近平. 扎实推动共同富裕[EB/OL]. http://www.gov.cn/xinwen/2021-10/15/content_5642821.htm。
③ 中共中央 国务院关于支持浙江高质量发展建设共同富裕示范区的意见(全文)[EB/OL]. http://m.news.cctv.com/2021/06/10/ARTInijLyECw39TbWnOzSncd210610.shtml。

（二）示范区要在优化物质生活结构和提高生活品质上走在前列

物资富裕是共同富裕的基础。建设高水平共同富裕示范区首先要保障全体人民丰衣足食、衣食无忧，不断提升物质富裕的档次和水平。同时要改善膳食结构，倡导科学消费、绿色消费、健康消费、简约消费、俭朴消费，反对铺张浪费、奢侈消费，推动物质生活由"数量型"向"质量型"、"小康型"向"富裕型"转变，从以生存资料为主以向发展资料与享受资料为主提升，以提高群众生活品质品位。

（三）示范区要在满足群众精神文化生活需要和全面发展上走在前列

物质富裕和精神富有都是共同富裕不可或缺的重要内容，物质富裕是共同富裕的前提和基础，精神富有是共同富裕的最高表现和价值追求。物质生活富裕只有同精神生活富有紧密结合在一起，才能形成文明、健康、科学的生活方式。随着生产力的发展，劳动者拥有的物质生活资料和闲暇时间增加，如果没有精神富有作依托，只富"口袋"不富"脑袋"，不仅无助于人的全面发展和生活品质提高，相反可能成为滋生惰性、产生新的社会问题的温床。如社会上出现的讲排场、摆阔气、炫富的奢靡之风，就是物质富裕后由于精神生活贫乏而带来的"富贵病"。

共同富裕的最高境界和最终目的是促进人的全面发展。习近平总书记指出"要强化社会主义核心价值观引领，加强爱国主义、集体主义、社会主义教育，发展公共文化事业，完善公共文化服务体系，不断满足人民群众多样化、多层次、多方面的精神文化需求"[①]。各级党委和政府要立足人的全面发展和精神富有，引导群众在追求物质富裕的同时，追求精神富有、精神充实，倡导情趣高雅、文明、健康、向上的精神生活，实现人的全面发展；在重视物质文明建设的同时，重视精神文明、政治文明、社会文明和生态文明建设。

（四）示范区要在创造宜居生态环境上走在前列

人的全面发展和共同富裕不仅要求个人和家庭个体吃得好、穿得好、住得好，更要求生活生存的生态环境好，谁都不愿意生活在环境污染、生态恶化、空气污浊、噪声轰鸣、自然灾害频发的环境之中。建设高水平共同富裕示范区要"继续打好蓝天、碧水、净土保卫战，强化多污染物协同控制和区域协同治理，推进生态环境持

---

① 习近平. 扎实推动共同富裕[EB/OL]. http://www.gov.cn/xinwen/2021－10/15/content_5642821.htm.

续改善。推进海岸带综合保护与利用。推进海岛特色化差异化发展，加强海岛生态环境保护"。①按照人的全面发展要求，建设美好生态环境，努力建设天更蓝、地更绿、水更清、空气更新鲜的美丽生态环境，让人民群众在蓝天碧水、绿水青山、鸟语花香的美丽自然生态环境中呼吸新鲜空气，享受大自然的美丽、陶冶情操、修身养性、放飞自我、享受人生。

（五）示范区要在构建诚信、友善、和谐的人际关系上走在前列

马克思说："人的本质是一切社会关系的总和。"人都生活在社会群体之中，人的全面发展需要有良好的人际关系环境。建设高水平共同富裕示范区要按照《意见》要求，"弘扬诚信文化，推进诚信建设，营造人与人之间互帮互助、和睦友好的社会风尚。加强家庭家教家风建设，健全志愿服务体系，广泛开展志愿服务关爱行动"。一要努力构建团结友爱、相互信任、相互帮助、诚实守信、友善待人、和谐和睦的人际关系。二要创造公平正义、人人为我、我为人人、夜不闭户、道不拾遗的社会秩序。三要营造积极进取、比学赶帮、力争上游的进取环境。

---

① 中共中央 国务院关于支持浙江高质量发展建设共同富裕示范区的意见（全文）[EB/OL]. http://m.news.cctv.com/2021/06/10/ARTInijLyECw39TbWnOzSncd210610.shtml.

作者简介

刘长明,1963年生,山东财经大学和谐发展研究中心主任,马克思主义学院教授,硕士研究生导师,山东省高层次人才库成员,济南市历下区政协委员,济南市历下区党外知识分子联谊会名誉会长。

在繁重的教学工作之余,他还致力于学术理论研究:在《自然辩证法研究》《北京大学学报》《教育研究》《文史哲》《复旦学报》《中国软科学》《企业管理》《人民日报》等报刊发表论文270余篇,其中有87篇论文被《新华文摘》《中国社会科学文摘》《高校文科学术文摘》转载;主持国家、省级课题10项;出版《和谐发展沉思录》《和谐管理之道》《和谐假说》《和谐圆道》等著作9部。共有35项成果获得国家、省、市级奖励。

23年来一直从事的和谐发展理论研究属原创性研究。早在1999年,他就专注于和谐发展理论研究领域,明确提出了和谐发展观,系和谐发展理论的先行者。由于教学、科研成绩突出,多次被评为优秀教师、突出贡献专家、优秀拔尖人才、省新长征突击手、十佳理论人才(济南市)等,荣立一等功一次。

刘长明：共同富裕何以可能①

作为马克思、恩格斯的两大发现，唯物史观和剩余价值理论是支撑马克思主义理论大厦的基石。革命导师正是运用历史唯物主义的世界观和方法论，条分缕析出剩余价值理论，抽丝剥茧，揭开资本主义剥削的惊天秘密，进而建构起马克思主义政治经济学大厦，开显出共同富裕的学理和法理基础。以马克思主义政治经济学维度视之，共同富裕既是历史的必然，也是历史的应然。在马克思、恩格斯基于政治经济学要旨构思的"新社会制度"中，"生产将以所有人的富裕为目的"②，"所有人共同享受大家创造出来的福利"③。马克思主义经典作家在《共产党宣言》《资本论》《哥达纲领批判》《反杜林论》《帝国主义论》《国家与革命》《苏联社会主义经济问题》《论十大关系》等论著中所揭示的政治经济学原理，今天仍然熠熠生辉，成为共同富裕的理论先导与实践指南。站在"两个一百年"交汇点上的中国共产党人，运用马克思主义政治经济学这一理论武器，擘画共同富裕蓝图，加快社会主义现代化强国建设，是具有世界历史意义的时代主题。我们有理由相信，在通往社会主义现代化强国之路上，马克思主义政治经济学必将指导我们筑牢坚实的共同富裕鸿基，收获丰硕的共同富裕果实。

一、劳动创造价值：共同富裕的立论基础

（一）劳动价值论：马克思主义政治经济学的基石

在马克思主义诞生之前，共同富裕仅仅是底层劳动者的梦想和追求。直到马克

---

① 此文与董庆强合作撰写。
② ［德］马克思,恩格斯. 马克思恩格斯全集:第46卷(下)[M]. 北京:人民出版社,1980:222.
③ ［德］马克思,恩格斯. 马克思恩格斯选集:第1卷[M]. 北京:人民出版社,2012:308.

思主义劳动价值论的问世,才为共同富裕奠定了坚实的政治经济学基础。

基于劳动人民的立场,马克思、恩格斯从现实的社会经济问题入手,深刻把握住"劳动创造价值"这一精髓,建构起能够掌握群众、为"伟大的工人阶级运动"提供"批判的武器"的劳动价值论。由商品二因素与劳动二重性原理、价值量与劳动生产率关系论、货币理论、价值规律等构成的劳动价值论,揭开了物所掩盖着的社会生产关系,剥离出纷乱表象背后的资本主义内在矛盾,历史地成为马克思主义政治经济学的逻辑起点。正是在劳动价值论基础上,马克思、恩格斯矗立起马克思主义政治经济学大厦,抽象出人类社会特别是资本主义社会的价值创造主体及经济运行规律。通过对资本主义社会的政治经济学批判,马克思、恩格斯完成了对价值形成过程的层层解剖,确证了劳动创造价值的真谛和劳动光荣、劳动者神圣的唯物史观,开显出鲜明的人民立场和共同富裕的法理基础,描绘出未来社会创造价值的主体——劳动者共同富裕的理想蓝图。

资产阶级学者常常漠视劳动而把资本视为活力之源的说辞,是由其所服务的剥削阶级本性决定的。可见,是膜拜资本,还是把创造价值的劳动放在第一位,是马克思主义政治经济学与西方经济学泾渭分明的界限。创造价值的劳动神圣不可侵犯,劳动者通过按劳分配(或按需分配)共享劳动成果实现共同富裕的权利神圣不可侵犯——这就是马克思主义政治经济学的鲜明立场。

(二)剩余价值论:揭开资本主义剥削的全部秘密

既然经由诚实劳动走向共同富裕,是创造价值的劳动者神圣不可侵犯的权利,那么,为什么在以私有制为基础的社会中特别是资本主义社会中,雇佣劳动者却一直循环进行着贫困积累呢?

但凡以私有制为基础的社会中,都存在着剥削关系。对此,马克思指出:"资本并没有发明剩余劳动。凡是社会上一部分人享有生产资料垄断权的地方,劳动者,无论是自由的或不自由的,都必须在维持自身生活所必需的劳动时间以外,追加超额的劳动时间来为生产资料的所有者生产生活资料。"[①] 然而,前资本主义社会的显性剥削关系一目了然,资本主义社会的剥削关系却笼罩在重重迷雾中。马克思发现,在资本主义制度下,貌似公平交易的背后却隐藏着一个天大的秘密:资本家对剩余价值的循环套取。剩余价值论,隐含着资本主义社会中两极分化的必然逻辑:资本

---

① [德]马克思,恩格斯. 马克思恩格斯选集:第 2 卷[M]. 北京:人民出版社,2012:191.

主义私有制基础上的资本运动必然导致两极分化，通过资本循环占有雇佣劳动创造的剩余价值必然导致财富与贫困的两极积累，从而阻断了劳动者的共同富裕之路。置身于资本主义生产关系中的资本绝不是中性的，其贪吃蛇的本性，决定了资本总是服务于、服从于榨取剩余价值的需要。尽可能把剩余价值转化为资本以获取更多剩余价值的资本家，在资本积累过程中势必加重对工人的剥削，进而造成财富与贫困两极分化——这就是马克思所概括的"资本主义积累的绝对的、一般的规律"①。私有制导致劳动异化，异化劳动产生两极分化，愈益加大的两极分化就这样在资本和雇佣劳动的"平等交易"中被牢牢固化："使相对过剩人口或产业后备军同积累的规模和能力始终保持平衡的规律把工人钉在资本上，比赫斐斯塔司的楔子把普罗米修斯钉在岩石上钉得还要牢。这一规律制约着同资本积累相适应的贫困积累。因此，在一极是财富的积累，同时在另一极，即在把自己的产品作为资本来生产的阶级方面，是贫困、劳动折磨、受奴役、无知、粗野和道德堕落的积累。"② 可见，财富与贫困的两极分化本质上是资本主义生产关系的反映。只要存在资本与劳动的对立，两极分化就会如影随形。把两极分化仅仅看作分配领域不公平导致的结果，而对造成不公平分配的深根视而不见，是资产阶级学者的惯用伎俩。

在《共产党宣言》中，马克思、恩格斯讽刺道："现代的资产阶级私有制是建立在阶级对立上面、建立在一些人对另一些人的剥削上面的产品生产和占有的最后而又最完备的表现。"③ 在这种形式上平等的"最完备"的剥削制度下，手握无形支配权力的资产阶级已经不屑于赤裸裸的可见暴力，隐形的饥饿皮鞭代替了明晃晃的滴血屠刀，雇佣工人不得不基于契约"自愿"套上由资本遥控的无处不在的电子枷锁。然而，不管剥削的形式如何翻新花样，资本的嗜血本性从未也不可能改变。如今流行的仅仅从收入差距、富裕程度、基尼系数来阐释两极分化社会现象，只是一种表象的叙事，远未触及问题的本质，有意无意地掩盖了阶级矛盾。沿着这样的思路，为了防止阶级矛盾继续激化，为了将资本主义美化为终结历史的恒久制度，资本主义国家采取了诸如对生活困难者发放各种补贴、实现普遍社会保障等一系列限制两极分化的措施，由此打造出被西方世界标榜的所谓"福利国家"。他们试图使劳动者相信，无须推翻资本主义制度，不必变革资本主义生产关系，只要通过普惠雇佣劳动者的保障制度，只要资产阶级利用本来就属于雇佣劳动者的成果略发善心，

---

① [德]马克思,恩格斯. 马克思恩格斯选集:第2卷[M]. 北京:人民出版社,2012:289.
② [德]马克思,恩格斯. 马克思恩格斯选集:第2卷[M]. 北京:人民出版社,2012:289-290.
③ [德]马克思,恩格斯. 马克思恩格斯选集:第1卷[M]. 北京:人民出版社,2012:414.

即可消除两极分化现象,实现资本主义特色的所谓共同富裕。实施社会福利政策,虽然也在一定程度上改善了劳动者境遇,但究其实,不过是一种更隐蔽、更富有欺骗性的剥削花样。而且,即使"福利国家"也不可能改变一极是财富积累、另一极则是贫困积累的总趋势。当今发达资本主义国家不是不能消除贫困,而是这一制度需要剩余价值,因而也需要积累贫困,换言之,贫困是资本主义的制度性需求。在这种制度性贫困下,共同富裕永远是一个遥不可及的梦想!

二、还富于民:马克思主义政治经济学的历史使命

(一)剥夺剥夺者:马克思主义政治经济学的革命意蕴

在资本主义社会中寻求共同富裕之路,无异于缘木求鱼。只有剥夺剥夺者,进行新的制度建构,才能开显出共同富裕大道——而这,正是马克思主义政治经济学的革命意蕴。

马克思、恩格斯通过政治经济学建构,对资本主义社会进行了无情的批判,特别是旷世巨著《资本论》,堪称"向资本者脑袋发射的最厉害的炮弹,在理论方面给资产阶级一个使它永远翻不了身的打击"①。但是,如同马克思所说:"批判已经不再是目的本身,而只是一种手段。"② 马克思主义政治经济学绝不单单是为了解释世界、揭露丑恶,而是为了借助政治经济学批判,践履改造世界的历史使命。推翻人剥削人、人压迫人、人为物役的异化社会,剥夺剥夺者,建立理想新世界,是马克思主义政治经济学的理论旨归。

毋庸讳言,任何经济学都具有鲜明阶级性,资产者有服务于资产者资本积累一般规律的经济学,而劳动者也有服务于劳动者共同富裕的经济学。凯恩斯坦承:"在阶级斗争中会发现,我是站在有教养的资产阶级一边的。"③ 诺贝尔经济学奖获得者、美国经济学家索洛毫不隐瞒:"社会科学家和其他人一样,也具有阶级利益、意识形态倾向以及一切种类的价值判断。但是,所有的社会科学的研究,和材料力学或化学分子结构的研究不同,都与上述利益、意识形态和价值判断有关。不论社会科学家的意愿如何,不论他是否觉察到这一切,甚至他力图避免它们,他对研究

---

① [德]马克思,恩格斯.《资本论》书信集[M].北京:人民出版社,1976:189.
② [德]马克思,恩格斯.马克思恩格斯选集:第1卷[M].北京:人民出版社,2012:4.
③ [英]凯恩斯.劝说集[M].蔡受百,译.北京:商务印书馆,1962:245.

主题的选择,他提出的问题,他没有提出的问题,他的分析框架,他使用的语言,很可能在某种程度上反映了他的利益、意识形态和价值判断。"① 马克思主义政治经济学同样具有强烈的与生俱来的阶级性,区别在于——"过去的一切运动都是少数人的,或者为少数人谋利益的运动。无产阶级的运动是绝大多数人的,为绝大多数人谋利益的独立的运动"②。而且,如同马克思所言,政治经济学的阶级性尤为突出:"在政治经济学领域内,自由的科学研究遇到的敌人,不只是它在一切其他领域内遇到的敌人。政治经济学所研究的材料的特殊性质,把人们心中最激烈、最卑鄙、最恶劣的感情,把代表私人利益的复仇女神召唤到战场上来反对自由的科学研究。"③ 马克思主义政治经济学为了自己的核心关切——广大劳动者的共同富裕,必须剥夺剥夺者。

(二)还富劳动者:马克思主义政治经济学的核心关切

还富于民,共同富裕,乃西方经济学的禁区。而马克思主义政治经济学遵循经世济民、经济匡时的宏旨,高举人民为本、还富于民的大旗,破天荒地打破服务于私有制的学术禁区。可以说,《资本论》就是在"批判旧世界"、剥夺剥夺者中"建立新世界"、走向共同富裕的理论大成和行动指南。马克思、恩格斯以人民立场探求摆脱资本奴役进而通往自由解放的道路,始终把人民关切的根本利益问题作为自己的理论主题。在这场否定资本主义社会的革命运动中,无产阶级要解放的是全体劳动者,追求的是全体劳动者的共同富裕,因为无产阶级如果不斩断凭借资本奴役劳动者的黑手,掀翻资产者的宴席,"如果不同时使整个社会永远摆脱剥削、压迫和阶级斗争,就不再能使自己从剥削它压迫它的那个阶级(资产阶级)下解放出来"④。由此说明,还富于民、共同富裕历史地成为无产阶级革命和科学社会主义运动的价值旨归——这样的定位,彰显了马克思主义政治经济学一以贯之的理想社会的价值标准。沿着这样的价值基准,马克思主义政治经济学蕴含的共同富裕思想越来越丰富,实现社会理想的现实发展道路越来越宽广,轮廓也越来越清晰。理想的社会主义社会是还富劳动者的制度基础,在"完全消灭一切阶级统治、一切奴役和一切剥削"的社会主义制度下,"社会的每一成员不仅有可能参加社会财富的生产,

---

① [美]索洛. 经济学中的科学和意识形态[M]//克伦道尔,埃考斯,编. 当代经济论文集. 波士顿:利特尔·布朗公司,1972:11.
② [德]马克思,恩格斯. 马克思恩格斯选集:第1卷[M]. 北京:人民出版社,2012:411.
③ [德]马克思,恩格斯. 马克思恩格斯选集:第2卷[M]. 北京:人民出版社,2012:84.
④ [德]马克思,恩格斯. 马克思恩格斯选集:第1卷[M]. 北京:人民出版社,2012:380.

而且有可能参加社会财富的分配和管理,并通过有计划地经营全部生产,使社会生产力及其成果不断增长,足以保证每个人的一切合理的需要在越来越大的程度上得到满足"①。

纵观"以唯物史观和唯物辩证法为研究要法""以维护工人阶级和劳动人民利益为研究立场"②"以创造价值的劳动者的共同富裕为核心关切"的马克思主义政治经济学,其对资本主义社会的批判既是一种深刻的政治经济学批判,更是一种全面整体的社会批判。

三、分配正义:马克思主义政治经济学的价值旨归

(一)公平的分配:一个基于所有制的历史范畴

公平是一个历史范畴。对将公平绝对化的倾向,恩格斯早就给予了坚决批判。普鲁东之所以批评资本主义社会,竟然是因为这个社会违反了伦理学意义上的公平原则。为此,普鲁东建议基于人的"类本质",以符合"永恒的公平"原则的社会制度取而代之。对于普鲁东口口声声提出的"永恒的公平",以及"要求现代社会不是依照本身经济发展的规律,而是依照公平的规范来改造自己"③的臆想,恩格斯正本清源,厘清了公平定义:"公平则始终只是现存经济关系的或者反映其保守方面,或者反映其革命方面的观念化的神圣化的表现。希腊人和罗马人的公平认为奴隶制度是公平的;1789年资产者的公平要求废除封建制度,因为据说它不公平。在普鲁士的容克看来,甚至可怜的专区法也是对永恒公平的破坏。所以,关于永恒公平的观念不仅因时因地而变,甚至也因人而异。"④ 以唯物史观视之,既然没有永恒不变的公平,当然也没有一成不变的公平分配。分配关系不过是所有制关系的"反面"或"背面",任何分配都是由生产关系中的所有制关系决定的,没有抽象、永恒的公平分配。如同不同时代有不同的公平内容一样,公平分配也总是与时偕行,具有历史性,不同的所有制结构中必然会派生出不同内容的公平分配。公平分配的标准总是随着历史的发展而发展,与公有制相匹配的公平分配以及与私有制相匹配的公平分配,可能会有天壤之别。在资本主义社会里,"生产的物质条件以资本和

---

① [德]马克思,恩格斯. 马克思恩格斯选集:第3卷[M]. 北京:人民出版社,2012:724.
② 程恩富. 中国特色社会主义政治经济学研究十大要义[J]. 理论月刊,2021(1).
③ [德]马克思,恩格斯. 马克思恩格斯选集:第3卷[M]. 北京:人民出版社,2012:256-257.
④ [德]马克思,恩格斯. 马克思恩格斯选集:第3卷[M]. 北京:人民出版社,2012:261.

地产的形式掌握在非劳动者手中,而人民大众所有的只是生产的人身条件,即劳动力。既然生产的要素是这样分配的,那么自然就产生现在这样的消费资料的分配。如果生产的物质条件是劳动者自己的集体财产,那么同样要产生一种和现在不同的消费资料的分配"[1]。可见,根本不存在普适于一切生产方式、一切所有制的"公平的分配"方式。如果仅仅从伦理道德维度来评判公平分配,无疑是幼稚可笑的。对这种幼稚病,恩格斯嘲笑说:"道义上的愤怒,无论多么入情入理,经济科学总不能把它看作证据,而只能看作象征。"[2] 对"庸俗的社会主义仿效资产阶级经济学家(一部分民主派又仿效庸俗社会主义)把分配看成并解释成一种不依赖于生产方式的东西,从而把社会主义描写为主要是围绕着分配兜圈子"的做派,马克思一针见血地揭露说,这样做的目的,无非是为脱离所有制与分配的"真实的关系"而执意"开倒车"[3]!

曾几何时,在国际共产主义运动中,分配决定论一度大行其道。譬如拉萨尔,置所有制关系于不顾而大谈特谈"公平的分配",把分配抽象为不依赖于所有制关系的独立性存在,从而把生机勃勃的社会主义涂鸦为围绕分配兜圈子的庸俗社会主义。为了剥离披在社会主义上的层层伪装而捍卫马克思主义的革命原则,为了在各国建党问题上同机会主义路线进行不调和的斗争,为了迎头痛击颇有市场的拉萨尔主义,为了为正在制定纲领的德国社会民主党提供正确指导,马克思抱病完成了《哥达纲领批判》。针对离开生产资料所有制抽象地谈论诸如"公平的分配""平等的权利""不折不扣的劳动所得"之类的幻象,马克思在《哥达纲领批判》中严厉地批判道:"消费资料的任何一种分配,都不过是生产条件本身分配的结果。"[4] 接着,马克思追问拉萨尔派:"什么是'公平的'分配呢?难道资产者不是断言今天的分配是'公平的'吗?难道它事实上不是在现今的生产方式基础上唯一'公平的'分配吗?难道经济关系是由法的概念来调节,而不是相反,从经济关系中产生出法的关系吗?难道各种社会主义宗派分子关于'公平的'分配不是也有各种极不相同的观念吗?"[5] 依据资本主义所有制关系决定的公平分配标准,资本主义的分配方式显然是公平的。拥有生产资料所有权的资本家无偿占有剩余价值,拥有劳动力的雇佣工人得到劳动力价值,无疑是资本主义所有制基础上唯一"公平的分配"方

---

[1] [德]马克思,恩格斯. 马克思恩格斯选集:第3卷[M]. 北京:人民出版社,2012:365.
[2] [德]马克思,恩格斯. 马克思恩格斯选集:第3卷[M]. 北京:人民出版社,2012:528.
[3] [德]马克思,恩格斯. 马克思恩格斯选集:第3卷[M]. 北京:人民出版社,2012:365-366.
[4] [德]马克思,恩格斯. 马克思恩格斯选集:第3卷[M]. 北京:人民出版社,2012:365.
[5] [德]马克思,恩格斯. 马克思恩格斯选集:第3卷[M]. 北京:人民出版社,2012:361.

式——尽管这种所谓的公平分配以劳动和劳动者的异化为代价。马克思公允地评说道:"劳动力按照它的这种价值来买卖,是和经济学的价值规律决不矛盾的。"① 在资本主导下,主要按要素分配,是不折不扣的"公平的分配"——一种资本主义所有制下的公平分配。在资本主义社会中,按资分配,按生产要素分配,难道不公平、不天经地义吗?

今天,在分配问题上绝不能继续重复马克思多次鞭挞过的脱离所有制关系空喊抽象、虚幻的公平分配的错误。资产阶级学者之所以回避作为分配基础的生产资料所有制问题,除了唯心史观影响外,重要原因在于,他们是资本主义制度不遗余力的维护者。中国的许多西化派学者,惯于插科打诨,同样闭口不谈分配的基础——经济关系特别是所有制关系,离开所有制谈公平分配,在谈究竟何为公平分配时又往往语焉不详,说到底,他们举的无非是民主社会主义的破旗。按照他们的误导,我们的共富探索,绝对超越不了资本主义框架下"公平的分配"之类的范畴。长此以往,共同富裕只会被模糊不清的"公平的分配"庸俗化、空心化、去社会主义化,进而蜕变为一个人畜无害的中性名词——一个资产阶级可以接受的伪名词。只有消灭了私有制,人剥削人的现象才会消失,最终开显出分配正义的大道。从这个意义上说,共同富裕表面上看是分配问题,实质是决定分配的所有制问题。

(二) 分配正义论:公有制基础上的分配要旨

资本主义有基于生产资料私人占有的公平分配,社会主义当然也有基于社会主义公有制的公平分配。按劳分配,作为社会主义公有制基础上的公平分配,初步彰显了分配正义。马克思在对言之凿凿的拉萨尔派臆想的无根浮萍——所谓"公平的分配"进行深刻剖析后,勾勒出社会主义社会的分配方式。在马克思、恩格斯看来,共产主义第一阶段的共同富裕,是指劳动者基于生产资料公有制经由按劳分配实现的生活资料富足状态。社会主义公有制架构内唯一公平的分配方式——按劳分配,使劳动成了获取生活资料的唯一凭证,从而排除了凭借占有生产资料而无偿占有劳动者剩余劳动的任何可能。在这一阶段,作为分配正义论应有之义的按劳分配,事实上成为共同富裕的现实依据和实现机制。毫不夸张地说,按劳分配是社会主义生产关系中最公平的分配方式;社会主义公有制决定了不可能按占有生产资料多寡作为分配标准;同时,有待提高的生产力水平尚不具备按人们的个体需要进行分配的条件。

---

① [德]马克思,恩格斯. 马克思恩格斯全集:第24卷[M]. 北京:人民出版社,2004:23.

在社会主义社会里,最大限度地贯彻按劳分配原则,就是对分配正义的遵从。平均主义抑或是贫富悬殊,所有背离按劳分配原则的偏差,都是对分配正义的误读。

必须指出的是,社会主义分配正义的决定性因素是社会主义的生产资料所有制关系。正因如此,马克思主义政治经济学总是联系生产资料公有制来论述分配正义,在《资本论》第3卷中,专列第51章"分配关系和生产关系",在界定了生产资料所有权关系后得出政治经济学的普适性结论:"这种分配关系赋予生产条件本身及其代表以特殊的社会的质。它们决定着生产的全部性质和全部运动。"① 马克思主义政治经济学大厦,正是以所有制关系"决定着生产的全部性质和全部运动"为理论基础的。有鉴于此,马克思、恩格斯一贯反对把"公平""正义""平等"之类模糊不清的大词归结为社会主义的特征。譬如,鉴于"随着阶级差别的消失,一切由这些差别产生的社会的和政治的不平等也自行消失"② 的历史大势,马克思极力主张把"消灭一切阶级差别"作为党的奋斗目标,旗帜鲜明地反对类似于"消除一切社会的和政治的不平等"等不着边际的辞藻出现在党纲中。对马克思的这一观点,恩格斯评论说:"用'消除一切社会的和政治的不平等'来代替'消灭一切阶级差别'……把社会主义社会看作平等的王国,这是以'自由、平等、博爱'这一旧口号为依据的片面的法国人的看法……它现在也应当被克服,因为它只能引起思想混乱。"③ 以此推论,真正的社会主义者不应该空喊"公平"之类的口号,而是在发展生产力的基础上彻底消灭私有制、消灭阶级和阶级差别,进而实现社会主义的分配大义。欲求分配大义,必须夯实公有制基础。一边重弹"公平的分配"之类的陈词滥调,空喊分配正义论,一边主张私有化,这是缘木求鱼。

当然,按劳分配只是初步实现了分配正义,还不是分配正义的全部。之所以这样说,是因为共产主义社会第一阶段通过按劳分配实现的对生活资料的平等占有和共同富裕,只是形式上的平等,仍然存在着由形式上的平等掩盖着的事实上的不平等。这种不平等既是社会主义社会存在有限差别的共同富裕的必然现象,又是社会主义共同富裕相对于共产主义共同富裕的缺憾。所以,初步合乎分配正义的按劳分配方式并不是我们的最终理想。真正的分配正义,只有在高级成熟的公有制基础上才能实现。随着生产力的高度发达、产品的极大丰富和公有制水平的升华,在未来的共产主义社会里,尚需将按劳分配合乎逻辑地升级为按需分配。在《哥达纲领批

---

① [德]马克思,恩格斯. 马克思恩格斯选集:第2卷[M]. 北京:人民出版社,2012:649.
② [德]马克思,恩格斯. 马克思恩格斯选集:第3卷[M]. 北京:人民出版社,2012:371.
③ [德]马克思,恩格斯. 马克思恩格斯选集:第3卷[M]. 北京:人民出版社,2012:349.

判》中,马克思乐观地展望:"在共产主义社会高级阶段,在迫使个人奴隶般地服从分工的情形已经消失,从而脑力劳动和体力劳动的对立也随之消失之后;在劳动已经不仅仅是谋生的手段,而且本身成了生活的第一需要之后;在随着个人的全面发展,他们的生产力也增长起来,而集体财富的一切源泉都充分涌流之后,——只有在那个时候,才能完全超出资产阶级权利的狭隘眼界,社会才能在自己的旗帜上写上:各尽所能,按需分配!"① 共产主义社会高级阶段的共同富裕,是在生产资料公有制和生产力高度发展的基础上,通过生活资料按需分配实现的一切人的自由发展。按照马克思主义的设想,共产主义社会的高级阶段才是一个真正意义上的全社会所有成员共同富裕的社会,一个为分配正义论提供完美注脚的社会。崭新的共产主义社会,"是人和自然界之间、人和人之间的矛盾的真正解决,是存在和本质、对象化和自我确证、自由和必然、个体和类之间的斗争的真正解决。它是历史之谜的解答"②。

四、公有制度:马克思主义政治经济学的共富基础

(一)公有制架构:共同富裕赖以实现的基础

共同富裕赖以实现的分配正义是按劳分配,按劳分配得以进行的所有制基础是生产资料公有制,而人民当家作主则是公有制的政治基础。社会主义的共同富裕,是人民当家作主的政治基础、占主体的生产资料公有制、位居主渠道的按劳分配共同作用的结果。这里,人民当家作主的政治地位、生产资料公有制、按劳分配构成了一环紧扣一环的共同富裕逻辑链条。在这个共同富裕的逻辑链条中,生产资料所有制关系起着承上启下、至关重要的作用。在社会主义公有制框架内,所有社会成员取得生活资料的唯一凭证是劳动。以生产资料公有制取代私有制,也就相应消除了两极分化的所有制基础。如上所述,鉴于劳动能力差异、赡养人口多寡等因素,即使实行按劳分配,社会成员之间的生活水准仍然存在一定差别,但是因为人们只能凭自己的劳动获得消费品,就不会出现人剥削人的现象,更不会出现一极财富积累、另一极贫困积累的现象。正因如此,马克思、恩格斯说:"共产党人可以把自

---

① [德]马克思,恩格斯. 马克思恩格斯选集:第3卷[M]. 北京:人民出版社,2012:364-365.
② [德]马克思,恩格斯. 马克思恩格斯全集:第42卷[M]. 北京:人民出版社,1979:119.

己的理论概括为一句话：消灭私有制。"① 马克思主义政治经济学正是在科学地揭示人类社会特别是资本主义社会的发展规律基础上，展望了社会主义和共产主义最终必然取代资本主义和一切私有制社会的规律性和历史趋势，系统阐述了共同富裕的历史性和必然性，实现共同富裕的社会制度基础、所有制前提、分配正义法则等事关共同富裕的一系列问题，进而揭示了共同富裕的发展规律。从这个意义上就不难理解，共同富裕是一种制度话语、一种基于所有制的阶级话语。社会主义的共同富裕，就是在生产资料公有制基础上劳动者通过按劳分配共享社会生产力发展成果的富足状态。马克思主义政治经济学视阈下的共同富裕，即使是差别富裕，这种差别也只能是基于公有制或以公有制为主体的经济基础上的差别，而绝不是建立在私有制基础之上的"差别"。建立在公有制基础上的差别，是社会主义阶段难以避免的"资产阶级法权"，它必将随着社会主义的发展和完善逐渐趋于消亡。

社会主义农村的共同富裕，有赖于集体所有制。中国共产党在新中国成立之初，就致力于夯实土地集体所有制基础。在土改中实现了"耕者有其田"的农民梦想成真，成了土地的主人。但是，每人一亩三分地，至多能够解决温饱问题，不可能实现共同富裕。要走向共同富裕，就必须联合起来，走集体化公有制共富的道路，实现农业现代化。集体所有制有鲜明的优越性，既坚持了公有制道路，又发挥了中国劳动力多的优势，更有利于解决农业现代化问题。如果是分田单干，那么，在新一轮土地并购狂潮中势必再次发生两极分化，大多数农民就会再次陷入贫穷的深渊。因此，对从互助组、合作社到人民公社步步升级的农村集体土地所有制，毛泽东同志的感觉是：比建国还要高兴！因为同样建国的秦皇汉高、唐宗宋祖都没有建立农村土地集体所有制。这一时期建立的农村土地集体所有制，是中国共产党留下的最伟大的制度性成果。习近平总书记意味深长地说："农村改革不论怎么改，都不能把农村土地集体所有制改垮了。……这些底线必须坚守，决不能犯颠覆性错误。"②

既然所有制决定分配关系，不以公有制为主体的所有制结构是根本不可能实行按劳分配，因而也不可能实现共同富裕的。在保留资本雇佣劳动的大环境下，仅仅依靠调整分配政策奢望共同富裕，是画饼充饥的游戏，就像自己抓着自己的头发飞离地面一样可笑。如果按照庸俗社会主义的方案，不解决所有制问题，即使进行一万次分配，共同富裕也只是一个遥遥无期的梦想，因为超越所有制结构的目标过去、

---

① ［德］马克思,恩格斯. 马克思恩格斯选集：第1卷[M]. 北京：人民出版社,2012：414.
② 习近平. 习近平谈治国理政：第3卷[M]. 北京：外文出版社,2020：262.

现在和将来都没有也不可能实现。私有制下没有共同富裕，也不可能产生共同富裕，如果有，那也是联合起来的资产者的"共同富裕"——一种带血的"共同富裕"。生产资料的资本家所有制，决定了生产过程创造的成果大都归资本家所有，劳动者只能得到维持劳动力再生产的那部分价值。在资本话语下，通过技术创新可以提高劳动生产率，可以增加社会总产品、做大"蛋糕"，但结果只会使资本家得到更多的相对剩余价值。劳动者或许能增加点微不足道的工资，然而，在新创造的价值中，劳动所得占比却越来越小。劳动力再生产的条件得到略微改善的"现代奴隶"，仍然被一条无形的锁链拴在资本的铁锚上。这也就是劳动者的"相对贫困化"，哪里有什么"共同富裕"可言！私有制下的所谓"共同富裕"，对于劳动者而言，只不过如马克思所说："由于资本积累而提高的劳动价格，实际上不过表明，雇佣工人为自己铸造的金锁链已经够长够重，容许把它略微放松一点。"① 离开社会生产关系尤其是所有制关系奢谈共同富裕，在哲学上，是唯心主义、形而上学；在国际共运史上，是民主社会主义、机会主义、修正主义或其翻版。如果能在私有制基础上实现共同富裕，那么当初我们还有必要推翻旧制度吗？还有必要确立共产主义的远大理想吗？

在国际共产主义运动史上，总有一些人一厢情愿地把改善劳动人民生活寄托在生产资料私有制基础上，热衷于在保留资本主义制度的基础上搞改良——而且主要醉心于分配上的改良，回避阶级斗争，寄希望于资本家的良心发现和道德血液流淌。从个别空想社会主义者到伯恩施坦、倍倍尔、考茨基、普鲁东、拉萨尔、普列汉诺夫、赫鲁晓夫、戈尔巴乔夫，再到今天流行的脱离所有制谈分配，回避雇佣劳动、回避剩余价值谈共同富裕的倾向，这些政治经济学领域的"卖拐者"，表现形式不同，实质不二，大都选择回避核心问题——生产资料所有制问题。在他们预设的话语系统中，所有制被消融在"市场主体"里，公有制不过是普通的市场主体之一而已；按劳分配被轻描淡写成"协调配套的"众多初次分配方式之一。于是乎，共同富裕成了与公有制和按劳分配没有实质性关联的孤立的理想状态。有些人开出的避免两极分化的药方，正是马克思在《哥达纲领批判》中所揭露的把社会主义界定为合乎分配伦理的庸俗社会主义，是庸俗社会主义在新的外衣下的复活。有些庸俗社会主义者为了兜售自己的理论，故意玩弄文字游戏，混淆所有制与所有权概念。必须清楚，公有制和私有制是所有制意义上的经济学概念，而共有制和股份制是善于

---

① [德]马克思,恩格斯. 马克思恩格斯选集:第2卷[M]. 北京:人民出版社,2012:276.

兜圈子者的绕口令式法学概念。所有制决定所有权，所有制意义上的公有制和私有制范畴决定共有制、股份制、产权之类的法学范畴。在所有制层面，只存在公有制和私有制，根本就没有所谓混淆视听的共有制。

西方福利国家建立在私有制基础上的所谓"差别富裕"，前提条件是本国资产阶级处于世界产业链的顶端，拥有剥削全世界的能力以获得超额剩余价值。在此基础上，资本家联合体通过再分配的方式，将一部分掠夺到的剩余价值分给本国平民。相差无几才是真正的共同富裕，绝不能把两极分化偷梁换柱成"差别富裕"。差别千万亿倍，是两极分化，不是任何意义上的差别富裕。这种在确保资本统治地位的前提下为缓和日益尖锐的阶级矛盾而实行的"差别富裕"，由于其根深蒂固的社会矛盾，最终还会再次走向两极分化。如此福利国家，劳动者没有改变被雇佣、被剥削的地位，因而贫富悬殊现象仍然存在，所谓共同富裕，不过是遥不可及的画中之饼！西方许多"福利国家"的失败实践，也在一定程度上宣告了资本主义"差别富裕"的破产。

（二）共同富裕论：公有制的应然、必然与实然

共同富裕，乃社会主义生产资料公有制的应然、必然与实然。

只要夯实生产资料公有制基础并在此基础上实行按劳分配，就理所当然地结出共同富裕果实。在公有制条件下，任何人都不可能凭借生产资料占有权无偿占有他人的劳动成果，再无产生两极分化的可能，唯一的结果应当是共同富裕。在社会主义改造时期，毛泽东同志就基于即将建构的公有制乐观地展望共同富裕的美好前景："我们还是一个农业国。在农业国的基础上，是谈不上什么强的，也谈不上什么富的。但是，现在我们实行这么一种制度，这么一种计划，是可以一年一年走向更富更强的，一年一年可以看到更富更强些。而这个富，是共同的富，这个强，是共同的强，大家都有份……这种共同富裕，是有把握的，不是什么今天不晓得明天的事。"① 被誉为"与时代同行"的诗人郭小川在《社会主义的路是农民共同富裕的路》一文中，讴歌"共同富裕"是"社会主义"公有制理所当然的结果："怎样才能不走资本主义的路呢？唯一的办法就是走社会主义的路。什么是社会主义？在农村，社会主义就是大家联合起来，用大规模生产和新的农具、农业机器和新的农作

---

① 毛泽东. 毛泽东文集：第 6 卷[M]. 北京：人民出版社，1999：495－496.

法来经营农业，使大家能够共同富裕。"① 在伟人和诗人看来，只要建构起公有制基础，迟早会实现共同富裕，何以如此？社会主义制度、公有制、按劳分配、共同富裕的前后相继、环环相扣的应然性逻辑使然！

只要夯实生产资料公有制基础并在此基础上实行按劳分配，就必然结出共同富裕果实。正如社会主义必然取代资本主义一样，基于公有制的共同富裕必然取代基于私有制的两极分化。这一历史必然性决定了社会主义中国的共同富裕之路，一定是公有制道路，舍此别无他途。社会主义公有制基础上的共同富裕之道，必然会同时规避"平均主义""同步富裕""同等富裕""杀富济贫"之类的陷阱，此乃共同富裕的历史必然性使然。至于有人挖空心思炮制的一套"不是平均主义""不是同步富裕""不是同等富裕""不是杀富济贫"等耸人听闻的恐怖式话语体系，纯粹是杞人忧天、制造思想混乱。社会主义公有制条件下的生活水平提高之路，必然既不是平均主义的，也不是贫富悬殊的。毛泽东同志在研读苏联《政治经济学教科书》时，要求反对两种倾向："反对平均主义，是正确的；反过头了，会发生个人主义。过分悬殊也是不对的。我们的提法是既反对平均主义，也反对过分悬殊。"② 可见，既要反对平均主义，又要防止收入悬殊，是中国共产党一以贯之的方略。社会主义公有制开显的共同富裕之路，不但会改变人与人之间在私有制条件下的断裂关系，也必然为人与自然之间关系的最终解决提供了可能。普利天下，是马克思主义政治经济学内涵的共享哲学，而只有代之以"内蕴公共性和长远性的公有制"，才能摆脱"将利润最大化逻辑演绎得淋漓尽致"的资本与生俱来的"两个剥夺"——"对劳动者的剥夺和对自然界的剥夺"③，实现有决定意义的生态转向。人与万物共享自然之美，不再损自然而利己，这是生态学意义上的"共同富裕"。

只要夯实生产资料公有制基础并在此基础上实行按劳分配，就会在事实上收获共同富裕果实。社会主义国家一直在走向共同富裕的路上。所谓"贫穷的社会主义"论调，是对社会主义发展建设巨大成就的丑化。基于公有制基础的按劳分配，不仅让"蛋糕"分配得更合理，事实上也因为对"蛋糕"的合理分配而进一步将"蛋糕"越做越大——中国社会主义建设的巨大成就已实证了这一判断。几十年来的贫富分化是公有制被削弱、国有资产流失而私有化无序扩张的恶果，这一事实反证了只有夯实公有制基础，才能实现共同富裕。

---

① 郭小川. 社会主义的路是农民共同富裕的路[N]. 人民日报,1953-12-12.
② 毛泽东. 毛泽东文集:第8卷[M]. 北京:人民出版社,1999:130.
③ 刘长明,杨国勇. 生态文明何以可能——一种基于所有制维度的研究[J]. 学术界,2018(8).

五、公主私辅：新时代的共同富裕何以可能

（一）共富与共享：马克思主义政治经济学的时代主题

共同富裕是劳动人民的千年期待，是中国共产党人不懈追求的崇高理想，也是迫在眉睫的时代主题。然而，一个不争的事实是，当前财富占有和收入分配已经出现严重的两极分化现象。面对这样的形势，程恩富教授指出："从社会角度来看，社会各阶层如果不能实现共同富裕，各阶层的财富和收入差距过大，特别是高财富者和高收入者在财富和收入中的占比过大，那么长此以往社会撕裂将在所难免，最终演变为难以治理的社会顽疾。"[①] 财富占有和收入分配的两极分化现象，严重困扰着经济社会的和谐发展。社会主义的中国，绝不能成为富人的天堂、穷人的地狱。在全面深化改革的过程中，为了彰显社会主义无可比拟的优越性，必须旗帜鲜明地反对"小政府、大市场""一切交给市场"的新自由主义，回应马克思主义政治经济学的时代关切：共富与共享。

党的十八大以来，中国特色社会主义进入新时代，以习近平同志为核心的党中央高度重视共同富裕这一时代主题。2012年11月15日，习近平总书记在十八届中共中央政治局常委记者见面会上，表明了"坚定不移走共同富裕的道路"的决心。党的十九届五中全会对扎实推动共同富裕作出重大战略部署，提出到2035年全体人民共同富裕取得更为明显的实质性进展。2021年1月11日在省部级主要领导干部学习贯彻党的十九届五中全会精神专题研讨班上，习近平总书记站在战略高度定位共同富裕："实现共同富裕不仅是经济问题，而且是关系党的执政基础的重大政治问题。我们决不能允许贫富差距越来越大、穷者愈穷富者愈富，决不能在富的人和穷的人之间出现一道不可逾越的鸿沟。……让人民群众真真切切感受到共同富裕不仅仅是一个口号，而是看得见、摸得着、真实可感的事实。"[②] 2021年2月25日，习近平总书记在全国脱贫攻坚总结表彰大会上庄严宣告：我国脱贫攻坚战取得全面胜利！困扰中华民族几千年的绝对贫困问题得以解决，由此奠定了共同富裕的坚实基础。2021年8月17日，在重点研究扎实推动共同富裕问题的中央财经委员会第

---

① 程恩富,伍山林. 促进社会各阶层共同富裕的若干政策思路[J]. 政治经济学研究,2021(2).
② 习近平. 深入学习坚决贯彻党的十九届五中全会精神 确保全面建设社会主义现代化国家开好局[N]. 人民日报,2021-01-12.

十次会议上,习近平总书记强调,共同富裕是社会主义的本质要求,是中国式现代化的重要特征①。在《中华人民共和国国民经济和社会发展第十四个五年规划和2035年远景目标纲要》中,共同富裕被提上首要议程,"制定促进共同富裕行动纲要"被列入"十四五"的重点任务。在规划坚持的原则、"十四五"时期经济社会发展主要目标、2035年远景目标纲要中,共同富裕主线一以贯之,共同富裕的蓝图越来越清晰。为打造共同富裕可资借鉴的样本,2021年6月10日,《中共中央 国务院关于支持浙江高质量发展建设共同富裕示范区的意见》提出,到2025年,浙江省推动高质量发展建设共同富裕示范区取得明显实质性进展;到2035年,浙江省高质量发展取得更大成就,基本实现共同富裕。一个共同富裕的时代样本——浙江版共同富裕,即将横空出世。

走向共同富裕如同做"蛋糕",既要做大,也必须分好。分好"蛋糕",关键是遵从分配正义原则,提高劳动报酬在初次分配中的比重。应当说,初次分配、再分配、第三次分配对共同富裕都有一定作用:初次分配主要按劳动和资本各自的贡献进行,由政府积极主导的市场决定,体现的是有限公平原则;再分配由社会需要和相关配套法律政策决定,体现的是平等原则;第三次分配由道义及隐含在道义背后的经济因素决定,体现的是慈爱原则。对于作为全部分配活动基础、居于首要地位的国民收入的初次分配,政府必须积极介入,不能完全交给市场。马克思主义政治经济学认为,作为收入分配对象的价值形态的财富是在劳动过程中创造的,因此,劳动是收入的源泉,收入分配的对象只能通过劳动过程才能形成。人类的社会生产同时是再生产过程,"一个社会不能停止消费,同样,它也不能停止生产。因此,每一个社会生产过程,从经常的联系和它不断更新来看,同时也就是再生产过程"②。为了使再生产顺利进行,在社会总产品中扣除补偿生产中生产资料的物质消耗部分以后,还要从国民收入中扣除足够的产品用于补偿劳动者的劳动力消耗,实现劳动力再生产。支付劳动者的收入,是国民收入形成后首先要做的分配,是维持整个社会存在与发展的前提,更是实现共同富裕的基础性环节。

(二)公有制主体:占主体的公有制是共同富裕的决定性力量

宪法规定:"国家在社会主义初级阶段,坚持公有制为主体、多种所有制经济

---

① 习近平主持召开中央财经委员会第十次会议[EB/OL]. 中华人民共和国中央人民政府网,2021-08-17,http://www.gov.cn/xinwen/2021-08/17/content_5631780.htm.
② [德]马克思,恩格斯. 马克思恩格斯选集:第2卷[M]. 北京:人民出版社,2012:254.

共同发展的基本经济制度。"毫不动摇地"坚持公有制为主体",被置于"两个毫不动摇"的优先地位。我国之所以是社会主义社会,就是因为公有制的主体地位,而其他经济成分皆受占主体的公有制的制约和影响。"公有制为主体是现代社会主义的经济本质……以公有制为主体的现代社会主义根本经济制度,与以私有制为主体的现代资本主义根本经济制度有着本质区别"[①]。唯有公主私辅,才具备社会主义制度的经济基础。正是基于这样的考虑,江泽民同志明确要求,公有制的主体地位必须坚持,"决不搞私有化。这是一条大原则,决不能有丝毫动摇"[②]。只有在公有制经济体系中才能落实按劳分配,非公有制经济体系与按劳分配不兼容。在占主体的公有制中实行按劳分配,是搞好初次分配的关键,也是共同富裕最重要的基础环节。

公有制为主体、多种所有制经济共同发展的基本经济制度,同时决定着在分配领域必须相应贯穿按劳分配为主、多种分配方式相结合的制度。所谓相互结合的多种分配方式,说到底就是按劳分配和按要素分配两种方式,收入也相应地分为劳动收入和财产性收入(资本收入)。问题在于,哪一种分配方式置于无可置疑的优先地位?哪一种收入位列第一?虽然这两个方面需要通盘考虑,但必须分清主次。坚持按劳分配为主,把劳动收入放在第一位,保障和增大劳动收入,重视初次分配的正义,是社会主义的应然和必然。

毋庸置疑,我国经济社会在快速发展的同时,也积累了许多社会矛盾,甚至出现了与社会主义本质完全相悖的两极分化。究其原因,在于公有制主体地位的弱化。既然居民收入差距拉大的失衡态势是由私有制比重越来越大引起的,要缩小收入差距,促进共同富裕,就必须改善所有制结构,提升公有制经济比重,保证从业人员的大多数处于公有制经济体系中,进而确保从业人员的大多数享有按劳分配权。为此,必须把许多被非法私有化的企业重新公有化,把公有制经济特别是国有经济继续做大、做强、做优,节制、规范非公有制经济,绝不能放任野蛮生长的非公有制经济动摇国本。毫不夸张地说,瓦解国有和集体两类最重要的公有制体系,是对通往共同富裕的路基进行的釜底抽薪式破坏。剥削、两极分化与共同富裕是水火不相容的两极,要实现共同富裕,必须在公有制基础上消灭剥削、消除两极分化。如果以私有制为主体,依靠私营经济来实现共同富裕,等于是用产生问题的思维去解决问题,把制造贫富悬殊的主因当作共富共享的圭臬,终究是南辕北辙。只有在夯实

---

① 程恩富. 现代科学社会主义本质的三个组成部分[N]. 真理报,2021-08-05.
② 江泽民. 在东北和华北地区国有企业改革和发展座谈会上的讲话[N]. 人民日报,1999-08-13.

占主体的公有制基础的前提下适度发展非公有制经济,才能把按劳分配为主、多种分配方式相结合的原则落到实处,回归共同富裕大道。

在村一级普遍建立集体性质的合作社,实施乡村振兴战略,是党中央在农村推动共同富裕的重大举措。在2017年中央农村工作会议上,习近平总书记指出,实施乡村振兴战略,"要巩固和完善农村基本经营制度,走共同富裕之路"①。而壮大农村集体经济、夯实农村的公有制基础,是引领农民走向共同富裕的必由之路。2018年在中央政治局集体学习时,习近平总书记指出:"要把好乡村振兴战略的政治方向,坚持农村土地集体所有制性质,发展新型集体经济,走共同富裕道路。"② 新出台的《中华人民共和国乡村振兴促进法》,更是明确了发展农村集体经济的战略地位。

(三) 私有制辅助:非主体的私有制是共同富裕的支持性力量

不同的所有制决定不同的分配方式:在占主体地位的公有制经济成分里,实行按劳分配原则,个人收入都是劳动所得,消灭了剥削,从而也就消除了两极分化,奠定了共同富裕的坚实基础;在处于补充地位的非公有制经济中,生产资料私人占有,决定了部分人要凭借生产资料占有权获得要素收入,这样,劳动和生产资料都有权参与分配,个人收入既有劳动收入,也有非劳动收入(财产性收入或称资本收入)。这种情况,决定了非公有制经济对于共同富裕的二重性:一方面,除个体经济外的非公有制经济是同雇佣劳动结合在一起的,雇佣劳动必然产生剥削、造成贫富两极分化——譬如,基本上是私有经济天下的平台经济,就普遍存在极限榨取剩余劳动力及其高额剩余价值、从业者疲于奔命的现状;另一方面,适度有序地发展私有制经济有利于创造社会财富、增加税收、扩大就业,因而在一定程度上支持了共同富裕。

"概括起来说,民营经济具有'五六七八九'的特征,即贡献了50%以上的税收,60%以上的国内生产总值,70%以上的技术创新成果,80%以上的城镇劳动就业,90%以上的企业数量。"③ 这同时也意味着,80%的劳动者是雇佣劳动者,资本在权力所及的领域具有绝对话语权。在马克思主义政治经济学看来,正是这样的所有制结构决定的分配关系,极大地制约着共同富裕进程。虽然在公有制为主体的条

---

① 中央农村工作会议在北京举行 习近平作重要讲话[N]. 人民日报,2017 - 12 - 30.
② 习近平. 习近平谈治国理政:第3卷[M]. 北京:外文出版社,2020:261.
③ 习近平. 在民营企业座谈会上的讲话[M]. 北京:人民出版社,2018:4 - 5.

件下，私营企业、外资独资企业以及合资企业等具有资本主义性质的经济受社会主义大环境制约，但其内部经济关系并没有实质性变化。在这些经济成分中，雇佣工人创造的剩余价值被占有生产资料的资本家无偿攫取，资本与劳动对立，资本积累的一般规律仍然在一定范围内起作用，两极分化现象在所难免。为了让资本逻辑服务于共同富裕的逻辑，必须用社会主义的属性去改造和规定资本和市场。诚如马克思、恩格斯所说："共产党人为工人阶级的最近的目的和利益而斗争，但是他们在当前的运动中同时代表运动的未来。"① 中国共产党只有真正规制资本、驯服资本、驾驭资本，加强对非公有制经济收入分配的调节，才能将资本追逐利润的冲动规制在符合社会主义价值的框架内，进而将原本造成两极分化的资本变成服务于共同富裕的资本。

必须指出的是，财产性收入是社会主义初级阶段的暂时现象，不能把它凝固化、永恒化。共产党的终极目的是要消灭私有制、消灭阶级、消灭剥削，随着社会主义从初级阶段向高级阶段升华，财产性收入也会逐步消失。今天我们保护财产性收入，调动私营企业主的积极性，目的不是使其固化、理想化，而是为将来彻底消灭私有制、取消财产性收入尤其是剥削收入创造条件，这就是历史的辩证法。绝不能因为消灭私有制、消灭剥削是一个漫长过程，就将私有制、雇佣劳动和剥削神圣化、永恒化。既然中国共产党确立了共产主义的远大理想和"以人民为中心"的宗旨，就必须约束私有制、雇佣劳动、剥削现象，并使暂时存在的私有制服从于、服务于共同富裕的大方向。

（四）第三次分配：纳入社会主义规制的第三种力量

对人关怀、富有同情心，是慈善本义。但本是自愿奉献爱心、从事扶弱济贫的慈善事业，早已被资本严重扭曲。在资本主义社会中，慈善蜕变为资本家的一种避税手段、一桩获利颇丰的生意。恩格斯在《英国工人阶级状况》中对资本家的所谓"慈善"进行了无情揭露："慈善机关！你们吸干了无产者最后的一滴血，然后再对他们施以小恩小惠，使自己自满的伪善的心灵感到快慰，并在世人面前摆出一副人类恩人的姿态（其实你们还给被剥削者的只是他们应得的百分之一）……这种布施使施者比受者更加人格扫地；这种布施使得本来就被侮辱的人遭到更大的侮辱，要求那些被社会排挤并已失掉人的面貌的贱民放弃他最后的一点东西——人的称号；

---

① ［德］马克思,恩格斯. 马克思恩格斯选集:第1卷[M]. 北京:人民出版社,2012:434.

这种布施在用施舍物给不幸的人打上被唾弃的烙印以前,还要不幸的人卑躬屈膝地去乞求。"① 资本家在赢得慈善家美名的同时获得了丰厚回报,"对于资本家来说,通过这种左手转右手,从左口袋取出放在右口袋就可以轻而易举地免去自己需要交纳的巨额税金,也有利于树立他们自身良好的公众形象,可以说是'名利双收'"②。这就不难明白,为什么美国以慈善为幌子的基金会如滚雪球般迅速增长!

就像"民主宪政"一样,纳入资本逻辑的"慈善"一词,已经带有鲜明的阶级烙印。中国的第三次分配,绝不能步西方伪慈善的后尘,把本是经济领域的问题魔术般地变换成伦理问题。共产党不是慈善集团,共产党人也不是传统意义上的慈善家,其使命是建构以公有制为基础的基本经济制度,为每一个有劳动能力的人提供各尽其能、各得其所的机会,通过劳动和按劳分配来实现共同富裕——这是最大的制度慈善,乃善之大者! 社会主义的中国,当然可以借用慈善一词,但必须为慈善套上社会主义的笼头,回归慈善本义。继 2016 年颁布《中华人民共和国慈善法》后,党的十九届四中全会通过的《中共中央关于坚持和完善中国特色社会主义制度、推进国家治理体系和治理能力现代化若干重大问题的决定》强调:"重视发挥第三次分配作用,发展慈善等社会公益事业。"③ 由此标志着第三次分配被正式列为收入分配制度体系的重要组成部分,明确肯定了慈善等公益事业在共同富裕战略布局中的重要地位。如今,合理调节过高收入、鼓励高收入人群和企业更多回报社会的第三次分配,已经成为共同富裕的有益补充,或者说,是共同富裕的第三种力量。

第三次分配是社会主体自愿参与的财富流动,是对初次分配和再分配进行有益补充的辅助性制度。但也必须清楚,再分配和第三次分配只能改善微循环,不可能改变初次分配确立的基本格局。因而不能把共同富裕只的希望寄托在富人的良心发现上。如果不夯实共同富裕的鸿基——公有制,想通过道德约束来实现共同富裕只是不切实际的幻想。

百年大党,共同富裕的初心未曾改变一丝一毫:从革命战争年代确立推翻人剥削人、人压迫人的吃人社会制度的目标,到新中国成立初期为了奠定共同富裕鸿基而进行的社会主义三大改造,再到新时代的共同富裕理论与实践,一部中国共产党百年史,就是一部秉承马克思主义政治经济学基本原理的共同富裕推进史。

---

① [德]马克思,恩格斯. 马克思恩格斯全集:第 2 卷[M]. 北京:人民出版社,1957:566-567.
② 程恩富,鞠正明. 美国基金会"慈善"的内幕和实质[J]. 世界社会主义研究,2019(2).
③ 中共中央关于坚持和完善中国特色社会主义制度 推进国家治理体系和治理能力现代化若干重大问题的决定[N]. 人民日报,2019-11-06.

特别是"从理论和实践两个维度对共同富裕一以贯之的探索,实证了共同富裕的现实可能性"[①]。站在"两个一百年"奋斗目标的历史交汇点上,让全体人民的共同富裕取得实质性进展,成为2035年基本实现社会主义现代化远景目标浓墨重彩的华章。走向共同富裕,需要人民至上、崇尚劳动的马克思主义政治经济学,需要社会主义的"路基",更需要公有制和按劳分配的"发动机",当然目前也需要多种所有制和按要素分配的"燃油"。历史,行将进入社会主义中国时间。未来共同富裕简史,将从社会主义中国拉开序幕。社会主义的中国,基于马克思主义政治经济学对共同富裕的探讨,无疑具有世界意义。在中国共产党的领导下,以与时偕行的马克思主义政治经济学为理论武器,一定能够擘画出彰显社会主义制度优越性的中国版共富图景,为人类解决共同富裕的千年难题提供"社会主义+中国"的方案。

---

① 刘长明,周明珠. 共同富裕思想探源[J]. 当代经济研究,2020(5).

作者简介

刘明国，1972年生，贵州财经大学经济学院政治经济学教授、博士生导师，西北农业大学农学学士，西南财经大学政治经济学博士，中国社科院马克思主义研究院博士后。主要研究经济学基础理论，致力于发展中国特色社会主义政治经济学、中国特色宏观经济学。现已出版专著及教材共5部：①《经济长期增长研究——以谈判势力为重心的分析》（2010年）；②《新经济学原理（微观）——综合、反思与发展》（2011年）；③《中国特色现代烟草农业：理论、实践与探索》（2012年）；④《经济学学科导论》（2016年）；⑤《基于国家治理的宏观经济学》（2020年）。先后在《马克思主义研究》《经济学家》《改革》《当代经济研究》《河北经贸大学学报》等期刊上发表论文60余篇。

刘明国：共同富裕视野下的市场与政府的分工[①]

当前，收入分配差距大已经成为制约中国经济可持续发展的重要因素：一方面，财富的增长与有效需求不足之间的矛盾非常尖锐；另一方面，收入分配差距大加剧了不同利益群体之间的矛盾。另外，社会进步的成果不能被广大民众有效分享的发展模式也越来越失去了社会凝聚力和感召力。我们应该如何去实现让广大民众有效分享社会进步的成果，走可持续的共同富裕发展道路呢？本文从市场与政府的职能分工来尝试性地作一些探讨。

一、文献综述

（一）一般意义上的收入分配理论

对于收入分配规律问题的探讨，西方可以追溯到威廉·配第和亚当·斯密的要素分配理论（财富分配按照要素的不同分为工资、地租、利息或利润这几种形式）[②]，我国可以追溯到春秋战国时期荀子的"分""别"论[③]，前一类注重的是收入分配的形式有哪些种类及其分别如何决定和此消彼长的关系，后一类注重的是收入应该如何分配。

从西方古典政治经济学开始到现在，关于收入分配机制问题的探讨主要有按劳分配理论（被马克思主义继承）和按要素分配（被西方新古典主义继承，并演变为按照要素的边际生产力大小进行分配的边际生产力分配理论）。前一种理论明确地

---

① 此文与董庆强合作撰写。
② 吴忠观. 经济学说史[M]. 成都：西南财经大学出版社，1995:79-85,134-141.
③ 荀子：《礼论篇》，转引自叶世昌. 古代中国经济思想史[M]. 上海：复旦大学出版社，2003:100-101.

说明了按照劳动时间的多少来进行财富分配，虽然这种理论存在简单劳动和复杂劳动之间的转换难题，但按劳分配是最符合人类可持续发展所需要的伦理标准的收入分配机制。而后一种理论是一个循环逻辑——要素所有者获得的收入是多少，其边际生产力就是多少；其边际生产力是多少，那么他就可以获得多少收入；它根本没有揭示收入分配的内在机制，也没有说明收入应如何分配，它不是科学的命题，这是由西方新古典主义的庸俗性所决定了的。这也就是那些要素分配论者不能明确指出各种要素究竟是按照什么标准（将其推给了"万能"的市场）来分配财富的原因，实际上，他们掩盖了占有稀缺资源的资本家通过市场机制对工薪阶层和低收入家庭的剥削和压榨。

对于收入分配差距产生的原因，李嘉图、西斯蒙第、马克思等都做了非常有价值的研究，但他们的观点是不一致的。西斯蒙第和马克思认为在资本主义社会不平等的收入分配制度（即私有制下的市场机制）和技术进步（即新技术的发明和大机器的应用，马克思称之为有机资本构成提高）是收入分配差距产生的原因。[①] 李嘉图却把工人陷入贫困的原因归结为工资（因为劳动力供给的增长超过需求的增长）有下降的趋势和工人所消费的生活必需品价格（随着人口的增长）有上涨的趋势。[②] 西斯蒙第和马克思透过现象看到了本质，而李嘉图却停留在了表象上。

中国古代的收入分配理论倾向于从国泰民安、可持续发展的角度去探讨财富应该如何分配，由此提出了重农抑商、禁末、取民有度、薄徭役轻赋税、休养生息、平准、赈济等一系列的收入分配理论。这与马克思主义的社会总资本再生产理论所蕴含的可持续发展观是相通的。

库兹涅茨的"倒U"收入分配理论展示的是后发国家在由传统农业（实为以自给自足为主的农业）向现代产业（商品化或市场化的产业）转变过程中收入分配差距随经济发展先扩大后下降的现象。这个理论给一些后发国家或地区任由其收入分配差距扩大提供了一个托词——收入分配差距扩大是发展的代价，在发展中收入分配差距最终会缩小的。我国流行的"做大蛋糕论"或许也与此有关。而"亚洲四小龙"在第二次世界大战后的工业化初期，收入分配差距并没有随着经济的发展而扩大的事实，也对该理论提出了挑战。以库兹涅茨的收入分配理论为代表的发展经济学的收入分配理论，如刘易斯、陈宗胜等的收入分配理论，倾向于探讨收入差距的

---

① [德]马克思. 资本论:第一卷[M]. 北京:人民出版社,1975:672-764.
② [美]李嘉图. 政治经济学及赋税原理[M]. 郭大力,王亚南,译. 南京:译林出版社,2011:5.

变化趋势，而不太注重收入分配机制和收入应该如何分配的问题。① 然而，这后两个问题恰恰是我们从事经济学研究的任务和目的所在。

其实，中国的老子对收入分配的机制和应该如何分配的问题已经作了非常精辟的高度概括："天之道，损有余而补不足。人之道，则不然，损不足以奉有余"。②

（二）局限于我国当代收入分配问题的文献

对我国收入分配差距问题的研究可以说已是硕果累累，比如，高斌宇从认识、体制、制度、市场和个体素质5个方面去分析其产生的原因③，林建辉从劳动力、资本、土地这3个生产要素出发研究它们在城乡间的不均衡配置对我国城乡收入的影响④，吴得民从收入分配机制上的马太效应、经济发展差距、制度缺陷、体制改革不到位、宏观调控乏力、城乡分割的二元经济结构、地方和行业的垄断与干预、社会保障体系不健全等诸多方面去分析其产生的原因⑤，王梅从区分我国收入分配差距类型（包括城乡差距、行业差距、地区差距、社会阶层差距）角度去研究⑥，张爱萍从增收财产税的角度探讨了如何缩小我国的收入分配差距⑦，等等。

可以说，他们揭示了我国当代收入分配差距及其原因的众多方面，但大多忽略了这些原因之间的内在一致性——政府的性质及其与市场之间的相互强化机制，这给他们寻找到能有效解决我国当前收入分配差距大问题的措施带来了障碍。

二、本文分析的理论前提

（一）谈判势力—收入分配假说：马克思主义收入分配理论的一个发展

根据马克思主义阶级分析的观点，笔者提出以下谈判势力—收入分配假说⑧：

命题1：社会财富的分配由社会不同利益集团之间的谈判势力大小决定；谈判势力分为市场谈判势力和非市场谈判势力两个方面。

---

① 刘明国. 新经济学原理(微观)——综合、反思与发展[M]. 北京:中国社会科学出版社,2011:99-101.
② 老子. 道德经:第七十七章[M]. 王丽华,译注. 北京:中国文联出版社,2016:225.
③ 高斌宇. 改革开放以来我国收入分配差距问题的研究[M]. 兰州:兰州理工大学,2011.
④ 林建辉. 生产要素配置与我国城乡收入差距研究[M]. 厦门:厦门大学,2009.
⑤ 吴得民. 中国转型时期的收入分配差距问题研究[M]. 成都:西南交通大学,2009.
⑥ 王梅. 我国收入分配差距的现状、成因与对策研究[M]. 重庆:重庆大学,2012.
⑦ 张爱萍. 我国居民收入分配差距分析和财税调节政策研究[D]. 北京:财政部财政科学研究所,2010:32-38.
⑧ 刘明国. 新经济学原理(微观)——综合、反思与发展[M]. 北京:中国社会科学出版社,2011:104-107,109-114.

命题2：市场谈判势力由交换双方所交换商品的供求弹性决定，而这又与产品的效用属性、交换双方的富裕水平和相对稀缺性有关。某利益主体对对方所供产品的需求价格弹性越大，其产品供给的价格弹性越大、相对稀缺性越大，其对方产品供给的价格弹性越小、对该利益主体所供产品的需求价格弹性越小，该利益主体的市场谈判势力越大，反之亦然。

命题3：非市场谈判势力主要来源于军事力量、政治权力、组织性和左右意识形态的能力4个方面，主要体现在财政权力、金融权力和资源产权的界定上。

命题4：市场谈判势力与非市场谈判势力存在相互强化的机制，收入分配差距一旦形成，就具有扩大化的趋势。

（二）市场经济的本质特征与初次收入分配功能

对于市场的本质特征，西方古典政治经济学家们早已有非常透彻的认识，市场遵循的基本逻辑就是弱肉强食的达尔文主义，也就是丛林法则。国内主流经济学也认为，市场在收入分配差距问题上存在失灵。正是因为市场的本质特征是弱肉强食的丛林法则，所以导致收入分配差距越来越大，也就是通过市场交换来实现的收入分配具有马太效应的特征。[①]

按照笔者提出的机会成本—价格理论，在产品处于卖方垄断、供不应求、卖方处于信息强势的情况下，卖方都可以凭此在市场中定出高价（获取利润）；在供过于求、买方处于价格主导地位的情况下，买方都可以在市场机制作用下将商品或劳务的价格压在其生产（劳动力还包括再生产）成本以下来获取利润。[②] 这"一高一低"的剪刀差就注定了通过市场交换来实现的收入分配必然产生差距，经济增长基数越大、速度越快、持续的时间越长，这个差距越大。

（三）政府的性质与收入分配功能

在收入分配上，政府具有再分配的功能。政府既可以逆市场而进行收入的再分配，也可以顺市场而进行收入的再分配。而究竟要往哪个方向进行收入的再分配，这取决于政府的性质。若政府是扶弱型的，那么它就会逆市场而进行收入的再分配；若政府是欺弱型的，那么它就会顺市场而进行收入的再分配，在这种情况下收入分

[①] 刘明国. 新经济学原理(微观)——综合、反思与发展[M]. 北京:中国社会科学出版社,2011:114-116.
[②] 该理论也可称为"机会成本—谈判势力—价格理论"。刘明国. 新经济学原理(微观)——综合、反思与发展[M]. 北京:中国社会科学出版社,2011:77-84,109-112.

配差距会出现急剧扩大。①

另外，对于中国目前而言，政府还具有调整市场与计划的边界、界定资源产权、行政定价的功能，这个收入分配功能可以说是市场初次分配之前的基础性收入分配。

若一个欺弱型的政府加上遵循丛林法则的市场，政府与市场同时表现出在收入分配上的失灵——通过市场和非市场谈判势力相互强化的机制将导致收入分配差距扩大化。这或许也是资本主义国家频繁遭遇有效需求不足乃至经济危机的内在逻辑。

三、新中国成立以来收入分配差距在市场与政府方面的原因

（一）市场与政府在城乡收入分配差距上的作用

我国城乡收入分配差距问题大体可以分为以下几个阶段：①计划经济时期；②1978—1985 年；③1986—1994 年；④1995—2003 年（或 2007 年）；⑤2004（或 2008）—2012 年。

在计划经济时期，出于国防安全的需要，急需发展重工业，国家采用了以农补工的剪刀差收入分配政策，导致我国农民收入水平低于城镇居民的格局，1978 年城镇居民家庭人均可支配收入是农村居民家庭人均纯收入的 2.57 倍（见表 1）、城镇居民家庭人均生活费收入是农村居民家庭人均纯收入的 2.37 倍（见表 2）。

1979—1985 年，由于政府对粮食生产采用较高的保护价和敞开收购支持政策，加之实现联产承包责任制极大地调动了农民生产积极性、粮食产量大幅度提高（见图 1），我国的城乡收入分配差距呈缩小趋势，城镇居民家庭人均可支配收入与农村居民家庭人均纯收入之比 1978 年为 2.57、1985 年为 1.86（见表 1），城镇居民家庭人均生活费收入与农村居民家庭人均纯收入之比 1978 年为 2.37、1985 年为 1.72（见表 2）。

表 1　中国 1978—2012 年城乡收入分配差距

年份	城镇居民家庭人均可支配收入（A）/元	农村居民家庭人均纯收入（B）/元	城乡收入分配差距（A/B）	城乡收入分配差距年增长率/%
1978	343.4	133.6	2.57	
1980*	477.6	191.3	2.50	-1.43
1985*	739.1	397.6	1.86	-5.11

---

① 刘明国. 经济长期增长研究——以谈判势力为重心的分析[M]. 成都：西南财经大学出版社，2010：93-94，97-98.

续表

年份	城镇居民家庭人均可支配收入（A）/元	农村居民家庭人均纯收入（B）/元	城乡收入分配差距（A/B）	城乡收入分配差距年增长率/%
1990*	1510.2	686.3	2.20	3.68
1991	1700.6	708.6	2.40	9.06
1992	2026.6	784.0	2.58	7.71
1993	2577.4	921.6	2.80	8.19
1994	3496.2	1221.0	2.86	2.39
1995	4283.0	1577.7	2.71	-5.19
1996	4838.9	1926.1	2.51	-7.46
1997	5160.3	2090.1	2.47	-1.73
1998	5425.1	2162.0	2.51	1.64
1999	5854.0	2210.3	2.65	5.55
2000	6280.0	2253.4	2.79	5.22
2001	6859.6	2366.4	2.90	4.01
2002	7702.8	2475.6	3.11	7.34
2003	8472.2	2622.2	3.23	3.84
2004	9421.6	2936.4	3.21	-0.69
2005	10493.0	3254.9	3.22	0.47
2006	11759.5	3587.0	3.28	1.69
2007	13785.8	4140.4	3.33	1.56
2008	15780.8	4760.6	3.31	-0.44
2009	17174.7	5153.2	3.33	0.54
2010	19109.4	5919.0	3.23	-3.13
2011	21809.8	6977.3	3.13	-3.18
2012	24564.7	7916.6	3.10	-0.96

注：*表示1980年、1985年和1990年城乡收入分配差距年增长率为年均值。

资料来源：《中国统计年鉴（2013年）》。

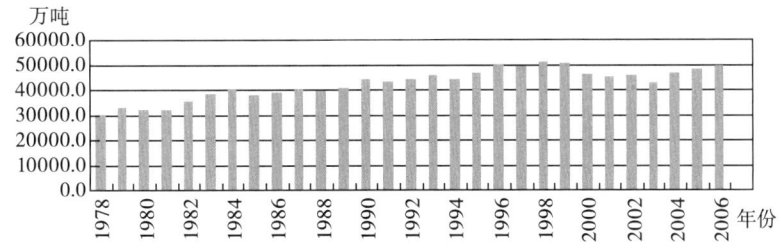

图1　中国1978—2006年粮食总产量

资料来源：《中国统计年鉴（2007年）》。

表2 中国1978—1995年城乡收入分配差距表

年份	城镇居民家庭人均生活费收入（A）/元	农村居民家庭人均纯收入（B）/元	城乡收入分配差距（A/B）	城乡收入分配差距年增长率/%
1978	316.0	133.6	2.37	
1980	439.4	191.3	2.30	-1.44
1985	685.3	397.6	1.72	-4.99
1986	827.9	423.8	1.95	13.37
1987	916.0	462.6	1.98	1.36
1988	1119.4	544.9	2.05	3.75
1989	1260.7	601.5	2.10	2.03
1990	1387.3	686.3	2.02	-3.55
1991	1544.3	708.6	2.18	7.81
1992	1826.7	784.0	2.33	6.91
1993	2336.5	921.6	2.54	8.81
1994	3179.2	1221.0	2.60	2.70
1995	3892.9	1577.7	2.47	-5.24

注：①1980年、1985年城乡收入分配差距年增长率为年均值；②由于城镇居民家庭人均生活费收入没有核算政府补贴性的隐形收入，该指标要比表1中的城镇居民家庭人均可支配收入低，从而由其来核算的城乡收入分配差距也就有了低估的嫌疑。

资料来源：《中国统计年鉴（1996年）》。

1986—1994年，由表1和表2可以非常清楚地看出：①从1986年开始我国的城乡收入分配差距就呈扩大趋势，城镇居民家庭人均生活费收入与农村居民家庭人均纯收入之比由1985年的1.72扩大到了1994年的2.60；②城镇居民家庭人均可支配收入与农村居民家庭人均纯收入之比由1985年的1.86扩大到了1994年的2.86。由表2可看出，其间，城乡收入分配差距扩大最快的是1986年、1991年、1992年和1993年这四个年份，尤其是1986年城镇居民家庭人均生活费收入与农村居民家庭人均纯收入之比比1985年扩大了13.37%（见表2）。在这段时期，由于粮食产量的大幅度增长（见图1），农民出现了卖粮难的问题（而且种粮又是农民的主要收入来源），导致了农民收入增长放缓。

我国粮食流通体制的市场化，导致农民陷入小生产难以抵御大市场的困境之中。由于我国农产品市场从1986年开始由供不应求转向供过于求（此时农产品在市场中遵循就低定价原则），而（包括农业生产资料在内的）工业产品在市场化改革初期，表现出供不应求的市场状况（此时工业产品在市场中遵循就高定价原则），一方面农产品低价（甚至低于成本），另一方面工业产品高价，所以就有了1986—1994年连续8年的城乡收入分配差距扩大（其间只有1990年有所缩小）。

1995—2003年（或2007年），我国的粮食流通体制进入了市场化时代，城镇居民的购粮补贴取消了，政府对粮食生产的支持价格政策效果不明显。由于1991年和1992年连续两年粮食产量于低位徘徊、1994年又出现了粮食产量明显减产（见图1），政府在1994年大幅度提高了粮食收购价格，城乡收入分配差距急速扩大的趋势被遏制，1994年仅比上年扩大了2.39%，1995—1997年连续3年出现了缩小趋势。但是到了1997年，政府提高粮食收购价格带来的缩小城乡收入分配差距的功效就已经大为减弱了，从1998年开始城乡收入分配差距又进入了扩大的通道，一直持续到2007年（2004年以后扩大的趋势又有所减弱）。

虽然1994年政府采用大幅度提高粮食收购价格的措施来提高农民收入、鼓励粮食生产，但是其缩小城乡收入分配差距的功效非常有限，在短短的三四年后就失去了功效，乃至于城乡收入分配差距在1998—2007年持续9年扩大（其间只有2004年有所缩小）。之所以如此，是因为市场机制的作用——工业产品价格与农产品价格之间有单向的水涨船高的逻辑关系（见图2）。①

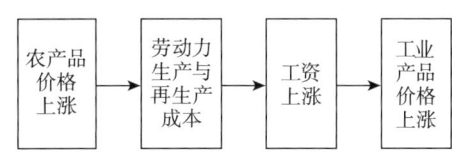

图2　工业产品与农产品价格之间的单向促进关系

而工业产品价格的上涨却并不一定会导致农产品价格的同期同等幅度上涨，因为在农产品供过于求的状况下、在农民的农产品供给弹性很低的情况下（农民在农产品市场上的谈判势力低、卖出农产品的机会成本低），农产品的生产成本虽然因为农资价格的上涨和劳动力生产成本的上涨而上涨，但在市场中依然遵循就低定价的原则，其上涨的成本不能通过提高价格来转嫁，所以农民所能做的就是（在有替

---

① 之所以工业产品与农产品之间有这样一个单向的价格传导机制，主要在于以下两个方面的原因：①工业产品的贮藏性比农产品好，使工业产品的供给弹性较高，进而使得工业产品供给者比农产品供给者在市场上的讨价还价能力强；②工业产品供给者的机会成本要比农产品供给者的机会成本高，这使得前者可以向后者索取一个较高的价格。但是在图2所示"水涨船高"的价格传递过程中，劳动力生产与再生产成本的提高与工资上涨的幅度并不一定是相同的、速度也不一定相同——其具有非连续、非线性的关系，经常存在的情况是工资没有物价涨得快——工资没有劳动力生产与再生产成本涨得快，这一点作者在《工资为什么没有物价涨得快》[《河北电力大学学报》(社科版)2013年第3期]一文中有详解。这种非对称、非连续、非线性的价格传递现象，不仅存在于不同产品之间，还存在于不同要素之间。

代选择时）减少粮食的生产和（在没有替代选择时）进行亏本生产。[①] 而我国从20世纪90年代中后期开始，沿海地区劳动力密集型出口加工业快速扩张，为农民提供了这样一个替代选择——外出打工，这从1996年后我国粮食产量就呈现下降趋势也可以得到间接证实（见图1）。

但是农民减少粮食生产的结果，并没有在市场机制作用下带来粮食价格的大幅度提高，从而改变其相对收入水平持续下降的趋势，因为政府通过进口粮食和采用粮食储备制度有效地抑制了粮食价格的上涨。

2004（或2008）—2012年，我国城乡收入分配差距继续扩大的趋势被遏制。2004年、2008年、2010和2012年这期间城乡收入分配差距分别有所减少（见表1）。可以说，从2004年开始导致我国收入分配差距扩大的主要因素就由城乡收入分配差距转向了城镇居民内部的收入分配差距。政府方面的原因主要是，从2005年起我国取消了农业税和政府采用了对农业的补贴政策；市场方面的原因主要是，农民打工收入占农民家庭总收入的比例增加，工资性收入占总收入比重从2004年的34%提高到了2012年的43.5%（见表3）。

表3 中国2004—2012年农村居民家庭人均纯收入结构

年份	纯收入/元	工资性收入		家庭经营纯收入		财产性收入		转移性收入	
		绝对值/元	比重/%	绝对值/元	比重/%	绝对值/元	比重/%	绝对值/元	比重/%
2004	2936.4	998.5	34.0	1745.8	59.5	76.6	2.6	115.5	3.9
2005	3254.9	1174.5	36.1	1844.5	56.7	88.5	2.7	147.4	4.5
2006	3587.0	1374.8	38.3	1931.0	53.8	100.5	2.8	180.8	5.0
2007	4140.4	1596.2	38.6	2193.7	53.0	128.2	3.1	222.3	5.4
2008	4760.6	1853.7	38.9	2435.6	51.2	148.1	3.1	323.2	6.8
2009	5153.2	2061.3	40.0	2526.8	49.0	167.2	3.2	398.0	7.7
2010	5919.0	2431.1	41.1	2832.8	47.9	202.3	3.4	452.9	7.7
2011	6977.3	2963.4	42.5	3222.0	46.2	228.6	3.3	563.3	8.1
2012	7916.6	3447.5	43.5	3533.4	44.6	249.1	3.1	686.7	8.7

资料来源：由《中国统计年鉴》（2005—2013年）整理所得。

但是，就是到了2012年，城乡收入分配差距大的格局依然没有改变，城镇居民家庭人均可支配收入与农村居民家庭人均纯收入之比仍然高达3.10，还是比1978年的2.57高了20.6%（见表1）。按照前文所述的收入分配假说，如果时下

[①] 农民在亏本的情况下也生产的主要原因在于，农民生产粮食很多时候不是为了赚钱，而是为了生产口粮，机会成本小于零——生存威胁。

"效率优先"的市场分配是扩大城乡收入分配差距的原因的话,那么我国改革开放以来"兼顾公平"的政府再分配就没有有效地实现城乡收入分配公平的职能。这表现在两个方面:一方面,市场出现有利于农民通过粮食(等农产品)涨价来获取利润性收入的情况时,政府出于粮食(等农产品)的公共品属性而采用平抑市价的做法,使农民失去了通过市场机制来提高相对收入水平的可能,若粮食(等农产品)价格不景气农民以低于成本价格出售农产品时政府却听之任之;[①] 另一方面,虽然农民为工业等城镇产业的发展提供了大量的廉价农产品(反过来还高价购买工业产品和城镇服务),但是政府却并没有给予农民足够的补偿,以工业反哺农业并不充分。

从这个意义上讲,我国改革开放以来30多年,总体上市场和政府在缩小城乡收入分配差距、实现城乡共同富裕上都是失灵的。

(二) 政府和市场在城镇内部收入分配差距上的作用

中国当前的收入分配差距问题,不仅存在于城乡之间(农业和非农业之间),还存在于城镇内部,这可以从我国目前较高的基尼系数得到间接的佐证。国家统计局认为我国基尼系数2012年为0.474,中国家庭金融资产调查与研究中心认为2012年为0.61(见表4)。[②] 国家统计局公布的基尼系数从2004年以来呈总体上升的趋势,而城乡收入分配差距从2004年以来却呈缩小趋势,这说明2004年以来我国收入分配差距的扩大主要来自农村内部和城镇内部的收入分配差距。在我国目前大部分的国民收入都由城镇居民所占有的现实条件下[③],导致我国基尼系数2004年以来呈上涨趋势的最主要因素只能是来自城镇内部。

表4 中国2003—2012年基尼系数

年份	基尼系数1	基尼系数2
2003	0.479	
2004	0.473	
2005	0.485	
2006	0.487	
2007	0.484	

---

① 刘明国.粮食的公共品属性:中国当代农民贫困的经济根源[J].农村经济,2008(1).
② 《中国家庭金融资产调查报告》(2012年5月13日)公布的中国家庭收入基尼系数剔除最低收入群体0.5%的样本后为0.60、剔除最高收入群体0.5%的样本后为0.54。
③ 这可以从我国第一产业年总产值占国民生产总值的比重远低于第二、三产业得到佐证,数据资料略。

续表

年份	基尼系数1	基尼系数2
2008	0.491	
2009	0.490	
2010	0.481	
2011	0.477	
2012	0.474	0.61

资料来源：基尼系数1来源于国家统计局2013年1月18日公布的数据；基尼系数2来源于中国家庭金融资产调查和研究中心2012年5月13日所发表的《中国家庭金融资产调查报告》。

究竟有哪些原因导致我国近年来城镇居民收入分配差距扩大化了呢？

主持中国家庭金融资产调查的甘犁认为，我国基尼系数差距主要来源于高收入阶层（剔除最低收入群体0.5%的样本后为0.60、剔除最高收入群体0.5%的样本后为0.54），垄断行业并不是导致基尼系数高的重要原因。①

按照前文所述的假说，笼统地讲，我国近年来城镇居民收入分配差距扩大的原因依然可以从政府和市场两个方面去探讨；具体地讲，主要来源于作为工人的低收入家庭和资本家庭之间、作为消费者的低收入家庭与资本家庭之间、政府与民众之间这三个方面的谈判势力不对称。第一个方面的收入分配差距，西方古典政治经济学家们已经阐述得非常清楚了，在此不再赘述。②笔者在这里着重讨论后两个方面。

我国近年来收入分配差距扩大化，最大的可能是政府进行了顺市场方向扩大收入分配差距，或市场产生的收入分配差距出现了扩大化但没有得到政府的有效遏制。这从我国近年来城镇房价、教育费用、医疗保健费用暴涨（最近有所控制）、殡葬费用暴涨的事实可以得到证实。其中，尤其是城镇房价的上涨，对扩大城镇居民收入分配差距的作用最大，原因在于以下两点：第一，住房价格的上涨幅度大，远超过工资水平的上涨速度；③第二，住房支出是大多数工薪阶层和中等收入阶层的最

---

① 王一茹，等. 学者解释基尼系数0.61 国家统计局方法不科学[N]. 第一财经日报，2013-03-11.
② 用作者提出的机会成本—价格理论也可以解释，工人由于劳动力市场经常处于供过于求的状况而处于工资决定中的弱势者，加之工人在选择是否工作时面临一个极低的机会成本——生存的威胁，使得工人只能获得补偿其部分劳动力生产与再生产成本——生存成本的工资，工人陷入贫困就成为必然；而且是每一次再生产，都加剧了这种贫困。
③ 根据《中国统计年鉴（2012年）》，我国2000—2011年城镇居民人年均工资上涨了2.44倍、年均增长22%；而房价从2000年以来上涨的幅度何止3倍，不要说北、上、广、深这些房价涨幅超前的大城市，就连贵州赤水这样的偏远小县城的房价也由2000年的450元/平方米左右上涨到了2011年的2800元/平方米左右（2013年年初是3000元/平方米以上了），上涨了5.22倍，年均上涨47%。这方面的权威数据相对缺乏。

大单项必需消费支出。① 当这些工薪阶层和中等收入阶层的必需消费支出需要透支未来若干年甚至几十年的收入来支付（很多家庭买房需要按揭贷款购买就足以说明这一点）时，他们的相对收入水平其实是大大下降了，那些从房价、医疗保健费用、殡葬费用暴涨中获利的"资方"的相对收入水平就大幅度提高了。

房价、医疗保健费用、殡葬费用的暴涨，都是与它们的市场化改革分不开的，这其实是政府将原本应该由它来承担的（公益性事业）职能推向市场的结果。我们在此仅仅探讨一下房价为什么在住房商品化后会出现暴涨的道理。按照前面笔者提出的机会成本—价格理论，由于城镇住房在我国住房全面商品化之初处于供不应求的状况，在市场机制的作用下价格遵循就高定价的机制，必然产生超额利润。② 而超额利润的存在又会导致对商品房的投机（炒房），以下几个方面的原因又非常有效地加剧了我国房地产的投机——泡沫：第一，我国从20世纪90年代开始一直呈现出货币超额发放的态势，货币贬值存在极大的预期（见图3）；第二，我国近年来房价以及其他商品价格上涨导致的价飙自我强化机制；第三，"按揭贷款＋首付"买房政策给住房投机提供了一个重要的金融杠杆；第四，我国实体经济在1995年左右开始一直备受内需不足的困扰，近年来曾经作为我国经济增长引擎的出口加工业遭遇人民币升值和国内生产成本上涨的双重遏制，大量的资金从实体经济中析出成为热钱（温州炒房团就是典型）；第五，不排除国际金融资本对中国展开的货币战争中对中国房地产的炒作。

是不是说我们就要把房价高进而加剧城镇居民收入分配差距大全部归罪于市场机制呢？答案是否定的。要是在城镇住房供不应求的状况下政府继续允许集资建房、政府将其作为公益事业按照成本定价（或者是微利定价）原则来提供住房，房价不会这么高、不会涨得这么快。要是我国的房价完全市场化、政府严格限制投机，房价也不会涨得那么高。只要房价超过市场需求价格，就会出现相对过剩，在市场机制作用下价格自然会回调。但是政府大量超发货币的做法、地方财政绑架在房地产上、政府为了GDP的增长甚至官员为了从做大"蛋糕"中寻租而容忍住房的高价和投机，使我国的房地产行业在已经存在泡沫的情况下市场自动修复机制失效。这也

---

① 房价上涨导致的支出增加，对于收入仅仅维持在温饱甚至是处于贫困状况的低收入群体而言，影响不是很大，因为他们（往往连按揭买房的首付也付不起）始终买不起房，就不存在因为买房导致相对收入水平下降（也就是通过这个交换被别人文明掠夺）的问题。

② 虽然我国城镇住房商品化改革在2004年以前早已开始，但是有一个重要的原因使得城镇住房价格并没有出现暴涨——允许集资建房、没有实行按揭购房政策、没有天量的热钱——商品房的有效需求没有被快速放大，市场上供不应求的状况没有出现。

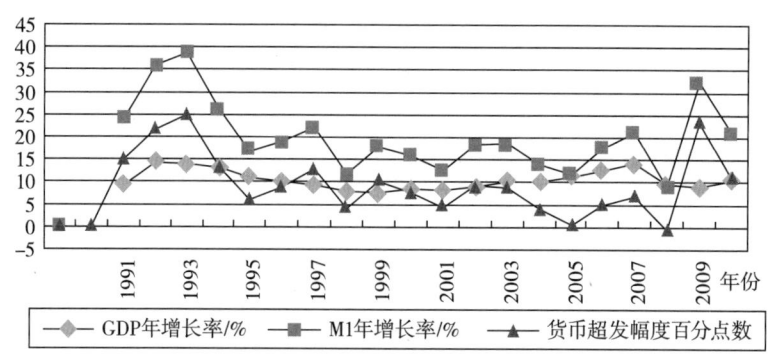

图3 中国1991—2009年M1与GDP增长率

资料来源：《中国统计年鉴》(2010)、《中国2010年国民经济和社会发展统计公报》。

是我国房价调来调去还是不降的原因。[①]

如果作为工人的低收入家庭与作为资本家的家庭之间、作为消费者的低收入家庭和作为资本家的家庭之间的收入分配差距叠加在一起（城镇内部的收入分配剪刀差），工薪家庭（及其他低收入家庭）与资本家庭之间的收入分配差距之大就是可想而知的了。假如此时政府逆市场方向通过再分配政策调整城镇内部的收入分配差距，我国的基尼系数也不会那么大。而王琪璐研究的结果是，我国政府转移性支出在1990—2009年对缩小收入分配差距发挥的是负面作用。[②]

但是，政府有多大的逆市场方向调节收入分配差距的能力，又是建立在政府财政有多大的支付能力及其支出结构调整自由度上的。当政府以做大"蛋糕"为主要任务，而不是以实现共同富裕为主要任务时，政府财政自然不会有足够的财力用来逆市场方向调节收入分配差距了。

四、共同富裕视野下政府与市场的分工

（一）转变政府的职能

当前我国主流观点认为，转变政府职能是要减少政府对市场的干预。这是站在

[①] 这形成了一个具有中国特色的悬河经济——政府印钞票，民众拿钱去买高价房投机，经济保持在高价格水平下运行。目前(2022年)，虽然房地产的投机已经得到了遏制，但是我国货币(M2)相对过剩或存在泡沫的问题依然存在，而且还有加剧的趋势。

[②] 虽然王琪璐用计量的方法得出我国政府转移性支出与收入分配差距之间负相关的结论不一定符合实际，但是我国政府转移性支出没有能够有效遏制收入分配差距扩大趋势却是客观事实。王琪璐. 我国转移性支出与缩小收入分配差距相关性研究[M]. 青岛:中国海洋大学,2011:33.

企业资本利益立场的认识。假如我们将中国定位为资本主义国家，那么政府的职能就是为企业资本服务的，政府就应该像亚当·斯密所说的那样充当"守夜人"。但是，我们首先要明确的是，我国是社会主义国家，不是资本主义国家；而实现共同富裕是社会主义国家政府最重要的职能之一。所以笔者认为，为了实现共同富裕，政府不仅不应该减少对市场的干预，而且还应该加强对市场的干预；但不是像西方主流经济学所说的那样采用凯恩斯主义的做法仅仅通过总量调控手段来促进消费、投资和出口以做大 GDP，而是采用社会主义通过界定市场的边界、调整资源产权、行政定价、加大再分配力度来实现共同富裕。

凯恩斯主义无法实现可持续的共同富裕发展之路，我们必须回到社会主义的道路上来。① 政府只有从做大 GDP 的职能中解脱出来，才可能有更大的财力和人力来逆市场调节收入分配和提供社会福利。而要做到政府从片面追求 GDP 增长的职能中退出来，这又必须解决政府官员寻租的难题。按照邢祖礼的观点，我国改革开放以来的经济增长，在一定程度上可以从政府官员通过做大"蛋糕"来寻租的逻辑上予以解释。② 所以说，要想成功转变我国政府的职能，首先要转变以经济建设为中心的观念，其次是要斩断政府官员通过做大"蛋糕"来寻租的链条，而关键的是要将政府转变为扶弱型政府。③

（二）将市场限制在有效的范畴内

我国计划经济时期的实践说明，全面的计划经济不能充分激励社会创造财富的积极性，同时也还存在信息甄别上的问题。所以，一定程度的市场化是合理的，但市场有效是有边界的。

从我国 1978 年以来的市场化改革实践可以得到以下启示：第一，诸如粮食、住房、水电这类需求缺乏弹性的生活必需品，在供给不足时，市场机制难以实现其社会利益最大化目标；第二，在医疗、殡葬、教育、交通运输这类公益性很强，而且供给方具有明显信息优势和定价优势的行业，市场机制也难以实现其社会利益最大化目标；第三，诸如石油、铁矿石、稀土元素等工业生产必需品，市场机制也是难

---

① 对凯恩斯主义在理论上存在的问题，详见王朝明，刘明国. 对西方主流宏观经济学均衡假定的反思——从凯恩斯主义的投资恒等于储蓄说起[J]. 经济学家，2007(4):53 - 58；刘明国. 论中国特色社会主义宏观调控——兼对当代西方主流宏观经济学的批判[J]. 马克思主义研究，2017(3):147 - 158.
② 邢祖礼. 转型经济中的寻租活动研究[M]. 成都：西南财经大学，2007:29 - 37.
③ 这里的政府是指狭义的政府，并不是国家意义上的政府。政府不以经济建设为中心，并不意味着国家不以经济建设为中心。

以实现其社会利益最大化目标的。对于这些具有基础性和很强公益性的产品和服务的提供，全民所有制企业（或国有企业）和集体企业必须承担起其应有的责任。

简而言之，为了可持续发展的共同富裕，市场有效的范畴是资本通过市场交换不能获得暴利；资本应该通过技术进步、改善管理等节约成本来获得合理利润，而不应该利用市场谈判势力优势来获取暴利。

五、结论

总之，在政府（基础性收入分配功能、再分配功能）和市场（初次分配功能）两方面的共同作用下，形成了我国目前的工农之间收入分配上的剪刀差和城镇内部收入分配上的剪刀差共存的态势；我国要想实现可持续的共同富裕，必须斩断政府官员通过做大"蛋糕"来寻租的"邪恶之手"，充分发挥政府为国家和人民服务的"正义之手"，让全民所有制企业和集体企业承担起为民众提供公益性、基础性产品和服务的职能，强化政府在实现共同富裕上的基础性收入分配职能和再分配职能（即强化收入分配上的社会主义），将市场限制在有效的范畴内；而不能因为政府有没做好的地方就把政府的"手"全部斩断私有化和市场化，这种非此即彼的逻辑是不成立的；其中，将政府转变为扶弱型政府是关键。

第三篇

共同富裕的新时代伟大实践创新

作者简介

邱海平，中国人民大学经济学院教授、博士生导师，西南交通大学马克思主义学院院长，中国人民大学《资本论》教学与研究中心主任，中国人民大学习近平新时代中国特色社会主义思想研究院副院长，《教学与研究》主编，《政治经济学评论》执行主编，中共中央马克思主义理论研究和建设工程专家组成员，2018—2022年教育部高等学校经济学类专业教学指导委员会秘书长，全国马克思列宁主义经济学说史学会会长，中国《资本论》研究会副会长，中国政治经济学学会副会长，北京市经济学总会秘书长。著有《21世纪重读〈资本论〉》《马克思主义政治经济学在当代中国的新发展》《中小企业的政治经济学》《当代资本主义经济的新发展》等著作。在《人民日报》《光明日报》《马克思主义研究》《教学与研究》《经济学动态》等报刊发表论文百余篇。主持和参加多项国家级和省部级课题研究，曾获北京市哲学社会科学优秀成果奖、北京市和教育部优秀教学成果奖。

邱海平：新时代推进共同富裕须处理好若干重大关系

实现全体人民共同富裕是全人类的美好理想，是中国共产党和全体中国人民矢志不渝的奋斗目标。在领导人民进行革命、建设和改革开放新的发展百年实践过程中，中国共产党始终坚持以马克思主义科学理论为指导，坚持辩证唯物主义和历史唯物主义方法论，坚持把发展生产力、创建和完善社会经济政治制度、提高人民生活水平和实现全体人民共同富裕有机地统一起来，创造了人类发展史上的伟大奇迹。实践充分证明，党所领导的中国特色社会主义发展道路是正确的道路、光明的道路，中国特色社会主义制度是具有强大生命力和竞争优势的制度。

在新发展阶段，必须坚持以马克思主义和习近平新时代中国特色社会主义思想为指导，坚持完善中国特色社会主义，全面深入贯彻新发展理念，加快构建新发展格局，推动实现共同富裕取得实质性进展。当前我国社会主要矛盾已经转化为人民日益增长的美好生活需要和不平衡不充分的发展之间的矛盾，突出表现为收入分配差距过大，严重制约了内需的扩大和释放，进而影响了我国国内经济顺畅循环和经济增长潜力的进一步发挥。因此，必须扭住扩大内需这个战略基点，加大收入分配改革和调节力度，扎实推动共同富裕取得实质性进展。深化收入分配改革，推动共同富裕取得实质性进展。

一、新时代推进共同富裕取得实质性进展须处理好若干重大关系

改革开放以来，中国共产党领导人民开辟了中国特色社会主义新的发展道路，我国社会生产力水平迅速提高，经济社会发展取得了举世瞩目的伟大成就，为最终实现全体人民共同富裕奠定了坚实的物质基础。党的十八大以来，在以习近平同志

为核心的党中央坚强领导下，中国特色社会主义和我国经济发展成功迈入新时代，中华民族迎来了从站起来、富起来到强起来的伟大飞跃。但是，我国仍处于并将长期处于社会主义初级阶段的基本国情没有变，我国是世界最大发展中国家的国际地位没有变。实现共同富裕，必须坚持从中国实际出发，进一步正确认识和处理好以下几个方面的重大关系：

一是处理好经济发展与共同富裕的关系。我国仍处于并将长期处于社会主义初级阶段，发展生产力仍然是核心任务，这就必须坚持党的基本路线不动摇，坚持抓好发展这个第一要务。必须看到，在发展问题上，我们取得了巨大成就，但还面临着一系列问题和困难。例如，我国经济总量稳居世界第二，但人均GDP和国民收入水平仍处于世界中等收入国家行列；我国已经成为世界第一大货物进出口国和"世界工厂"，但是在世界分工体系和产业链中我国制造业大部分仍处于中低端水平；我国教育科技水平和社会劳动生产率有了巨大提高，但与发达国家相比仍处于相对落后状态；我国工业化和城市化水平有了显著提高，但农业农村现代化依然任重而道远。同时，近年来特别是在新冠肺炎疫情的冲击下，世界百年未有之大变局不断向纵深演变，我国发展面临的外部环境具有更多风险和不确定性。在这样的客观背景下，必须继续处理好效率与公平、经济发展与共同富裕的辩证关系，既要充分利用发展已经取得的有利条件，尽力而为扎实推动共同富裕取得实质性进展，又要坚持一切从实际出发，量力而行稳步推动我国经济持续健康发展，为实现全体人民共同富裕取得明显的实质性进展创造更为有利的条件。

二是处理好所有制结构与共同富裕的关系。改革开放以来，我国形成了公有制为主体多种所有制经济共同发展的基本格局，促进了生产力的巨大发展。在我国所有制经济结构中，既存在国有经济和农村集体经济，还存在大量的私有制经济、个体经济、小业主经济以及各种混合所有制经济。这样的所有制经济结构，一方面适应了我国生产力发展现实水平，充分调动了各方积极性，使一部分人和一部分地区先富起来了；另一方面，马克思主义政治经济学的基本理论告诉我们，不同的所有制形式必然产生不同的分配方式和分配关系。即使是马克思说的共产主义社会第一阶段实行完全意义上的按劳分配，其结果也必然导致个人和家庭在收入分配和生活资料占有上的差别。那么，在多种所有制经济共同存在和发展的条件下，在存在多种收入分配形式和机制的条件下，收入分配和财富占有上的差别及其不断发展，就是必然的和规律性的现象。近几年，国家统计局公布的数据以及一些社会抽样调查获得的数据都表明，我国现阶段在城乡之间、行业之间、地区之间、产业之间、居民之间等仍然存在明显的收入分配上的贫富差距。在扎实推动共同富裕取得实质性进展的同时，为了进一步促进我国经济继续充满活力与持续发展，必须坚持"两个毫不动摇"，必须坚持大力发展公有制经济，同时坚持鼓励、支持和引导非公有制经济健康发展，推动公有制经济与非公有制经济协同并进，以进一步增强我国经济在国际上的整体竞争力。个别把实现共同富裕取得实质性进展与推动非公有制经济继续健康发展对立起来的观点，是错误的；把实现共同富裕取得实质性进展理解为主要是对非公有制经济主体的合法财产和收入进行"杀富济贫"式的再分配或"剥夺"，是对我国法律的错误理解且违背了党的基本路线。

三是处理好市场经济与共同富裕的关系。马克思主义政治经济学的基本原理告诉我们，价值规律是市场经济的基本规律。所谓价值规律，就是指商品必须按照由社会必要劳动时间决定的商品价值量来进行交换。由于各个商品生产者的劳动生产率不同，生产同一种商品的个别劳动时间不同，因而，个别劳动时间到社会必要劳动时间的转化率也不同。价值规律的作用在于：一方面促进了社会生产力的发展，另一方面又会导致商品生产者的贫富分化。在社会主义市场经济条件下，价值规律也必然发挥作用，一方面促进了生产力的发展，另一方面也必然会产生不同生产者在竞争过程中发生一定的贫富分化的现象。同时，在市场经济条件下，特别是在非公有制经济中，劳动者所获得的工资在本质上是劳动力商品价值或价格的转化形式，再加上劳动者之间也存在市场竞争，劳动者所获得的工资也要受到市场供求关系的巨大影响和调节，难免存在资本所得与劳动者所得的很大差距，以及劳动者之间或大或小的工资收入差距。改革开放所取得的伟大成就证明，发展市场经济是建设社会主义的必由之路，建立和发展社会主义市场经济是党和人民的一个伟大创举。因此，在新的条件下，仍然必须坚持和完善社会主义市场经济，正确处理好发展市场经济与实现共同富裕的关系，特别是要进一步处理好政府与市场的关系，既要坚持使市场在资源配置中起决定性作用，也要更好地发挥政府在收入分配和再分配中的重要作用。

四是处理好财富占有与共同富裕的关系。经济发展和收入分配具有明显的历史累积性。社会财富占有关系及其变化，不仅受到流量的收入分配关系的影响，而且更会受到存量的财富占有和收入分配状况的影响。这是因为在市场经济条件下，存量财产和收入都可以成为财产性收入的重要来源。从我国实际情况来看，20世纪90年代以来，我国居民的财产性收入占比具有迅速扩大的趋势。同时，我国居民财产占有状况呈现出两个方面的总体特征：一方面，财产分布总体状态仍处于"发展中"水平，财产性收入在总收入中的占比仍然较低；另一方面，中等收入群体规模有待进一步扩大，城乡居民财产差距依然较大。从理论和现实两个方面来看，财产占有以及与之伴随的收入分配往往具有一种"马太效应"，容易导致富者越富、穷者越穷。财产分布不均还容易代际相传，加剧收入分配不平等。收入分配与财产分布又互为因果，容易形成"正相关"而不断加剧。因此，必须全面辩证地认识既有财产占有和收入分配状况与共同富裕的关系。一方面，必须认识既有财产占有和收入分配状况产生的必然性和一定的合理性；另一方面又必须充分认识和高度重视既有财产占有和收入分配状况对于实现共同富裕所产生的重要影响，必须通过加大税收改革力度并实施相关配套政策，有效调节和改善财产占有和收入分配的关系，使财产占有和收入分配差距保持在一个合理限度之内。

在正确处理好上述若干重大关系的基础上，还必须高度关注影响实现共同富裕的其他重要因素，如城乡二元结构、教育资源分布的不平等、地区发展的不平衡等。

二、推动共同富裕取得实质性进展的政策着力点

2021年8月17日召开的中央财经委员会第十次会议对在高质量发展中促进共同富裕进行了全面部署，必须全面认识和正确理解并把握其中的政策要点。会议明确指出了现阶段我国要推动实现的共同富裕的科学内涵："共同富裕是全体人民的富裕，是人民群众物质生活和精神生活都富裕，不是少数人的富裕，也不是整齐划一的平均主义，要分阶段促进共同富裕。""要尽力而为量力而行"，"要坚持循序渐进，对共同富裕的长期性、艰巨性、复杂性有充分估计"。当前，必须以中央会议精神为指导，正确认识共同富裕问题，消除一切片面的、错误的认识和理解。

共同富裕问题是一个政治问题，更是一个经济社会问题，必须把收入分配和共同富裕问题放在经济社会发展的整体中来认识和解决，正视解决这个问题的必要性、紧迫性、可行性和长期性、复杂性，避免一切片面、偏激甚至错误的做法。在新的条件下，必须坚持以马克思主义为指导，坚持党的基本路线，准确把握推动共同富裕取得实质性进展的政策着力点：第一，坚持增强公有制经济的主导地位和作用，创造各种有利条件，推动各类形式的公有制经济做优、做强、做大，增强中国经济的社会主义底色；第二，坚持勤劳创新致富的基本原则，特别是要为提高全体人民受教育程度、增强发展能力创造更加普惠公平的条件，花大力气解决教育资源配置的严重不均衡问题；第三，继续深化人事制度和社会制度改革，消除阻碍各类人员

自由流动特别是向上流动的制度体制障碍,形成人人参与、人人有机会的发展环境;第四,营造良好社会氛围,引导先富起来的一部人和一部分地区积极带后富、帮后富,形成推动共同富裕取得实质性进展的强大社会合力;第五,进一步加强公共事业建设,扩大公共消费规模,提高公共消费质量,进一步彰显社会主义制度的本质和优越性;第六,进一步加强基础性、普惠性、兜底性民生保障建设,着力解决影响民生福祉的住房、教育、医疗、养老、农村基础设施和公共服务体系等重点领域突出问题,进一步增强全体人民的获得感、公平感、幸福感、安全感;第七,完善法律政策体系,加强保护合法致富,加强市场监管,加强反垄断,防止资本无序扩张,促进各类资本规范健康发展,坚决堵塞少数人用非法违法手段获取暴利的法律政策漏洞,坚决取缔各种非法违法收入;第八,强化社会主义核心价值观引领,大力发展社会主义文化教育事业,特别是要加强乡村文化教育事业建设,提高全体公民文化素养整体水平,不断满足人民群众多样化、多层次、多方面的精神文化需求,促进人民精神生活共同富裕。

作者简介

侯为民，1967年生，江苏省南京市人，中国社会科学院马克思主义研究院研究员，中国社会科学院经济社会发展研究中心主任，博士生导师；国家马克思主义理论研究和建设工程重点教材《马克思主义政治经济学概论》修订组专家，中国政治经济学学会副会长，中华外国经济学说研究会常务理事，全国高校《资本论》研究会理事，全国马克思主义经济史研究学会理事。

主要研究方向：马克思主义政治经济学，社会主义经济理论与实践。先后承担国家哲学社会科学基金重大项目、中国社会科学院创新工程项目、中国社会科学院重点课题及调研项目等课题10余项，出版学术专著4部，合著与参编论著10余部。在《经济研究》《经济学动态》《学术研究》等刊物发表论文100余篇。主持和参与的相关研究成果多次获"中国社科院优秀对策信息奖"二等奖、三等奖。

侯为民：共同富裕取得实质性进展的若干理论问题

共同富裕思想自提出以来，就一直是衡量社会主义经济制度属性的一个重要标志。但将共同富裕具体目标落实到发展战略中，只有在当代中国才有可能，这是中国特色社会主义发展的必然逻辑。马克思指出，"任务本身，只有在解决它的物质条件已经存在或者至少是在生成过程中的时候，才会产生"。① 从新中国成立后的普遍贫穷状态进入整体上较富裕的阶段，从基本建成小康社会到全面建成小康社会，从扶贫减贫到全面脱贫，中国式现代化的历史成就，为我国走向共同富裕奠定了基本物质基础。新时代中国社会主要矛盾的发展变化，人民群众对美好生活的进一步期盼，凸显了共同富裕在中国经济发展中的重要性和紧迫性。习近平总书记指出："共同富裕是社会主义的本质要求，是人民群众的共同期盼。"②《中共中央关于制定国民经济和社会发展第十四个五年规划和二〇三五年远景目标的建议》提出，全体人民共同富裕要取得更为明显的实质性进展。2021 年中央财经委员会第十次会议强调，在高质量发展中促进共同富裕。正确处理效率和公平的关系，构建初次分配、再分配、三次分配协调配套的基础性制度安排。这些都是我国对时代命题的积极回应。扎实推动共同富裕，需要澄清影响共同富裕目标实现的理论误区，正确认识其内涵、要求并采取切实有效的举措。

一、坚持共同富裕目标与所有制结构的内在统一

物质财富构成共同富裕的基础性要素，物质财富的社会分配格局决定着共同富

---

① 马克思,恩格斯. 马克思恩格斯选集:第 2 卷[M]. 北京:人民出版社,1995:33.
② 习近平. 关于〈中共中央关于制定国民经济和社会发展第十四个五年规划和二〇三五年远景目标的建议〉的说明[N]. 人民日报,2020 – 11 – 04.

裕目标的实现程度。从物质财富角度看,共同富裕作为衡量社会生产的标准,既包含着一般生产条件的分配与支配,也包含着生产成果的分配与享有。因此,谈到共同富裕就不能不联系社会生产的所有制结构。西方资本主义社会从来不将共同富裕作为施政纲领,原因就在于它无意触动或无力改变私有制占主体的所有制结构。在一定意义上,我国公有制占主体地位的基本经济制度决定了共同富裕必然会随着经济发展逐渐成为中心议题。

(一) 共同富裕内涵的多重性和统一性

共同富裕目标包含着多重含义。首先,共同富裕可以在最终消费的意义上,即从人民生活水平的提高上体现出来。马克思和恩格斯在《共产党宣言》中设想,要"建立这样一种制度,使社会的每一成员不仅有可能参加社会财富的生产,而且有可能参加社会财富的分配和管理,并通过有计划地经营全部生产,使社会生产力及其成果不断增长,足以保证每个人的一切合理的需要在越来越大的程度上得到满足"。① 从最终消费的意义上理解共同富裕,关键是看社会生产对人民合理需要的满足程度。在新时代我国将人民群众的期盼作为衡量标准,坚持了马克思主义关于共同富裕的这一定义。

其次,共同富裕可以从社会生产目的的意义上来理解,即社会主义生产的内在特征,体现为共同富裕的目标驱动。马克思指出,未来社会"社会生产力的发展将如此迅速,以致尽管生产将以所有的人富裕为目的,所有的人的可以自由支配的时间还是会增加。因为真正的财富就是所有个人的发达的生产力"。② 由于所有人的富裕即共同富裕成为生产的直接目的,使物质财富仅仅成为基础性的条件,而不再成为支配人们的工具。也就是说,在历史的发展中,财富和幸福的衡量标准也会发生根本的改变(注释①)。

最后,共同富裕可以作为社会主义的制度属性来认识。从社会主义制度属性来理解共同富裕,就是从保障劳动者利益、使劳动者获得自由和解放的角度,来认识社会主义制度下社会成员的共同占有和共享分配问题。马克思指出,公有制社会将"把生产发展到满足所有人的需要的规模;结束牺牲一些人的利益来满足另一些人的需要的状况;彻底消灭阶级和阶级对立"。③ 这样,就将共同富裕与消除旧的私有

---

① [德]马克思,恩格斯. 马克思恩格斯文集:第3卷[M]. 北京:人民出版社,2009:460.
② [德]马克思,恩格斯. 马克思恩格斯文集:第8卷[M]. 北京:人民出版社,2009:200.
③ [德]马克思,恩格斯. 马克思恩格斯文集:第1卷[M]. 北京:人民出版社,2009:308-309.

制度放在对立的地位进行了科学阐述。邓小平提出的社会主义本质论坚持了这一思想，从而也将共同富裕的实现与消灭剥削现象、消除两极分化结合起来。列宁也指出，"只有社会主义才可能广泛推行和真正支配根据科学原则进行的产品的社会生产和分配，以便使所有劳动者过最美好的、最幸福的生活。只有社会主义才能实现这一点。而且我们知道，社会主义一定会实现这一点"。①列宁同样强调了社会主义公有制经济的发展与共同富裕之间的必然联系。

应当指出，上述三者即社会主义经济的特点要求、社会主义生产目的和社会主义制度是相互统一的，在逻辑上构成了一个完整的整体。它包含了共同富裕所涉及的一些核心范畴，即社会主义社会中财富的内容、财富增长的路径和形式以及财富的社会占有状况等内容，并且通过社会主义生产条件的分配、资源的利用形式和生产成果的分割等体现出来。这些相关论断和科学论述，可以为我国当前扎实推动共同富裕提供理论上的指导。

（二）共同富裕不能建立在私有制经济主体基础之上

与马克思设想的未来社会完全实行公有制不同，在社会主义市场经济条件下共同富裕的实现路径具有曲折性和复杂性，实现共同富裕的任务更加艰巨。这一点决定了坚持公有制主体地位的必要性。习近平总书记指出，"我国基本经济制度是中国特色社会主义制度的重要支柱，也是社会主义市场经济体制的根基，公有制主体地位不能动摇，国有经济主导作用不能动摇"，是"保证我国各族人民共享发展成果的制度性保证"。②强调坚持公有制主体地位，首先就是坚持从制度属性上肯定了共同富裕的合理性和正义性，同时它也坚持了社会主义生产目的的主要规定性。

众所周知，市场经济本身具有一种机制，会产生马太效应。在一般意义上，市场机制易导致贫富分化，这是由商品经济的主导规律——价值规律决定的。价值规律的作用主体是私有制经济，私有制的属性与共同富裕是不兼容的。社会主义市场经济不同于私有制主导的市场经济，但市场机制仍会发挥重要作用，尤其是在资源配置方面要发挥决定性作用。只要存在着资源配置，生产效率的差异就会带来劳动成果的差别和效益的差别，从而也决定了不同经济实体中不同行为主体的利益差别。有的时候，这种差别对于其中的个人行为选择是具有决定性的，从而也会导致高质

---

① ［苏］列宁. 列宁选集:第3卷[M]. 北京:人民出版社,1995:546.
② 习近平. 不断开拓当代中国马克思主义政治经济学新境界[J]. 求是,2020(16).

量从业人员向效益好的行业、企业集中，并进一步拉大企业间的差异。在这种情形下，即使非公有制经济中实行按劳分配，收入水平也会不断拉大，并带来富裕程度的两极分化趋势。

市场机制的上述特点，决定了共同富裕不可能通过非公有制经济的发展壮大来实现。有人认为，共同富裕首先要富裕起来，做大"蛋糕"才能保证分好"蛋糕"，改革开放以来私有制经济的快速发展在我国快速富裕进程中发挥了作用，这一趋势还可以保持下去。这种囿于较短时间周期和经济现代化起步阶段的观点不仅短视，而且有害。中国市场经济发展得不充分，与生产力发展到一定高度时、市场经济得到较充分发育时，面临的情况完全不同。对于后者来说，市场导致的分化会更明显，分配差距的形势也更严峻。托马斯·皮凯蒂对欧美国家分配不平等的历史分析表明，库兹涅茨关于收入分配不平等与经济发展关系的倒"U"形假设在长周期中是不能成立的。实际情形恰恰相反，财富和资本收入的不平等程度远远高于劳动收入的不平等程度。① 可见，脱离所有制条件，期望通过市场化的深化来促进收入合理化是不现实的。

（三）扎实推动共同富裕必须与发展壮大公有制经济相结合

从共同富裕的多重内涵可以看出，共同富裕不仅仅是一个分配公平问题。公平的分配必然会涉及生产资料所有制、生产组织制度和财产制度等多种因素。因此，推动共同富裕需要坚持马克思主义的发展观，将分配结构的合理化与社会主义基本经济制度的改革完善结合起来。

公有制之所以能成为我国扎实推动共同富裕的最重要和最坚实的基础，是由多个方面的因素决定的。

其一，公有制经济的生产目的，决定了其在提高人民群众的实际生活水平方面具有先天优势。从实体内容来说，物质财富当前仍然是富裕社会的基础。但与私有制社会中商品拜物教中的颠倒现象相区别，物质财富在社会主义社会中并不仅仅局限于货币和利润，而是在一定意义上回归其本身，即体现为物品的使用价值。尽管"直接以使用价值为目的的生产，以及直接以交换价值为目的的生产，其对象都是供消费用的产品本身"。② 但产品本身的消费，总归是要建立在使用价值基础上。私

---

① [法]托马斯·皮凯蒂.21世纪资本论[M].北京:中信出版社,2014:20.
② [德]马克思,恩格斯.马克思恩格斯文集:第8卷[M].北京:人民出版社,2009:198.

有制经济通过交换价值的迂回形式,在满足人们消费时需要面临更多的不确定性,要受到工资所决定的消费能力的制约,最终往往难以实现。可见,在不同所有制条件下,物质财富的利用程度和惠及人民群众的程度是不同的,相比而言,社会主义社会中对财富属性更强调其使用价值的一面。当前我国提出"坚持房子是用来住的,不是用来炒的定位",[①] 就科学地遵循了马克思的物质财富观,强调了住房的居住属性与人民群众生活改善之间的关系。正是在社会生产目的的意义上,邓小平指出,"社会主义的经济是以公有制为基础的,生产是为了最大限度地满足人民的物质、文化需要,而不是为了剥削。由于社会主义制度的这些特点,我国人民能有共同的政治经济社会理想、共同的道德标准。以上这些,资本主义社会永远不可能有"。[②]

其二,公有制经济中按劳分配原则的确立,使共同富裕的实现具备了现实条件。公有制经济排除了通过占有生产资料获取他人劳动的可能性。生产资料社会占有可以消除不劳而获的制度基础,即"任何个人都不能把自己在生产劳动这个人类生存的自然条件中所应参加的部分推到别人身上"。[③] 进一步地说,在公有制经济中,尽管劳动者的技能差异和智力差异以及劳动效率的不同,在一定程度上会拉开其收入差距,但这种差距不足以达到不合理的程度,更不会产生两极分化。贯彻按劳分配,还可以普遍激发劳动者的积极性,促进社会财富更快增长,从而为更快实现共同富裕创造物质条件。

其三,公有制经济的发展,可以推动就业增加和普遍提高就业者的收入,并在税收增长基础上使得社会再分配更加公平。公有制经济内部的积累,也远非私有制企业的资本积累可比拟,它可以为社会带来更多的积累资金和社保基金来源,从而惠及全社会。即使是农村集体所有制经济,在缩小收入差距和财产差距上也会发生巨大的积极作用。我国是一个农业人口占相当比例的发展中大国,也是一个城乡二元结构将会长期存在的迈向现代化的国家,农村集体经济发展不起来,农民就难以组织起来,就不能摆脱小农生产的局限性,从而也不可能使农民真正走向共同富裕。习近平总书记指出:"集体经济是农民共同富裕的根基,是农民走共同富裕道路的物质保障。"[④] 在新的历史条件下,促进农业农村改革的第二次飞跃对于农民增产

---

① 习近平. 决胜全面建成小康社会,夺取新时代中国特色社会主义伟大胜利[M]. 北京:人民出版社,2017:47.
② 邓小平. 邓小平文选:第2卷[M]. 北京:人民出版社,1994:167.
③ [德]马克思,恩格斯. 马克思恩格斯全集:第20卷[M]. 北京:人民出版社,1971:318.
④ 习近平. 摆脱贫困[M]. 福州:福建人民出版社,1992:143.

增收和生活富裕具有重要意义。相比之下，大量的私有制经济虽然也可能以"劳资和谐""利润分享"等发挥促进共同富裕的作用，但其作用范围有限，而且其财富共享的"涓滴效应"难以扭转财产差异导致的巨大收入不公。所以无论是从长远看还是从现实的要求看，实现共同富裕都需要进一步巩固社会主义生产资料公有制。

其四，公有制占主体地位的所有制也决定和反映着政权的性质，从而对国民收入再分配产生影响。私有制经济主导的社会，其政府往往是以服务资产者为政权基础的，这样的政府不可能出台有利于广大中低收入劳动者的收入调节政策，即使偶尔出台这样的政策也是出于缓解社会阶级矛盾的暂时需要，不可能持久。而在社会主义社会中，党的领导本质上是无产阶级政党的领导，这决定了政府干预经济生活的基本出发点。习近平总书记指出，"共同富裕是中国特色社会主义的根本原则，所以必须使发展成果更多更公平惠及全体人民，朝着共同富裕方向稳步前进"。[①] 在党的领导下，我国的国民收入再分配必然体现出以人民为中心的优越性，从而更好和更快地促进共同富裕的实现。

二、共同富裕取得实质性进展的新内涵和新要求

促进共同富裕取得更为明显的实质性进展，是对邓小平同志社会主义本质论的继承和进一步拓展。一方面，它延续了我国改革开放初期提出的目标并加以强化；另一方面，它与我国改革开放初期提出的最终实现共同富裕在内容和要求上又有所不同。

（一）共同富裕目标的理论定位不同

邓小平同志提出"让一部分人先富起来"时，我国生产力水平还极不发达，人民生活水平还普遍处于较低水平，社会总供给还面临着短缺的约束。资源缺乏、资金紧张、科技落后和生产率低下，经济发展的基础不足和积累不足是主要难点，劳动积极性普遍不高影响到社会生产的发展。同时，由于"左"的观点的影响，贫穷在社会性意义上具有道德优势，致富成为人们避而远之的事情。在这种背景下，邓小平同志提出"贫穷不是社会主义"的观点，其重要意义在于拨乱反正，在理论上

---

① 习近平. 习近平谈治国理政：第1卷[M]. 北京：外文出版社，2014：13.

重申了马克思主义的科学的贫富观。在马克思看来，物质财富的富裕是生产力发展的结果，是人类社会发展的必然趋势，也是人类走向解放和实现自由的基础。"先富带动后富"的共同富裕观主要是作为经济发展的策略提出的，而不是作为实现共同富裕的要求提出的。

实际上，在经济发展起来以后，邓小平就开始强调共同富裕的重要性。他指出，"共同富裕，我们从改革一开始就讲，将来总有一天要成为中心课题"。① 从历史发展要求和我国社会主义建设的中心任务上看，改革开放初期强调的是"最终实现共同富裕"和"先富带动后富"，共同富裕还不能成为我国当时经济发展的中心课题。因为当时改革不适应社会生产力要求的经济体制更为迫切，发展起来是硬道理，尽快增强综合国力促进社会财富总量增长是首要任务。而当前强调共同富裕的实质性进展，就是要使共同富裕成为中国特色社会主义发展新阶段的中心课题。习近平总书记指出，"促进全体人民共同富裕是一项长期任务，也是一项现实任务，必须摆在更加重要的位置"。② 由此可见，促进共同富裕取得明显的实质性进展，其定位与最终先富带动后富、实现共同富裕的目标定位是有差别的，后者更重视将生产力发展作为共同富裕的前提，而前者更注重现实的目标和近期的实际绩效，注重将生产力发展最终成果与共同富裕目标结合起来。

（二）共同富裕取得实质性进展面临着新的现实情况

共同富裕始终是我国社会主义制度的本质要求，这是毋庸置疑的。在改革开放初期邓小平同志就强调："社会主义最大的优越性就是共同富裕，这是体现社会主义本质的一个东西。"③ 在实现共同富裕的路径上，他指出需要一个较长期的过程，需要通过不均衡发展战略来逐步实现突破，即"走社会主义道路，就是要逐步实现共同富裕。一部分地区、一部分人可以先富起来，带动和帮助其他地区、其他的人，逐步达到共同富裕。"④ 正是在这一策略的指导下，我国打破了传统经济体制下平均主义思维的禁锢，实现了经济快速腾飞，仅仅用40多年就走完了西方发达国家200多年走过的现代化过程，使人民整体生活水平在较短时期内实现了历史性跨越。不过也应当指出，我国过去对共同富裕的强调和取得的成就仍然是初步的，还存在着

---

① 邓小平．邓小平文选:第3卷[M]．北京:人民出版社,1993:364．
② 习近平．在中共中央政治局第二十七次集体学习时强调完整准确全面贯彻新发展理念确保"十四五"时期我国发展开好局起好步[N]．人民日报,2021－01－28．
③ 邓小平．邓小平文选:第3卷[M]．北京:人民出版社,1993:364．
④ 邓小平．邓小平文选:第3卷[M]．北京:人民出版社,1993:373．

一定的短板和缺陷。而这恰恰是当前强调"共同富裕取得更明显的实质性进展"所要致力解决的问题,在一定意义上说,后者的内涵和要求是在前者基础上的进一步深化和细化。

在邓小平同志强调的"逐步达到共同富裕"论断中,共同富裕更多地指向总量上的富裕和整体生活水平上的富裕。提高人民生活水平是其关注重点,而收入差距问题当时还不是主要问题,甚至提出了要适当拉开收入差距的要求。尤其是多种所有制经济刚刚发展起来,财产差异还没有突出显现。因此,富裕程度的差别赖以衡量的指标还相对较窄。而当前由于城乡、地区和城镇差距的拉大,以及非公有制经济的发展带来的贫富差别,我国提出的共同富裕目标则不仅包括总体富裕和总量上的财富丰裕,而且还包括结构上、全面的共同富裕。习近平总书记指出,"要自觉主动解决地区差距、城乡差距、收入差距等问题"。[①] 因此,缩小收入差距、地区差距、城乡差距以及缓解财产差别带来的社会压力等,成为促进共同富裕的重点方向。

(三) 共同富裕实质性进展所涵盖的新内容

在"先富带动后富"的共同富裕观中,囿于当时中国经济发展的低水平,"富裕"的概念主要立足于人均产出水平(人均 GDP),并通过人均收入反映的国民消费水平来衡量生活水平的实质性提高。在富裕程度的横向比较上,它还通过中外不同发展阶段的国民收入水平对比体现出来。在其物质内容上,则更多地以衣、食、住、行等基本消费方面作为判断的依据。这是由当时的生产力水平和普遍生活条件决定的。从实践来看,我国改革开放以来居民收入水平的大幅提高,的确为居民生活水平的大幅改善奠定了基础。居民收入之所以能够提高,根源在于生产力的快速发展。工业化进程中现代产业部门的崛起和壮大,使得劳动生产率大幅提高,也带动了产业结构地不断升级,从而为全体人民过上小康生活创造了条件。

需要看到,小康社会的全面建成与共同富裕目标的实现还有着根本的差距。一方面,普遍的小康生活仅仅是整体上的,人均收入反映出的生活改善指标并不能涵盖全体社会成员,局部的贫困或相对贫困现象仍然存在,在个别地方还比较突出。另一方面,即使以人均收入水平来衡量,我国目前也仅能达到西方发达国家的 1/6 到 1/5,总体上的小康达到全社会的富裕还有着相当长的路要走。在这个重要历史

---

① 习近平. 在中共中央政治局第二十七次集体学习时强调完整准确全面贯彻新发展理念确保"十四五"时期我国发展开好局起好步[N]. 人民日报,2021 – 01 – 28.

节点和发展的关键窗口期,将共同富裕突出强调,才能使中国式现代化与西方式现代化真正划开界限,避免掉入西方国家"富裕中的贫困"陷阱和重蹈贫富两极分化的覆辙。因此,共同富裕的实质性进展,不仅仍然需要强调提高人均收入水平和整体生活水平,还需要强调在整体上保证收入水平和生活水平的同步提高,特别是要让低收入群体更快提高其收入并改善生活状况,不能让部分群众的生活水平在经济发展中停滞不前。

富裕或者贫困的范畴或概念不仅与收入相关,还与很多其他因素相关。在社会主义市场经济条件下,社会成员所能得到的物品数量、服务和福利保障,会在很大程度上影响并改善社会成员的富裕状况。当前我国提出共同富裕的实质性进展,超越了传统的富裕观和衡量标准,不仅涵盖了人均产出水平、人均收入,还包含了缩小社会成员间财富和收入差距、社会成员福利水平的均等化、幸福指数的提升等标准。共同富裕的物质内容则从传统的衣食住行等方面进一步拓展,教育、医疗、生态和生活环境、社会保障等也进入"人民群众的期盼"中,成为新时期共同富裕实质性进展的具体内容和要求。

(四)共同富裕实现路径与工作重点的差别

进入共同富裕实质性进展的发展阶段,并不意味着中国特色社会主义超越了初级阶段,也不意味着目前中国积累的物质基础已经可以自发实现所有人的富裕。换言之,共同富裕的实质性进展,与目前就可以实现全社会的同等富裕和同步富裕之间有着不同的指向。正如我国当初提出社会主义初级阶段理论所依据的物质文化落后状况,并不构成初级阶段的经济特点,而是作为初级阶段要消除落后贫困状态的任务论述的。[①] 共同富裕实质性进展的提出,所依据的也不是新时代的经济特点,而是作为新时代经济发展的目标和任务而提出来的。

2021年中央财经工作第十次会议强调,共同富裕不是少数人的富裕,也不是整齐划一的平均主义,要分阶段促进共同富裕。尽管我国目前强调的共同富裕取得明显的实质性进展,同样不能被理解为同等富裕和同步富裕。但它在着重点上与"先富带动后富"有着明显的不同。当前的共同富裕,我国强调要通过高质量发展来实现。在高质量发展中包含着对劳动者的尊重和肯定、对协调发展的要求和对可持续健康发展的追求,这与"先富带动后富"中的资源和政策等向少数地区、人群倾斜

---

① 卫兴华. 准确认识当前我国发展的阶段性特征[N]. 北京日报,2017-10-16.

是不同的。在高质量发展中，科技创新将发挥先导作用，劳动致富将成为致富的主体渠道。同时，共同富裕取得明显的进展，也意味着更多的普惠政策的实施和更大范围的发展成果共享。

三、正确看待"橄榄形"收入分配格局的构建

改革开放以来，我国综合国力得到极大增强，人民生活水平整体提升。2020年我国脱贫攻坚胜利结束，困扰中国经济发展和现代化建设的短板——绝对贫困问题在历史上第一次得到了全面解决，为开辟社会主义现代化新征程奠定了扎实的物质基础。贫困的反面是富裕。我国贫困问题的阶段性解决，意味着国家富裕程度的整体性提高，整体富裕取得了巨大进展。

然而，与中国现代化目标和西方发达国家富裕程度相比，我国目前的这种整体富裕还仅仅是初步的、不稳定的和不平衡的。即使整体富裕问题解决了，整体富裕也不等同于共同富裕。从后者来看，当前面临着一些值得重视的难题。首要的问题是收入分配差距的问题没有解决，并且还存在着固化现象。党的十八大以来，尽管我国收入差距整体上遏制了拉大的趋势，从衡量收入差距的重要指标基尼系数看，我国收入差距整体上有所缩小。但从不同人群、不同行业看，局部还存在着不断拉大的趋势。特别是在新兴产业和传统产业、新业态和老业态企业之间，收入差距拉大的趋势日益明显。在这种情况下，我国提出要形成中间大、两头小的"橄榄形"分配结构，促进社会公平正义，是完全有必要的。

（一）居民收入相对合理是"橄榄形"收入分配格局的依据

在衡量共同富裕的进展上，居民收入的相对合理和公平是一个重要指标。一方面，收入的合理性在于其要随同经济发展和劳动生产率提高而增长；另一方面，收入的公平性要体现在居民之间收入水准被限制在一个合适的差距内。

"橄榄形"收入分配格局中的收入，应当主要从居民收入角度来衡量。"橄榄形"收入分配格局在当前有着非常重要的现实意义，是衡量我国共同富裕目标实现的重要尺度。这是因为，单纯的经济增长如果不能公平地惠及广大群众，使其基本生活水平得到同步提升和不断改善，或者使部分人的改善程度和改善速度过度超前于广大劳动者，共同富裕就无从实现。因此，习近平总书记指出，一要不断把"蛋

糕"做大,二要把不断做大的"蛋糕"分好。① 居民收入与广大群众的日常生活水平密切相关,直接影响到其生活质量,从而影响每个社会成员对物质上的共同富裕实现程度的判断,同时也影响其幸福感和获得感等精神富裕状态。

收入分配公平被置于优先考虑事项的另一个重要原因在于,我国实行的是公有制经济为主体的基本经济制度,这在一定程度上遏制了财产占有上的分化,从而使劳动收入仍然是绝大多数人的主要收入来源。同时,我国在国有经济中还可以直接实施国有资产经营收益的全民分红,以全民共享方式落实国有资产全民所有的社会主义公有制属性。② 这样,就可以更具备有利条件,能够使低收入者享有更多的政策倾斜和转移支付,从而在更大范围内和更大程度上促进收入分配公平。在劳动者主要以收入作为财产来源的条件下,我国也可以尽量排除财产收入带来贫富差距拉大的干扰,使扩大中等收入阶层有实质性作用,使取缔过高收入和不合理收入有可靠的前提,最大限度地促进收入分配合理化和均等化等实质性改善,使共同富裕的实质性进展充分展示出来。

(二)收入分配的"橄榄形"格局具有局限性

扎实推动共同富裕,不能仅仅局限于形成一个"橄榄形"收入分配格局。有的学者认为,"橄榄形"收入分配格局就标志着共同富裕目标的基本实现。严格意义上这是难以成立的。

首先,如果这里所说的"橄榄形"收入分配格局中的收入包含着财产收入等所有收入,则这种"橄榄形"格局的形成没有什么意义。因为单纯从人数上看,处于中间收入阶层的数量尽管巨大,但从社会财富的角度看其数量又往往不能达到社会主体地位。美国形成的99%和1%的对立就充分说明了这一点。萨缪尔森就认为:"收入的差别最主要是由拥有财富的多寡造成的,……和财产差别相比,个人能力的差别是微不足道的。"③

其次,如果单纯看劳动收入,"橄榄形"收入分配在私有制经济中虽然可以形成,但劳动收入分配的相对公平并不会弥补财产占有不公平所导致的鸿沟。在正常情况下,劳动收入毕竟和个人能力相关。当代社会西方一些发达国家在劳动收入上

---

① 中共中央文献研究室,编. 习近平关于社会主义经济建设论述摘编[M]. 北京:中央文献出版社,2017:143.
② 程恩富,伍山林. 促进社会各阶层的若干政策思路[J]. 政治经济学研究,2021(2).
③ [美]保罗·A. 萨缪尔森,威廉·D. 诺德豪斯. 经济学[M]. 北京:中国发展出版社,1992:1252 - 1253.

确实也形成了"橄榄形"的收入分配格局,但其贫富分化仍然严重,社会仍然对立。如果社会不同群体在财产占有上的差距不断拉大,贫富差距的问题就仍然不能得到缓解,共同富裕的目标也难以根本性推进和最终实现。

最后,从实践来看,我国着眼于先富带动后富的政策,尽管劳动者收入普遍提高,但共富方面的效果尚不尽如人意。其原因就在于社会主义市场经济体制建立后还不够完善,我国仍然缺乏一个平衡按劳分配和按要素分配的有效机制。邓小平同志曾说:"如果富的愈来愈富,穷的愈来愈穷,两极分化就会产生,而社会主义制度就应该而且能够避免两极分化……可以设想,在本世纪末达到小康水平的时候,就要突出地提出和解决这个问题。"① 这里的贫富概念,实际上包含着财产与财产收入的内容。实际上,如果将财产占有差距纳入共同富裕衡量视野,形势还很严峻。改革开放以来由于我国居民财富的来源和存在方式增多,资产内容多样化发展,不仅有货币金融资产,房产、地产、股权等各种资产在财富中占有越来越大的比重。人们收入来源的多样化,直接导致了财产占有方面的差距越来越大,财产收入差距已经成为影响人们富裕水平的关键因素。因此,当前需要区别看待收入分配差距与财产分配差距,并将后者作为设定共同富裕指标和衡量其实现程度的一个重要尺度。

(三)构建"橄榄形"收入分配格局要考虑生活成本和社会福利的影响

"橄榄形"收入分配格局需要健康的市场价格机制的支撑。在市场经济下,与收入水平相对应的是商品价格水平。不同地区价格水平差距过大,会影响到居民的实际收入水平。从政治经济学原理来看,由于名义工资和实际工资的不一致,价格机制在这里实际上发挥着与国民收入再分配相类似的作用。换言之,富裕程度的差别不仅需要从收入水平的绝对差距看,还要从实际收入水平看,更要从生活成本差异来认识。生活成本的差异会导致不同劳动者的收入之间的差距被扭曲,从而使衡量富裕程度的收入标准失去其合理性。在市场调节下,城乡之间的住房和教育成本差距、不同城市间的房地产价格差别,就是一个鲜明的例子。正如斯蒂格利茨所言,"即便本身是稳定的和有效率的,市场也经常会造成高度的不平等,从而给人以不公平的感觉"。② 因此,不能单纯从收入视角,还必须从支出角度看人们的富裕水平

---

① 邓小平. 邓小平文选:第3卷[M]. 北京:人民出版社,1993:374.
② [美]约瑟夫·E. 斯蒂格利茨. 不平等的代价[M]. 张子源,译. 北京:机械工业出版社,2013:9.

差别。特别是受区位因素影响较大的交通、住房、教育等支出,更应作为促进共同富裕实质性进展的着力点。商品价格变动因素是否也是国民收入再分配的工具之一?这一问题需要具体分析。笔者认为,商品价格变动导致的生活成本增加,是内在地反映在劳动者工资水平中的,它是国民收入分配的影响因素之一,但本身并不构成国民收入初次分配和再分配的一种方式。生活成本提高必然会导致工资水平的刚性上升,否则将会在区域内产生挤出效应,使社会生产所需的劳动力流失,这本身是对资本不利的事情。显然,以工资为基础的收入水平上升并不代表物质富裕程度的提高,更不代表精神上的富足感。至于政府调控物价来促进民生福利,则应当被看作政府调控经济的手段,而不能单纯被视为针对收入分配的调控。

"橄榄形"收入分配格局需要普惠型福利制度的扶持。社会福利差异也是影响橄榄型收入分配格局的因素之一。我国的社会福利体系起步较晚,随着社会主义市场经济的确立和发展,目前仍在不断完善之中,因此,我国社会福利制度在覆盖范围和保障程度上还不够全面和成熟,各项福利政策因地区因人群而异。在某种意义上,社会福利可以视作生活成本的抵销,对人们实际生活水平具有直接重要影响。医疗、社保、环境等因素同样构成富裕程度的衡量尺度,进而影响到实现共同富裕的程度和进展。

总之,扎实推动共同富裕,不仅要借鉴国际上的通用做法,在收入分配方面做好文章,降低基尼系数指标数值,而且要在恩格尔系数、人均实物占有和使用量、社会福利均等化程度等方面采取有效措施,以更好地满足全体人民对美好生活的企盼。既要在整体上促进社会财富的增长和富裕,借鉴人均GDP(或人均国民收入)等国际指标,使之客观地反映我国的发展水平和富裕程度;也要从实际出发,在提高居民实际生活水平方面,出台针对性的衡量标准。特别是要重视居民家庭净资产这一衡量标准的重要意义,同时考虑不同地区中的生活习惯、物价水平等因素带来的影响。

四、正确看待和发挥好三次分配的协调配套作用

促进共同富裕取得实质性进展,需要发挥各种因素的综合作用。当前,我国提出要推进初次分配、再分配和第三次分配的协调配套,这一新的提法为探索共同富裕道路提供了新的路径。对这一实践问题需要进行理论分析。

（一）初次分配、再分配和第三次分配的协调配套是功能配套

推进初次分配、再分配和第三次分配的协调配套，有着一定的现实意义。必须承认，在我国所有制结构维持不变、经济增长现有路径持续的情况下，国民收入再分配在短期内大幅度调整是不现实的。同样，在我国还存在着大量相对贫困人口，在脱贫人口还可能返贫的情况下，仅仅依靠初次分配和再分配来推进共同富裕，短期内还存在着艰巨的压力。因此，既要重视在初次分配领域注重公平，再分配领域更加重视公平，也要发挥中华文化中乐于助人的传统和我国社会主义国家的集体主义优势，使之成为推动共同富裕的助力剂。

需要指出的是，推进初次分配、再分配和第三次分配的协调配套，指的是其功能上的协调配套，即三次不同的分配方式在功能上的互补，而不是对收入分配格局的重构。在国民收入分配中，初次分配始终起着决定性的作用，承担着基础性功能。再分配主要发挥的是辅助性作用和修正市场缺陷作用，承担着从属性功能，而第三次分配只能发挥补充性的作用，承担着临时性和救急性功能。有的学者认为，三次分配方式共同构建了各有侧重又内在关联的分配体系，是实现共同富裕的基础性平台。[①] 这个表述值得商榷。在社会主义市场经济条件下，分配体系的基础性平台只能是初次分配，再分配和第三次分配只能是依托于初次分配平台发挥作用。当然，再分配和第三次分配的制度性安排如果到位，就可以更好地发挥积极作用，进而可以为推动共同富裕提供必要的支撑。

（二）明确初次分配、再分配和第三次分配方式的调节对象

推进初次分配、再分配和第三次分配的协调配套，需要明确三者所要调整对象的不同。一般来说，三次不同分配形式的各自地位、调节的对象和发挥的作用是不同的。

初次分配重在调动社会各阶层市场竞争的积极性，让一切能够创造财富的源泉都充分涌现出来。国民收入的初次分配是原生性分配，主要用于调节不同生产要素之间的收入分配。其意义和作用在于调整不同要素所有权之间的收入，特别是资本要素和劳动者之间的利益区分。在我国，资本要素和劳动要素的收入之间有着利益上的一致

---

① 宋晓梧．如何构建初次分配、再分配、三次分配协调配套的基础性制度安排[N]．光明日报，2021-10-09．

性，在经济增长中可以共同促进社会财富的增加，从而为共同富裕奠定物质财富基础。同时也要看到，资本和劳动两者之间在一定程度上也存在着利益上的对立性。对于公有制经济而言，就是体现为积累和消费的矛盾以及国家利益和个人利益间的差别。在非公有制经济中，这种对立体现为利润对劳动者工资的侵蚀，以及管理者对劳动者休假、劳保、福利等权益的漠视与侵犯。

国民收入再分配以初次分配为基础，是对再分配的调节和修正。再分配的实施主体是政府，调节对象是初次分配后的结果，重点针对的是社会分工基础上生产者和非生产者之间的利益分配，因此它与初次分配有着密切的联系。从再分配所要调整的领域来看，主要包括：生产者和非生产者间的收入分配调整，资本和劳动间的收入不平衡，不同地区和部门生产要素的收入平衡，以及提供医疗、教育、科学、社会公共品、社会福利和保障等服务。再分配重在基本公共服务均等化，校正市场的"马太效应"，为社会稳定和经济可持续发展奠定坚实基础。

相比之下，第三次分配是衍生性分配，第三次分配以初次分配和再分配的结果为前提。第三次分配本质上是劳动者之间在个人意义上的收入调整或组合。因此，第三次分配的调节对象是个人或家庭，特别是处于困难中的个人或家庭，在调节行为上也具有随机性、临时性、偶然性。第三次分配重在慈善公益事业，让经济发展的成果更好地惠及全体国民。这三个领域的分配制度不可顾此失彼，应当根据经济社会的不同发展阶段进行调整组合。不过笔者认为，对于第三次分配促进共同富裕的作用不能夸大，只能是提倡，过于强调第三次分配会冲淡促进共富的核心问题，即公有制经济的发展和按劳分配原则的重要作用。

（三）初次分配公平是三次分配方式协调配套的前提

从历史经验和各国分配制度情况看，再分配和第三次分配并不能从根本上扭转初次分配的失衡。因此，要促进初次分配、再分配和第三次分配的协调配套，重点还是在于要在初次分配中贯彻公平原则，通过发展壮大国有经济和集体经济，真正发挥按劳分配为主的分配方式促进共同富裕的正向功能和作用。再分配和第三次分配终归是建立在初次分配的基础上，毕竟"一个社会的分配总是同这个社会的物质生存条件相联系"。① 当前我国总体富裕的脚步越来越快，但不同群体的富裕程度差距越来越大。其中创造社会财富的主体，即广大劳动者的收入增长缓慢，是造成国

---

① [德]马克思,恩格斯. 马克思恩格斯文集:第9卷[M]. 北京:人民出版社,2009:155.

民收入差距的主要原因。

实现初次分配的公平,需要辩证地看待初次分配中的收入差距。初次分配既要考虑到不同劳动者的社会贡献,也要考虑到其对社会财富增长的贡献。因此,解决问题的出路是合理拉开差距,使人们既能从共同富裕中得到满足,又通过适当的差距体现贡献差异,激发人们提高素质、奋发有为。① 促进初次分配公平,首先,形成良性的工资增长机制,使工资增长合理化和制度化。在具体做法上,可以考虑采取职工工资增长指数化的办法,在整体上参照每年 GDP 增长率制定工资增长率,同时给企业根据经营情况预留调整的空间。在国有企业内部,则要严格限制高管人员薪酬增长幅度,确保其与职工工资增长等指标挂钩。其次,严格执行最低工资政策和计件工资标准,扩大最低工资标准保障范围,将快递、外卖、代驾等新型就业人员纳入劳动保护范围,将农民工、学徒工、保姆等低收入群体纳入最低工资保护范围之内。规范企业提成工资,保障员工保底工资具备维持其基本生活水平的能力。再次,制定科学的小时工资标准,落实劳动者特殊岗位津贴制度,禁止企业将津贴收入违规列入最低工资。最后,规范企业用工制度,对于企业的"996"等超长时间加班和超强劳动措施加以管控,对于重点企业可以依据员工举报派出工厂视察员,对企业责任人进行追责和处罚,使员工利益保障落实到具体个人。此外,对于农村从业人员,应加强对农业的财政支持和产业扶持,加大扶贫开发力度,提高农民收入。

(四) 完善再分配和第三次分配的制度设计

国民收入再分配要合理确定财政货币调控重点,着眼于缩小城乡、地区、行业之间的差距。习近平总书记指出"要自觉主动解决地区差距、城乡差距、收入差距等问题"。② 国民收入再分配是缩小收入分配差距的重要渠道。要充分使用好国家财政预算、税收等国民收入再分配政策工具。要出台调控财产性收入的法规政策,抑制资本过快积累。财产性收入是导致我国居民收入分配差距不断扩大的一个重要因素。调控财产性收入,一方面需要拓展贫困和低收入群体获得财产性收入的载体和渠道,如农户承包地、宅基地的收益等,保障其财产性权利的流动和变现,促进贫困群体收入持续性增长。另一方面,当前迫切需要加强对富裕群体财产性收入的调

---

① 程恩富,伍山林. 促进社会各阶层的若干政策思路[J]. 政治经济学研究,2021(2).
② 习近平. 在中共中央政治局第二十七次集体学习时强调完整准确全面贯彻新发展理念确保"十四五"时期我国发展开好局起好步[N]. 人民日报,2021-01-28.

控,要适时推出和完善财产税、遗产税等调节税种,出台移民税等新税种。特别是要平衡好资本所得税与个人所得税之间的平衡。现行的个人所得税征收标准过低、范围过广,且都是单位代缴,真实地反映了劳动者的税负水平,其最高边际税率45%在削平收入差距上作用巨大。但由于高收入群体中大量人员办有公司,可以通过个人所得税向资本所得税的转化来逃避监管。同时,资本所得税不仅征税标准相对较低,且征收制度不成熟,征收手段不完善,处罚也过轻。这也是富人阶层用各种手段逃税避税的原因之一,近几年闹得沸沸扬扬的演艺明星逃税事件就是一个现实的例子。

健全与完善国民收入再分配是缩小城乡差距的重要前提。要根据共同富裕要求,推进乡村振兴战略,进一步推进扶贫开发机制,加大对农村和农业的财政支持力度;完善财政政策,加大对贫困地区和贫困群体的转移支付力度;完善货币政策,推动普惠金融措施改革,加大对困难群众集中行业的政策性扶持力度,为实现共同富裕创造条件。

第三次分配的建设重点是基础性制度安排。问题的关键是要理解什么才是基础性制度安排。有的人认为是要加强道德建设和呼唤出先富者的良心,有人则提出要形成和完善促进富人捐款献爱心的社会气氛,还有人提出应出台优惠政策和措施。应当说,这些方面都有其现实作用。但第三次分配的基础性制度安排应重在制度的构建上。笔者认为,这一制度构建的关键在于要建设、管理和规范好中介性的慈善性机构,即所谓的"现代第三部门",使之与社会主义市场经济相适应,而不是无原则地照搬西方慈善制度,社会主义国家政府应当在慈善组织的搭建和行动中发挥主导作用。(注释②)由政府搭建和规范监管慈善平台,不是取而代之,而是发挥我国文化基因中慈善官办的传统,增强民众对慈善的信任和参与。赛拉蒙就指出,将国家和中介性志愿团体间的关系看作一种固有的冲突,是不正确的,政府在实践中可以通过资助非营利组织以满足人们的各种需要,从而使两者关系合作多于对抗。[1] 中国历史上的情况就是这样,既有官方主办的慈善机构,也有寺院宗教类的中介类慈善组织,还有宗亲慈善、民间互助、周朋恤旧等民间济贫救助模式,这一传统可以作为今天完善第三次分配方式的借鉴。总之,为扎实推动共同富裕,在第三次分配的扶持措施上,政府还是要通过税收制度鼓励人们从事慈善事业和社会福利救助事业,特别是在针对公有制经济和社会成员个人的慈善行为上,要给予相应

---

[1] [美]莱斯特·M.赛拉蒙.全球公民社会:非营利部门视界[M].北京:社会科学文献出版社,2007:35.

的便利和补偿性政策。对于非公有制经济特别是企业主，一方面要鼓励其主动参与第三次分配进行慈善捐助，另一方面也要在税收等政策的设计上防范利用慈善制度逃税避税或变相侵害员工利益的行为发生。

注释：

①显然，在这里马克思实际上指出，富裕作为生产目的还不是最终目的，自由时间的增加也应当被作为财富的标准来看待。在马克思的语境中，未来社会中的财富尽管在实体上表现为物质财富，但在另一面则体现为劳动的解放，这只有在联合起来的个人所具有的高度发达生产力的基础上才有可能。

②西方社会中的慈善制度，在某种意义上已经成为富人逃避巨额遗产税的合法路径。而且，对西方的所谓慈善也需要作辩证分析。赛拉蒙就指出，在现代第三部门即慈善组织方面要破除三个神话，包括"纯粹善行的神话""志愿主义神话"和"纯洁概念的神话"。非营利组织也会感染上其他科层组织固有的种种毛病，如缺少责任感、机构臃肿和例行公事等。从历史上看，非营利组织在世界绝大部分地区也并不是新型的组织。

作者简介

武建奇,1957年6月生,河北内丘人,经济学博士,博士生导师,河北经贸大学教授,河北省马克思主义理论研究基地主任。现兼任全国高等财经院校《资本论》研究会副会长、中国《资本论》研究会常务理事和多家学术期刊的学术委员或编委。主要研究领域为马克思主义政治经济学。关注学术道德和学术规范,在《经济研究》上独立发表过2篇论文,出版《马克思的产权思想》等著作,主持国家社会科学基金重点项目和教育部项目。获西南财经大学优秀博士论文奖、河北省社会科学优秀成果一等奖和教育部人文社会科学优秀成果三等奖,主讲的"漫谈学术道德"获评"国家精品视频公开课"。

武建奇：中国特色共同富裕理论的新境界

共同富裕曾是几千年来善良人们的远大理想，也是几百年来空想社会主义者的美妙梦想。一百多年前马克思、恩格斯把共同富裕的空想变成了科学理论，百年以来中国共产党一直在探索中国热土上实现共同富裕的可能道路，如今党中央正把科学的共同富裕理论变为战略实施的实质性行动。"共同富裕具有鲜明的时代特征和中国特色。"① 2021年8月17日，习近平总书记主持召开中央财经委员会第十次会议"研究扎实推动共同富裕问题"，会议对共同富裕的科学内涵和方向任务进行了新阐释和新部署，内容十分丰富，蕴含着共同富裕理论的一系列重大创新，开拓了中国特色共同富裕理论和实践的新境界。共同富裕的中国特色，集中体现为中国的共同富裕是发展型共同富裕、多成分共同富裕、市场式共同富裕和分阶段共同富裕。

一、发展型共同富裕

共同富裕是"共同"和"富裕"的结合体，要处理好"共同"和"富裕"的关系，使二者达到动态的积极向上的平衡，形成良性循环。中国特色共同富裕重视生产关系和分配关系在实现共同富裕中的重要作用，但更强调"在高质量发展中促进共同富裕"②。

---

① 中共中央 国务院关于支持浙江高质量发展建设共同富裕示范区的意见[EB/OL]. 中华人民共和国中央人民政府网,http://www.gov.cn/zhengce/2021-06/10/content_5616833.htm.
② 新华社通稿:习近平主持召开中央财经委员会第十次会议强调在高质量发展中促进共同富裕统筹做好重大金融风险防范化解工作[N]. 中华工商时报,2021-08-18(001).

（一）共同富裕是生产力和生产关系的统一

共同富裕由"共同"和"富裕"两方面构成。生产力是生产关系的物质基础，生产关系是生产力的发展形式。富裕还是贫穷是由人所占有的财富量来定义的，财富的丰裕是生产力发展的必然结果，又是共同富裕的物质基础条件。要富裕首先就要发展社会生产力，获得认识自然、适应自然、改造自然、保护自然的强大能力，为人们提供源源不断、丰富多彩的物质和精神财富，创造实现共同富裕的前提条件。是否"富裕"取决于生产力发展程度，能否"共同"则由生产关系和分配关系来决定，它反映"富裕"的性质。①"共同富裕在两个方面提出要求，既要'富裕'，又要'共同'。没有'共同'的'富裕'必然是两极分化；没有'富裕'的'共同'则只能是'共同贫穷'。"②资本主义制度下的生产力无论多么发达，其生产资料资本家私有制和雇佣劳动的性质决定了资本积累和生产扩大过程必然是资本主义生产关系的再生产过程，"他们的利益又是对立的，对抗的。这种利益上的对立是由他们的资产阶级生活的经济条件产生的。资产阶级运动在其中进行的那些生产关系的性质绝不是一致的单纯的，而是两重的；在产生财富的那些关系中也产生贫困"③，不可能走向资本家与雇工的"共同富裕"。公有制是共同富裕的所有制基础，人类最终实现真正的共同富裕有赖于生产资料全社会共同占有的公有制基础。"如果没有这个生产关系条件即使'富裕'了也还不是共同富裕，而很可能是两极分化"④。

人均 GDP 是衡量"富裕"的指标，不是表示"共同"的标志。西方发达的资本主义各国都是高收入国家，即名副其实的富裕国家，但并不意味着实现了共同富裕，甚至根本不会真正提出共同富裕的目标，这是由其经济制度的性质所决定的。西方发达国家的富裕是就其整体 GDP 的人均量来衡量的，而"人均"指标本身就具有很大的欺骗性、隐蔽性、虚假性，它很容易让人误以为"人均"即"人人"，把人均收入几万美元误认为是每个人都拥有几万美元的收入。其实，"人均收入"是一种"计算收入"而不是每个人的真实收入，"人均 GDP""人均财富"巨大数额的背后往往掩盖了人和人之间真实收入和财富占有量的巨大差距，"人均"指标掩盖了发达资本主义国家严重两极分化的惊人事实。社会主义的本质就是解放和发展

---

① 黄泰岩、刘宇楷认为，"富裕属于生产力范畴，共同属于生产关系范畴"。见黄泰岩、刘宇楷. 共同富裕的理论逻辑与价值取向[N]. 光明日报，2021-09-14(011).
② 武建奇. 共同富裕：从远大理想到战略实施的历史性转变[J]. 政治经济学研究，2021(2).
③ [德]马克思. 哲学的贫困[M]//马克思恩格斯文集：第1卷. 北京：人民出版社，2009：614.
④ 武建奇. 共同富裕：从远大理想到战略实施的历史性转变[J]. 政治经济学研究，2021(2).

生产力，消灭剥削，消除两极分化，最终达到共同富裕。共同富裕是建立在社会主义的生产力（"解放和发展生产力"）和生产关系（"消灭剥削，消除两极分化"）统一的基础上的，这个"统一"不是一个静态的均衡点而是一个动态的长过程，社会主义不只讲"人均"更讲"全员"，重视人均 GDP 的增加，更注重"全体人民"即每个社会成员真实收入和财富水平的提高。随着生产力的发展和物质基础水平的提高，生产关系和分配关系也随之调整，富裕的"共同"程度和状况也随之提高、改善。邓小平同志说："共同致富，我们从改革一开始就讲，将来总有一天要成为中心课题。社会主义不是少数人富起来、大多数人穷，不是那个样子。社会主义最大的优越性就是共同富裕，这是体现社会主义本质的一个东西。"①

（二）在高质量发展中促进共同富裕

新时代中国特色社会主义下的共同富裕既是个生产问题，它决定着"富裕"的程度；也是个分配问题，它制约着"共同"的状态。在推动共同富裕的历史进程中要正确认识和妥善处理好生产与分配的关系，科学把握共同富裕的"生产性"和"分配性"、"做蛋糕"和"切蛋糕"的属性。明确属性是做好事情的基础，决定共同富裕行动的方向。把握好了这些属性，共同富裕才能顺利推进，把握不好便是对共同富裕进程的干扰。

共同富裕不能只在分配上做文章，更要重视高质量发展。我国社会的主要矛盾是人民对美好生活的追求与发展不充分不平衡的矛盾，发展的不充分不平衡是主要矛盾的主要方面，实现共同富裕就要突出地解决发展不充分不平衡问题，这决定了必须充分认识和践行共同富裕的"发展性"，要在高质量发展中促进共同富裕，在整个社会主义初级阶段发展都是硬道理，推动共同富裕不能只在生产关系和分配领域做文章而过分强调它的"分配性"。如果把共同富裕看作主要是生产关系和分配关系问题而不是发展问题，人们便会把推动共同富裕的重点放在不断调整生产关系上，这方面的历史教训是十分深刻的。我们不能脱离生产力条件任意拔高生产关系，忽视社会主义初级阶段人们相对独立的经济利益，"打富豪""均贫富"，甚至"杀富济贫"，把关注点放在"第三次分配"即道德性分配、慈善事业上，试图强迫富人捐钱捐物，以此来缩小贫富差距。这有违中央调动一切积极因素、利用一切可以利用的力量，发展中国特色社会主义经济的方针。"不患寡而患不均"则必然

---

① 邓小平. 邓小平文选：第 3 卷[M]. 北京：人民出版社,1993：364.

"寡",过分强调平均则必然贫,其结果只能是共同贫穷而不可能是共同富裕。搞"共同富裕"必须保护而不是伤害各方面的生产积极性和创新创业热情,不能"养懒汉",不能搞"大锅饭"和平均主义。推动共同富裕必须鼓励人们勤劳致富、创新致富,支持诚实劳动、善于经营的能人带头致富,然后再先富帮后富。众人拾柴火焰高。要重视分"蛋糕",要把"蛋糕"分得公平,更要强调通过高质量发展来做"蛋糕",在把"蛋糕"做大的基础上追求更高水平的公平。只有在高质量发展中才能保证全体人民的财富增加,为贫富差距的缩小创造丰富的物质财富。在这个意义上,推动共同富裕不能太指望第三次分配,第三次分配确实有一定的缓解贫富悬殊的作用,但从根本上讲,它只能是共同富裕的补充性手段。

高质量发展不是只追求 GDP 流量而是要扩大财富增量、积累存量。物质生活的富裕主要体现为 GDP、人均 GDP,富裕还是贫穷指的是个人占有财富量的大小。收入并不直接等于财富,收入是流量,财富是存量。每个时间段的收入除却当前消费,沉淀下来即财富存量。一个国家的 GDP 和人均 GDP 很高,未必表明财富积累就多。因为,收入流产生的过程可以伴随财富的破坏,也可以伴随财富的保存。粗放的大拆大建式的增长,貌似 GDP 收入流很大,"河流"很宽,"水流量"很大,但由于是拆旧建新,在创造新财富的同时破坏了旧财富,形成了 GDP 收入流虽然很大但"新增"和"破旧"抵消之后的社会财富净增长却很小的尴尬。在高质量发展中促进共同富裕就是要"创新保旧",增大财富增量净值,使社会总财富更快增长,为共同富裕提供坚实的物质财富和精神财富的基础。

从"增量型共同富裕"到"存量型共同富裕"。社会主义制度的优越性就在于从制度上解除对生产力发展的束缚,更有利于生产力的发展,能够创造出比资本主义更高的生产率。邓小平同志说,贫穷不是社会主义,发展太慢也不是社会主义。当今中国仍处于社会主义初级阶段,当务之急仍然是发展,共同富裕首先需要共同奋斗,解放生产力,发展生产力,这是推动共同富裕的题中应有之义。与"分配型"共同富裕相对应,中央强调"在高质量发展中促进共同富裕",突出了中国特色共同富裕的"发展性"。发展型共同富裕,不只是在财富存量上做文章,还要在财富增量上、在财富增长的边际上逐步缩小收入差距,实现动态的共同富裕。不是财富总量不变前提下的贫富结构调整,对原有的财富进行"均贫富",把一些人的钱装在另一些人的口袋里,而是考虑财富增量基础上的共富,即在新增加的国民收入中改变分配结构,在新增财富的分配上"缩小差距",让穷人与富人收入和财富都有增长但增长的幅度(增长率)有所调整,随着这种财富增长边际上分配的逐渐改变和累积,经过一个漫长的历史时期,使社会财富存量的分配逐步趋于公平,从低水平、增量型共同富裕上升为高水平、存量型共同富裕。

二、多成分共同富裕

公有制为主体是最终实现共同富裕的所有制基础,私有制的自发生长只会导致两极分化。但中国特色共同富裕"坚持基本经济制度,立足社会主义初级阶段,坚持'两个毫不动摇'"①,在实质性推动共同富裕的过程中非公有制经济没有成为旁观者,更没有被当作异己势力,而是被作为"自己人"发挥着不可替代的作用。

(一)基本经济制度是推动共同富裕的制度保障

坚持基本经济制度不能"选择性坚持"。中国特色社会主义基本经济制度是在中国改革开放发展的实践中不断总结正反两方面经验教训而逐步形成的符合中国社会主义初级阶段这个最大国情的重要制度,不能动摇;基本经济制度是中国特色社会主义基础性经济制度,共同富裕建设不能脱离基本经济制度的经济基础;基本经济制度贯穿中国特色社会主义的始终,不是临时政策,不能随意取舍。推动共同富裕必须全面、完整、准确地坚持中国特色社会主义基本经济制度,不可对完整内容中的一个片段进行"选择性坚持"。基本经济制度在所有制问题上包括公有制为主体、国有经济占主导地位和多种经济成分同时并存和共同发展两个基本方面,坚持基本经济制度就是要"整体坚持""完整坚持",而不能按照个人偏好对基本经济制度的整体进行肢解割裂、断章取义,然后"各取所需,为我所用"。要同时坚持两个基本方面而不是畸轻畸重、顾此失彼,既要坚持公有制为主体、国有经济为主导,又要坚持在公有制为主体、国有主导下的非公有制经济成分并存和共同发展。中国特色社会主义基本经济制度是中国式共同富裕的制度保障,基本经济制度中的公有主体、国有主导和多成分并存是个整体,坚持基本经济制度不能片面强调前者而否定后者,更不能片面强调后者而否定前者,有了它们的合力才能更好更快地推动共同富裕的实现。

公有主体、国有主导是共同富裕的"制度性保证"。把公有制作为实现共同富

---

① 新华社通稿:习近平主持召开中央财经委员会第十次会议强调在高质量发展中促进共同富裕统筹做好重大金融风险防范化解工作[N].中华工商时报,2021-08-18(001).

裕的经济基础,这是马克思主义的一个基本原理。马克思在《资本论》《共产党宣言》《哥达纲领批判》等著作中一再阐明了私有制社会不可能出现劳动者和剥削者的共同富裕,资本主义经济制度下可以生产出超过以往所有社会总和的财富,但这些巨额财富不会为全体社会成员所共享,因而不会因为财富的丰裕而走向资产所有者和雇佣劳动者的共同富裕。相反,劳动者创造的这些巨额财富又会通过资本积累被资本家用作进一步剥削劳动者的手段,成为进一步扩大劳资贫富差距的工具。真正的全体人民的共同富裕,只有在消灭了生产资料私有制从而消除了产生两极分化的经济基础的公有制社会才能实现。那时候,"生产将以所有的人富裕为目的"①,"通过社会生产,不仅可能保证一切社会成员有富足的和一天比一天充裕的物质生活,而且还可能保证他们的体力和智力获得充分的自由的发展和运用"。②因此,今天我们的共同富裕必须坚持基本经济制度。公有制为主体和国有经济为主导,是减缓两极分化、促进公平分配、实现共同富裕的决定性因素。正如习近平总书记所指出的:"公有制主体地位不能动摇,国有经济主导作用不能动摇。这是保证我国各族人民共享发展成果的制度性保证。"③"如果把国有企业搞小了、搞垮了、搞没了,公有制主体地位、国有经济主导作用还怎么坚持? 工人阶级领导地位还怎么坚持? 共同富裕还怎么实现?"④

  非公有制经济不应该成为共同富裕进程的旁观者。非公有制经济具有"私"的性质,尤其私营企业的行为服从剩余价值规律的增值要求,存在剥削、具有逐利性,表面来看,似乎与共同富裕格格不入。但是,非公有制经济是中国特色社会主义基本经济制度的重要组成部分,是社会主义市场经济的有机构成,非公有制经济的私有性质虽然不能根本改变,然而不同社会的制度环境却可以改变它的"色彩",影响它的行为,使之服务于不同的任务对象。社会主义下的非公有制经济完全应该而且可以为社会主义所用。马克思说:"在一切社会形式中都有一种一定的生产决定其他一切生产的地位和影响,因而它的关系也决定其他一切关系的地位和影响。这是一种普照的光,它掩盖了一切其他色彩,改变着它们的特点。这是一种特殊的以太,它决定着它里面显露出来的一切存在的比重。"⑤中国特色社会主义就是这样一

---

① [德]马克思,恩格斯. 马克思恩格斯全集:第46卷(下)[M]. 北京:人民出版社,1980:222.
② [德]恩格斯. 反杜林论[M].//马克思恩格斯全集:第25卷. 北京:人民出版社,2001:411.
③ 中共中央文献研究室. 习近平关于社会主义经济建设论述摘编[M]. 北京:中央文献出版社,2017:63.
④ 习近平. 坚持党对国有企业的领导不动摇开创国有企业党的建设新局面[EB/OL]. 中国政府网,http://www.gov.cn/xinwen/2016-10/11/content_5117541.htm.
⑤ [德]马克思. 《政治经济学批判》导言[M]//政治经济学批判. 人民出版社,1976:216.

种"普照的光"①,它支配着当今公有经济为主体、多种经济形式并存着的每一种经济形式的地位和影响,使非公有制经济的私有和逐利色彩也隐没其中,决定了它显露出来的私有和公益、剥削和慈善、个体逐利和社会责任等一切存在的比重。因此,非公有制经济可以成为共同富裕建设的能动力量,那种一说搞共同富裕就想到马克思《资本论》里的"剥夺剥夺者",就想到《共产党宣言》里讲的"消灭私有制",这在现阶段是脱离国情的;一讲共同富裕就想要进行"新土改"和第二次"三大改造"以改变现行所有制结构、对民营经济进行公有化改造,也是不切实际和不可取的。

(二)发挥民营经济在中国特色共同富裕中的作用

中国特色社会主义基本经济制度是当前推动共同富裕的大前提。在公有制为主体、多种所有制经济共同发展的基础上推动共同富裕需要调动一切积极因素,集中各方面向善力量,即政府和市场、国家和个人、公有和私有,众人拾柴火焰高。要实现共同富裕的"最大化",就没有理由拒绝任何正能量。推动共同富裕企图只靠公有单干、把民营经济拒之门外是不理性的。

浙江"共同富裕之谜"值得研究。中央为什么把民营经济最发达的省份浙江定为共同富裕示范区,把民营企业高度积聚的城市深圳定为中国特色社会主义先行示范区,而没有把示范区定在公有占比更大的其他省份?在现阶段,其中必有道理。浙江是百姓感受最安全、最具幸福感的省份之一,也是全国唯一一个所有设区市人均收入都超过全国平均水平的省份;2020年浙江城乡居民人均可支配收入连续20年和36年居全国各省份首位,城乡居民收入比进一步降至1.96∶1,成为城乡收入差距最小的省份之一,②而同年全国城乡居民收入比则高达2.56(城镇居民人均收入为43834元,农村居民人均收入仅为17131元)③。浙江这个"共同富裕之谜"值得学界从不同学科在学理上进行深入研究、作出科学解释。

民营经济也有"革命传统"薪火相传。革命战争年代不乏民营经济、民族资本支持革命根据地建设,支持抗日活动,支持推翻"三座大山"革命斗争的案例,社会主义革命时期也有"红色资本家"支持配合生产资料所有制的社会主义改造,社

---

① 我理解马克思的"普照的光"在中国特色社会主义经济中就是"中国特色",而不是泛泛地讲的占支配地位的公有制,因为在社会主义初级阶段,无论是公有制经济抑或是非公有制经济,都因中国特色而改变了它们各自"原生态"的色彩。

② 之江平. 共同富裕看浙江[N].《浙江日报》,2021-06-10(001).

③ 中国光彩事业促进会. 新时代光彩事业的新方位、新使命[N]. 中国工商时报,2021-09-01(003).

会主义改革开放建设新时期更有像华为这样的一大批民营企业在民族复兴、中华崛起大业中大显身手。中国有一个影响很大的"光彩事业促进会",就是由民营人士发起的旨在促进共同富裕的非公经济组织①,由中央统战部直接领导并发文对其活动进行指导。光彩事业组织民营企业以捐资助学、医疗救助、扶老助残、赈灾济困等形式参与公益慈善事业,相当于一种民间的"转移支付",以民间方式调节收入分配,显示了非公有制经济在缩小贫富差距中的特殊作用。② 全国工商联组织的民营企业"万企兴万村"活动启动会议之后,各省份都在启动当地的"万企兴万村"行动,对农村振兴也起着重要推动作用。另外,还有民营企业自发成立的"共同富裕基金"更是直接服务于国家共同富裕建设。民营经济以实际行动证明了资本的逐利性不应成为民营经济对共同富裕建设袖手旁观的理由,更不应成为我们拒绝非公有制经济参与共同富裕建设的理由。

三、市场式共同富裕

市场式共同富裕并不意味着市场竞争本身可以通向共同富裕,相反,市场竞争、价值规律是催生两极分化的因素。但中国特色共同富裕的一个原则是"充分发挥市场在资源配置中的决定性作用,更好发挥政府作用",要求"激发各类市场主体活力。推动有效市场和有为政府更好结合,培育更加活跃更有创造力的市场主体,壮大共同富裕根基"。③

(一)贫富差距是利用市场机制的一种代价

市场性两极分化和制度性两极分化。私人劳动和社会劳动的矛盾是简单商品经济的基本矛盾,个别生产者的私人劳动能否转化为社会劳动为他人所承认从而实现为货币,取决于他的个别劳动时间低于、高于还是等于社会必要劳动时间。高效率企业以较少劳动换取低效率企业较多劳动,效率越高盈利越多,效率越低越无盈利甚至亏损。久而久之,有人赚钱越来越多、发家致富,有人则亏损越来越多、破产倒闭,两极分化由此产生。这种分化趋势在市场上由竞争所引起而与经济制度无关。

---

① 中央统战部印发《关于深入推进新时代光彩事业创新发展的意见》[EB/OL]. 中共中央统一战线工作部网,http://www.zytzb.gov.cn/tzyw/358935.jhtml.
② 中国光彩事业促进会. 新时代光彩事业的新方位、新使命[N]. 中国工商时报,2021-09-01(003).
③ 中共中央国务院关于支持浙江高质量发展建设共同富裕示范区的意见[EB/OL]. 中华人民共和国中央人民政府网,http://www.gov.cn/zhengce/2021-06/10/content_5616833.htm.

资本主义两极分化是市场性两极分化和制度性两极分化两种力量的叠加，生产资料的资本家所有制是产生两极分化的所有制根源，因为资本主义再生产就是生产关系的再生产，一极是财富的积累，另一极是贫困的积累①，不断再生产出更大的资本家和更多的雇佣劳动者。资本主义两极分化不可能由于政府的作用而消除。因为资本主义调控市场的目标是保护大资本利益、提高资本效率而不可能是消除贫困和缩小贫富差距，宏观上的调控目标是经济增长、充分就业和对外收支平衡，微观上的调控目标则是反垄断和保护竞争，而不以调节个人之间的财富占有状况为目标。何况资本主义国家机器的性质就是确保"私有财产神圣不可侵犯"，维护私有制特别是大资本的利益是它的天职，其作用只会加剧和巩固而不是缓解和消除两极分化。

不能指望通过克服市场失灵消除两极分化。社会主义市场经济已经上升为中国特色社会主义基本经济制度的重要内容，市场机制具有两面性，一方面，它可以自发调节生产资料和劳动力在不同产业部门间的配置比例，通过竞争刺激技术进步和生产率提高，调整社会收入在个人之间的分配，这对于社会经济发展是一种积极作用；另一方面，它对经济的自发调节也会带来一些消极后果，由于市场调节的自发性、分散性、事后性和市场主体信息的不充分，调节资源配置会造成比例失调和资源浪费的误配，在刺激技术进步的同时，也会出于私利考虑而保守技术秘密，从而阻止技术扩散推广形成对经济发展的阻碍，特别是竞争导致的不同生产者之间的收入分配具有市场性两极分化倾向。市场性两极分化是价值规律和市场调节"正常"发挥作用时的消极后果，是一种"常态"，并非市场失灵的特例。因此，不能指望通过克服市场失灵来消除市场性两极分化。比如一般讲的市场失灵是指在垄断、外部性、公共物品和信息不充分时的市场机制作用状态，这些所谓的"失灵"都是妨害竞争的，消除这些失灵只是对正常竞争的恢复和保障，其结果还是回到了价值规律和市场机制的正常状态，而市场性两极分化正是在这个"正常状态"下发生的。

（二）社会主义市场经济决定了共同富裕具有市场色彩

共同富裕进程无法与市场机制脱钩。传统共同富裕理论是"非市场的"，从空想社会主义的共同富裕设想到马克思主义的科学共同富裕理论，都是与市场经济绝缘的，甚至改革开放以来的主流共同富裕思想虽然没有否定市场经济但从来没有主动地有意识地把共同富裕与市场机制挂钩。社会主义市场经济是社会主义制度与市

---

① ［德］马克思. 资本论:第1卷[M]. 北京:人民出版社,1975:708.

场经济体制的有机结合,不是板块式拼接,也不是在几个点上的结合,而是互相渗透、相互浸泡,从整体上已经融为一体。市场决定资源配置和政府更好发挥作用是社会主义市场经济的运行特点,集中力量办大事是中国特色社会主义经济的制度优势,任何事情都要付出成本、消耗资源,而只有极少数的资源可以不通过市场进行配置。共同富裕是社会主义的本质特征,中国特色共同富裕的战略实施需要动用无数资源,无法与市场机制脱钩,不能没有价值规律的参与,虽然共同富裕是由政府发动但要借力市场,这是一种具有浓厚市场色彩的共同富裕。

初次分配、再分配和第三次分配都离不开市场机制。中央在研究实质性推动共同富裕时提出要"构建初次分配、再分配、三次分配协调配套的基础性制度安排"①。有人把初次分配、再分配和第三次分配说成是市场分配、政府分配和道德性分配,由此也可以说社会主义市场经济中的政府作用、道德力量,甚至那些"反市场"的活动都离不开市场。其实,关于初次分配并不能简单地理解为"市场分配"②,初次分配是经营单位内部各利益主体之间的"分配"而不是通过市场的"交易",经营的净收入被分为劳动者收入(个人收入或者集体福利)、国家税收和所有者利润,这在本质上是非市场化的,分配关系由其背后的生产关系来决定,但初次分配过程在市场经济中会受到市场各要素供求关系的影响。再分配本来是以国家为主体的收入转移过程,是政府行为,如救灾济困等,虽然其决策本身与市场机制无关,但在社会主义市场经济中政府转移支付的执行和方式都脱离不了市场机制。无论是货币形式、物资形式或以工代赈形式,都要经过市场作用的过滤,如对灾害损失的评估和对救灾物资价值的计量必须借助于市场价格、救灾物资的运输和送达往往要借助于物流市场等。第三次分配即社会慈善事业和社会捐助活动等是一种高尚的道德行为,似乎最与市场无关,"君子喻以义,小人喻以利",道德家不齿于言钱谈市。但在社会主义市场经济中就不同了,不仅讲"市场道德",而且其他德行善举也都纷纷与市场挂钩,如"从事人道主义工作的社会救助团体"红十字会、民营经济人士发起成立旨在促进共同富裕的"光彩事业促进会",以及一些民营企业成立的"共同富裕基金"等都是市场主体发起并且是市场化运作的。像生态保护、环境治理、碳达峰和碳中和等,本来都是针对和克服市场失灵的需要才开展的工作,

---

① 新华社通稿:习近平主持召开中央财经委员会第十次会议强调在高质量发展中促进共同富裕统筹做好重大金融风险防范化解工作[N]. 中华工商时报,2021 - 08 - 18(001).

② 把分配问题"交易化"是西方经济学的做法。西方经济学回避资本主义经济的生产关系性质,讳谈劳动和资本的利益关系,更不涉利益矛盾和利益冲突。在那里,工资、利息、地租分别被看作劳动的价格、资本的价格和土地的价格,而税收则被解释为国家为公民提供的公共服务的价格。

但具体运行中也需要借助"碳市""碳交易"等市场元素的推动。可见，政府作用及道德力量与市场机制也并非水火不容。

四、分阶段共同富裕

中国特色共同富裕考虑最高理想，也考虑中国国情。从长期性特点来看，高水平、理想型共同富裕必然是在生产力高度发达、物质财富充分涌流的时候才能达到，而要能够逐步接近和达到这样的高水平，必然经历不同阶段。中央强调"要坚持循序渐进，对共同富裕的长期性、艰巨性、复杂性有充分估计"，共同富裕"不是整齐划一的平均主义，要分阶段促进共同富裕"。①

（一）发展的程度决定"富裕"的阶段性

从满足生存资料需要到满足发展资料和享受资料需要。"富裕"不仅仅是消费量的概念，更体现在消费层次上。生产决定消费，经济发展水平越高人均 GDP 越高，消费结构层次也会越高。我国全部脱贫、全面小康的实现，意味着全体人民最基本的需要即对生存资料的需要已得到满足，而对更高层次的需要即对发展资料需要和享受资料需要的满足才刚刚开始。"劳动力的价值规定包含着一个历史的和道德的因素"②，劳动者的发展需要和享受需要都是无止境的，其满足是个漫长的历史过程。

从物质生活富裕到物质生活和精神生活都富裕。共同富裕需要物质财富的充分涌流，也强调人民精神生活的富足。要做到"物质生活和精神生活都富裕"，需要在生产发达的基础上社会、政治、文化和生态文明建设不断迈上新台阶。在物质生活衣食无忧之后，要促进人民精神生活共同富裕，强化社会主义核心价值观引领，不断满足人民群众多样化、多层次、多方面的精神文化需求。人既要丰衣足食，也要安居乐业，既要消费私人物品，也要消费公共服务。同时，还要满足教育、医疗、文化、安全、和谐以及环境等方面的需要，甚至需要人人减压减负、缓解焦虑紧张、消除内卷内耗。总之，"生活富裕富足、精神自信自强、环境宜居宜业、社会和谐

---

① 新华社通稿:习近平主持召开中央财经委员会第十次会议强调在高质量发展中促进共同富裕统筹做好重大金融风险防范化解工作[N].中华工商时报,2021-08-18(001).

② [德]马克思.资本论:第1卷[M].北京:人民出版社,1975:194.

和睦、公共服务普及普惠,实现人的全面发展和社会全面进步"①,所有这些都只能分阶段逐步实现。

从基本实现现代化到建成社会主义现代化强国。现代化建设"两阶段"安排决定共同富裕的推进也具有阶段性。党的十九大提出了中国社会主义现代化建设向"第二个百年奋斗目标进军"的新安排,其中包含了共同富裕建设分两步走的设想。报告指出,"第一阶段,从二〇二〇到二〇三五年,在全面建成小康社会的基础上,再奋斗十五年,基本实现社会主义现代化","全体人民共同富裕迈出坚实步伐"。现代化建设的"第二阶段,从二〇三五年到本世纪中叶,在基本实现现代化的基础上,再奋斗十五年,把我国建成富强民主文明和谐美丽的社会主义现代化强国","全体人民共同富裕基本实现"。②而浙江共同富裕示范区进展比全国更快一步,提前十多年:到2025年,浙江省推动高质量发展建设共同富裕示范区取得明显实质性进展,人均地区生产总值达到中等发达经济体水平,到2035年,浙江省高质量发展取得更大成就,基本实现共同富裕。人均地区生产总值和城乡居民收入争取达到发达经济体水平。③

(二)公平与效率的耦合程度导致"共同"的阶段性

充分理解"高质量发展"的深义。中央提出的"在高质量发展中促进共同富裕"内涵丰富、意义深邃,需要进行创新性理解。"高质量发展"常常被解释为仅仅是生产力发展的高质量,至多考虑进生态环境、绿水青山,而生产关系改革、调整、完善的高质量往往被忽视。发展也是生产力和生产关系相互推动的动态性统一,不能认为有了社会主义先进的生产关系适应了生产力的发展,生产力就可以自然而然地得到发展而生产关系就可以万事大吉了。相反,在生产力发展过程中,生产关系的具体形式也需要根据变化了的生产力条件作出相应调整,以适应和促进新的生产力发展。中央提出的"高质量发展"绝非只是生产率、效益、产业结构、生态环境的高质量,也包含着生产关系特别是分配关系逐步完善的高质量,也就是富裕的"共同"程度之高质量,这个调整过程要尊重经济规律逐步展开,具有阶段性。

---

① 中共中央 国务院关于支持浙江高质量发展建设共同富裕示范区的意见[EB/OL]. 中华人民共和国中央人民政府网,http://www.gov.cn/zhengce/2021-06/10/content_5616833.htm.

② 习近平. 决胜全面建成小康社会夺取新时代中国特色社会主义伟大胜利[M]. 北京:人民出版社,2017: 28,29.

③ 中共中央 国务院关于支持浙江高质量发展建设共同富裕示范区的意见[EB/OL]. 载中华人民共和国中央人民政府网,http://www.gov.cn/zhengce/2021-06/10/content_5616833.htm.

优化公平与效率的动态平衡关系。从社会总体上看,"富裕"是效率问题,"共同"是公平问题,不讲究效率就会整体贫穷,不体现公平就会两极分化,都与共同富裕的目标背道而驰。有人以为收入差距是增长的动力,差距越大发展动力越足。其实,公平与效率的关系一定意义上服从于倒"U"曲线,就是说,在发展初期收入差距随着效率提高而有拉大趋势,发展到一定程度后就出现相反倾向,收入差距宜随着发展水平的提高而趋于缩小,即收入差距有个从小到大再由大到小的变化过程。我国从过去的"过多"重视公平到后来的"效率优先,兼顾公平"再到现在更加注重公平的变化,也反映了我国经济发展阶段的变化。国家从促进共同富裕考虑所做的初次分配、再分配和第三次分配的基础性制度安排,也考虑到了需要和可能,尽力而为和量力而行。

共同富裕主攻方向的三个方面难度不同引致阶段性。中央明确要求浙江把缩小区域差距、城乡差距和个人收入差距作为推动共同富裕的三个主攻方向,但三者攻克的难度不同,区域差距、城乡差距其实都是特定群体的平均差距,即群体内部个人差距被削高补低之后的平均差距,而个人收入差距和财产差距何止几倍、十几倍,甚至更多。所以区域及城乡差距不足以解释目前贫富差距过大的主要成因,攻克区域差距和城乡差距也只能缓解却无法消除个人之间的收入差距过大问题。两极分化的实质在于个人之间的财富差距,而导致同一区域、同一城市、同一乡村个人收入和财富占有差距的根本原因,不在区域、不在城乡,而在"生产本身",初次分配中的劳资关系和个人天赋差别,才是最终解决贫富悬殊、实现共同富裕的根本。但初次分配改善涉及所有制结构和分配结构等项基本经济制度的完善,是个长期过程而非当务之急。

(三) 社会发展的阶段包含"共同富裕"的阶段性

共产主义的两个阶段也是共同富裕的阶段。马克思主义经典作家设想共产主义分作共产主义第一阶段的社会主义和高级阶段的共产主义两个阶段,社会主义阶段还存在按劳分配的"资产阶级权利",分配上还承认能力素质等方面的个人天赋是一种"天然特权"[1],存在个人富裕程度的差别;到了共产主义阶段则随着生产力水平和人们道德觉悟水平的提升,劳动性收入差距也逐渐消除,人们的实际需要成为

---

[1] 马克思说:社会主义阶段在分配上,"它不承认任何阶级差别,因为每个人都像其他人一样只是劳动者;但是它默认不同等的个人天赋,因而也就默认不同等的工作能力是天然特权"。见[德]马克思. 哥达纲领批判[M]. 北京:人民出版社,1965:14.

分配的唯一依据，完全实行按需分配，才能实现真正的共同富裕。

社会主义发展也有阶段性。社会主义社会从初级阶段到中级阶段再到高级阶段的发展①，在经济方面的标志性事件就是所有制结构、分配结构和经济调节形式的演进。相应地，影响人们富裕差距的财产性收入差距将逐渐缩小直到消失，劳动报酬差距逐步成为个人收入差距中的唯一因素，市场机制也将退出历史舞台。"权利永远不能超出社会的经济结构以及由经济结构所制约的社会的文化发展"。② 从多种经济成分并存共同发展到单一的社会公有，从多种分配方式并存到单一的按劳分配，从市场决定资源配置到市场机制退出历史舞台，需要经过一个漫长的历史过程。

总之，共同富裕并非一个新话题，但中国特色社会主义共同富裕的理论与实践开拓了一个新境界。党的十九届五中全会以来党中央提出了关于实质性推动共同富裕的一系列新理论、新政策、新举措，正在部署实施实质性推动的发展型共同富裕、多成分共同富裕、市场式共同富裕和分阶段共同富裕就是突破传统思维、回应各种认识偏差的最好说明。

---

① 程恩富在《社会主义发展三阶段新论》中把社会主义分作初级阶段、中级阶段和高级阶段。见程恩富. 社会主义发展三阶段新论[J]. 江西社会科学,1992(3).
② [德]马克思. 哥达纲领批判[M]. 北京:人民出版社,1965:14.

作者简介

赵磊,男,1957年1月生,黑龙江依兰人,中共党员。1983年毕业于西南财经大学政经系(本科),1988年毕业于西南财经大学经济系(硕士)。1991年破格晋升为副研究员,1995年破格晋升为研究员,2004年12月被评为博士生导师,2008年1月被评为二级教授。2004年被评为四川省第7批学术带头人,2014年被评为四川省第11批学术带头人。四川省期刊学会副理事长,四川省文科学报研究会副会长,四川省高校学报研究会副理事长。

曾担任《经济学家》编辑部主任、西南财经大学出版社副总编、《财经科学》编辑部常务副主编。

信仰马克思主义,具有经济学、哲学、历史学、社会学的理论功底。主要研究方向:马克思主义政治经济学、马克思主义哲学。已在《经济研究》《哲学研究》《社会学研究》《学术月刊》《文史哲》《经济学动态》《财贸经济》《光明日报》《政治经济学评论》《当代经济研究》《马克思主义研究》《真理的追求》《江汉论坛》《江海学刊》《经济参考报》《政治经济学研究》等报刊发表论文200多篇;有数十篇论文被《新华文摘》《人大复印资料》《书摘》《文摘报》《报刊文摘》转载或摘编;在马克思主义政治经济学、马克思主义哲学、收入分配理论、宏观经济理论等领域,具有扎实的学术造诣。

赵磊：论"共同富裕"的三个基本问题

2021年6月，中共中央、国务院公布《中共中央 国务院关于支持浙江高质量发展建设共同富裕示范区的意见》。时隔不到两个月，习近平总书记主持召开中央财经委员会第十次会议时强调："在高质量发展中促进共同富裕。"中央有关促进"共同富裕"的意见得到了舆论的一致点赞。人们普遍认为，中央提出"共同富裕"示范区深得民心，此举充分展示了"不忘初心、牢记使命、践行宗旨"的坚定决心，也是发展中国特色社会主义的必由之路。因此，"共同富裕"示范区很及时，很必要，很给力。然而，在"什么是共同富裕"以及"如何实现共同富裕"等基本问题上，人们的看法仍存在不少分歧。笔者就此做一些讨论，也算是"抛砖引玉"，请方家赐教。

一、何谓"共同富裕"

众所周知，一段时间以来"共同富裕"成了敏感词，被某些人刻意回避，甚至被某些人嘲笑。大家想想，共产党执政的国家，如果连"共同富裕"都成了敏感的禁忌词，岂不是天大的笑话？令人欣慰的是，"共同富裕"在当下成了热搜词。然而，什么是"共同富裕"，以及怎样实现"共同富裕"，似乎仍处于不甚了了的朦胧状态。尤其是究竟应当如何定义"共同富裕"，或许有人觉得这个问题没有必要过多纠缠，然而笔者认为未必。

"共同富裕"这个概念的核心词是什么？是"富裕"。没有富裕，"共同"的内容就不知所云。所以，共同富裕不是绝对平均主义，也不是共同贫穷。那么，富裕的基础是什么呢？从根本上说，富裕的基础只能是人类的劳动，只能是劳动者的实践和创造活动，以及由实践活动所推动的科学技术的不断进步。一句话，是生产力的发展和提升。不讲生产力的发展，富裕是不可能从天上掉下来的。所以，共同富裕这个概念首先要指向生产力的维度。

然而，生产力发展了，有了"富裕"，并不必然带来"共同富裕"。因为，谁的富裕？富裕的主体是谁？这是"富裕"本身不可能回答的问题。必须强调，"共同富裕"的核心词虽然是"富裕"，但是，"共同富裕"这个概念的要害却在于"共同"这个定语。没有"共同"，富裕的主体就不知所云。所以"共同富裕"不是少数人富裕，不是"有富裕而没共同"，"两极分化"是"共同富裕"的对立面。那么，"共同"的基础是什么？马克思主义告诉我们，"共同"的基础只能是生产资料公有制，是自由人的联合体。一句话，是生产关系的不断完善和进步。不讲生产关系的变革和完善，"共同"如何落实？"共同"只能是一句空话。所以，共同富裕这个概念必然要指向生产关系的维度。

由此可见，共同富裕既不是一个单纯的生产力概念，也不是一个单纯的生产关系概念，而是一个生产力和生产关系辩证统一的概念。当我们谈论"共同富裕"时，一定要从这两个维度去解读。离开这两个维度来谈"共同富裕"，都不是马克思主义的观点。

有人拿"平均主义"说事，讥讽"共同富裕"是"共同做梦"。把"共同富裕"讥讽为"共同做梦"，不过是庸俗经济学鼠目寸光的必然结论。在马克思主义政治经济学的逻辑中，"共同富裕"并不是浮云。因为，站在历史唯物主义的视野来看，不仅"富裕"的标准是相对的、发展的，而且"共同"的标准也是相对的、发展的。在生产力与生产关系的矛盾运动中，"共同富裕"是一个不断完善的过程。人类社会不仅要向着更高的富裕程度迈进，而且必然通过社会主义公有制的路径最终走向"共同富裕"。当然，社会主义"共同富裕"不仅指向物质层面的"共同富裕"，同时也指向精神层面的"共同富裕"。

习近平总书记说得好："共享理念实质就是坚持以人民为中心的发展思想，体现的是逐步实现共同富裕的要求。共同富裕，是马克思主义的一个基本目标，也是自古以来我国人民的一个基本理想。"[①] 共产党人之所以要把"共同富裕"写在自己的旗帜上，既是共产党的性质、宗旨和目标的必然逻辑，也是历史唯物主义立场的必然选择。"共同富裕"之所以成为中国特色社会主义在新时代的呼声，其根本原因就在于"生产力与生产关系"之间的矛盾运动使然。正如中央财经委员会第十次

---

① 习近平. 习近平谈治国理政：第2卷[M]. 北京：外文出版社，2017：214.

会议所强调的那样：

"改革开放后，我们党深刻总结正反两方面历史经验，认识到贫穷不是社会主义，打破传统体制束缚，允许一部分人、一部分地区先富起来，推动解放和发展社会生产力。党的十八大以来，党中央把握发展阶段新变化，把逐步实现全体人民共同富裕摆在更加重要的位置上，推动区域协调发展，采取有力措施保障和改善民生，打赢脱贫攻坚战，全面建成小康社会，为促进共同富裕创造了良好条件。……我们正在向第二个百年奋斗目标迈进，适应我国社会主要矛盾的变化，更好满足人民日益增长的美好生活需要，必须把促进全体人民共同富裕作为为人民谋幸福的着力点，不断夯实党长期执政基础。"[①]

资本主义有没有"共同富裕"？没有。即使在当代发达资本主义国家，也没有实现"共同富裕"。资本主义社会是有"富裕"而没有"共同"，是经济高度发达背景下的"两极分化"。北欧的福利社会虽然是当今世界上基尼系数最低的国家，但它们既没有也不可能实现"共同富裕"。原因何在？原因就在于生产关系的私有制。资本主义国家之所以不敢提"共同富裕"，也无力实现"共同富裕"，就在于"共同富裕"的要求必然与生产资料的资本私人占有制度相抵触。所以囿于阶级立场，资产阶级既不敢也不能提出"共同富裕"的口号。

富裕是个历史范畴，富裕的标准和内涵总是相对的、发展的。就更高层次的要求来看，当代社会的生产力水平和科技水平仍然处在不断发展的过程之中。然而，正如许多学者所看到的那样，当代发达国家所创造出来的巨大财富其实已经为促进"共同富裕"提供了必要的物质基础。促进"共同富裕"的诉求之所以未能在发达国家成为现实，在很大程度上并不是因为这些国家的生产力不够发达，而是在于这些国家的生产关系和分配关系仍然深陷在资本主义的"路径依赖"之中而难以自拔。

毋庸置疑，社会主义初级阶段条件下的共同富裕是"有差别的富裕"，而不是"同等富裕"。然而有必要提醒的是，马克思主义定义的"共同富裕"即使是"差别富裕"，这种"差别"也只能是建立在公有制基础之上的"差别"，或者说是建立在以公有制为主体的经济基础之上的"差别"，而绝不是建立在私有制基础之上的"差别"。我们不能将这两种"差别"混为一谈。建立在公有制基础上的"差别富

[①] 资料来源：《习近平主持召开中央财经委员会第十次会议强调在高质量发展中促进共同富裕统筹做好重大金融风险防范化解工作李克强汪洋王沪宁韩正出席》，《新华社官方账号》，2021年8月17日。

裕"与建立在私有制基础上的"差别富裕",二者有着本质区别。二者的区别在于:在社会主义相当长的历史阶段中,建立在公有制基础上的"差别"是难以避免的"资产阶级权利"——用马克思的话说,"在这里平等的权利按照原则仍然是资产阶级权利"[①],它必将随着社会主义的发展和完善逐渐趋于消亡。反之,建立在私有制基础上的"差别",则是资本主义基本矛盾的痼疾,它必将随着资本主义的两极分化而日趋尖锐。由此可见,中国特色社会主义定义的"共同富裕",只能是社会主义的"共同富裕",只能是马克思主义定义的"共同富裕",而不能是别的"共同富裕"。

二、如何实现"共同富裕"

怎样才能实现"共同富裕"?不发展生产力,当然不能实现"共同富裕"。但是,发展生产力只是实现"共同富裕"的必要条件,而不是充要条件。倘若没有生产关系和分配关系的改进和完善,倘若没有以公有制为主体的切实保障,那么经济再发达的社会也不可能实现"共同富裕"。这也正是我们之所以要强调"分好蛋糕"的意义所在。由此可见,在高质量发展经济的同时,不断完善生产关系、有效调整分配关系无疑具有相当明确的"问题导向"。对于如何实现"共同富裕",中央财经委员会第十次会议提出了原则性的指导:

"共同富裕是全体人民的富裕,是人民群众物质生活和精神生活都富裕,不是少数人的富裕,也不是整齐划一的平均主义,要分阶段促进共同富裕。要鼓励勤劳创新致富,坚持在发展中保障和改善民生,为人民提高受教育程度、增强发展能力创造更加普惠公平的条件,畅通向上流动通道,给更多人创造致富机会,形成人人参与的发展环境。要坚持基本经济制度,立足社会主义初级阶段,坚持'两个毫不动摇',坚持公有制为主体、多种所有制经济共同发展,允许一部分人先富起来,先富带后富、帮后富,重点鼓励辛勤劳动、合法经营、敢于创业的致富带头人。要尽力而为、量力而行,建立科学的公共政策体系,形成人人享有的合理分配格局……同时统筹需要和可能,把保障和改善民生建立在经济发展和财力可持续的基础之上……重点是加强基础性、普惠性、兜底性民生保障建设。要坚持循序渐进,对共同富裕的长期性、艰巨性、复杂性有充分估计……鼓励各地因地制宜探索有效

---

① [德]马克思,恩格斯. 马克思恩格斯文集:第3卷[M]. 北京:人民出版社,2009:434.

路径，总结经验，逐步推开。"①

这里面有几个关键词值得我们重视。第一个关键词是"要分阶段"。"分阶段"的原因，就在于"立足社会主义初级阶段"。正是立足于社会主义初级阶段，所以必须"分阶段促进共同富裕"。举一个例子，原始社会有没有"共同富裕"？原始社会是有"共同"而没有"富裕"，是低水平的平均主义。原因何在？原因就在于生产力极其落后。所以，考虑到生产力发展是一个历史演进的过程，在社会主义初级阶段，"共同富裕"必须分阶段推进。第二个关键词是"要坚持基本经济制度"。中国特色社会主义基本经济制度是以公有制为主体、多种所有制经济共同发展。坚持以公有制为主体的原因就在于："共同富裕是全体人民的富裕，是人民群众物质生活和精神生活都富裕，不是少数人的富裕。"坚持多种所有制共同发展的原因就在于，中国特色社会主义"不是整齐划一的平均主义"。所以，现阶段必须"坚持公有制为主体、多种所有制经济共同发展"。第三个关键词是"要坚持循序渐进"。"循序渐进"的原因，就在于必须"对共同富裕的长期性、艰巨性、复杂性有充分估计"，所以要"鼓励各地因地制宜探索有效路径，总结经验，逐步推开"。

在此基础上，中央财经委员会第十次会议进一步提出："要坚持以人民为中心的发展思想，在高质量发展中促进共同富裕，正确处理效率和公平的关系，构建初次分配、再分配、三次分配协调配套的基础性制度安排，加大税收、社保、转移支付等调节力度并提高精准性，扩大中等收入群体比重，增加低收入群体收入，合理调节高收入，取缔非法收入，形成中间大、两头小的橄榄型分配结构，促进社会公平正义，促进人的全面发展，使全体人民朝着共同富裕目标扎实迈进。"②上述有关分配关系的制度安排，在学界引发了广泛讨论。那么应当如何理解"构建初次分配、再分配、三次分配协调配套的基础性制度安排"？在我看来，只有在"分阶段"和"基本经济制度"以及"循序渐进"的基础上，我们才能正确把握"三次分配协调配套"的基础性制度安排的必要性。

基于这样的理解，窃以为促进"共同富裕"的进程是否可以考虑分为三个阶段：第一个阶段是"缩差"，即积极缩小收入差距。基本原则是：在现有经济基础的背景下，主要应当通过公共财政的作用，较大力度地缩小贫富差距。最近，中国

---

① 资料来源：《习近平主持召开中央财经委员会第十次会议强调在高质量发展中促进共同富裕统筹做好重大金融风险防范化解工作李克强汪洋王沪宁韩正出席》，《新华社官方账号》，2021年8月17日。
② 资料来源：《习近平主持召开中央财经委员会第十次会议强调在高质量发展中促进共同富裕统筹做好重大金融风险防范化解工作李克强汪洋王沪宁韩正出席》，《新华社官方账号》，2021年8月17日。

国际金融股份有限公司（中金公司）以家庭为单位，将中国 14 亿人的人均月收入分为 11 个等级，每个等级的收入和人数各不相同。月收入低于 500 元人民币的有 2.1589 亿人，月收入在 1000 元人民币以下的约 5.5 亿人。此前有报道说，我国有 6 亿人月收入低于 1000 元。由此可见，"缩差"的任务非常艰巨。"缩差"阶段应当坚持三个原则：①必须坚持党的领导；②借鉴和发扬精准扶贫的经验；③充分运用举国体制的优势。第二个阶段是"培基"，即培育能有效促进"共同富裕"的经济基础。基本原则是：在多种所有制经济共同发展的基础上，要发展壮大公有制经济的主体地位，主动适时地培育公有制经济，鼓励创新公有制实现形式。第三个阶段是"强基"，即强化实现"共同富裕"的经济基础。基本原则是：在公有制主体地位得到巩固的条件下，还要不断增强公有制的主体地位，为实现"共同富裕"筑牢坚实的基础。

三、促进"共同富裕"的现实路径

对于如何实现"共同富裕"，目前的试点正在积极稳步推进，可操作的措施也会有很大的着力空间。可以预期的是，第三次分配以及未来的公共财政和税收政策将发挥越来越重要的作用。学界对此已有比较广泛的讨论，不作赘述。在这里，笔者想从就业的角度，讨论一下促进"共同富裕"的现实路径。

众所周知，促进"共同富裕"的艰巨任务面临着国际和国内新的挑战和机遇。我们必须正视的是，在未来不会太短的一个时期内，新冠肺炎疫情对人类的影响都会具有"天命管人命"即"不以人的意志为转移"的规律性质。新冠肺炎疫情对人类社会最显著的影响，就在于对人类活动（政治、经济和军事全方位）的抑制。从更深刻的意义上讲，新冠肺炎疫情有效抑制了人类欲望的释放和人类活动带来的能量转换。与此同时，在未来相当长的一个时期内，中美关系在世界经济格局的力量对比变化中也同样具有不以人的意志为转移的规律性质。在这样的背景下，"国内大循环"的战略布局不仅是新冠肺炎疫情深化与中美关系演变叠加的必然产物，更是我国面临挑战和机遇作出的正确选择。问题是"国内大循环"如何落实？我国的内需如何扩大？高质量发展如何提升？

这一系列相互依存的问题引发了学界和业界的沸议。业内人士提出的各种思路，以及经济学界专家开出的药方，基本上仍是在凯恩斯经济学的逻辑中发力。就笔者的观察所见，除了力推城市化进程和基础设施建设，引人注目的，就是有学者提出了"收入倍增计划"。顺便指出,"收入倍增计划"并非今天中国学界的首创,20世纪60—70年代的日本就曾经实施过。为了尽快解决二战后由经济问题导致的国内局势严重不稳定,1960年上任的池田首相采纳了下村治的建议,并推行了"国民收入倍增计划"。计划要求,1961—1970年10年间,日本国民生产总值和人均国民收入都要实现翻番,即年均增长率应达到7.2%。

公允地讲,该计划在20世纪60—70年代的日本起到了一些效果。然而,该计划的效果能否持续?该计划是否具有普适性?特别是,该计划有哪些教训值得我们深思?半个世纪过去了,世界历史和日本后来的发展情况就摆在那里。事实表明,日本"国民收入倍增计划"引致的内在矛盾值得后人警醒。比如,在实施"收入倍增计划"的10年间,日本国内生产总值增长了1.78倍,但国民工资实际上只增长了0.94倍,并没有和经济增长完全同步。[①]虽然"国民收入倍增计划"是战后日本经济腾飞的重要一步,但是,该计划本质上并不是真正要实现劳动人民的收入增加,而是为垄断资本追求利润最大化提供一个途径而已。一言以蔽之,日本"国民收入倍增计划"是资本在与劳动博弈中的胜利。其结果,通货膨胀、两极分化、大都市人口过密化和农村人口过疏化等问题愈益严重。恕笔者直言,如果"收入倍增计划"真的就是灵丹妙药的话,资本主义早就终结人类历史了。

曾经在日本有一定效果的"收入倍增计划",如果今天的中国照搬照抄的话,未必有效。原因很唯物:当下中国的情况与当年日本的情况相比,已经有了很大的不同。这就叫:"橘生于南则为橘,橘生于北则为枳。"日本当年的情况,这里就不展开说了,只强调一点:如果在人工智能替代人力尚不显著的50年前,"收入倍增计划"或许还有一定的治标效果,那么21世纪以来,面对人工智能和科技的迅猛发展,这一类治标的措施已经越来越无能为力了。问题的症结在于,在市场经济的现实背景下,"收入倍增计划"要想落地,就必须建立在劳动者"有事可做"的基础上。倘若劳动者无事可做,那么"收入倍增计划"难免成为无稽之谈。

严峻的现实就摆在眼前:在人工智能越来越取代人的生产功能的背景下,人们的消费资格将怎么确认?没有工作岗位,劳动者的收入将从何而来?换言之,在劳动力越来越被人工智能替代的今天,一切所谓的"收入倍增计划"都将遭遇一个致命的障碍:如果没有就业岗位,劳动者获得收入的资格何在?主张"收入倍增计划"的学者虽然也看到了保障就业的重要性,可是在以雇佣劳动为基础的市场经济

---

① 王志平. 对"国民收入倍增计划"不能一知半解[N]. 文汇报,2020-09-01.

中，如何才能保障劳动者的就业权利呢？问题在于，在雇佣劳动的背景下，就业的逻辑越来越趋向于："N个人的工作一个人来做，甚至完全让机器人来做。"①总之，雇佣劳动的悖论在于：一方面，劳动者的就业要靠越来越多的私有企业提供；另一方面，越来越多的私有企业提供的就业岗位却越来越少。这就是"收入倍增计划"在当今社会的致命障碍所在。

就业形势面临的"致命障碍"，并不是理论上的"杞人忧天"，而是活生生的现实。统计数据过于枯燥，我只举两个具有典型性的案例。

案例一：浙江某地的街道干部招聘。有8个名额，都被来自北大和清华的硕士和博士所占据。街道干部是最底层的公务员，每天干的都是最琐碎、最繁杂的事务。这样的工作，高中毕业生就能干。但是，街道干部招聘不仅被硕士、博士填满，而且是来自大学金字塔顶尖的北大和清华的硕士、博士。这就意味着，其他高校的同类都被淘汰了，连浙江最高学府浙江大学的毕业生也没有一席之地。越来越多的人有这样的困惑：当今之世，能有几个高校毕业生还从事与自己本专业有关的工作？越来越多的高校毕业生改行从事与自己所学专业无关的工作。大学教育与就业成了"两层皮"。再好大学的毕业生，哪怕是博士，进入就业岗位后都必须重新培训。

案例二：哈佛女博士任职街道办。据媒体报道：内地女子罗某某，拥有美国哈佛大学博士学位，却在前年出任广东深圳市桃源街道办副主任，此事引起了热议。有人认为，如此高的学历不当科学家非常可惜，是大材小用；亦有人表示支持；还有人认为是由于求职困难。问题在于，人们的知识和学识越来越高，可是为什么就业形势却越来越不乐观？大家想想，如果雇佣劳动关系仍然是就业的唯一渠道和唯一形式，那么劳动者的收入要想在未来得到倍增，显然具有相当难度。北大、清华甚至哈佛的博士和硕士直奔基层，当然有着时代的积极意义，但也传递出一个信号：就业形势相当严峻。

总之，随着生产力的发展和人工智能的普及，雇佣劳动制度越来越难以解决劳动者的就业问题，这是生产资料私有制内生矛盾的必然结果，是生产力与生产关系矛盾运动的外在表现。换言之，在雇佣劳动制度的条件下，越来越严峻的就业形势基本上就是一个无解的难题。有人反问："马克思主义政治经济学揭示了雇佣劳动制度的弊病又能怎么样呢？马克思主义政治经济学如果只善于批判，却开不出具体药方，那又有什么用？"可悲的是，某些"马克思主义专家"也是这么认为的。在

---

① 赵磊,等.世界处在巨变的前夜——一个马克思主义的观察维度[J].江汉论坛,2017(1).

笔者看来，把马克思主义政治经济学定位于"只会批判，不会建设"，说轻一点，是对马克思主义政治经济学的无知；说重一点，是对马克思主义政治经济学的歪曲。马克思主义政治经济学的"具体措施"重不重要？当然重要；但更为重要的，是马克思主义政治经济学的"基本道理"。

俗话说得好："小胜靠智，大胜靠德，长胜靠道。"具体措施是取得小胜之"智"，基本道理是取得大胜之"德"，基本逻辑是取得长胜之"道"。马克思主义政治经济学的具体措施与基本道理、基本逻辑的关系，是"智""德""道"之关系，或者说，是"器"与"道"的关系。在马克思主义政治经济学的基本道理长期被边缘化的背景下，若谈马克思主义具体应用的"技术"或"器用"，能引起重视吗？能真正落实吗？如果连马克思主义的基本道理和基本逻辑都不认同，又谈何"具体措施"呢？因此，在马克思主义政治经济学必须不断强化的今天，马克思主义学者首先应当努力为之的，恐怕不是能不能提出建设性的"具体措施"，而是能不能对马克思主义政治经济学的"基本道理"达成起码的共识。

在摆正了"道"与"器"关系的前提下，下面我谈谈马克思主义政治经济学的"具体措施"。不论是发展经济还是促进"共同富裕"，都必须以就业保障为基本前提。换言之，就业保障是促进"共同富裕"的现实路径。然而如何保障劳动者的就业？与西方经济学相比，马克思主义政治经济学提出的对策却截然不同。基于马克思主义政治经济学的逻辑，笔者认为未来我国就业的基本保障，既不能完全依赖雇佣劳动制度的自发性，也不能完全指望私有制企业的自觉性。一言以蔽之，未来我国就业的基本保障，除了继续发挥各类私有企业的积极作用以外，还必须更好地发挥"以人民为中心"的政府的作用。对此，我提三点建议：①在国有企业和国家事业单位逐渐实施轮流工作制的试点——即原来一个人的工作，逐渐由越来越多的人来承担；②通过经济激励手段和必要的法律手段，引导私有制企业逐渐实施轮流工作制；③在此基础上，使得逐渐扩展的"灵活就业"和越来越多的"闲暇时间"并行不悖，形成轮流工作制的普及与劳动者收入的增加"比翼齐飞"。

有人质问："这是不是又要吃大锅饭呢？"这样看问题的人，我以为或许是深陷在"过劳死"的就业逻辑中思考问题了。对于这个质问，我的回答是：其一，名称只是表征，重要的是二者的区别。我们要用辩证、发展的眼光看问题，未来的"轮流工作制"不是过去的"吃大锅饭"，二者在生产力发展水平以及由此形成的生产关系和生产方式上，都不可同日而语。其所以不同，就在于经济条件、科技水平以及社会背景在今天已经发生了深刻变化。其二，随着就业压力越来越大，实施灵活的"轮流工作制"必将被越来越多的人所接受。否则的话，一边是部分劳动者"过劳死"或"996"，另一边却是越来越多的人"没活干""内卷"甚至"躺平"。由此可见，"轮流工作制"不仅是解决未来社会就业的重要路径，而且也是促进"共同富裕"的前提条件。其三，劳动者自由时间的增加而不是工作时间的增加，是社会生产力不断发展的必然结果。换言之，"过劳死"的就业逻辑已经越来越不适应以人工智能为标志的生产力性质了。所以，"一个人的工作 N 个人做"不是社会的退步，而是社会的进步。其四，与其让越来越多的劳动者失业领取救济"混吃等死"，不如让劳动者有计划地轮流工作并获得报酬，这或将从根本上缓解当代社会承受的就业难题。面对日益严峻的就业压力，为什么我们就不能跳出雇佣劳动关系的逻辑来看待"一个人的工作 N 个人做"呢？

不论采取什么举措来解决就业问题，其中都必然展现出两种截然不同的效率逻辑和就业逻辑："过劳死"是雇佣劳动的效率逻辑，而"一个人的工作 N 个人做"才是社会文明不断进步的效率逻辑；"N 个人的工作一个人做"是资本主义的就业逻辑，而"一个人的工作 N 个人做"才是社会主义的就业逻辑。因此，与雇佣劳动的"过劳死"的就业模式不同，社会主义的就业模式必然蕴含着马克思主义逻辑，即以公有制为主体的经济基础以及与之相应的更好地发挥政府的作用。窃以为，马克思主义政治经济学基本逻辑的逐渐展开，是中国解决就业难题以及促进"共同富裕"的现实路径。

当然，雇佣劳动就业模式的消亡，必将经历一个相当长的历史时期。在这个相当长的历史时期中，私有制背景下的雇佣劳动必然在解决就业难题中发挥着不可或缺的积极作用。我们对此应当有清醒且客观的认识。因此，社会主义就业逻辑的全面展开，不是一蹴而就的事情，而必然是一个"从量变到质变"的过程。在这个过程中所发生的各种因素、各种变量以及各种力量的此消彼长，这里就不展开讨论了。

作者简介

丁晓钦,上海财经大学讲席教授、博士生导师、经济学博士,中国社会科学院马克思主义研究院博士后,中央马克思主义理论研究和建设工程专家。现任上海财经大学马克思主义学院副院长、海派经济学研究院副院长、中国特色社会主义政治经济学研究中心副主任,《海派经济学》(CSSCI)、《政治经济学研究》副主编,*World Review of Political Economy*(ESCI)编辑部主任;兼任世界政治经济学学会秘书长、常务理事,中国政治经济学学会常务理事,中国政治经济学学会海派经济学专业委员会会长,中国《资本论》研究会常务理事,中华外国经济学说研究会常务理事,全国马克思列宁主义经济学说史学会常务理事,中国青年政治经济学学者年会轮值主席;曾任哈佛大学法学院访问学者,哈佛大学亚洲中心研究员,马里兰大学帕克分校政府与政治系访问学者。先后在《人民日报》《光明日报》《马克思主义研究》《世界经济》《经济学动态》《学术月刊》,*Science & Society*(SSCI),*Monthly Review*(SSCI)等国内外权威刊物发表论文和译文200多篇,主持国家和省部级招标课题、委托课题等30多项。

丁晓钦：推动全体人民共同富裕取得实质性进展

《中共中央关于制定国民经济和社会发展第十四个五年规划和二〇三五年远景目标的建议》关于基本实现社会主义现代化的远景目标中，首次提出"全体人民共同富裕取得更为明显的实质性进展"，在改善人民生活品质部分突出强调了"扎实推动共同富裕"，要求向着这个目标更加积极有为地进行努力。要切实推动全体人民共同富裕取得实质性进展，最终稳步实现共同富裕，必须进一步从理论、制度和实践三个层面，全面、具体、深入地理解新时代社会主义共同富裕的理论意义、制度保障和实践举措。

一、"共同富裕"具有马克思主义及其中国化的理论基础

在生产力发展的基础上逐步消除与私有制相伴随的社会不平等，是科学社会主义关于未来社会发展的一个重要科学论断。从理论层面来理解，共同富裕是从历史发展规律得出的科学结论，是科学社会主义创始人关于社会主义社会的基本规定和发展目标。马克思经典著作中从三个方面对共同富裕思想进行了深刻的探讨。

首先，共同富裕是社会主义的本质属性。"使相对过剩人口或产业后备军同积累的规模和能力始终保持平衡的规律把工人钉在资本上……这一规律制约着同资本积累相适应的贫困积累。因此，在一极是财富的积累，同时在另一极……是贫困、劳动折磨、受奴役、无知、粗野和道德堕落的积累"，[①] 而在社会主义社会，"社会生产力的发展将如此迅速……生产将以所有人的富裕为目的"。[②]

---

① ［德］马克思,恩格斯. 马克思恩格斯文集:第5卷[M]. 北京:人民出版社,2009:744.
② ［德］马克思,恩格斯. 马克思恩格斯全集:第31卷[M]. 北京:人民出版社,1998:104.

其次，公有制是实现共同富裕的所有制基础。"资本的垄断成了与这种垄断一起并在这种垄断之下繁盛起来的生产方式的桎梏。生产资料的集中和劳动的社会化，达到了同它们的资本主义外壳不能相容的地步"，因此，从"这个意义上说，共产党人可以把自己的理论概括为一句话：消灭私有制"，①"在资本主义时代的成就的基础上，在协作和对土地及靠劳动本身生产的生产资料的共同占有的基础上，重新建立个人所有制"。②

最后，共同富裕的物质基础是不断发展的社会生产力。"分配本身是生产的产物，不仅就对象说是如此，而且就形式说也是如此。就对象说，能分配的只是生产的成果"，③为此，社会主义要"建立这样一种制度……通过有计划地经营全部生产，使社会生产力及其成果不断增长，足以保证每个人的一切合理的需要在越来越大的程度上得到满足"。④

我国自古就有"均富，共富"的思想萌芽。管仲在《管子·治国》中指出"凡治国之道，必先富民"，孔子在《论语》中也有"敬民、信民、宽民、富民、教民"的表述。⑤ 到近代，中国共产党成立之初，就在党纲中规定了"消灭阶级区分""消灭资本家私有制"等基本行动纲领；新中国成立后，1953年的《中共中央关于发展农业生产合作社的决议》首次提出了"共同富裕"的概念。改革开放之后，1992年邓小平同志对"共同富裕"的概念进行了全面阐述，"社会主义的本质，是解放生产力，发展生产力，消灭剥削，消除两极分化，最终达到共同富裕"。⑥

党的十八大以来，习近平总书记在多次会议、讲话中有关"共同富裕"的一系列论述，为社会主义新时代切实推动共同富裕取得实质性进展奠定了理论基础。他指出，"共同富裕是中国特色社会主义的根本原则"⑦，实现共同富裕是我们党坚持人民立场的具体体现，要把"人民放在心中最高位置，坚持全心全意为人民服务的根本宗旨，实现好、维护好、发展好最广大人民根本利益"⑧，坚持共享发展是实现共同富裕的根本途径，"共享理念实质就是坚持以人民为中心的发展思想，体现的

---

① [德]马克思,恩格斯. 马克思恩格斯文集:第2卷[M]. 北京:人民出版社,2009:45.
② [德]马克思,恩格斯. 马克思恩格斯文集:第5卷[M]. 北京:人民出版社,2009:874.
③ [德]马克思,恩格斯. 马克思恩格斯全集:第46卷上[M]. 北京:人民出版社,1979:33.
④ [德]马克思,恩格斯. 马克思恩格斯文集:第3卷[M]. 北京:人民出版社,2009:561.
⑤ 唐代兴,唐梵凌. 孔子民本思想的返本开新,哲学研究[J]. 江海学刊,2018(1).
⑥ 建国以来重要文献选编. 第4册[M]. 北京:中央文献出版社,1993:661-662.
⑦ 习近平. 紧紧围绕坚持和发展中国特色社会主义学习宣传贯彻党的十八大精神[N]. 人民日报,2012-11-17.
⑧ 习近平. 在庆祝中国共产党成立95周年大会上的讲话[J]. 求是,2021(8).

是逐步实现共同富裕的要求",这个共享是"全民共享、全面共享、共建共享、渐进共享"①。"共享发展"对"共同富裕"的理念继承和创新,拓展了"共同富裕"的内涵,创新了"共同富裕"的人际关系,落实了"共同富裕"的具体实现途径,"共享发展"和"共同富裕"一脉相承,"共享发展"是对"共同富裕"理念的坚持与发展,"共享发展"是"共同富裕"远景目标的集中反映。②

二、"共同富裕"需要中国特色社会主义的制度保障

我们能够将共同富裕作为中国特色社会主义的根本原则,作为社会价值标准得以确立,依靠的是中国特色社会主义基本经济制度作为根本的制度保障。

首先,公有制为主体是实现共同富裕的所有制基础。一个社会的生产资料所有制结构决定了由谁控制生产资料,由谁控制包括生产、分配、交换以至消费等社会经济的各个环节,并主导社会政治和意识形态。我国还处在社会主义初级阶段,以公有制为主体,保证了生产资料主要由全体人民共同占有,生产社会化的要求得以体现和满足,这能够有效避免生产过剩和供求不平衡,进而促进经济高质量发展,为共同富裕提供物质条件。此外,劳动人民作为生产资料的共同所有者,不同于其在资本主义生产过程中的从属地位,从而能够在生产上处于人人平等的关系,任何人都不能凭借生产资料所有权无偿占有他人的劳动,共同富裕的社会关系得以保障。因此,只有在公有制为主体的所有制下,生产的不断发展和物质、精神财富的不断丰富,才会带来全体社会成员生活水平的共同提高,社会主义的共同富裕才能逐步得以实现。因此,公有制的主体地位不但不能动摇,而且要不断巩固和提高。公有制的主体地位不光要在质上不断提高,而且要在量上不断增加。我们当前的混合所有制改革,不是要用民营资本把国有资本"混"掉,而是要进一步巩固和发展公有制经济,让民营资本更好地参与到社会主义现代化建设的进程中,更好地服务于社会主义的发展目的,更好地服务于全体人民共同富裕的目标。我国目前虽然还处在社会主义初级阶段,但随着我国社会生产力的不断发展,随着我国制度优势的不断发挥,在不久的将来我们将进入社会主义的更高阶段,更需要公有制这个压舱石,

---

① 资料来源:习近平.《在省部级主要领导干部学习贯彻党的十八届五中全会精神专题研讨班上的讲话》,2016年1月18日。
② 陆自荣,张颖.从"共同富裕"到"共享发展":理念的继承与创新[J].湖南科技大学学报(社会科学版),2017(5).

才能经受住国际国内复杂发展困境中的各种挑战和考验。

其次,坚持公有制为主体,既是贯彻落实按劳分配为主体的制度、遏制劳动收入占比下降的重要前提,也是防止财富差距过大的必要条件。有什么样的所有制,就决定了实行什么样的分配制度。公有制为主体的所有制,决定了按劳分配为主体的分配制度。党的十九届四中全会把"坚持按劳分配为主体,多种分配方式并存"上升为社会主义基本经济制度,要求坚持多劳多得,着重保护劳动所得,增加劳动者特别是一线劳动者的劳动报酬,提高劳动报酬在初次分配中的比重。党的十九届五中全会进一步提出,要坚持强调提高劳动报酬在初次分配中的比重,完善工资制度,健全工资合理增长机制,着力提高低收入群体收入,扩大中等收入群体。探索通过土地、资本等要素的使用权、收益权增加中低收入群体的要素收入,加大税收、社保、转移支付等手段调节力度和精准性,改善收入和财富分配格局。目前我国的居民收入差距中存在两种性质不同的差距:一种是由不同部门、地区和行业之间劳动者的贡献和生活费用的差别造成的劳动收入差距;另一种是由财产占有上的差别导致的财产性收入差距。财产性收入差距的不断扩大和积累是造成贫富分化的主要原因之一,而要解决这一问题,就必须坚持按劳分配为主体的分配制度,使其成为共同富裕在生产关系上的制度保障。相对于私有企业,公有经济中的职工工资水平一般相对较高,职工福利也更完善,这不仅能遏制财富占有方面的分化,而且也有助于普遍提高一般劳动者的收入水平,缩小收入差距。

最后,构建高水平社会主义市场经济体制,共享高质量发展成果。我们要实现的共同富裕是能够使全体人民共享高质量的发展成果,而不是搞低质量的平均主义,这就要求我们在分好"蛋糕"的同时还要做大"蛋糕"。市场经济体制能够解放和发展生产力,提高人民群众的物质、文化生活水平,推进社会主义现代化发展进程,从而为全体人民共享高质量发展成果提供物质基础。但是市场经济也有弊端,市场经济的竞争性、盲目性和滞后性都会使贫富差距扩大,这就需要坚持和完善社会主义基本经济制度,充分发挥市场在资源配置中的决定性作用,更好地发挥政府作用,推动有效市场和有为政府更好地结合,激发各类市场主体活力,完善宏观经济治理,建立现代财税金融体制,建设高标准市场体系,加快转变政府职能,统筹兼顾公平与效率,缩小收入差距,努力实现共同富裕。

此外,在坚持不断发展和完善社会主义市场经济体制的同时,坚持两个"毫不动摇",在毫不动摇地巩固和发展公有制经济,深化国资国企改革,做强、做优、做大国有资本和国有企业,加快国有经济布局优化和结构调整,发挥国有经济战略支撑作用的同时,还要毫不动摇地鼓励、支持、引导非公有制经济发展,优化民营经济发展环境,完善促进中小微企业和个体工商户发展的法律环境和政策体系,使非公有制经济与公有制经济协调互补式发展。鼓励和发展非公有制经济,使其能更为有效地配置资源,形成广泛而丰富的分工体系,创造出丰富多彩的物质和精神产品,推动社会生产的蓬勃发展,满足人民群众的美好生活需要,为共同富裕提供不断发展的社会生产力基础。同时,要注意限制民营经济过高的资本—劳动收入比例,以免产生过大的收入分配差距,影响共同富裕的推动,偏离社会主义发展目的。

我们不难发现,西方学者不轻易谈"共同富裕",他们更多的是用高福利来代替富裕。第二次世界大战以来,西方发达国家越来越广泛地介入民众社会权利的保护过程,以此形成的公共政策构成了现代国家的核心制度。在这个意义上,这些国家也被称作"福利国家"。实际上,西方"福利国家"没有一个是基于公民的社会权利而分享普遍福利的。相反,政府常常利用福利政策,迎合那些能够为选举作出更大贡献的中产阶级,而不是那些分散的、缺少资源的底层人口。福利分配的政治化、功利化不仅盛行于西方发达国家,在广大第三世界也十分盛行。①

西方的"高福利"不是"共同"的,西方发达国家的资产阶级较之工农阶级能够更多、更充分地享受更高的福利,劳动人民的所谓高福利只是相对于发展中国家而言的。西方的"富裕"只在物质层面,忽略了人民的"全面发展"需求。较高的物质福利只是为了把工人从生产者培养成消费者②,尽可能地为过剩的供给提供有效需求,从而推动下一轮的剩余价值生产,以实现资本增值的根本目的。而对于人民的非物质方面的发展,他们一贯的伎俩是忽视、愚弄和误导,这就导致经济与社会发展严重失衡,民粹主义滋生,"民主"社会弊端尽显。

此外,西方发达国家更多的是用"公平"来替代中国"全面共享"这一理念。在他们看来,只要"起点公平""过程公平",必然带来"结果公平",而"结果公平"就是一个正义的社会价值,"结果公平"的社会就是一个完美的社会,而不用去管具体的发展成果有没有被全体人民共享,又是如何在全体社会成员中分配和享用的。这种社会价值造成了越来越大的贫富分化和越来越多的社会矛盾,即使资本主义使出浑身解数,也不得解脱之法。

北欧以高福利为主要特征的社会保障体系,从本质上说还是先按资分配,然后

---

① 冉清文. 市场经济与共同富裕的悖论[J]. 求是,2002(1).
② Gorz. Critique of Economic Reason[M]. London and New York:Verso Press,1988,pp44.

将税收的一部分实行平均主义，这种体系在经济繁荣时还能维持，一旦经济发展出现停滞，高福利便无法持续。美国战后经济繁荣，人民收入增加，生活质量改善，似乎诠释了一个理想的社会发展道路；但一旦经济陷入危机，便会出现中产阶级资产大幅度缩水而富豪总资产节节攀升的"怪相"。平日医疗、社会保障等公共资源看似发达、丰富、充足，一旦"新冠肺炎疫情"来袭，资源紧缺，便遵循资本优先、富人优先的原则，致使数十万的普通民众因无法享受基本的公共医疗资源，得不到及时有效的治疗而失去生命。究其原因，从本质上讲是因为生产资料的资本主义私有制无法支撑"共同富裕"的伟大社会理想。

三、全面推动"共同富裕"取得实质性进展的实践举措

有了理论支撑和制度保障，要全面推动"共同富裕"取得实质性的进展，还需要切实可行的实践举措。

首先，要有除旧布新观念。2021年2月25日，习近平总书记在全国脱贫攻坚总结表彰大会上的讲话中指出："解决发展不平衡不充分问题、缩小城乡区域发展差距、实现人的全面发展和全体人民共同富裕仍然任重道远。我们没有任何理由骄傲自满、松劲歇脚，必须乘势而上、再接再厉、接续奋斗。"要推动共同富裕取得实质性进展，应消除只把共同富裕视为最终目标而非日趋推进过程，将共同富裕变成夸夸其谈而不付出实际行动，日行跬步、先搞贫富悬殊再搞共同富裕，以先富带动后富为借口大搞贫富分化，贫富差距越大越有利于发展，只需提高中低收入而无须调控超级富豪收入，政府不用调控私有化市场竞争导致的巨大贫富差距，以免影响资源配置效率，企事业与公务单位三大阶层财富和收入无须协调平衡等错误观念，真正确立全体人民共富共享共福的理念。

其次，要巩固脱贫攻坚成果。在全面脱贫攻坚战的持续努力下，2020年年底全国贫困人口全部脱贫，所有贫困县全部摘帽，我国取得了人类减贫史上前所未有的成绩。2021年2月25日，习近平总书记在全国脱贫攻坚总结表彰大会上的讲话中强调："脱贫攻坚战的全面胜利，标志着我们党在团结带领人民创造美好生活、实现共同富裕的道路上迈出了坚实的一大步。同时，脱贫摘帽不是终点，而是新生活、新奋斗的起点。"成绩来之不易，要巩固脱贫成果，毫不放松抓好农业生产，扎实推进乡村振兴，将巩固拓展脱贫攻坚成果同乡村振兴有效衔接，保持主要帮扶政策总体稳定，健全防止返贫动态监测和帮扶机制，促进脱贫人口稳定就业，加大技能

培训力度，发展壮大脱贫地区产业，做好易地搬迁的后续扶持，分层分类加强对农村低收入人口常态化帮扶，确保不发生规模性返贫，为共同富裕守住底线。①

再次，要以产权促共富。通过在城乡做强、做优、做大国有企业、集体企业和合作企业，以及推行民营企业职工持股等主要措施，来缩小在企业内部进行的国民收入初次分配差距，为共同富裕守住收入差距鸿沟。2016年10月12日，习近平总书记在出席全国国有企业党的建设工作会议上指出："国有企业是中国特色社会主义的重要物质基础和政治基础，是党执政兴国的重要支柱和依靠力量，必须做强做优做大。"国有企业保障人民共同利益、推动共同富裕的强大力量来源于其与人民的根本关系：全体人民是国有企业的最终所有者，特殊的产权形式使国有企业"做强、做优、做大"意味着全体人民共有资产的壮大；人民是国有企业的服务对象，国有企业必须更好地服务于人民群众，才能不断发展；人民是国有企业的劳动主体，是具有主人翁身份的劳动者，与国有企业具有一致利益关切。国有企业能够利用市场增效益、兼顾公平谋幸福的特殊组织形式，不断缩小贫富差距、共享发展成果。民营企业职工持股的形式，能够有效限制资本收入在总收入中的占比，提高民营企业员工的劳动收入，减小收入分配差距。

最后，确立以民生为导向的发展模式，为人民美好生活保驾护航。使政府的投入和政策向普惠型转变，使人民群众在共建共享发展中有更多获得感、幸福感、安全感，不断促进人的全面发展和全体人民共同富裕。习近平总书记在《习近平谈治国理政（第2卷）》中强调："保障和改善民生没有终点，只有连续不断的新起点。"民生事业进步本身就是共同富裕的直接体现，它可以使民众更多地在社会生产力提高中享受到发展的成果。办好各项民生事业，释放民生事业的组合与协同效应，必将促进产业结构的持续优化，激发出高质量发展的民生动力。同时，民生事业的发展可以通过社会福利覆盖面的扩大，通过提供不断完善的社会保障，有效缓解经济发展过程中不同社会群体、不同地区和不同部门行业之间收入分配差距的不利影响。②

实现社会主义现代化是我国的重要发展目标，也是全体人民的共同期盼。到2035年基本实现现代化，意味着我国经济实力、科技实力、综合国力将大幅跃升，基本实现新型工业化、信息化、城镇化、农业现代化，建成现代化经济体系，基本

---

① 谢岳. 发展式扶贫的本质是共同富裕[N]. 北京日报, 2021-02-22.
② 程恩富, 刘伟. 社会主义共同富裕的理论解读与实践剖析[J]. 马克思主义研究, 2012(6).

实现国家治理体系和治理能力现代化，生态环境根本好转，参与国际经济合作和竞争新优势明显增强。与此同时，习近平总书记又多次强调："我国现代化是全体人民共同富裕的现代化。""共同富裕"是现代化的出发点和落脚点，实现共同富裕，也是前无古人的宏伟事业和艰巨复杂的历史任务。在开启全面建设社会主义现代化国家新征程之际，我们要深入学习马克思主义及其中国化关于共同富裕的理论思想、习近平总书记关于共同富裕的系列重要论述，坚持"四个自信"，发挥制度优势，全面贯彻新发展理念，始终把满足人民对美好生活的新期待作为发展的出发点和落脚点，在实现现代化的过程中，树立正确观念、巩固脱贫成果、做强做优做大国有企业、确立以民生为导向的发展模式，使共同富裕取得更为明显的实质性进展，最终稳步实现共同富裕目标。

作者简介

周绍东，1984年生，男，安徽枞阳人，武汉大学马克思主义学院教授、博士生导师。国家"万人计划"青年拔尖人才、中央马克思主义理论研究和建设工程专家、教育部哲学社会科学重大课题攻关项目首席专家、湖北省"楚天学者"。主要研究方向为马克思主义政治经济学、中国特色社会主义政治经济学。学术作品见于《经济研究》、《管理世界》、《马克思主义研究》、《人民日报》（理论版）、《光明日报》（理论版）等报刊。曾获第三届刘诗白经济学奖（著作奖）、首届费孝通田野调查奖（一等奖）、江苏省哲学社会科学优秀成果奖（一等奖）。主编有《中国政治经济学学术影响力评价报告》《经济思想史研究》《中国特色社会主义政治经济学通史》。

周绍东：在高质量发展中促进共同富裕

引言

坚持人民至上是中国共产党百年奋斗的重要历史经验之一。党的十九届六中全会通过的《中共中央关于党的百年奋斗重大成就和历史经验的决议》指出：只要我们始终坚持全心全意为人民服务的根本宗旨，坚持党的群众路线，始终牢记江山就是人民、人民就是江山，坚持一切为了人民、一切依靠人民，坚持为人民执政、靠人民执政，坚持发展为了人民、发展依靠人民、发展成果由人民共享，坚定不移走全体人民共同富裕道路，就一定能够领导人民夺取中国特色社会主义新的更大胜利，任何想把中国共产党同中国人民分割开来、对立起来的企图就永远不会得逞。

党的十八大以来，党中央把逐步实现全体人民共同富裕摆在更加重要的位置上，采取有力措施保障和改善民生，打赢脱贫攻坚战，全面建成小康社会，为促进共同富裕创造了良好条件。中央政治局第二十七次集体学习时，习近平总书记强调：必须更加注重共同富裕问题。在2021年8月17日召开的中央财经委员会第十次会议上，习近平总书记又进一步指出：共同富裕是社会主义的本质要求，是中国式现代化的重要特征，要坚持以人民为中心的发展思想，在高质量发展中促进共同富裕。

本文以马克思主义政治经济学的"生产—分配"关系为基本出发点，在"斯密—杨格定理"视野中考察了改革开放以来中国经济增长模式的形成过程，分析了粗放型低水平经济增长模式阻碍共同富裕的内在机制。在此基础上，建立一个简单的数理模型，考察了转变经济发展模式对于推动共同富裕的重要意义，提炼总结了经济高质量发展模式的四种收入分配效应：技术劳动报酬提升效应、实体经济资源集聚效应、产业区域布局优化效应以及城乡资源双向流动效应,并提出了相应的政策意见和建议。

一、"斯密—杨格定理"视野下的中国经济增长模式

中国特色社会主义进入了新时代,我国经济发展也进入了新发展阶段,也即由高速增长阶段转向高质量发展阶段。当前,中华民族伟大复兴的历史进程迎来了世界百年未有之大变局,我国面临的发展环境错综复杂,发展任务艰巨繁重,机遇挑战前所未有。在这一重要的历史关口,党和国家结合我国新的经济建设实践,提出了"推动经济高质量发展"的新判断。正如习近平总书记所指出的:"高质量发展,就是能够很好满足人民日益增长的美好生活需要的发展,是体现新发展理念的发展,是创新成为第一动力、协调成为内生特点、绿色成为普遍形态、开放成为必由之路、共享成为根本目的的发展。"①

从理论上厘清高质量发展与共同富裕之间的关系,首先需要理解和把握生产与分配之间的关系。从本质上来看,一个经济体内部的分配结构是由其生产方式和生产关系决定的。马克思在《〈政治经济学批判〉导言》中就明确地提出:"分配的结构完全取决于生产的结构,分配本身就是生产的产物,不仅就对象说是如此,而且就形式说也是如此。就对象说,能分配的只是生产的成果,就形式说,参与生产的一定形式决定分配的特定形式,决定参与分配的形式。"② 从某种程度上看,马克思主义政治经济学并没有把分配和生产作为两个独立的主体来看,而是将其视为密不可分的整体。因为,"照最浅薄的理解,分配表现为产品的分配,因此它仿佛离开生产很远,对生产是独立的。但是,在分配是产品的分配之前,它是(1)生产工具的分配,(2)社会成员在各类生产之间的分配(个人从属于一定的生产关系)——这是上述同一关系的进一步规定。这种分配包含在生产过程本身中并且决定生产的结构,产品的分配显然只是这种分配的结果"。③

这表明,分配之所以是与生产密不可分的,是由于经济主体在生产过程中,首先就要进行生产工具的分配。并且,各经济主体在生产过程中形成经济关系,并在经济关系中占据各自的地位。从这个意义上说,分配"历史地"决定了生产。对于

---

① 习近平. 习近平谈治国理政:第3卷[M]. 北京:外文出版社,2020:238.
② [德]马克思,恩格斯. 马克思恩格斯全集:第30卷[M]. 北京:人民出版社,1995:36.
③ [德]马克思,恩格斯. 马克思恩格斯选集:第2卷[M]. 北京:人民出版社,2012:696.

狭义的"分配"——产品分配而言，生产过程结束后，参与生产的主体就会根据生产资料所有制状况以及他们之间的生产关系进行分配。也就是说，经济主体在生产关系中的地位决定了他们在初次分配中能够获得多少份额。

改革开放以来，随着社会主义市场经济体制的建立和完善，我国社会生产关系发生了深刻的变革和调整。一方面，生产资料所有制结构发生了很大变化，非公有制经济和民营企业的体量和规模迅速扩张，在国民经济中发挥的作用也在不断增大。非公有制经济与公有制经济在初次分配关系上存在很大差异，民营企业的劳资分配关系改革对于推动共同富裕具有很大影响。但是，另一方面，一个长期以来被研究者忽视的问题是：在经济全球化的背景下，以国家为单位的经济主体在全球价值链（GVC）中所形成的经济关系，也深刻地影响着其在初次分配中所处的地位。这一机制不涉及生产资料所有制，但对于全球化时代的经济主体而言，仍然深刻地体现着生产对于产品分配的决定性作用。

事实上，在古典经济学中，与"生产关系"比较接近的概念是"分工"，与强调生产资料所有制性质不同的是，斯密笔下的分工更多的是一种技术概念。斯密第一次对劳动分工促进经济增长的内在机制进行了理论提炼。1928年，阿林·杨格继承了斯密有关分工的分析思路，提出了市场规模与分工深化的"循环累积因果原理"——分工深化将通过产业配套和迂回生产机制扩大市场规模，而市场规模的扩大反过来又会进一步推动分工深化，这也被称为"斯密—杨格定理"。①

"斯密—杨格定理"的核心内容是围绕分工与市场规模的互动增强关系展开的。一方面，随着企业内部分工的深化，生产产品的中间步骤从企业中分离出来成为独立企业，这些企业围绕着产品生产形成产业链条和产业配套，生产的"迂回性"不断提高，原本全部集中在一个企业内部的产品生产活动现在分布到各个不同企业中去。而产业链上的企业通过"投入—产出"联系形成供求关系，市场交易规模得到有效提升。而另一方面，当市场规模扩张时，某种原本无法达到最低"技术—经济"门槛的中间品，现在就获得了独立出来的可行性。这又将进一步深化企业间的分工，提高专业化程度。

不难发现，改革开放以来中国的经济增长奇迹，可以在这个理论框架中得到解释。由于将市场空间拓展到国际市场，本土企业的分工决策发生了很大变化，原本"大而全、小而全"的生产，转变为集中在全球价值链的部分环节、本来。由于国

---

① [美]阿林·杨格,著. 报酬递增与经济进步[J]. 贾根良,译. 经济社会体制比较,1996(2).

内市场比较狭小，仅从事产业链条中某个环节的生产活动，在经济规模上可能是无利可图的，企业的产量甚至无法达到最低的盈利门槛。但是，当本土企业开始面向世界市场时，专注于具有比较优势的生产、制造甚至包装环节，专注于产品大系统中某个模块或部件，就可以利用较低的本土劳动力成本优势，发挥规模效应，获得不菲的利润。① 很显然，将产品销售目标定位在庞大的世界市场，是实施这种分工决策的先决条件和前提基础。

反之，当本土企业集中在全球价值链的生产制造环节、分工得到进一步细化之后，由于企业相互之间存在着复杂的投入和产出关系，这就形成了企业的"相互需求"。随着企业间迂回生产程度的提高，一方面，生产制造的工序和步骤更为复杂，各道工序和步骤对原材料、能源、中间产品、零部件、半成品的需求也更为庞大；另一方面，由于生产制造环节的体量不断提升，这就需要上游研发设计、下游营销品牌和生产性服务业的配套支持，继而引发这些产业的规模扩张。以上两个方面的原因使得整个产业链的市场规模进一步扩大，形成了分工和市场规模的交互增强机制。

二、粗放型低水平增长模式引致的收入分配失衡

改革开放以来，我们抓住国际产业转移的历史机遇，以占领国际市场为目标，实施出口导向战略。重点发展具有比较优势的劳动密集型产业，迅速进入工业化快车道，取得了显著的经济增长成效，一跃成为全球第二大经济体。然而，进入21世纪之后，特别是2008年全球性金融危机以来，世界经济增速放缓，国际市场不景气，出口需求显著下降，单纯依靠"外循环"已经不足以支撑我国经济继续保持增长势头。从微观层面来看，由于普遍集中在附加值较低的生产制造环节，大量本土企业被锁定在价值链低端，劳动者在生产活动中获得的收入份额出现下滑，导致一段时期内居民收入增长率低于经济增长率，居民收入分配差距有所拉大。劳动密集型产业出现产能过剩和供给饱和，企业利润率受到很大压力，倒逼资本流向房地产和金融市场，显著推高了这些行业的收入水平，拉大了制造业与房地产和金融行业的从业者收入差距。不仅如此，从西部地区、北方地区以及广大农村地区涌入沿海地区和大中城市的务工人员，其收入增长也比较乏力。这一连串连锁反应导致我国

---

① 黄树东. 马克思的宏观经济思想及其对中国经济政策选择的启示[J]. 政治经济学研究,2021(1).

经济出现结构性失调，劳资、产业、区域和城乡收入差距都有所拉大，成为实现共同富裕道路上的严重障碍。

（一）粗放型低水平增长模式阻碍共同富裕的内在机制

进入21世纪后，随着互联网经济泡沫破裂和次贷危机席卷而来，全球经济进入一个缓慢的复苏期，国际市场需求总体上走势疲软。我国在经历了长达30年的经济中高速增长后，传统的出口导向战略开始受到挑战，先前集中于制造环节的规模效应和劳动力成本优势逐渐丧失，中高速增长也逐渐被中低速增长所取代，经济新常态接踵而来。特别是2020年新冠肺炎疫情暴发以来，全球经济受到重创，尽管目前已经在缓慢复苏中，但国际市场萎靡不振的状况将持续很长一个时期。

由于长期集中在生产加工、制造、包装等价值环节，本土企业习惯于依靠简单的模仿、加工和低价营销模式占领市场，无暇在核心技术和原创性产品上投入更多的人力和资金。这种路径依赖机制使得大量本土企业被锁定在价值链条的中低端环节，长期从事原材料粗加工、非核心部件供应、配套服务供应等业务，在日渐激烈的市场竞争中面临着利润率不断下滑的态势。譬如，我国纺织业主营业务收入利润率由2010年的6.76%降至2018年的4.99%，农副食品加工业、木材加工制品业、纺织服装、服饰业等中低端制造业的利润率同样有明显下降趋势。[①]

此外，大量新兴经济体加入承接国际产业转移的行列。近些年来，一些跨国公司基于成本考虑，把原本位于中国内地的生产工厂向东南亚、南亚等地转移。为了应对这些经济体的竞争，维持一定的利润率水平，本土企业不得不压低劳动力成本，这使得制造业工人工资长期徘徊在较低水平。数据表明：我国劳动报酬占总产出的比值，从2002年的18.8%下降到2010年的15.2%，近几年虽有所回升，但直到2015年，仍低于21世纪初的水平，这就在微观层面造成劳资收入差距不断扩大。[①]

当然，产业转移也在国内区域间发生。近年来，由于我国西部和北方地区承接处了东部沿海地区转移而来的产业链低端环节，东—西部、南—北方、沿海—内陆形成了比较明显的产业链分工格局。这种格局的形成，一方面能够比较好地发挥承接产业转移地区的劳动力和土地成本优势，但另一方面也造成不同区域产业附加值的巨大差异，由此扩大了区域发展差异特别是收入分配差距。仅以全国城市国民生产总值排名为例，2010年，天津和青岛尚能进入全国城市GDP排名前十位，而到

---

① 数据来源：由中经网统计数据库数据计算得来。

2020年，GDP前十城市中已没有北方城市。从居民收入来看，2010年，东部地区、中部地区、西部地区、东北地区城镇居民人均可支配收入比值为147.2∶101.0∶100∶100.9，到2020年，变为141.0∶100∶100∶92.9，东部与中西部地区的收入差距仅有微弱缩小，而东北地区与其他地区之间差距反而有所拉大。①

利润和工资两方面都受到巨大压力，不可避免地导致资本从劳动密集型产业退出，进入那些增长更为迅速、盈利空间更大的产业。从20世纪90年代到21世纪的前10年，制造业资本大量流入金融和房地产两大行业。从房地产行业投资增长率来看，2006—2011年我国房地产开发投资的年平均增长率高达25.51%，2010年投资增长率更是达到惊人的33.16%。②地方政府一轮又一轮的房地产业市场调控政策，都无法从根本上遏制房地产行业特别是大中城市房地产行业吸收资本的强劲趋势。从从业人员收入来看，2003—2010年，城镇金融行业就业人员平均工资与制造业就业人员平均工资比值由1.64快速上涨到2.27，之后才开始缓慢下降。总的来看，以金融和房地产为代表的资本密集型产业与劳动密集型产业形成了十分明显的行业收入差距。

除行业差距外，城市和农村也在这种增长模式中形成收入鸿沟。从20世纪90年代开始，大量农村居民涌入城市务工，农村居民收入在90年代上半期得到大幅提升，1994年农村居民人均可支配收入增长率高达32.49%。但是，由于进城务工人员文化教育水平普遍较低，职业技能也比较匮乏，当本土企业受到劳动力成本压力时，遭受冲击最大的也正是这类工人。从20世纪90年代末至21世纪初，农村居民收入增长率日渐疲软，年增长率基本维持在2%~6%的水平，直至近年也再难实现90年代初的大幅增长势头。③由于进城务工人员的工资收入一般都是农村家庭最主要的收入来源，这部分收入的长期停滞导致城乡收入分配差距在20世纪90年代后期开始迅速拉大，就人均可支配收入数据来看，1985年城镇居民收入为农村居民的1.86倍，至2017年已上升至3.14倍的历史高点，此后城乡居民收入差距虽稍有缩小，但直至近5年，也基本上维持在2.5倍以上的水平。④不仅如此，由于农村仅仅依靠务工收入"输血"，并未发展起完整的产业体系，缺乏发展的"造血功能"，城乡之间在经济体量、社会治理、生态文明、文化传承等各个方面的差距都在拉大。

---

① 数据来源：国家统计局《中华人民共和国2020年国民经济和社会发展统计公报》《中华人民共和国2010年国民经济和社会发展统计公报》。
② 数据来源：中经网统计数据库。
③ 数据来源：中经网统计数据库。
④ 数据来源：中经网统计数据库。

因此，以出口导向为主要特点的粗放型低水平增长模式对收入分配格局造成了诸多方面的不利影响，成为实现共同富裕道路上的严重阻碍。由于劳动力工资和企业利润都受到挤压，资本逐渐向金融和房地产行业流动。制造业的低端环节向欠发达地区转移，将产业链附加值的显著差异复制到国内各区域之间。同时，进城务工人员获得的劳动报酬份额下降，又进一步导致城乡收入分配差距的扩大。由此，以"外循环"为主的出口导向型增长模式，对推动共同富裕产生了多重不利影响，这也体现了要在高质量发展中促进共同富裕的深刻含义（见图1）。

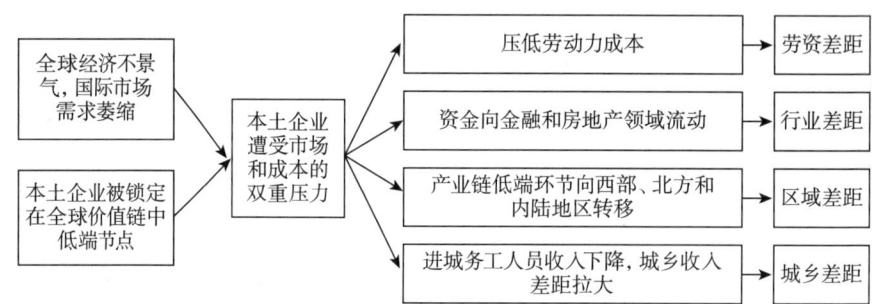

图1 出口导向的粗放型低水平增长模式引致发展差距的内在机制

当劳资之间、行业之间、区域之间、城乡之间都出现较大的收入分配差距时，国内消费需求必然是乏力的。从收入与消费的关系来看，对于高收入者而言，其消费能力较强，但由于其基本生活需要都已经得到满足，消费动力不足，导致这个群体更倾向于储蓄。而对于低收入者来说，其消费倾向较高，但缺乏消费能力，消费绝对值不可能很高。因此，在一个收入分配差距很大的经济体内部，其总体消费需求往往不足，很难在这种低迷的消费需求基础上打造"国内大循环"。相较而言，美国2010年居民消费支出占GDP比重为58.7%，日本为50.8%，德国为40.1%，而我国2000年居民消费支出在国民生产总值中所占的比重仅为39.1%，到2010年进一步下降为27.8%。① 在这种局面下，启动以内需为基础的"国内大循环"也必将面临很多困难，迫切需要经济发展方式的深刻转变。

（二）经济发展模式转变促进共同富裕：简要的模型说明

粗放型低水平经济增长模式必须向经济高质量发展模式转变，以促进共同富裕的实现。为展示这一过程的实现，特建立一简单数理模型进行说明。

---

① 吴陈轩,鲁保林. 培育完整内需体系:理论机制与政策导向[J]. 改革与战略,2021(7).

设有一本土产业，生产两种产品 A、B，其中，A 产品供应国际市场（高端产品），B 产品供应国内市场（低端产品），生产两种产品需要同一种原材料 C。在初始状态下，企业自行生产 C，但将 C 加工成 A 和 B 的工艺具有一定差别，A 产品使用 C 的量相对较大。此时，由于对原材料 C 的需求量不足，达不到单独生产 C 的规模门槛，因此，供应 C 的企业数量十分有限，行业规模很小。

此时，企业采用成本加成的方式进行定价：

$$P_A = P_C (1 + r_A) \tag{1}$$

$$P_B = P_C (1 + r_B) \tag{2}$$

其中，P_A、P_B 分别为 A、B 价格，P_C 为 C 的生产成本，r 为加成利润率。

$$D_A = X_A - aP_A \tag{3}$$

$$D_B = X_B - bP_B \tag{4}$$

D_A、D_B 分别为产品 A、B 的需求量，需求量与价格成反向变动。

由于国际市场出现萎缩，企业决定调整产品结构，扩大 A 产品产量以供应国内市场，同时减少 B 产品产量，但 A、B 两种产品的总产量不变。此时，由于 A 产品使用 C 的量相对较大，C 的使用量增加。企业决定将生产 C 的业务外包出去，更多地集中在自身主业上。对 C 的需求量的增加，突破了生产 C 这种产品的"技术—经济"门槛，使得生产 C 的活动变得有利可图起来，这将吸引更多资本进入该行业，这不仅有利于缩小制造业与其他行业的发展差距，同时也能够有效地带动劳动力就业。当生产 C 的企业数量逐渐增多时，市场竞争也日益激烈。为提高产品竞争力，企业需要雇用更多的技术劳动力和研发人员，通过技术创新活动提高产品质量，降低生产成本。[①] 这两方面效应都有利于提高劳动力工资水平，特别是提高技术劳动力的工资水平，从而缩小劳资收入差距。

当 C 价格下降到 P_{C1} 时，有以下效应产生：

$$P_{C1} < P_C \tag{5}$$

$$P_{A1} = P_{C1} (1 + r_A) < P_A \tag{6}$$

$$P_{B1} = P_{C1} (1 + r_B) < P_B \tag{7}$$

其中，P_{A1} 和 P_{B1} 分别表示生产 C 的环节从原产业独立出来后，产品 A 和 B 的价格。

由于投入品 C 的质量得到提升、价格有所下降，产品 A 和 B 的质量都将得到改

---

① 朱立冬,周瑞明. 马克思技术创新思想体系研究[J]. 安徽师范大学学报(人文社会科学版),2021(5).

进，成本得到有效控制，市场规模将进一步扩大。对于 A 产品而言，由于其初始价格较高，原本难以被国内市场全部吸收。实现产业链分工后，A 的价格水平也下降到国内消费者可以接受的水平，逐步得到国内消费者的认可，销售量提升，行业发展进入一个良性轨道。不仅如此，B 产品价格也会下降，销售量同样得到提升，因此，包括 A、B 和 C 在内的整个市场规模都实现了有效扩张。

$$D_{A1} = X_A - aP_{A1} > D_A \qquad (8)$$

$$D_{B1} = X_A - aP_{B1} > D_B \qquad (9)$$

可以发现，国内大循环形成的初始条件是产品的市场结构调整，从初始的"高端产品供应国外、低端产品供应国内"转变为"高端产品同时供应国内"，市场结构的改变引致产业分工的细化，最终促进了整个市场规模的扩大，形成了市场规模与分工深化的良性互动。从区域角度来看，原材料 C 的产地也有可能位于北方地区、西部地区等资源比较丰富但经济发展滞后的地区。当生产 C 产品的企业独立出来时，必然出现选址问题，此时，选择邻近原材料产地将是一个比较合理的选择。与原本那种北方地区和西部地区只供应原材料和廉价劳动力的方式不同，生产 C 的企业面临着日益增大的下游产品需求，市场竞争也日渐激烈。为此，必须开展相应的技术研发、产品创新和工艺改革，这就为当地带来了产值提升和员工收入提升的双重机会，有助于缩小区域间收入差距，打造"国内大循环"。当然，这里的区域布局调整也有可能发生在城乡之间，从而缩小城乡间产业发展的技术差距。

三、在高质量发展中缩小收入分配差距的机制分析

推动我国经济由出口导向的粗放型低水平增长模式向"国内大循环为主、国内国际双循环相互促进"的高质量发展模式转变，将通过技术劳动报酬提升效应、实体经济资源集聚效应、产业区域布局优化效应以及城乡资源双向流动效应等四种效应，有效缩小收入分配差距，推动共同富裕进程。

（一）技术劳动报酬提升效应

改革开放以来，我们建立起一个比较完整的社会主义基本经济制度。马克思主义政治经济学认为，生产决定分配，生产方式决定分配方式。因此，实现包括按劳分配在内的多种分配方式并存，前提是坚持公有制为主体、多种所有制经济共同发

展，坚持"两个毫不动摇"。当前，非公有制经济已成为国民经济的重要组成部分，在促进生产力提升方面发挥着不可或缺的作用。但是，非公有资本以最大限度赚取利润为目标，劳资之间存在着利益冲突。在粗放型低水平经济增长模式中，由于利润和劳动力成本受到双重压力，劳资矛盾表现得更为明显。为此，转换经济发展模式，推动经济高质量发展，其中一个重要的着力点就是调整劳资分配关系，提高劳动报酬在初次分配中所占的比重。

转变经济发展模式，对我国具有传统优势的劳动密集型产业提出了新的发展要求。政治经济学把"价值"界定为"人类无差别劳动的凝结"，因此，从价值生产来看，活劳动是创造价值的唯一源泉。但是，劳动本身也分为多种类型，复杂劳动和简单劳动在价值创造中的作用存在很大差异。一般来说，复杂劳动等于多倍的简单劳动，在单位时间内创造的价值远远大于简单劳动。严格来说，复杂劳动实际上是一种具有较高技术含量的劳动，与普通劳动相比，技术劳动理应在初次分配中获得更高的份额。因此，推动经济高质量发展，也就是要不断提高技术劳动报酬。为此，要协调好生产过程中简单劳动和复杂劳动之间的关系、普通劳动力和技术劳动力之间的关系。一方面，要完善工资形成和增长机制，严格遵守最低工资制度，保护普通劳动者权益，提高劳动报酬在初次分配中的比重。另一方面，要鼓励劳动者提高受教育程度，激励企业加大研发投入，提高产品附加值和市场竞争力，从全球价值链低端"突围"，在此基础上不断提高技术工人、研发人员和创新人才的劳动收入。在数字经济蓬勃发展的背景下，还要特别重视数字劳动的价值创造功能，鼓励劳动者通过创造和生产数据、信息等方式参与分配。

（二）实体经济资源集聚效应

推动经济高质量发展，其载体在产业。只有缩小产业发展差距，提升产业发展质量，才能从根本上缩小从业者收入差距。"十四五"规划和2035年远景目标纲要强调，"构建实体经济、科技创新、现代金融、人力资源协同发展的现代产业体系"，在"四个协同"中，实体经济被排在第一位，突出了壮大实体经济的鲜明导向。我国经济从低水平增长模式向高质量发展模式进行切换，将通过实体经济资源集聚效应，缩小实体经济与虚拟经济之间的发展差距，协调制造业、服务业、金融业三者之间的关系。

实体经济资源集聚效应，就是要吸收和引导各种资源向实体经济，特别是向制造业流动，推动本土制造业向全球价值链的高端不断升级，提升实体经济所生产的产品和服务的附加值,缩小制造业与其他产业特别是金融业、房地产业之间的差距,推动产业协调发展,促进共同富裕。一方面,针对我国制造业核心零部件和技术密集型中间产品高度依赖进口的现状,要加大高附加值零部件环节的进口替代力度,构建本地化的产业链配套。通过加大研发投入,实现核心技术领域和关键环节的能力提升,促进我国制造业从简单组装、辅助零部件制造等向高级组装和核心零部件制造的产业链节点攀升。围绕集成电路、关键电子元器件、操作系统、核心工业软件、高精密数控机床、光刻机、航空发动机等技术开展集中攻关,力争解决一批"卡脖子"问题,新建扩建一批国家级创新平台和重大科技基础设施,推动新兴行业实现突破发展。另一方面,要推动制造业本土企业向营销、品牌、渠道等高附加值环节攀升,打造自主品牌,积极构建自主可控的全球营销网络和流通体系,利用高端产品服务和高溢价品牌,提高制造业利润率,增强实体经济实力。[①]

推动实体经济资源集聚,并不是抑制金融产业发展,而是要促进现代金融与实体经济的良性互动,引导更多的金融资源进入实体经济。提升金融服务实体经济的能力和实效,要着眼于新一轮科技革命和产业变革大势,完善金融机构体系、金融市场体系,加强金融产品、金融服务创新,构建全方位、多层次金融支持服务体系。通过建立健全产融对接常态化机制,支持实体经济全产业链、全价值链升级,开发个性化、差异化、定制化金融产品,为实体经济提供精准、普惠金融服务,通过制造业和金融业的良性互动,缩小两个行业的从业者收入差距。

(三)产业区域布局优化效应

区域是开展生产活动的载体,也是分配结果最终落地的空间。当前,我国仍存在着东西部、南北方、沿海内陆、平原山区等多种形式的区域发展差异。缩小区域发展差距和不同地区居民收入差距,是实现共同富裕的重要内容之一。从生产活动来看,缩小区域发展差距根本上还是要协调产业在不同区域的布局。在出口导向的粗放型低水平经济增长模式中,本土企业以国际市场为目标,局限在最基本的制造、包装和加工环节,而构建"国内大循环"其中一个重要的内容就是在本国区域内打造完整的产业链条。具体来说,各区域应根据自身的资源禀赋,占据产业链条的不

---

① 周绍东,张宵,张毓颖. 从"比较优势"到"国内国际双循环":我国对外开放战略的政治经济学解读[J]. 内蒙古社会科学,2021(1).

同节点,开展差异化的分工协作,由此获得更高的产品附加值。① 在这个过程中,不同区域能够发挥自身的资源禀赋优势,最大限度地提高区域生产要素的贡献率,从而缩小区域间的收入差距。

以集成电路产业(芯片产业)为例,我国东、中、西部已形成了一条比较成熟的产业链条。其中,长三角地区的上海、南京、杭州、合肥等大城市发挥技术研发力量雄厚、服务配套条件优良的优势,聚焦芯片研发设计等上游环节。中部地区的武汉和长沙发挥制造业基础好、技能劳动力资源丰富、高教科研资源集中等优势,聚焦芯片制造、封装、测试等产业链中游环节。西部地区的重庆、成都、昆明、贵阳等城市集中在产业链下游的应用设备设计和制造环节。东、中、西地区发挥各自的资源禀赋特色,深耕产业链细分环节,相互之间形成了"原材料—中间品—最终产品"的需求链条,初步构建了比较完整的集成电路产业链条。集成电路产业"国内大循环"的形成,较好地体现了产业区域布局优化、推动经济高质量发展的思路,也将在初次分配层面为缩小东、中、西部收入分配差距提供契机。

从政府角度来看,要发挥其在第二次分配中的作用,采用各种政策推动产业在不同区域的协调。一方面,要着力推进京津冀一体化、长三角一体化、长江经济带、粤港澳大湾区、黄河流域生态保护和高质量发展示范区、东北全方位振兴等重大区域协调发展战略的实施,推动产业链条的不同环节在符合其资源投入要求的区域进行合理布局。另一方面,要综合运用中央和地方层面的财政转移支付、各行政层级的平行对口帮扶、都市圈和城市群的产业协调等政策手段,引导各种生产要素在各区域间顺畅流动,使各种生产要素的所有者在不同区域都能获得相对合理的报酬,以此促进区域共同富裕。

(四)城乡资源双向流动效应

在以劳动密集型产业为主导的粗放型低水平经济增长模式中,农村在整个国民经济中扮演的角色仅仅停留在提供农产品、原材料和普通劳动力的层面。随着国内制造业所面对的国际市场需求萎缩,出口需求减小,各经济主体都受到影响,其中,缺乏技术能力、劳动力替代程度高的进城务工人员受到的冲击最为明显。由于进城务工人员的劳动收入长期得不到显著提高,仅依靠务工收入"输血"的农村地区发展必然受到很大限制,城乡收入鸿沟急剧拉大。

---

① 杨明洪,涂开均,巨栋."南北差距"的理论解释与政策机理[J].河北经贸大学学报,2021(5).

经济高质量发展模式对城乡关系提出了新的要求,必须改变"农村提供农产品和劳动力、城市吸收农产品和劳动力"的单向资源流动路径,促进城乡资源双向流动,走一条中国特色城镇化和城乡共同富裕道路。① 在这个过程中,政策制定部门应着力促进资本、技术、信息等要素向农村回流,大力发展两种产业。一是技术劳动密集的新型农业。技术劳动密集型产业广泛应用以互联网为核心媒介的信息化技术,这些技术被应用于农业生产、流通、销售等环节,可有效打通农产品销路,同时,农村劳动力的经济自主权显著增强。农村劳动力通过专业化技术培训转变为新型"职业农民",并与以"互联网+"、大数据、云计算等为代表的新一代信息技术有机结合,形成了家庭农场、种植大户、农民专业合作社等新型农业生产经营载体,特别是大力发展以合作社为代表的农村集体经济,把农民增收建立在规模化经营的基础上。二是重点发展品牌农业。品牌农业主要以品牌化方式体现特定农产品特色,突出竞争优势。在同质化竞争激烈的大背景下,带有地理标志的农产品具有极高的品牌价值和竞争力,因此,"品牌"战略不仅将农产品"品牌化",也将地域"品牌化",即发展具有农村地域特色的文化品牌,以提高其产品的市场吸引力,实现农村各产业整合升级。城市居民对绿色生活的需求不断增长,向往体验农耕文明,农村地区可因地制宜,突出文化特色,促进传统产业朝着品牌化、个性化、网络化的方向发展。在着力发展技术劳动密集的新型农业和品牌农业的基础上,城乡关系发生了新的变化,表现为中心城市带动大量三四线城市、县级市、县城、中心镇的发展,城乡之间经济来往更加频繁,城乡经济关联度不断提高,城市和乡村两个地域实体连接成为一个紧密联系的、网络状且相互渗透的区域综合体,有望形成城乡共同富裕的良好态势。

结 语

在推动共同富裕的进程中,效率与公平之间的关系是核心问题。在出口导向的粗放型低水平增长模式中,经济增长速度是第一位的,"效率优先、兼顾公平"成为收入分配的基本原则。随着中国特色社会主义进入新时代,社会主要矛盾转变为人民日益增长的美好生活需要和不平衡不充分的发展之间的矛盾,而收入分配差距本身就是不平衡不充分发展的突出表现。为此,重新思考效率与公平之间的关系就

---

① 安晓明.新时代乡村产业振兴的战略取向、实践问题与应对[J].西部论坛,2020(6).

成为一项重要议题。本文认为，生产方式决定分配方式，只有转变生产方式和经济发展模式，才能为共同富裕提供坚实的前提基础。从这个意义上来说，出口导向的粗放型低水平经济模式向经济高质量发展模式转变的过程，本身就是构建"国内大循环为主、国内国际双循环相互促进"的新发展格局的过程，这将通过技术劳动报酬提升效应、实体经济资源集聚效应、产业区域布局优化效应以及城乡资源双向流动效应等四种效应，有效缩小收入分配差距，推动共同富裕。

需要着重说明的是，在高质量发展中促进共同富裕，从制度条件来看，要坚持中国共产党的领导，发挥新型举国体制的优势，妥善处理市场与政府的关系。中国共产党坚持"以人民为中心"的根本立场，在领导经济工作的过程中，深入推进供给侧结构性改革，加强需求侧管理，以更高水平、更高质量的产品和服务满足人民群众对美好生活的向往。推动共同富裕需要发挥新型举国体制的优势，构建具有鲜明中国特色的宏观调控体系。具体来说，要实施共同富裕导向的货币政策和财政政策，制订国民经济和社会发展五年规划、中长期远景目标纲要，深入推进精准扶贫、乡村振兴、老工业基地振兴、资源枯竭型城市转型、共同富裕示范区等重大经济社会发展战略，构建初次分配、再分配、第三次分配协调配套的基础性制度安排。在经济高质量发展中实现共同富裕，要促进市场和政府的协同配合，扩大中等收入群体比重，增加低收入群体收入，取缔非法收入，形成橄榄型分配结构，促进社会公平正义，促进人的全面发展，使全体人民朝着共同富裕目标扎实迈进。

第四篇

收入与产业分配的公平与正义分析

作者简介

谢地，1963年生，经济学博士，二级教授，博士生导师，辽宁大学经济学部分管日常工作副主任，系中宣部文化名家暨"四个一批"人才、中组部"万人计划"哲学社会科学领军人才、国务院政府特殊津贴专家、教育部新世纪优秀人才、国家社科基金重大项目首席专家、辽宁省委省政府决策咨询委员等。兼任全国高校社会主义经济理论与实践研讨会领导小组成员，中国政治经济学会副会长、全国马克思列宁主义经济学说史学会副会长、中国《资本论》研究会副会长、中国经济发展研究会副会长、《经济学动态》编委、《政治经济学评论》编委等。

在《求是》《人民日报》《光明日报》《经济日报》《经济研究》等报刊发表论文200余篇，出版著作20余部，获得省部级以上奖励十余项，是政治经济学、产业经济学及东北振兴研究等领域的著名学者。

谢地：探索合理的收入分配制度

引言

  党的十九大报告中强调，中国共产党人的初心和使命，就是为中国人民谋幸福，为中华民族谋复兴。正是基于这个初心和使命，建党一百年来，中国共产党一直以实现共同富裕为目标，努力探索更合理的收入分配制度以造福中国人民。中华人民共和国成立前的革命战争时期，中国共产党带领广大人民为推翻反动剥削阶级和打败外国侵略者统治进行了艰苦卓绝的斗争，目的就是建立一个更合理的社会制度，实现广大人民的共同富裕。中华人民共和国成立，建立了社会主义经济制度，实行按劳分配，实现了分配领域的历史性革命。从中华人民共和国成立到改革开放之前，中国社会曾经历了一个贫穷但收入差距极小的阶段。贫穷不是社会主义，平均主义的分配制度曾经严重挫伤了人们的劳动积极性、创造性，损害了劳动生产效率。改革开放后，我国摒弃了分配制度上的平均主义，通过先富带动后富的政策，推动了生产力较快地发展。20世纪90年代后，随着社会主义市场经济体制的逐步确立，除以按劳分配为分配原则之外，体现市场经济要求的按生产要素分配方式得以确立。经过长期努力，中国特色社会主义进入新时代，我国社会的主要矛盾已转化为人民日益增长的美好生活需要和不平衡不充分的发展之间的矛盾，而收入分配领域的结构性失衡是发展不平衡的一个重要体现。随着我国经济总量及人均收入水平的不断提升，日益扩大的收入分配差距也引起了党中央高度关注。如何有效提高劳动收入占比，使广大劳动者更多、更充分地共享改革发展的成果，成为解决我国社会主要矛盾的内在要求。在中国共产党迎来百年华诞的历史时刻，梳理党百年来以实现共同富裕为目标探索合理的收入分配制度的思想演进和实践轨迹，对于不忘初心、牢记使命,在新的历史阶段进一步完善分配制度,继续探索实现共同富裕的有效途径,具有重要的理论价值和现实意义。

一、新民主主义革命时期对收入分配制度的理论探索及实践(1921—1949 年)

中国共产党成立以后,在土地革命战争、抗日战争和解放战争时期,曾在根据地和解放区对收入分配问题进行过理论探索和政策实践。这些探索和实践为中华人民共和国成立后党建立合理的收入分配制度积累了大量宝贵的经验。

(一) 党对共同富裕问题最初的关切(1921—1926 年)

早在中国共产党成立之前,陈独秀、李大钊等就对社会上贫富分化、民生疾苦等现象表达出强烈的批判和不满,并对理想的社会进行了构想。陈独秀提倡"民治",认为民治主义表现在生计上"就是打破不平等的生计,铲平贫富的阶级之类"[1]。他对官员和政府搜刮民财贪图享乐的行为提出强烈谴责,认为社会因此产生贫富两极分化,"中等人家,仅能够穿衣吃饭,穷苦的人连衣食都没有"[2]。

李大钊深受十月革命影响,开始由激进的民主主义者转变为马克思主义者。他在《庶民的胜利》中规划了未来社会的蓝图,强调不劳动者不得食,我们都"应该在世界上当一个工人"[3]。对于一战后各国劳工群众相继暴动、社会革命风起云涌的现象,李大钊认为"都是因为分配而起的"[4]。1920 年,李大钊在《社会主义与社会运动》中全面阐述了其对于社会主义的理解,认为从经济方面来谈,社会主义就是"必须使劳动的人,满足欲望,得全收利益"[5],是人人享受平均的供给,人人得到最大的幸福。因此,1921—1926 年这一时期,中国共产党连续多次召开党的代表大会,核心就是消灭"三座大山"的剥削压迫,使人民过上幸福的生活。各次会议均提出明确的政策主张:一是废除苛捐杂税,针对地主阶级对农民残酷剥削,提出要废除厘金、丁漕等苛捐重税,限制高利盘剥;划一并减轻田赋,制定限制田租的法律,通过在各村组织佃农协会开展限制租额运动;反对预征钱粮,拒绝交纳陋规

---

[1] 陈独秀. 独秀文存[M]. 合肥:安徽人民出版社,1987:250.
[2] 陈独秀. 独秀文存[M]. 合肥:安徽人民出版社,1987:410.
[3] 李大钊. 李大钊文集:上[M]. 北京:人民出版社,1984:596.
[4] 李大钊. 李大钊文集:上[M]. 北京:人民出版社,1984:631.
[5] 李大钊. 李大钊文集:下[M]. 北京:人民出版社,1984:373.

及一切不法征收等①。二是要求保障劳动者生活水平,规定工人最低工资。1922年8月中国劳动组合书记部拟定的《劳动法案大纲》中提出,国家应当制定保障劳动者最低工资的法律,确保企业或机关的工资均高于最低工资;此外,还规定了劳工休假的权利②。1922年7月中国共产党第二次全国代表大会文件提出,不论种族、性别、年龄、社会阶层,"同样的劳动要得到同等的工钱"③。

(二) 在农村实行减租减息运动

(1) 土地革命时期,在农村革命根据地实行减租减息（1927—1936年）。1927年,中国共产党开辟了建立农村革命根据地、武装夺取政权的崭新道路,并在根据地和苏区实施一系列土地政策。1927年5月党的五大指出,为了除去反动根基以巩固革命,必须执行激进的土地改良政纲和创造乡村的革命民主政权④。1927年6月13日,党中央在《全国农协最近之训令》表明,减税运动是农民共同的作战目标,减租运动也是农民斗争的尤为重要的内容⑤。其中,减租运动的主要口号是"减租百分之二十五",即"二五减租"。

(2) 抗战时期,减租减息成为抗日根据地的主要经济工作（1937—1945年）。为了维护抗日民族统一战线,1940年年底毛泽东提出了抗日根据地应实行的各项政策,要求在减租减息的土地政策中,不应减息过多使农民无法借债,也不可以清算旧债为由没收地主土地;此外,应规定农民有交租交息的义务,也要保证地主仍有土地所有权,这是抗战时期的特殊政策⑥。抗战以来,中国共产党在各抗日根据地实行的是一方面减租减息一方面交租交息的土地政策。这一政策获得了广大群众的拥护和支持,促成了各阶层人民的团结,支持了敌后的抗战。

(3) 解放战争时期:开展广泛的减租减息运动和查减工作（1946—1949年）。1945年党的七大召开,方针仍是减租减息,并且要在新解放区搞大规模的、彻底的、普遍的减租运动。1946年年初,中国共产党在《和平建国纲领草案》中指出,抗战胜利后,在新解放区,要迅速开展控诉清算运动,以便及时发动减租减息运动;在老解放区,以做好查减工作为主,继续开展减租运动。1947年全国土地会议通过

---

① 中央档案室. 中共中央文件选集:第1册[M]. 北京:中共中央党校出版社,1983:177-178.
② 中央档案室. 中共中央文件选集:第1册[M]. 北京:中共中央党校出版社,1983:80.
③ 中央档案室. 中共中央文件选集:第1册[M]. 北京:中共中央党校出版社,1983:50.
④ 中央档案室. 中共中央文件选集:第3册[M]. 北京:中共中央党校出版社,1983:42.
⑤ 中央档案室. 中共中央文件选集:第3册[M]. 北京:中共中央党校出版社,1983:157.
⑥ 中国中央文献研究室. 毛泽东文集:第2卷[M]. 北京:人民出版社,1993:320-321.

《中国土地法大纲》，明确规定："废除封建性及半封建性剥削的土地制度，实行耕者有其田的土地制度。"① 人民分配到土地，并享有政府赋予的各项权利，土地制度改革以前的土地契约及债约均被缴销。

（三）在革命根据地和解放区实行供给制，同时探索合理的工资制度

国内革命战争时期，党根据当时的环境和革命战争的需要，曾对军政公教人员实行大体平均的供给制。供给制对于加强军民团结、密切官兵关系、克服物质困难、坚持革命斗争，起到了重要的作用。军政公教的供给制一直持续到新中国成立初期。

抗战时期，为了适应抗战需要，开始以计件累进工资制代替薪给制。1942年12月毛泽东在《经济问题与财政问题》中提出应改善工厂的薪给制度；同时认为平均主义的薪给制"抹杀熟练劳动与非熟练劳动之间的差别，也抹杀了勤惰之间的差别"②，降低了劳动积极性。他指出，必须以计件累进工资制代替平均主义薪给制，以扩大生产规模，提高产品质量。

抗战胜利后又进一步调整和完善了工资制度。1948年6月中央发布《中央关于工资问题的指示》，指出提出一系列工资制定的要求，包括因地制宜地制定最高和最低工资以及反对"盲目的无限制的过分提高工资""无原则的过分压低工资""抹杀工程师、技师及技术工人和普通工人之间的差别"③。1948年8月第六次全国劳动大会通过的《关于中国职工运动当前任务的决议》，规定应保障职工最低工资以维持两人生活，同时规定等级工资制及计时计件工资制。"工厂工人的工资，应采取交叉累进的等级制度"。为缓解职工生活困难，《关于中国职工运动当前任务的决议》提出了职工生活补贴、分红和奖金等方式④。

应当指出，中国共产党成立后至中华人民共和国成立前，中国共产党以共同富裕为目标对合理收入分配制度的探索是在没有取得全国政权的条件下，在根据地和解放区进行的局部探索。虽然一直处于战争的环境下，但许多政策的试验性质和很强的策略考量，对中华人民共和国成立以后探索合理的收入分配制度产生了深刻的影响。

---

① 中央档案室. 中共中央文件选集:第13册[M]. 北京:中共中央党校出版社,1983:723-726.
② 中国中央文献研究室. 毛泽东文集:第2卷[M]. 北京:人民出版社,1993:458-468.
③ 中央档案室. 中共中央文件选集:第14册[M]. 北京:中共中央党校出版社,1983:162-163.
④ 中央档案室. 中共中央文件选集:第14册[M]. 北京:中共中央党校出版社,1983:296-309.

二、社会主义革命和建设时期对收入分配制度的理论探索及实践（1949—1978年）

中华人民共和国成立至改革开放，我国经济经历了国民经济恢复、生产资料所有制的社会主义改造和社会主义建设等阶段。这一时期，中国共产党以公有制取得支配地位为前提逐步建立了社会主义按劳分配的制度体系。但由于极左思想的干扰和"文化大革命"时期"四人帮"对按劳分配原则的歪曲和抹黑，收入分配制度理论和实践探索走过一段弯路。

（一）国民经济恢复及过渡时期关于收入分配问题的思考及实践（1949—1956年）

毛泽东认为，只有坚持走社会主义道路才能实现全体农民的富裕，并推动生产力迅速发展。1953年毛泽东指出，对农业实行社会主义改造并使其变为先进的合作经济，可以克服工业部门和农业部门互不适应的矛盾，使农民逐步摆脱贫困，"取得共同富裕和普遍繁荣的生活"①。基于我国人口众多且生产力不发达的现实国情，毛泽东认为实现社会主义共同富裕的目标不可能一蹴而就，这一历史过程是漫长且复杂的。

1956年社会主义改造完成，社会主义按劳分配的分配制度也基本确立起来。毛泽东认为，按需分配的实现条件是物质产品极大丰富，如果没有这个条件就超前实行按需分配、否定按劳分配的原则，"就会妨害人们劳动的积极性，就不利于生产的发展，不利于社会产品的增加，也就不利于促进共产主义的实现"②。

在农村，按劳分配制度也逐步建立。1956年6月，第一届全国人民代表大会第三次会议规定了在高级社中实行"各尽所能，按劳分配"等分配准则。高级社内部实行完全的工分制，在分配政策上主要是把经过各项扣除的剩余产品分为"工分粮"和"基本口粮"两部分，以基本口粮为优先。规定要求合作社在向社员分配口粮部分时应按照人口多少分配，而口粮之外的部分"可以按照各个社员所做劳动日的多少进行分配"③。这表明按劳分配已成为高级社内普遍实行的分配方式，这一分

---

① 中共中央文献研究室.建国以来重要文献选编：第4册[M].北京：中央文献出版社，1993：436.
② 中央档案室.中共中央文件选集：第29册[M].北京：人民出版社，2009：304.
③ 高化民.农业合作化运动始末[M].北京：中国青年出版社，1998：315.

配政策也具备了社会主义性质。然而，高级社内以工分制和劳动日为劳动报酬计算依据的方式虽然简单，但计算难度很大，因此造成实际分配时严重的平均主义倾向。

在城市，随着国营经济主导地位的确立，已经具备实行按劳分配制度的所有制基础。1953年过渡时期总路线公布后，供给制逐步退出历史舞台。1955年国务院颁布的《关于国家机关工作人员全部实行工资制和改行货币工资制的命令》提出，国家曾经实行的供给制已经不符合社会主义"按劳取酬"和"同工同酬"的分配原则，也不适应当下的社会主义建设需要，因此建议将供给制一律改为工资制，由工作人员本人负担自身及家属的全部生活费用。

（二）社会主义建设时期关于收入分配问题的思考及实践（1956—1978年）

党的八大报告中明确指出，国内的主要矛盾已经发生变化，这一矛盾的实质是先进的社会主义制度同落后的社会生产力之间的矛盾。1956年我国社会主义改造基本完成，此后在探索社会主义发展道路的过程中，党在认识和实践上出现了偏差，主要表现是：在政治上，将反右斗争扩大化，随后又提出阶级矛盾是国内主要矛盾的错误命题，偏离了党的八大的正确判断；在经济上，发动了全国范围内的"大跃进"和人民公社运动。

在农村，人民公社化运动要求实行工分制和供给制相结合的分配方式，本质上仍属于社会主义按劳分配原则，但带有某些共产主义的特征。供给制实质上具有明显的平均主义特征，主要表现为开设公共食堂和推行"大锅饭"。此外，以生产大队为统一分配单位导致了生产小队之间的平均主义，即"一平二调"的"共产风"。为此，1962年党中央将基本核算单位下放到生产小队，生产队内部按工分进行分配，这一举措解决了队与队之间的平均主义问题；但户与户之间的平均主义仍然存在。

在城市，"大跃进"开始后，收入分配中的激励作用一度受到极左思想影响，在工资政策上宣扬"政治挂帅"，也就是用思想政治工作调动劳动者积极性，认为物质激励带有"资产阶级个人主义"倾向，计件工资制度和奖励制度作为物质激励的主要形式，被认为是与政治挂帅相对立的"金钱挂帅"和与群众路线对立的"资本主义权利"，会助长资本主义思想和个人主义，因而被否定。

在"文化大革命"时期，按劳分配被"四人帮"污名为"资产阶级法权"，甚至被当成"资本主义社会就存在的旧因素"，是"产生新的资产阶级的经济基础"，并且荒谬地将分配上存在的差别同阶级剥削混为一谈,把提高人民物质生活水平说成是"物质刺激""金钱挂帅",属于"资产阶级腐朽没落思想",甚至出现了"宁要穷的社会主义,不要富的资本主义"等奇谈怪论。社会主义按劳分配原则遭到了严重破坏,不仅与共同富裕的目标背道而驰,也损害了广大群众的劳动积极性,破坏了社会生产力的发展。应当指出,这种以绝对平均主义面目出现的、以否定按劳分配原则为指向的、不切合中国实际的极左的收入分配理论和实践影响时间虽然不长,但损害了公有制的声誉,是党以共同富裕为目标探索合理收入分配制度的一段弯路。

当然,在这一时期,党内并不乏理性的深入思考。例如,张闻天发表大量文章,与社会上流行的反对按劳分配的思潮进行对抗,是按劳分配原则的坚定维护者。张闻天认为"贯彻按劳分配就要强调保护消费品个人所有制。……按照多劳多得原则,劳动好,对国家贡献大,所得报酬就多,生活就富裕,富是由于劳动好。这样的富对个人好,对国家更好。它是应该的,光荣的"①。他提出按劳分配"是社会主义原则,即是初期共产主义的原则"。他反对"政治挂帅""愈穷愈好"的思潮,肯定了物质报酬的重要性②。1974年,张闻天在论述社会主义公私关系时提出,按劳分配体现了社会主义公私关系的基本一致性,"你为公劳动,你就可以从公的劳动果实中分得一部分。你为公劳动得多些,你个人所得也就多些",承认了按劳分配原则导致的一定程度上的收入不均③。

1975年,邓小平主持党中央日常工作,并着手国民经济的整顿工作。1977年,他提出,忽视差别的工资表面看起来平等,但实际上不能调动劳动积极性、不符合按劳分配原则④。他指出"讲按劳分配,无非是多劳多得,少劳少得,不劳不得。这个问题从理论到实践,有好多具体问题要研究解决",这是整个国家的重大政策问题⑤。邓小平还关注了从1977年开始我国经济理论界连续召开的四次关于按劳分配的理论研讨会,并指导国务院政策研究室撰写了《贯彻执行按劳分配的社会主义原则》一文,于1978年5月5日以"特约评论员"的名义在《人民日报》发表,

---

① 中央党史研究室张闻天选集传记组,编.《张闻天文集1948—1974》[M]. 北京:中共党史出版社,2012:224.
② 中央党史研究室张闻天选集传记组,编.《张闻天文集1948—1974》[M]. 北京:中共党史出版社,2012:234-238.
③ 中央党史研究室张闻天选集传记组,编.《张闻天文集1948—1974》[M]. 北京:中共党史出版社,2012:348.
④ 邓小平. 邓小平文选:第2卷[M]. 北京:人民出版社,1993:30-31.
⑤ 邓小平. 邓小平文选:第2卷[M]. 北京:人民出版社,1993:48-58.

使按劳分配的名誉得到了正式恢复。

纵观这一时期党关于收入分配理论演变和政策轨迹可以发现，在以毛泽东为代表的党的第一代中央领导集体的领导下，在社会主义建设时期，追求共同富裕、防止贫困两极分化是中国共产党矢志不渝追求的目标，并且以公有制为基础，在中国这样一个落后的社会主义大国建立了按劳分配制度，实施了与按劳分配制度相适应的各种政策，是一个伟大的创举。但1957年以后，由于急于求成地实现从社会主义向共产主义过渡的思想占了上风，党在探索共同富裕道路过程中出现了理论、政策脱离中国实际的问题，绝对平均主义一度挫伤了广大群众的劳动积极性，对我国提高经济效率产生了不利影响。

三、改革开放到党的十八大对收入分配制度的理论探索及实践(1978—2012年)

党的十一届三中全会以后，党领导人民积极探索有中国特色的社会主义道路，并逐步确立了与有中国特色的社会主义经济相适应的分配制度。到党的十八大之前，经济经过30年高速增长，人民温饱问题已经得到解决，90%多的农村贫困人口实现脱贫，全面建设小康社会取得重大进展。但也产生了诸如城乡、区域经济社会发展不平衡，收入分配不公等现象。这一时期，在收入分配方面，一是建立适应中国特色的社会主义经济的分配制度，二是提出在先富带动后富基础上实现共同富裕的思路，三是逐渐开始重视收入分配不公现象并提出了相应解决措施。

（一）坚持按劳分配的原则，同时采取多种分配方式

1978年6月，邓小平提出，资本主义的分配方法会造成少数人的富裕，我们要坚持的是社会主义的分配原则，即按劳分配的原则，只有这样才不会产生过大的贫富差距。"按社会主义的分配原则，就可以使全国人民普遍过上小康生活。"[1]

1982年，邓小平在党的十二大上首次提出了"建设有中国特色的社会主义"。1987年，党的十三大系统阐述了社会主义初级阶段理论，并提出"按劳分配不可能充分，这一阶段的分配结构是以按劳分配为主体的多种分配方式并存的结构"。[2]

---

[1] 邓小平. 邓小平文选：第3卷[M]. 北京：人民出版社，1993：64.
[2] 卫兴华,洪银兴. 中国共产党经济思想史论 1921—1992[M]. 南京：江苏人民出版社，1994：568.

1992年10月,党的十四大报告指出:"在分配制度上,以按劳分配为主体,其他分配方式为补充,兼顾效率与公平。运用包括市场在内的各种调节手段,既鼓励先进,促进效率,合理拉开收入差距,又防止两极分化,逐步实现共同富裕。"① 2000年1月,江泽民又进一步指出,我国实行分配制度的决定性因素来自我国的基本经济制度。②

(二) 共同富裕思想的发展

(1) 社会主义的优越性体现为共同富裕。邓小平提出,"社会主义阶段的最根本任务是发展生产力""社会主义的优越性归根到底要体现在它的生产力比资本主义发展得更快一些,更高一些,并且在发展生产力的基础上,不断改善人民的物质文化生活"。③ 1988年5月邓小平在《思想更解放一些,改革的步子更快一些》中指出,马克思原理下共产主义是生产力高度发达的,社会主义作为共产主义的初级阶段,也一定要发展生产力,"没有贫穷的社会主义。社会主义的特点不是穷,而是富,但这种富是人民共同富裕"。④ 1992年,党的十四大指出,社会主义的本质是"解放生产力,发展生产力,消灭剥削,消除两极分化,最终达到共同富裕"。⑤

(2) 社会主义的根本原则是共同富裕。1983年1月,邓小平提出衡量各项工作正确与否的标准应当是"是否有助于人民的富裕幸福,是否有助于国家的兴旺发达"⑥。1985年3月,邓小平将公有制占主体和共同富裕作为"我们所必须坚持的社会主义的根本原则"⑦。此外,邓小平在1992年南方谈话中提出"三个有利于",将是否有利于提高人民的生活水平作为判断一切工作是非得失的标准。

(3) 先富带动后富是实现共同富裕的基础。1978年12月,邓小平首次提出先富带动后富的共同富裕思想,要一部分人或地区先富起来,进一步在全国产生极大的示范作用,这样就能"使整个国民经济不断地波浪式地向前发展,使全国各族人民都能比较快地富裕起来"⑧。1992年邓小平在南方谈话中提出,社会主义制度应该并且能够避免两极分化,走社会主义道路就要实现共同富裕。他对先富带动后富作

---

① 卫兴华,洪银兴. 中国共产党经济思想史论1921—1992[M]. 南京:江苏人民出版社,1994:561-562.
② 江泽民. 江泽民文选:第2卷[M]. 北京:人民出版社,2006:561.
③ 邓小平. 邓小平文选:第3卷[M]. 北京:人民出版社,1993:63-64.
④ 邓小平. 邓小平文选:第3卷[M]. 北京:人民出版社,1993:264-265.
⑤ 卫兴华,洪银兴. 中国共产党经济思想史论1921—1992[M]. 南京:江苏人民出版社,1994:562.
⑥ 邓小平. 邓小平文选:第3卷[M]. 北京:人民出版社,1993:23.
⑦ 邓小平. 邓小平文选:第3卷[M]. 北京:人民出版社,1993:110-111.
⑧ 邓小平. 邓小平文选:第2卷[M]. 北京:人民出版社,1993:152.

了系统的构想和阐释:"一部分地区有条件先发展起来,一部分地区发展慢点,先发展起来的地区带动后发展的地区,最终达到共同富裕。"① 解决两极分化的方法就是发达地区多交利税和技术转让,以促进不发达地区的资源开发。"总之,就全国范围来说,我们一定能够逐步顺利解决沿海同内地贫富差距的问题。"② 1992年,党的十四大再次强调必须以先富带动后富实现共同富裕。江泽民指出,先富带动后富的思想符合按劳分配原则。"实行这一政策,能力和贡献不同的人的收入会拉开差距,在致富的路上会有先有后,这是公平的。"③

(4) 人的全面发展与共同富裕。进入新世纪以后,党的共同富裕思想又被赋予了新的内涵。2007年12月胡锦涛指出,科学发展观的核心是以人为本,为了贯彻这一要求,"必须始终实现好、维护好、发展好最广大人民的根本利益,尊重人民主体地位,发挥人民首创精神,保障人民各项权益,走共同富裕道路,促进人的全面发展"。④ 此外,党的十四届四中全会提出了构建社会主义和谐社会的各项要求,其中就要求构建全体人民共同建设、共同享有,并且为最广大人民谋幸福的和谐社会⑤。

(三) 深化收入分配制度改革

(1) 正确认识收入分配不公问题。随着改革的逐步深入,经济生活中城乡之间、个人之间、行业之间收入分配差距拉大,劳动报酬在初次分配中比重过低等问题引起党的高度关切。江泽民指出,"允许一部分非劳动收入存在,有利于搞活整个社会经济",但同时"非劳动收入对全体社会成员来说,机会是不均等的,与劳动收入的差距又容易拉大"。收入分配不公主要包括两个方面:一是收入平均化,主要存在于国家直接控制的岗位,如国营企业和事业单位,由于有效的收入调节机制仍未建立起来,应着重克服平均主义,在初次分配中将工资与经济效益挂钩;二是收入差距过大,主要存在于国家无法直接控制又尚未建立间接控制的岗位,由于新经济体制仍未完善,少数人钻了制度空子,应在再分配中对工资偏低的问题进行调节,着力实现生产平等和机会均等⑥。

---

① 邓小平. 邓小平文选:第3卷[M]. 北京:人民出版社,1993:373-374.
② 邓小平. 邓小平文选:第3卷[M]. 北京:人民出版社,1993:373-374.
③ 江泽民. 江泽民文选:第1卷[M]. 北京:人民出版社,2006:48.
④ 胡锦涛. 胡锦涛文选:第3卷[M]. 北京:人民出版社,2016:4.
⑤ 胡锦涛. 胡锦涛文选:第2卷[M]. 北京:人民出版社,2016:425.
⑥ 江泽民. 江泽民文选:第1卷[M]. 北京:人民出版社,2006:53.

(2) 完善收入分配制度。一是完善基本分配制度。1997年，党的十五大报告中提出坚持和完善基本分配制度，将按劳分配和按生产要素分配结合起来，完善了我国基本分配制度的内容。党的十六大明确提出"确立劳动、资本、技术和管理等生产要素按贡献参与分配的原则，完善按劳分配、多种分配方式并存的分配制度"，肯定了劳动和非劳动生产要素在财富创造中具有同等重要的作用。

二是兼顾效率与公平。2002年11月，江泽民提出初次分配和再分配中对效率与公平应各有侧重。他指出："初次分配注重效率，发挥市场的作用，鼓励一部分人通过诚实劳动、合法经营先富起来。再分配注重公平，加强政府对收入分配的调节职能，调节差距过大的收入。"① 2007年10月，胡锦涛提出"初次分配和再分配都要处理好效率和公平的关系，再分配更加注重公平"②。

三是规范收入分配秩序。1995年9月，江泽民提出"保护合法收入，取缔非法收入，调节过高收入，保障低收入者的基本生活"③。2002年11月，党的十六大提出"以共同富裕为目标，扩大中等收入者比重，提高低收入者收入水平"④。2003年通过的《中共中央关于完善社会主义市场经济体制若干问题的决定》要求"以共同富裕为目标，扩大中等收入者比重，提高低收入者收入水平，调节过高收入，取缔非法收入。加强对垄断行业收入分配的监管"⑤。

四是增加居民收入。党的十七大提出"逐步提高居民收入在国民收入分配中的比重，提高劳动报酬在初次分配中的比重"⑥。2010年，"十二五"规划要求，"努力实现居民收入增长和经济发展同步、劳动报酬增长和劳动生产率提高同步"⑦，也成为衡量城乡居民收入增长的重要标准。政府也相继出台了《中华人民共和国劳动合同法》《中华人民共和国就业促进法》，通过法律手段保护劳动者收入。

五是建立健全社会保障体系。社会保障作为再分配的主要手段之一，也是调节社会分配的一项基本制度。1989年，为解决社会分配不公的问题，江泽民提出需要建立和完善社会保障体系⑧。2003年在《中共中央关于完善社会主义市场经济体制

---

① 江泽民. 江泽民文选：第2卷[M]. 北京：人民出版社，2006：550.
② 中共中央文献编辑委员会，编. 胡锦涛文选：第2卷[M]. 北京：人民出版社，2016：643.
③ 江泽民. 江泽民文选：第1卷[M]. 北京：人民出版社，2006：470.
④ 江泽民. 江泽民文选：第2卷[M]. 北京：人民出版社，2006：550.
⑤ 中共中央文献研究室，编. 十六大以来重要文献选编：上[M]. 北京：中央文献出版社，2005：475.
⑥ 中共中央文献编辑委员会，编. 胡锦涛文选：第2卷[M]. 北京：人民出版社，2016：643.
⑦ 中共中央文献研究室，编. 十七大以来重要文献选编：中[M]. 北京：中央文献出版社，2011：976.
⑧ 江泽民. 江泽民文选：第1卷[M]. 北京：人民出版社，2006：55.

若干问题的决定》中，提出要"加快建设与经济发展水平相适应的社会保障体系"①，包括完善基础养老、失业、基础医疗、职工工伤和生育等方面的保险制度，并在农村探索建立最低生活保障制度。2007年，胡锦涛提出，社会保障体系要扩大覆盖面到城乡居民，使得人人享有基本生活保障、人人共享发展成果②。党的十七大提出要努力使全体人民学有所教、劳有所得、病有所医、老有所养、住有所居，并对建立和完善中国特色社会保障体系作出部署，包括以社会保险、社会救助、社会福利为基础，以基本养老、基本医疗、最低生活保障制度为重点，以慈善事业、商业保险为补充。这一时期，在"广覆盖、保基本、多层次、可持续"十二字方针的指导下，我国初步确立了中国特色社会保障体系。

四、习近平新时代中国特色社会主义收入分配理论与实践（2012—2021年）

党的十八大以来，随着我国经济发展进入新常态，转变经济发展方式，推动经济结构优化和转型升级，由高速增长阶段转向高质量发展阶段成为必然选择。同时，我国也进入全面建成小康社会的决胜期，在习近平新时代中国特色社会主义经济思想的指引下，党的收入分配理论和实践进入了一个新的阶段。

（一）新时代收入分配制度的发展和完善

（1）深化收入分配改革。党的十八大报告提出，必须通过深化收入分配制度改革，实现发展成果由人民共享③。2013年，国务院提出了深化收入分配改革的总体思路，即在改革中坚持共同发展、共享成果，坚持注重效率、维护公平，坚持市场调节、政府调控，坚持积极而为、量力而行。此外，还指出"初次分配和再分配都要兼顾效率和公平"④，初次分配既要注重效率，也要重视机会公平；再分配既要更加注重公平，着力缩小收入差距，也要提高公共资源的配置效率。

（2）调整国民收入分配格局。2013年党的十八届三中全会通过了《中共中央关于全面深化改革若干重大问题的决定》（以下简称《决定》）并提出，"要保护合法

---

① 中共中央文献研究室,编.十六大以来重要文献选编：上[M].北京：中央文献出版社,2005：476.
② 中共中央文献编辑委员会,编.胡锦涛文选：第2卷[M].北京：人民出版社,2016：643.
③ 中共中央文献编辑委员会,编.胡锦涛文选：第3卷[M].北京：人民出版社,2016：642.
④ 中共中央文献研究室,编.十八大以来重要文献选编：上[M].北京：中央文献出版社,2014：139-140.

收入,调节过高收入,清理规范隐性收入,取缔非法收入,增加低收入者收入,扩大中等收入者比重,努力缩小城乡、区域、行业收入分配差距,逐步形成橄榄型分配格局"①。"十三五"规划建议则提出,"调整国民收入分配格局,规范初次分配,加大再分配调节力度"②。我国依旧贯彻增加低收入者收入、扩大中等收入者比重的方针。

(3) 健全收入分配体制机制。《决定》提出,要着重保护劳动所得,规范收入分配秩序,完善要素市场参与分配的报酬机制,健全各类工资、津贴的增长机制,保障投资回报,增加居民收入,完善再分配调节机制等措施。2020年《中共中央关于制定国民经济和社会发展第十四个五年规划和二〇三五年远景目标的建议》提出,为提高人民收入水平,一是要坚持并完善基本分配制度、提高劳动报酬占比、完善工资制度和工资增长机制、优化收入分配格局;二是要健全完善生产要素分配制度、增加中低收入群体要素收入,并通过要素使用权、收益权等方式探索多渠道增加居民财产性收入的思路;三是要完善再分配调节机制,增强再分配主要手段对收入分配的调节力和精确度,并规范收入分配秩序。

(二) 打好扶贫攻坚战,实行精准扶贫

1994年起,国务院陆续制定实施《国家八七扶贫攻坚计划(1993—2000年)》《中国农村扶贫开发纲要(2001—2010年)》和《中国农村扶贫开发纲要(2011—2020年)》等扶贫项目,在解决农村贫困人口的温饱问题之后,又着重提高人民生活水平、健全公共基础设施建设、完善基本公共服务体系、缩小城乡发展差距、推进城乡区域统筹发展。

中国特色社会主义进入新时代后,脱贫攻坚成为全面建成小康社会要重点攻克的难关。2012年12月,习近平总书记提出,"消除贫困、改善民生、实现共同富裕,是社会主义的本质要求"③。2015年11月,习近平总书记在中央扶贫开发工作会议上的讲话中提出"确保到2020年所有贫困地区和贫困人口一道迈入全面小康社会"的目标。

精准扶贫、精准脱贫,强调"精准"二字,要求找到"贫根"、对症下药、靶向治疗,是党在扶贫攻坚中采取的重要举措。习近平总书记指出脱贫攻坚工作应着重抓

---

① 中共中央文献研究室,编. 十八大以来重要文献选编:上[M]. 北京:中央文献出版社,2014:537.
② 中共中央文献研究室,编. 十八大以来重要文献选编:上[M]. 北京:中央文献出版社,2014:814.
③ 习近平. 习近平谈治国理政:第1卷[M]. 北京:外文出版社,2018:189.

"六个精准",确保各项政策好处落到扶贫对象身上①。2018年2月,习近平总书记在打好精准脱贫攻坚战座谈会上的讲话中强调,"打好脱贫攻坚战,成败在于精准"。②2018年12月,习近平总书记提出要"立下愚公移山志,咬定目标、苦干实干,坚决打赢脱贫攻坚战,确保到2020年所有贫困地区和贫困人口一道迈入全面小康社会"③。而今,这一目标已经实现,中国共产党人创造了人类反贫困斗争史上的中国奇迹。

(三) 保障和改善民生,实现社会公平正义

2015年10月,习近平总书记在党的十八届五中全会第二次全体会议上的讲话中指出,"全面"和"小康"两者缺一个都不算真正实现了目标,都无法获得人民群众和国际社会的认可。"全面"有很多层含义,反映在民生领域就是覆盖的人口要全面。习近平总书记提出"要按照人人参与、人人尽力、人人享有的要求,坚守底线、突出重点、完善制度、引导预期,注重机会公平,着力保障基本民生"④;此外,覆盖的领域也要全面,要缩小城乡区域发展、居民收入水平、人民生活水平、基础设施、基本公共服务等方面的差距⑤。习近平总书记还提出,要"以促进社会公平正义,增进人民福祉为出发点和落脚点",一方面要进一步把"蛋糕"做大,要紧紧抓住经济建设这一中心,推动经济社会持续健康发展;另一方面,在做大"蛋糕"的基础上还要分好"蛋糕",促进社会公平正义,建立健全社会保障体系⑥。2016年1月,习近平总书记提出,"十三五"时期为落实共享发展理念,归结起来也是"不断把'蛋糕'做大"和"把不断做大的'蛋糕'分好"⑦。要把"蛋糕"做大,就要充分调动人民群众积极性、主动性和创造性,动员全体人民的力量投身于中国特色社会主义的伟大事业;把"蛋糕"分好,就要扩大中等收入阶层,使分配格局呈橄榄型,尤其要加大对困难群众的帮扶力度,坚决打赢脱贫攻坚战⑧。

---

① 中共中央文献研究室,编. 十八大以来重要文献选编:上[M]. 北京:中央文献出版社,2014:720.
② 习近平. 习近平谈治国理政:第3卷[M]. 北京:外文出版社,2020:155.
③ 习近平. 习近平谈治国理政:第2卷[M]. 北京:外文出版社,2018:369.
④ 习近平. 习近平谈治国理政:第2卷[M]. 北京:外文出版社,2018:79-81.
⑤ 习近平. 习近平谈治国理政:第2卷[M]. 北京:外文出版社,2018:79-81.
⑥ 习近平. 习近平谈治国理政:第1卷[M]. 北京:外文出版社,2018:216.
⑦ 习近平. 习近平谈治国理政:第2卷[M]. 北京:外文出版社,2018:216.
⑧ 习近平. 习近平谈治国理政:第2卷[M]. 北京:外文出版社,2018:214-216.

(四) 新时代共同富裕的新内涵

习近平总书记将共同富裕与新发展理念相结合，赋予了共同富裕新的内涵。党的十八届五中全会通过"十三五"规划提出了创新、协调、绿色、开放、共享五大发展理念，即新发展理念。习近平总书记深刻阐释了五大发展理念各自的内涵和实现方式，其中，"共享发展注重的是解决社会公平正义问题"[1]，最终目标是实现全体人民共同富裕。改革开放以来，我国经济取得飞速发展的同时，收入分配不公的现象也逐渐显露，城乡收入和公共服务的差距以及不完善的制度设计都是共享发展需要解决的重要课题。习近平总书记进一步深刻指出："共享理念实质就是坚持以人民为中心的发展思想，体现的是逐步实现共同富裕的要求"[2]。要贯彻共享发展理念，就要实现"全民共享、全面共享、共建共享、渐进共享"[3]。"我们追求的发展是造福人民的发展，我们追求的富裕是全体人民共同富裕"[4]。共同富裕不仅是社会主义的本质，而且是中国特色社会主义的根本原则，实现共同富裕不仅是经济问题，而且是关系党的执政基础的重大政治问题[5]，更是中国式现代化的重要特征[6]。"全体人民共同富裕是一个总体概念，是对全社会而言的……要从全局上来看。我们要实现14亿人共同富裕，必须脚踏实地、久久为功，不是所有人都同时富裕，也不是所有地区同时达到一个富裕水准，不同人群不仅实现富裕的程度有高有低，时间上也会有先有后，不同地区富裕程度还会存在一定差异，不可能齐头并进。这是一个在动态中向前发展的过程，要持续推动，不断取得成效。"[7]

结束语

习近平总书记曾指出："我们的目标很宏伟，但也很朴素，归根结底就是让全体中国人民都过上更好的日子。"纵览一百年来中国共产党收入分配理论演进与实践

---

[1] 习近平. 习近平谈治国理政:第2卷[M]. 北京:外文出版社,2018:199.
[2] 习近平. 习近平谈治国理政:第2卷[M]. 北京:外文出版社,2018:214-216.
[3] 习近平. 深入理解新发展理念[J]. 求是,2019(10).
[4] 中共中央宣传部,编. 习近平新时代中国特色社会主义思想学习问答[M]. 北京:学习出版社,人民出版社,2021:98.
[5] 中共中央宣传部,编. 习近平新时代中国特色社会主义思想学习问答[M]. 北京:学习出版社,人民出版社,2021:98.
[6] 习近平. 扎实推动共同富裕[J]. 求是,2021(20).
[7] 习近平. 扎实推动共同富裕[J]. 求是,2021(20).

轨迹可以发现，无论是在中华人民共和国成立前，还是改革开放前后，特别是党的十八大以来，由于所处时代不同，面临的重大课题不同，党的收入分配理论与实践之间是在不断调适的，收入分配政策的着力点也有所差别，但都始终围绕让全体人民共同富裕这个轴心不动摇。因此，中国共产党百年历史，也是一部探索合理收入分配制度以实现全体人民共同富裕的奋斗史。随着我国经济社会发展进入新阶段，开启全面建设社会主义现代化国家新征程的新的历史起点，梳理党的收入分配理论演进，回望党的深入分配政策实践轨迹，对于我们不忘初心、牢记使命，进一步探索有利于实现人民共同富裕的收入分配制度安排、体制架构、机制设计，实施有利于实现共同富裕的有效政策，无疑具有重要的理论价值和现实意义。对于深入学习党史，深刻领悟党领导人民奋斗的经济史、经济思想史也具有重要的参考价值。

作者简介

宋宪萍,北京理工大学人文与社会科学学院教授、博士生导师,国家社科基金通讯评审专家、中国博士后科学基金评审专家,主要研究领域为企业组织、产业经济、国际经济等。2007年在中国人民大学经济学院获经济学博士学位,2012年中国社会科学院马克思主义研究院博士后出站,2013—2014年美国马萨诸塞大学阿默斯特分校经济系访问学者,2021—2022年英国伦敦大学亚非学院经济系访问学者。主持国家社会科学基金资助重点项目、国家社会科学基金资助一般项目、教育部人文社会科学研究一般项目、教育部留学回国人员科研启动基金项目、中国博士后科学基金面上资助项目、北京市哲学社会科学规划年度项目等多项课题,在《马克思主义研究》《教学与研究》《中国社会科学报》《政治经济学研究》《当代经济研究》《经济纵横》等刊物上发表论文50余篇。

宋宪萍：促进产业间分配的共同富裕

共同富裕是社会主义社会的基本特征和价值追求，是判断改革成效的重要标准。[①]2020年，我国如期完成了迄今世界上规模最大、政策面最广的减贫试验，消除了绝对贫困和区域性整体贫困，近1亿贫困人口实现脱贫。在遭遇世界新冠肺炎疫情的冲击下，全球价值链面临断裂的风险，外部需求对中国经济运行的支持力明显下降。为了推动国内大循环、实现共同富裕，通过产业扶贫保持较高的消费能力将是重新赋能经济增长的重要引擎。正如2021年中央一号文件提出的，在脱贫攻坚目标任务完成后要持续巩固拓展脱贫攻坚成果，持续加大产业扶持力度，接续推进脱贫地区乡村振兴。

一、中国精准扶贫的产业特征事实

在精准扶贫的各项行动中，中国脱贫状态的持续优化与产业结构升级息息相关，产业扶贫是稳定脱贫的根本之策，对于进一步推进脱贫具有重要的现实意义。一般来说，产业结构调整作为政府调控宏观战略目标的重要手段，在短期会对人们的收入差距产生负面影响。在产业结构调整过程中，城市中生产技术水平、人均资本存量、要素使用效率均远远高于农村，城市居民收入一般高于农村居民。因此，产业结构升级短期内会直接扩大城乡收入差距。但是在长期，这种负面效应在要素投资结构得到调整、人力资本投资得以优化后逐步减弱，促使产业系统内部各次产业之间、产业系统与外部环境之间的耦合状态和聚合质量不断达到自洽和最优，显著提

[①] 程恩富,吕晓凤. 中国共产党反贫困的百年探索——历程、成就、经验与展望[J]. 北京理工大学学报（社会科学版）,2021(4).

升居民就业能力与平均收入，从而对收入分配的效应由负转正，成为缩小城乡收入差距长效机制的重要条件。

党的十八大以来，随着精准扶贫战略的深入实施，产业扶贫在扶贫的广度、深度和精度方面不断完善。①首先，产业类型涵盖更广。扶贫产业涵盖了一、二、三产业各个门类，并涌现出多种具有扶贫效果的新兴业态，如"互联网＋"、绿色产业、光伏等高附加值的新模式和新产业的发展。其次，产业链条拓展更深。产业扶贫强调三产融合的全链条发展，产前、产中、产后有效协同，实现农业产业与工业、旅游、电子商务、物流、休闲养生等多个产业的融合发展，延长产业链，提升价值链。再次，产业瞄准对象更精准。在巩固区域式经济开发的同时，产业扶贫更强调贫困户精准受益。一些贫困县和有条件的贫困村厚植特色产业优势，深挖产业多种功能，均发展形成了主导产业和基地，有劳动能力和意愿的贫困群众广泛参与了产业扶贫项目。最后，产业组织体系更完善。在激活贫困人口自我发展的同时，产业扶贫强调完善龙头企业、农民专业合作社等新型农业经营主体与贫困户联动发展的利益联结机制，积极调动政府、贫困户、企业等多元主体的积极性，形成多方参与、互促合作的良好局面。

总之，在精准扶贫中，产业发展充分发挥"有效市场""有为政府"和"有机社会"在乡村现代产业体系中的积极作用，切实提升了产业在促进共同富裕中的作用。

二、推动进一步共同富裕的产业现实约束

尽管在共同富裕中，我国取得了世界瞩目、前所未有的成绩，然而面对未来中国发展特别是第二个百年目标，还是"优中有忧"。当前国内外经济形势正在发生深刻复杂变化，遭遇新冠肺炎疫情影响的全球价值链产生重大风险，各国产业发展遇到前所未有的挑战。因此，我国进一步推动共同富裕的国家愿景面临着产业方面诸多的现实约束，突破现实约束是巩固共同富裕国家愿景的迫切要求，这为产业经济发展提供了攻坚目标和效用空间，是完善产业间分配的共同富裕方向的重要依据。目前这些产业约束主要表现在以下几个方面：

（一）农业脱贫人口的返贫风险依然存在

改革开放以来的各种扶贫政策以及"三农"政策的聚焦，为缓解我国的贫困问题

---

① 叶敬忠,潘璐. 产业扶贫的中国特色与长效机制[N]. 中国社会科学报,2021－05－06.

起到了至关重要的作用,但是改革越到深处,难度越大。经过多年的努力,大规模贫困问题得到根本性解决,然而扶贫对象进一步下沉,从贫困县、贫困村转向贫困户,因此精准扶贫长效机制逐步建立。自党的十八大以来,扶贫政策转向精准扶贫,因地制宜,量身定做,对症下药,通过增派扶贫工作队和第一书记到村抓党建带队伍,将产业扶贫政策直接贯彻到最基层,比以往的行政主导式扶贫具备更强的靶向能力。但是这些贫困户一般都具有家庭地理位置偏僻,远离市场;家庭结构老龄化,人力资本低,患病和残疾家庭突出;或者饮水困难,居住危房较多,生产性用电难以接入,医疗条件、教育条件等基本生存条件较差等特点。虽然通过精准扶贫得以脱贫,但由于底子薄、先天不足,产业基础比较薄弱,产业项目同质化严重,现有产业发展是在驻村干部的直接帮助下建立起来的,无论是生产技术、市场销售还是就业能力,依赖性比较大,政策性收入占比高,产业独立发展的能力并不强,这些人返贫的风险比较大。"已脱贫人口中有近 200 万人存在返贫风险,边缘人口中还有近 300 万人存在致贫风险。"[①]

(二)工业制造业"大而不强"及过早"去工业化"

在全球价值链分工格局中,我国嵌入全球价值链主要是在制造环节,沿用"扬长避短"式的非均衡发展战略思维,立足于要素投入驱动路径,着眼于静态比较优势,对外承接中间品贸易,形成了以国际代工和加工贸易制造业为主的传统产业体系。经过多年的发展,中国工业制造业实现了工艺升级和产品升级的低端升级,但是并没有实现功能升级和链条升级的高端升级[②],高附加值部分的研发和销售由发达国家获得,而我国只是在低附加值部分的制造环节来从事贸易,工业制造业"大而不强"。目前尚未在全球范围内形成整体竞争优势,尤其在核心零部件、关键技术、高端装备制造的实质性突破方面,还与发达国家存在一定差距。事实上,尽管我国是制造业大国,但是从三次产业的结构格局来看,制造业在"大而不强"的情况下,已经开始"去工业化"。多年来,第二产业增加值占全国 GDP 的比重都维持在 40% 以上,在三次产业中比例最大,自 2012 年起,第二产业比重开始被第三产业超过,当年第二产业比重为 45.42%,第三产业比重为 45.46%。此后第三产业比重持续增长,到 2020 年,第三产业比重增长到 54.53%,第二产业比重则仅为 37.82%(见图 1)。

---

① 刘新吾,原韬雄,吴月. 如何防止脱贫人口再返贫[N]. 人民日报,2020-08-17.
② 贾根良. 中国应该走一条什么样的技术追赶道路[J]. 求是,2014(6).

在这种粗放的低成本竞争模式下,制造业工人的工资收入水平也难以显著提高。一方面,由于中国居民收入主要来源是工资性收入,制造业中间品贸易领域的"低附加值"现象反映到宏观层面,导致居民实际收入增速低于经济增长速度,表现为居民可支配收入占GDP的比重偏低,劳动报酬占比一直在低位徘徊,2019年人均可支配收入占人均GDP的43.35%,低于发达国家55%左右的平均水平。[1]另一方面,制造业部门的低工资水平也带来了显著的居民收入差距。国家统计局数据显示,2020年中国制造业全部就业人员年平均工资为74641元,低于各行业年平均工资(79854元),不及信息传输、软件和信息技术服务业(175258元)的一半,也远低于作为垄断行业的电力、热力、燃气及水生产和供应业(120273元),甚至低于普通的租赁和商务服务业(80352元)。总体来看,反映中国居民收入差距的基尼系数随着改革开放的深入不断提高,自2000年以后就一直超过世界银行规定的国际贫富差距警戒线0.4,2008年达到最高0.491,此后虽然不断下降,但也保持在0.46以上(见图2)。

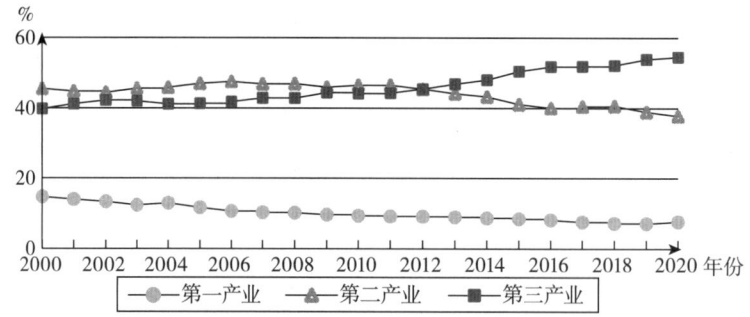

图1 我国三次产业增加值占全国GDP的比重(2000—2020年)

资料来源:历年《中国统计年鉴》。

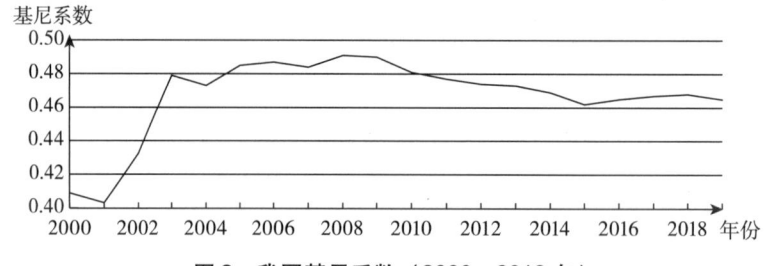

图2 我国基尼系数(2000—2018年)

资料来源:历年《中国统计年鉴》。

---

[1] 杜宇玮.高质量发展视域下的产业体系重构:一个逻辑框架[J].现代经济探讨,2019(12).

（三）第三产业金融业发展过快

自 2000 年以来，金融业与房地产业增速进一步加快，金融业占 GDP 的比重由 2005 年的 4% 快速增至 2015 年的 8.4%，2019 年小幅回落至 7.78%，房地产业占 GDP 的比重由 2005 年的 4.5% 快速增至 2019 年的 7%，资金"脱实向虚"的倾向明显，不利于优化收入分配格局（见图3）。近年来，中国金融机构在初次分配和再分配中的比重均呈现出过快增长的趋势，与美国和日本相似发展阶段相比，近年来中国金融机构占比增长过快，2017 年初次分配中金融机构占比已经达到 5%，远超美、日相似发展阶段的平均水平。再分配中中国金融机构占比也高达 4.32%，较美国和日本相似发展阶段高近 3 个百分点。①

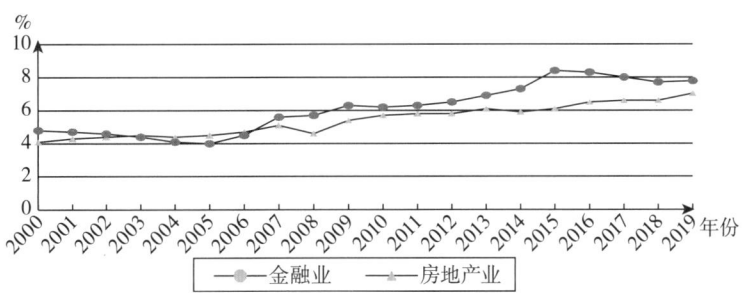

图 3　金融业与房地产业增加值占全国 GDP 的比重（2000—2019 年）
资料来源：历年《中国统计年鉴》。

尽管中国金融机构占国民收入比重增长过快，但是金融服务实体经济的水平并不高，导致大量资金在金融部门逐利空转，无法有效服务实体经济，实体经济仍然面临着融资难和融资成本高的问题。这对收入分配机制和分配渠道主要产生三方面的负面影响：一是以追求流动性、高利润为目标的资金在金融部门的不断衍生和自我膨胀，导致包括利息、股息等收入在内的资本收入份额增加，劳动收入份额减少，使收入差距进一步扩大。二是不断催生资产泡沫，增加金融风险体系。随着资金流向金融部门，实体经济增长率全面放缓，实体经济投资收益率下降，产业资本也希望借助金融渠道实现资本增值，导致大量资本游离出来过度流入房地产、股市等，增加了风险，这将在很大程度上影响居民预期，压缩居民财产性收入增长空间。三是影响实体经济转型升级，导致实体经济面临更高的经营成本，不利于生产性行业工人的工资溢价，最终影响居民就业和收入，从而影响最终收入分配格局。

---

① 姜雪．"十四五"时期中国国民收入分配格局研究［J］．宏观经济研究，2020(12)．

三、推动进一步共同富裕的产业高质量发展路径

党的十九大报告中提出了中国经济已由高速增长阶段转向高质量发展阶段的重大时代命题,高质量发展已成为新时代中国经济社会建设的根本目标。在持续推进前期改革成果、巩固共同富裕的高质量发展中,完善产业间分配是实现高质量发展的必要条件,也是实现共富、共享与共福的枢纽,内含了公平和效率间的有机互动。

因此,面向共同富裕的产业高质量发展应该是一种以现代化农业为支撑、先进制造业和现代服务业为核心、高新技术产业和战略性新兴产业为先导的现代产业体系,本身内含了更强创新力、更高附加值、更安全可靠的先进产业,以经济循环流转和产业关联畅通、提升产业的创新能力和综合实力为发展目标,代表了产业结构优化升级的方向;同时也适应了消费需求多样化、高级化的要求,并进一步引导消费结构升级,从而从供需两侧实现共同富裕在产业领域的投射。

为此,需要从以下几方面重点发力:

(一)农业农村现代化和乡村振兴的持续推进

为了化解返贫风险,需要加强农业农村现代化的持续推进以及乡村振兴中农村一、二、三产业的融合发展。农业现代化和农村一、二、三产业融合发展必将极大地推动农业技术进步,通过产业链向上、下游拓深延展,并进一步促使农村产业衔接更加紧密、分工更为具体和细致。农业技术进步的加速与分工经济的强化,又将推进农村部门劳动生产率的提高,意味着农民增收,生活水平得到改善和提升,从而进一步促进城乡劳动生产率差异以及收入差距的收敛。乡村振兴中的一、二、三产业融合发展,一方面要以技术变革为导向,坚持以技术链支撑需求链、以需求链缔造价值链、以价值链部署产业链,释放产业发展新动能;另一方面,乡村振兴中的一、二、三产业融合发展要以市场需求为引领、以特色农业为基础,在培育新业态中发掘经济新增长点,通过产业布局优化以促进产业在破解"同质化竞争困境"中实现可持续发展,形成产业共融格局和网络体系,有效带动农民增收、农业增值和农村发展。总之,乡村振兴中的一、二、三产业融合发展,基于多业态交互、多主体协同、多机制联动、多要素协调、多模式推动,是技术变革和社会转型的必然趋势,是竞争合作和范围经济的内在要求,是产业分工和行业界限的有力突破,把握住这一重要规律和发展趋势,必将推动农民收入分配迈向更乐观的发展空间,获

得更多的价值回报。

如果说此前的现代化发展战略只提农业现代化,现在则开始提农村现代化与农业现代化并重,其背后的原因是两者之间尚未实现有效连接、转换和相互支持,而这是摆在当前乡村振兴发展道路面前的关键难题,亟待破解。当前,工业化与信息化的发展水平已经可以对农业农村现代化产生更主动的技术支持,让农业进入由专门技术标准规范的现代产业链条,促进农村一、二、三产业融合发展。为了促进农村现代化的发展,需要将基础设施和公共服务进一步向农村延伸、倾斜,促进城乡两个空间的均衡发展。2020年政府工作报告首提"两新一重"建设,其中新型基础设施建设不仅应助力城市产业升级,同样涵盖乡村建设的巨大空间;新型城镇化建设可以适应农民日益增加的城市就业安家需求;重大工程建设,例如农村地下管网、高标准农田等,不仅有利于生态环境保护和可持续发展,且吸收了城镇地区和既有工业生产领域堆积的过剩产能,引导各种生产要素向农村回流,不断优化农村空间布局,为乡村振兴、巩固扶贫效果提供持续新动能。①

(二)有效促进制造业高质量发展

目前第二产业的比重减少,并不意味着可以"去工业化",可以忽视制造业。事实上,制造业高质量发展是我国经济高质量发展的重中之重,这是在对新一轮科技革命和产业变革的深刻理解以及对其长远影响的前瞻性判断基础上得出的客观结论。中国还需要经过10~20年的工业化深化过程。②党的十九大确定了分两阶段实现第二个百年奋斗目标,2021年到2035年基本实现社会主义现代化,2036年到2050年建成富强民主文明和谐美丽的社会主义现代化强国。"十四五"时期是深化工业化进程的第一个五年,对于全面实现工业化非常关键。

制造业高质量发展的特点,是创新驱动的制造业质量的显著提高。为此必须加快制造业的内涵质量提升,转变制造业发展路径,依靠现代科技革命,实行分类指导的差别化工业转型升级战略,把工业增加值和就业比重保持在与发展阶段相适应的合理区间,大力推进工业质量变革、效率变革、动力变革,全面提升工业质量和竞争力。正如习近平总书记提出的:"我们要提升产业链供应链现代化水平,大力

---

① 谢富胜,高岭,谢佩瑜.全球生产网络视角的供给侧结构性改革——基于政治经济学的理论逻辑和经验证据[J].管理世界,2019(11).
② 黄群慧."十四五"时期深化中国工业化进程的重大挑战与战略选择[J].中共中央党校(国家行政学院)学报,2020(2).

推动科技创新,加快关键核心技术攻关,打造未来发展新优势。"①加快以智能制造替代工业"落后产能",以信息化改造传统工业,以生产性服务业助力制造业向价值链高端升级,走创新驱动、智慧高效、绿色低碳的高质量工业化之路,进一步发挥现代工业对经济发展的有力助推作用。②

(三)服务业的发展要与实体经济相匹配

大力发展现代服务业、推动产业结构向服务化转型符合产业结构调整的一般规律,但在中国国民收入水平和生产效率较低、工业化发展不平衡不充分的背景下,服务业的发展不应建立在"过度去工业化"的基础之上,不应刻意地或人为地去追求过高的服务业比重。产业结构的调整要适应本国具体实际情况,而且服务业比重的快速上升也会产生服务业高价格同其低效率不相匹配的"鲍莫尔成本病",进而拖累经济增长,导致一国落入"服务业低效率陷阱",难以顺利向高质量经济体跃迁。③发达的农业经济、工业经济是现代服务业发展的基础,服务业在大国经济中的比重并非越高越好,而是取决于农业经济和工业经济的发展水平,现代农业、现代工业同服务业之间应形成融合互促的良性发展关系。尤其金融业和房地产业等虚拟经济,更要为实体经济服务,与实体经济实现良性互动、共生共荣,加强金融从脱实向虚转向脱虚向实的金融实化政策。④

随着新一代数字技术的发展和生产智能化程度的提高,现代服务业和其他产业的融合得到了更为广泛的拓展,更多地体现为产业间的规模经济和产业间的协同发展。一方面,其他产业对服务业的渗透率需要持续增加,使全产业链环节的信息资源得到充分优化与整合,催生和优化服务业的新模式,促进智慧服务、定制服务、绿色服务、共享服务以及体验服务等新业态的不断发展,实现跨界融合效率不断提高。另一方面,服务业或者通过助力其他产业高附加值的形成,或者通过加速其他产业的价值实现,为其他产业的发展提供动力,促进全要素、全产业链、全价值链的深度有机衔接。

---

① 习近平. 在企业家座谈会上的讲话[N]. 人民日报,2020-07-22.
② 魏后凯,王颂吉. 中国"过度去工业化"现象剖析与理论反思[J]. 中国工业经济,2019(1).
③ 宋建,郑江淮. 产业结构、经济增长与服务业成本病——来自中国的经验证据[J]. 产业经济研究,2017(2).
④ 程恩富. 改革开放以来新马克思经济学综合学派的十大政策创新[J]. 河北经贸大学学报,2021(3).

作者简介

张跃胜,中共党员,经济学教授,硕士生导师,曾获"河南省文明教师""河南省高校科技创新团队带头人""河南省教育厅学术技术带头人""党的创新理论宣讲先进个人"等荣誉称号。兼任中国政治经济学学会常务理事、"双法学会"经济数学与管理数学分会常务理事、中国社科院大学国家治理现代化与社会组织研究中心特约研究员、河北省公共政策评估中心研究员、陕西省经济高质量发展软科学研究基地研究员、西安交通大学中国环境质量综合评价中心研究员、郑州大学能源—环境—经济研究中心研究员、新乡市大东区建设发展专家咨询委员等学术职务。先后出版相关著作10部,主持参与省部级以上科研项目20余项,获得省部级以上成果奖励8项,公开发表论文70余篇。长期关注区域经济可持续发展、生态环境治理与保护及信息经济与管理领域的研究。

张跃胜：促进地区间分配的共同富裕

众多发展中国家的经验表明，地区间经济发展差距的存在和缩小是一个长期的历史现象，而区域协调发展是实现共同富裕的重要任务和有效途径。共同富裕既是社会主义的本质要求和人民群众的共同期盼，也是新时代中国特色社会主义的价值目标和实践追求，其实现过程的动态性要求在不同阶段以现实为导向，立足于社会主要矛盾采取不同的应对策略①。现阶段，我国社会主要矛盾发生转变，地区间发展不平衡不充分问题尤为突出。因而缩小区域发展差距、促进地区间均衡分配已成为中国在实现共同富裕道路上不可回避的难关，也是新时代中国特色社会主义发展的必然要求。

党的十八大以来，以习近平同志为核心的党中央不忘初心、牢记使命，团结带领全党全国各族人民，始终朝着实现共同富裕的目标不懈努力，全面建成小康社会取得伟大历史性成就，决战脱贫攻坚取得全面胜利，困扰中华民族几千年的绝对贫困问题得到历史性解决，为新发展阶段推动共同富裕奠定了坚实基础。党的十九届五中全会审议通过《中共中央关于制定国民经济和社会发展第十四个五年规划和二〇三五年远景目标的建议》（以下简称《建议》），该《建议》将共同富裕摆在更加重要的位置，强调"扎实推动共同富裕，使全体人民共同富裕取得更为明显的实质性进展"②。2021年全国"两会"期间，习近平总书记也多次强调"脱贫摘帽不是终点，而是新生活、新奋斗的起点。解决发展不平衡不充分问题、缩小城乡区域发

---

① 韩文龙,祝顺莲.地区间横向带动:实现共同富裕的重要途径——制度优势的体现与国家治理的现代化[J].西部论坛,2020(1).

② 中共中央关于制定国民经济和社会发展第十四个五年规划和二〇三五年远景目标的建议[EB/OL].http://www.gov.cn/zhengce/2020-11/03/content_5556991.htm.

展差距、实现人的全面发展和全体人民共同富裕仍然任重道远"。①

2021年,中共中央、国务院正式发布《中共中央 国务院关于支持浙江高质量发展建设共同富裕示范区的意见》(以下简称《意见》)。在地理条件、城乡差距、区域发展和富裕程度等方面,浙江省具有显著优势,"一方面富裕程度较高,人均地区生产总值超过10万元,高于全国60%,城乡居民收入分别连续20年和36年居全国各省区第1位;另一方面发展均衡性较好,城乡居民收入倍差为1.96,远低于全国的2.56"②。该《意见》指出,将浙江省打造为高质量发展品质生活先行区、城乡区域协调发展引领区、收入分配制度改革试验区以及文明和谐美丽家园展示区,为全体人民共同富裕探索路径、提供范例,彰显社会主义制度的优越性,并为当前全人类面临的收入分配两极化提供中国方案、中国思想。

一、改革开放以来地区间分配的总体情况

经过40多年的改革开放,我国社会经济取得了长足的发展,经济实力显著增强,人民生活水平显著提高,但区域发展不均衡、地区间收入分配差距扩大等问题同样日趋显著。正如习近平总书记在党的十九大报告中明确指出,中国特色社会主义进入新时代,社会主要矛盾已经转化为人民日益增长的美好生活需要和不平衡不充分的发展之间的矛盾。作为目前亟待解决的现实问题,区域发展不均衡会直接影响到地区间收入分配差距问题,进而会影响共同富裕伟大目标的实现。

自改革开放以来,中国地区差距的演进可以划分为三个阶段,分别为1978—1990年的差距缩小阶段、1990—2003年的差距拉大阶段以及2003年至今的二次缩小阶段③。然而,在2013年前后,我国区域发展格局由东西差距转为南北差距。在总量视角下,与中、西部地区相比,我国东部地区始终是各地区生产总值的"领先者",在全国国内生产总值中所占比重均超过半数。1992年,全国国内生产总值为27194.5亿元,东、中、西部地区生产总值占全国国内生产总值的比重分别为51.9%、24.7%和18.8%,其中东部地区生产总值是中部地区的2.1倍、西部地区的2.76倍。到2006年,东部地区与中、西部地区生产总值差距达到峰值,分别为

---

① 习近平.脱贫摘帽不是终点,而是新生活、新奋斗的起点[EB/OL]. http://www.gov.cn/xinwen/2021 - 02/25/content_5588779.htm.
② 何立峰.支持浙江高质量发展建设共同富裕示范区为全国扎实推动共同富裕提供省域范例[N].人民日报,2021 - 06 - 11.
③ 武鹏.共同富裕思想与中国地区发展差距[J].当代经济研究,2012(3).

2.55倍和3.99倍。截至2020年年底，我国国内生产总值突破百万亿元，其中东、中、西部地区生产总值所占比重分别为54.2%、24.4%、17.6%，东部是中部的2.22倍、西部的2.58倍（见图1）。相比之下，南、北方发展差距日益凸显。2000年南方地区生产总值是北方的1.39倍，2019年扩大至1.82倍，增幅约31%。从增速来看，南方增速明显高于北方。2019年南方地区生产总值为636115.13亿元，是2008年的3.36倍、2000年的11.07倍。而2019年北方地区生产总值为349217.98元，仅为2008年的2.43倍、2000年的8.47倍[①]。在均量视角下，1992年东部地区的人均生产总值是中、西部地区的3倍和2.2倍，2020年这一值降低至2.3倍和1.6倍。2000—2019年，南方地区的名义生产总值增长率为13.34%，而北方地区仅为12.02%。由此可见，在区域经济发展方面，我国东、中、西三大板块差距呈

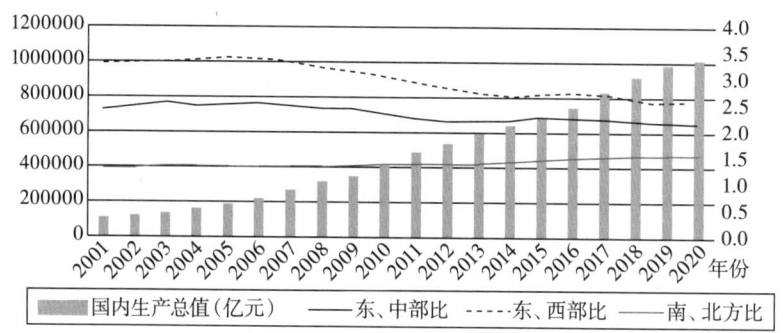

图1　2001—2020年国内生产总值及各地区生产总值比较

资料来源：国家统计局。

收敛趋势，南、北差距则逐渐扩大。一般而言，伴随经济社会发展和人均收入水平的提高，劳动力和资本会在三次产业间发生转移，进而引起产业结构发生相应变动，表现为三次产业增加值所占比重的相对变动。自1992年经济体制改革以来，从各地区内的产业结构分布情况来看，东、中、西三大地带内产业结构变化呈现出相似的变动趋势：第一产业增加值的相对比重不断下降，第二产业比重由快速上升转为下降，第三产业则经历上升、徘徊、再上升的发展过程。不同的是，东部地区由以第二产业为主、第一和第三产业为辅逐渐转变为以第三产业为主、第一和第二产业为辅（各产业增加值所占比重的相对比例由1∶3∶2转变为1∶8∶12），而中、西部地区则由三大产业相对均衡发展转变为侧重第二、三产业发展的产业结构（各产业增加

---

① 杨明洪,巨栋,涂开均."南北差距",中国区域发展格局演化的事实、成因与政策响应[J].经济理论与经济管理,2021(4).

值所占比重的相对比例分别由1:2:1转变为1:4:5和由1:1:1转变为1:3:4）（见图2）。这种转变过程在三大地区发生的时间先后间隔两年，顺序依次为：2012年东部地区、2014年西部地区和2016年中部地区。从各地区三大产业增加值的变异系数来看，东部和西部地区三大产业的变异系数均高于中部地区，其中西部地区第一产业增加值平均变异系数最大（0.77），中部地区第三产业增加值的平均变异系数最小（0.37），说明中部地区的三次产业发展较为稳定，而东、西部地区的三次产业尤其第一产业发展波动较为剧烈。由此看出，在产业结构方面，第三产业替代第二产业逐渐成为各地区重点发展的产业类型，第一产业相对比重逐年递减，尤其在东部和西部地区变动幅度较大。

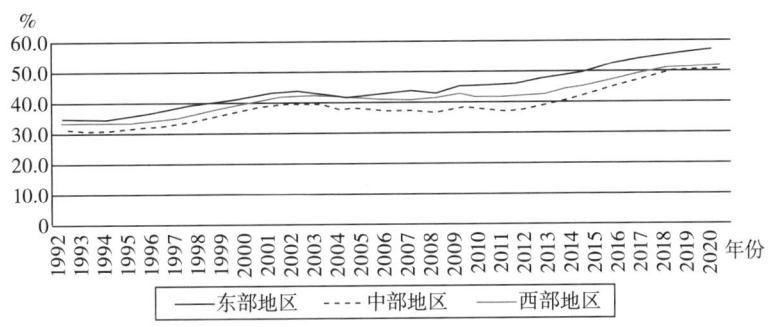

图2　1992—2020年东、中、西部地区第三产业增加值所占比重

资料来源：国家统计局。

改革开放至21世纪初，"中国从一个收入分配基本均等的国家逐步转变成一个收入分配差距较为悬殊的国家"。[①] 根据国家统计局的测算，"1988年全国基尼系数为0.341，1995年为0.389，2000年为0.417，已超出国际公认0.4的警戒线标准"。[②] 2009年我国居民人均可支配收入的基尼系数达到峰值0.49，随后逐年递减至2018年的0.468，仍超过国际警戒线标准。由此看出，我国居民收入分配尚未达到均衡状态，这种收入分配差距主要包括地区间收入水平差距和城乡居民间收入水平差距两个方面。一方面，尽管全体居民人均收入从1978年的171.2元上升至2018年的28228元，年均增长率达13.6%，但从各地区居民人均可支配收入情况来看，东部地区居民人均收入水平明显高于中、西部地区。近5年来，东部地区居民年均可支配收入为423909元/人，约为中、西部地区的2.25倍和1.63倍。与此同时，

---

① 郭俊山. 我国地区间收入分配差距实证分析[J]. 统计与决策,2002(3).
② 陈晋玲. 我国地区间收入分配差距扩大的实证分析[J]. 科技情报开发与经济,2005(23).

城镇和农村居民人均收入水平在东、西和中部地区均依次递减，东部地区在收入水平数值方面具有绝对优势，但在年均增长率方面低于西部地区（2013—2020年东、中、西部地区城镇居民人均可支配收入的年均增长率分别为6.6%、6.3%和6.9%，而这些地区农村居民人均纯收入的年均增长率分别为7.5%、7.4%和8.4%）。另一方面，从城镇居民和农村居民的收入水平差距来看，西部地区城乡居民之间的收入水平较为悬殊（收入比例约为2.87:1），东部和中部地区城乡收入差距比例较为接近（分别约为2.31:1和2.37:1）。但从城乡收入差距的绝对数值来看，东部地区城镇居民人均可支配收入与农村居民人均纯收入的差值最大，近5年均值约为286206.0元，其次为西部地区（均值约为255403.6元）。由此得出，不论是地区间居民的可支配收入，还是城乡居民之间的收入水平，均存在较大差异，其中中部地区城镇和农村居民收入水平较低问题相对严重，东、西部地区内部城乡居民之间的收入水平差距较大问题相对严重。

自新中国成立以来，"中国宏观区域经济发展战略经历了由改革开放前的区域经济平衡发展战略到改革开放后的区域经济非均衡发展战略，再到20世纪90年代中期以后的区域经济非均衡协调发展战略的转换"。① 为充分发挥和利用东部沿海区域的经济技术与区位优势，改革开放初期，国家开始实施向沿海地区倾斜的系列政策措施。随后"七五（1986—1990年）"计划中详细制定了三大经济地带非均衡发展的梯度开发战略，包括"振兴东北老工业基地""西部大开发战略"和"中部崛起"等。进入20世纪90年代，党和国家开始强调区域间协调发展和缩小区域经济发展差距，区域经济协调发展战略开始实施，如向东倾斜的局部开放政策转变为全方位对外开放，加大对中、西部地区扶贫力度和财政转移支付力度，增强东、西部之间的经济联合和协作等政策举措。由此看出，改革开放至今，党和国家在制度政策方面的各项举措在地区经济发展过程中发挥了重要作用，然而制度非均衡发展也带来了区域发展不平衡等负面问题。

总体而言，改革开放以来，我国地区差距的实践演进是佐证共同富裕思想重要现实指导意义的绝佳标本②。中国地区差距业已发生阶段性转变，其变动趋势与收入差距倒"U"理论模型初步吻合，即伴随城镇化推进的经济发展，居民收入差别

---

① 魏后凯. 改革开放30年中国区域经济的变迁——从不平衡发展到相对均衡发展[J]. 经济学动态,2008(5).

② 武鹏. 共同富裕思想与中国地区发展差距[J]. 当代经济研究,2012(3).

呈现先升后降的倒"U"形变动趋势①。近年来收入不均等现象的下降趋势是否代表我国地区间收入差距进入下降阶段，这一问题尚存争议。但可以肯定的是，当前我国地区间分配在诸多方面仍存在不均等问题。

二、当前地区间分配的问题与原因

改革开放以来，我国地区间分配状况经历先恶化后趋于好转的变动趋势，从中体现出中国特色社会主义制度的显著优势，但也应看到中国特色社会主义制度仍需进一步完善，国家治理体系和治理能力仍需加快推进。当前，我国地区间分配仍存在一些问题和不足，亟待着手解决，以进一步发挥社会主义制度和国家治理的显著优势。

首先，区域经济发展差距是地区间分配不平衡的重要影响因素，我国在新发展阶段呈现出东、中、西三大板块差距逐渐收敛，南、北差距日趋扩大的发展态势。这种发展趋势表现出部分地区由于动能转换不足导致经济增长减速问题，有学者采取断点回归的技术方法，证明了"胡焕庸线"两侧城市存在显著的发展不均衡，相较于左侧城市，其右侧城市无论在经济发展还是社会建设方面均处于领先地位②。还有研究表明，在市场经济条件下，"先富地区带动其他地区共同富裕的战略在距离先富地区390公里的空间范围是有效的，并且对不同发展水平的其他地区的带动作用是存在差异的"③。尽管近年来东、西区域间差距逐年缩小，但受地理区位、政策导向等因素影响，南、北方地区在政策支持、生态环境、产业背景和科技载体等方面存在较大差异，造成要素自由流动、增长动能转换受阻，进而使南、北区域经济发展差距问题日渐突出。

其次，当前各地区经济发展特色不明显，区域间产业"同构"现象严重。合理的区域分工是促进地区间分配均衡的重要因素，而合理的区域分工有赖于产业结构凸显地区特色。正如前文所述，东、中、西三大地带的产业结构均呈现出侧重第三产业发展的变动趋势，这种"揠苗助长"行为既会破坏经济发展的客观性和持续

---

① 万广华,吴万宗.走向共同富裕的制度力量——评陈宗胜等著《中国居民收入分配通论》[J].经济研究,2019(11).
② 马理,黎妮,马欣怡.破解胡焕庸线魔咒实现共同富裕[J].财政研究,2018(9).
③ 覃成林,杨霞.先富地区带动了其他地区共同富裕吗——基于空间外溢效应的分析[J].中国工业经济,2017(10).

性,又使得地方政府尤其是中、西部地区地方政府"富民强区"的客观压力增强①。产业结构是分工格局演变的必然结果,区域间资源—加工型的垂直分工格局在一定程度上会阻碍产业结构优化升级,不利于打破区域间的合作壁垒和促进区域经济向更高层次迈进。同时,在相同产业内部,各区域均以产业生产主体部分为发展方向,较少考虑配件生产部分,缺乏专业化分工进而影响产业发展的合理布局。为此,各地政府以公开或隐蔽的形式实行"地方保护主义",争夺有限的经济资源。因此,地区间产业结构趋同现象不仅阻碍了区域特色经济的形成,而且致使区域间资源争夺加剧,进而导致产业发展领域的地区间分配不平衡问题。

再次,地区间居民的可支配收入和城乡之间的收入水平存在较大差距是地区间分配不均衡的直接表现,中部地区整体收入水平偏低问题相对严重,而东、西部地区城乡收入差距较大问题相对严重。城镇居民人均可支配收入水平表现为东、西、中依次递减的排序,而农村居民人均纯收入则始终表现为东、中、西依次递减的排序。相较于地区间收入差距,我国城乡差距在世界范围内处于高位,"从国际比较来看,发达国家的城乡收入比接近于1,发展中国家印度的城乡收入比接近于1.9,非洲低收入国家如乌干达的城乡收入比最高只有2.3左右。但根据国家统计局的最新数据,2020年我国的城乡收入差距却高达2.56"。② 尽管我国已经全面消除绝对贫困,但农村内部的贫富差距依然严重,存在脱贫人口返贫风险高、内生动力不足等潜在问题,仍需重视庞大的低收入人口的可持续发展问题。

最后,除宏观经济、产业发展和居民收入等方面外,生产性、生活性基础设施供给和公共服务建设参差不齐,也是当前地区间分配不均衡问题的重要体现。较东部地区而言,中、西部地区在基础设施和公共服务建设方面能力较弱,自我发展的"造血功能"不足,尤其在人力资本投入和医疗保障方面表现尤为突出。中、西部地区在吸引、培养和发展优秀人才方面存在流动性较大、主动性较低和相关体制机制欠缺等问题。国家统计局住户调查数据显示,2018年我国城市人均教育投入为1639元,而农村人均教育投入仅为916元,城乡比达1.79。在医疗和养老保障方面,城市人均医疗投入是农村的1.68倍,城市人均养老退休保障金是农村的8.59倍。

总体而言,形成地区间分配不平衡问题的原因是十分复杂的,既有历史原因,

---

① 陈映. 论共同富裕与区域经济非均衡协调发展[M]. 成都:四川大学,2005.
② 李实,陈基平,滕阳川. 共同富裕路上的乡村振兴:问题、挑战与建议[J]. 兰州大学学报(社会科学版),2021(3).

也有现实原因;既有体制原因,又有制度原因。究其根本,全社会所有制结构中公有制经济较快下降、私有制经济大幅上升的根本性变化,是导致地区分配分化的首因或根本原因①。本文认为,我国在分配方面存在地区不平衡问题的原因主要在于三个方面:一是依托于国家政策导向,区域间经济发展水平存在较大差距,这一差距构成了我国地区间分配非均衡发展的客观原因和重要基础;二是着眼于特定产业发展,区域间资源竞争激烈,这种竞争构成了我国地区间分配非均衡发展的主观原因;三是有关促进地区间分配均等化的相关法律法规和配套机制尚未完善,这种制度非均衡发展构成了我国地区间分配不平衡发展的制度原因。

三、促进地区间分配的对策思路

在《政治经济学批判大纲》中,马克思已明确指出"在新社会制度中,生产将以所有人的富裕为目的"②。因而,实现共同富裕是社会主义发展的题中应有之义,是一个由阶段性目标构成的渐进发展过程③。在新发展阶段,通过协调发展以实现共同富裕是社会主义基本经济及规律的具体实现形式④。

以实现全体人民共同富裕为目标,坚持和完善党的领导,积极发挥中央政府和地方政府的主导作用。在促进地区间均衡分配中,党的领导不只是发挥统揽全局、统筹规划、政治动员和利益协调等作用,更是要通过传播和宣扬社会主义先进文化,增强全体人民"共同富裕"的目标意识,以文化为载体充分调动各地区企业、社会组织和居民等经济主体的积极性,进而形成合力提高区域分配效率和成效。同时,要着眼于整体利益和长远利益,充分发挥中央政府在宏观调控、产业布局和行业监管等方面的积极作用,重视地方政府"小规则"对区域经济发展的重要影响⑤。在遵循市场经济规律、充分发挥市场在资源配置的决定性作用的前提下,区域地方政府应合理配置城市间和区域间公共产品供给,保证地区间资源和要素的自由流动和合理配置。还可以有针对性地建立区域协调发展机构,设立区域协调发展基金,用于保障落后地区民众的合理权益。

---

① 程恩富,张建刚.坚持公有制经济为主体与促进共同富裕[J].求是,2013(1).
② [德]马克思,恩格斯.马克思恩格斯全集:第23卷[M].北京:人民出版社,1972:95.
③ 秦刚.实现共同富裕:中国特色社会主义的实践探索和历史进程[EB/OL].https://doi.org/10.16619/j.cnki.rmltxsqy.2021.07.001.
④ 石涛,陈祥生.协调发展共同富裕——对社会主义基本经济规律的再认识[J].探索,2012(1).
⑤ 曹阳.区域经济发展的差异性与制度发展的非均衡[J].经济学家,2001(4).

落实区域协调发展战略,促进不同区域在经济发展中进行优势互补。从地区间产业结构现状的分析中可以看出,东、中、西三大地区均以第三产业为重点开展经济活动,呈现出产业"同构"趋势。然而,"协调发展不是不同区域经济同时、同等程度的发展,也不是抑制发达区域的发展……协调发展要求不同的区域应根据自身的比较优势和发展条件,以国家的产业政策为指导,确定在全国区域分工格局中所承担的任务和产业发展方向"[1]。因此,要依托于各地区自身区位优势,以地方诉求和区域差异为基础,建立多层次区域协调发展产业体系,形成合理的区域经济空间布局。积极推动城乡产业融合发展,尝试开展城乡产业协同发展平台、科技成果入乡转化机制、生态产品价值实现机制和农民持续增收体制机制等专项改革。健全乡村公共服务设施,提升乡村招商引资功能[2]。加快城乡要素市场化改革,户籍制度、农村土地制度、资本下乡经营管理制度改革提速,促使城乡要素之间实现自由流动与平等交换。以外向型发展路径引导地区间、城乡间发挥各自比较优势,互联互通、成网成带,进而形成东、中、西互动,南、北促进,城、乡共同发展的产业融合发展格局。

实现共同富裕是一个长期而艰巨的历史过程,需要一个相对稳定和连续的制度环境。然而,当前阶段,我国有关地区间收入分配的体制机制呈现出侧重生产效率和征管效率、关注公平正义不足以及地方自主权有限等问题。调整横向地区间收入分配非均等问题,理顺横向地区间收入分配机制,是我国目前亟待解决的现实问题。一方面,应积极推进社会保障制度改革,扩大社会保障的覆盖面,让大量的农民工等流动人口享有参与社会保障的权益,进而缩小城乡居民的收入差距。另一方面,应完善地区间收入分配机制,既要保持中央和地方财力格局的总体稳定,"在处理横向地区间收入分配关系方面,相关体制机制应注重体现效率、公平、正义、自主等四个层次的理念"[3],又要推进地区间居民收入和基本公共服务均等化,尝试建立增值税地方分享机制,增强地方政府税收收入与当地居民生活消费之间的关联度,树立权为民赋、权为民用的执政理念,推进经济发展方式和政府职能转变。

---

[1] 杨秋宝. 宏观区域经济发展战略50年:从平衡发展到非均衡协调发展的转换[J]. 中共中央党校学报,2000(2).

[2] 范从来,秦研,赵锦春. 创建区域共同富裕的江苏范例[EB/OL]. https://doi.org/10.13858/j.cnki.cn32-1312/c.20210525.005.

[3] 发中. 地区间收入分配的原则与路径(上)[N]. 中国财经报,2016-12-20.

作者简介

谭泓,青岛大学劳动人事研究院院长、二级教授,马克思主义理论一级学科带头人,山东省劳动人事研究基地主任,中国人民大学经济学博士。先后获得"山东省有突出贡献的中青年专家""全国党校系统优秀科研管理工作者""山东省智库高端人才""山东省委党校有突出贡献的中青年人才"等荣誉称号。兼任中国劳动学会劳动关系与劳动标准专委会副长、中国人力资源研究会常务理事、中国劳动经济学会常务理等职。

主持完成、在研国家社科基金项目3项,主持完成、在研省软科学重大和省社科重点等省部级科研项目近20项,主持完成、在研各类横向课题近20项。在人民出版社、商务印书馆等出版社出版专著、译著4部。在《人民日报》《哲学研究》《马克思主义研究》《马克思主义与现实》等报刊发表学术文章100余篇,其中15篇被《新华文摘》《中国社会科学文摘》、"人大复印报刊资料库"等全文转载。20余项成果获省部级领导签批并进入决策,7项科研成果获省社科优秀科研成果一、二、三等奖,1项成果获首届省政府咨询奖。

谭泓：慈善事业助力共同富裕的路径实现研究

2021年8月17日，习近平总书记在中央财经委员会第十次会议上指出："共同富裕是社会主义的本质要求，是中国式现代化的重要特征，要坚持以人民为中心的发展思想，在高质量发展中促进共同富裕。"坚持以人民为中心、在高质量发展过程中，消除贫富差距、实现共同富裕是社会主义的本质要求。经过新中国成立70余年、改革开放40余年的艰苦奋斗，我国社会生产力水平显著提高，高质量发展积极推动，但城乡、区域差距，尤其收入分配差距所产生的突出贫富差距问题，已成为制约"人民美好生活向往"与"实现共同富裕的社会主义本质要求"的根本因素。2016年9月1日《中华人民共和国慈善法》实施，对慈善行为、慈善活动及慈善参与者之间的相互关系进行了规范、激励、监督和调节，并确立了"促进社会进步、共享发展成果"，进而助力实现共同富裕的慈善目标。早在2006年习近平同志任浙江省委书记时，便提出"大力发展慈善事业，是调动社会资源解决困难群众生产生活问题的一条重要途径，对于协调各方面的利益关系，促进城乡之间、地区之间、民族之间的和谐发展，促进人与人之间的和谐相处，推动先富帮未富、最终实现共同富裕，具有重大的意义和作用"。[①]

一、慈善事业：助力共同富裕实现的重要路径

2016年，《中华人民共和国慈善法》实施。慈善事业，是指自然人、法人和其他组织通过捐赠财产或提供服务等方式，自愿开展的扶贫、济困、扶老、恤病、助残、救孤及救助自然灾害、事故灾难和公共卫生事件，从而促进教育、科学、文化、

---

① 习近平. 齐心协力发展慈善事业同心同德建设和谐社会[N]. 浙江日报，2006-12-13.

卫生、体育发展，防治污染和其他公害等公益活动。慈善事业因其均衡财富分配、弱化收入两极分化、对公共灾害救助与公共事业发展的无偿捐助等作用，必然成为促进共同富裕的重要途径。这就需要通过中华儒商文化和社会主义核心价值观的传扬，倡导"先富者"富而思源、富而感恩、回馈社会、回报人民，积极担负社会责任，向"后富"地区投资生产、转移财富、支持公益、做好慈善等，践行"先富带帮后富"①。

（一）慈善事业助力城乡、地区、民族之间的共同富裕

新中国成立70余年、改革开放40余年，我国在生产力水平不断提升、经济快速发展、人民生活水平普遍提高的同时，贫富差距扩大问题日益突出，而社会主义市场经济发展的责任，"就是要团结带领全党全国各族人民，继续解放思想，坚持改革开放，不断解放和发展社会生产力，努力解决群众的生产生活困难，坚定不移走共同富裕的道路"。② 2016年，全国有城市低保对象855.3万户、1480.2万人，全国残疾人口8502万人，困难残疾人生活补贴人数521.3万人，重度残疾人护理补贴人数500.1万人。③ 自2013年至2016年4年间，每年农村贫困人口减少都超过1000万人，累计脱贫5564万人；贫困发生率从2012年年底的10.2%下降到2016年年底的4.5%，下降5.7个百分点。④

2021年，"我国脱贫攻坚战取得了全面胜利，现行标准下9899万农村贫困人口全部脱贫，832个贫困县全部摘帽，12.8万个贫困村全部出列，区域性整体贫困得到解决，完成了消除绝对贫困的艰巨任务，创造了又一个彪炳史册的人间奇迹！……脱贫摘帽不是终点，而是新生活、新奋斗的起点。解决发展不平衡不充分问题、缩小城乡区域发展差距、实现人的全面发展和全体人民共同富裕仍然任重道远"。⑤ 我国城乡之间、地区之间、民族之间发展差距较大，是实现共同富裕需要突破的最重要领域，在高度重视"深入实施东、西部扶贫协作，重点攻克深度贫困地区脱贫任务"的同时，慈善事业为改善贫困地区、西部地区的基本生活设施发挥了重要作用。

慈善尤其对于推动初级教育、初级卫生等发挥的重要作用，同样不可忽视。自

---

① 吴文新，程恩富. 新时代的共同富裕：实现的前提与四维逻辑[J]. 上海经济研究，2021(11).
② 资料来源：习近平.《在十八届中央政治局常委中外记者见面会上的讲话》，新华网，2012年11月15日。
③ 资料来源：参见《2016年社会服务发展统计公报》，民政部网，2017年8月3日。
④ 资料来源：习近平. 更好地推进精准扶贫精准脱贫确保如期实现脱贫攻坚目标[N]. 人民日报，2017-02-22.
⑤ 资料来源：习近平.《在全国脱贫攻坚总结表彰大会上的讲话》，新华网，2021年2月25日。

1989年10月，中国青少年发展基金会以"助农民的后代人人有书读"为宗旨实施"希望工程"，至2016年，全国"希望工程"累计接受捐款118.32亿元，资助学生5350560名，援建希望小学18982所，援建希望工程图书室23490个、希望厨房5023个、快乐体育7795套、快乐音乐1323套、快乐电影620套、电脑教室1215套。① 希望工程成为我国社会参与最广泛、最富影响力的公益事业之一，截至2019年年底，全国希望工程累计接受捐款161亿元，资助家庭困难学生617.02万名，援建希望小学20359所。同时，还根据贫困地区实际推出了"圆梦行动"、"希望厨房"、乡村教师培训等项目。② "希望工程"通过教育能力的提升，有效推动了贫困地区教育事业发展，服务了贫困家庭青少年成长发展，有力地促进了西部贫穷地区，特别是少数民族地区劳动者素质的提升。

（二）慈善事业助力不同阶层之间理解、互助与共同富裕

党的十九大报告中指出："必须始终把人民利益摆在至高无上的地位，让改革发展成果更多更公平惠及全体人民，朝着实现全体人民共同富裕不断迈进。"当前，我国各阶层之间的收入差距依然非常巨大，"从居民家庭资产分布数据可以看出，中国最富有的10%家庭，平均资产约为1500万，这10%家庭拥有的资产加起来，占全社会总资产的47.5%。如果把前20%家庭的资产加起来，占社会总资产的比例已达到63%。而底层20%的家庭，其资产加起来仅仅为社会总资产的2.6%"③。慈善事业是移富济贫的事业，在缩小阶层差距、缓解社会矛盾、维护社会稳定中起着助力作用。

尤其是社会脆弱群体仅靠自身努力很难达到基本生活标准，慈善事业对于改善脆弱群体生存状况具有重要作用，也是社会力量对基本人权的尊重，是对社会公平正义促进的体现。在市场经济条件下，激烈的竞争与资源配置的不平衡，尤其强者越强、弱者越弱的"马太效应"，必然使社会强者先富起来，但先富起来的强者如何带动后富的弱者，从而实现共同富裕，既需要社会制度的引领，也需要人文情怀的关爱。《中华人民共和国慈善法》与《中华人民共和国劳动法》《中华人民共和国劳动合同法》《中华人民共和国社会保险法》等以制度改善"马太效应"的社会法

---

① 资料来源:参见《关于希望工程》,中国青少年发展基金会,http://wwwyu.cydf.org.cn/,2017年3月25日。
② 资料来源:参见《关于希望工程》,中国青少年发展基金会,http://wwwyu.cydf.org.cn/,2021年5月10日。
③ 资料来源:《央行最新报告揭秘:中国的贫富差距到底有多大?》,新浪财经,2020年4月29日。

的共同实施，对于宏观社会领域的共同富裕与中观、微观劳动者群体的共同富裕，都将起到重要的推动作用。

慈善事业是兼具社会制度引领与人文情怀关爱的事业。通过志愿捐赠的方式，实现先富、较富群体帮助脆弱贫困群体，实现社会阶层群体的良性互动，有利于缓解不同社会阶层的对立情绪，弥合社会发展的裂缝，更有利于企业家增强企业社会责任意识，使企业发展是为了更多员工"更美好生活的实现"。在新时代，教育和引导更多的先富群体扶贫济困解危、捐助慈善事业，进而兴办慈善事业，可以帮助企业树立不仅"创造财富"而且"造福社会"的良好形象，使其赢得劳动者、社会公众及困难群体的更多尊重，从而在助力"共同富裕"过程中推动高质量发展的实现。

（三）慈善事业助力国家治理体系促进共同富裕的实现

党的十九大报告中强调："保证人民依法通过各种途径和形式管理国家事务，管理经济文化事业，管理社会事务。"《中华人民共和国慈善法》规定：为了发展慈善事业，弘扬慈善文化，规范慈善活动，保护慈善组织、捐赠人、志愿者、受益人等慈善活动参与者的合法权益，促进社会进步，共享发展成果，制定本法。慈善事业以慈爱之心为道德伦理基础，以贫富差别的存在为社会基础，以社会捐献为独特的经济基础，以民营公益机构为组织基础，以捐献者的意愿为实施基础，以公众普遍参与为发展基础。

慈善事业既关系社会资源的配置，也联结公平与正义社会诉求的实现，必然成为国家治理体系的重要组成部分。慈善事业所具有的多元参与、注重民生等理念，与以善治为核心的现代治理理念不谋而合，在全面深化改革总目标下，公益慈善组织将成为创新社会治理的重要主体之一，慈善事业在整个国家治理体系中的地位和作用也会变得更加突出。[①] 慈善事业在化解贫富差距与困境方面起到的促进作用，必然助力共同富裕的实现。当前，"慈善开始成为国家整体治理体系的一部分，并为国家治理战略目标服务。国家与社会正逐步耦合成一种统一、复杂且充满不确定性的双向嵌入关系。以企业为主体的科技向善和商业慈善在质疑中逐渐成为时尚，而企业社会责任和影响力投资成为重要主题"。[②] 同时，兼具人道主义和利他精神的

---

① 陈昌智. 站在国家战略高度发展慈善事业[N]. 人民日报, 2015-04-01.
② 杨团, 朱健刚. 慈善蓝皮书:中国慈善发展报告(2020)[M]. 北京:社会科学文献出版社, 2020:前言.

现代慈善文化，形成了人人参与、人人奉献的慈善文化氛围，进一步提升了我国的文化竞争力。

尤其慈善事业并非仅是第三次分配的体现，而是同时包含"三次分配"的独特财富转移方式：企业或各种经济实体的捐献，通常计入捐献者的生产经营成本，属于社会产品初次分配范畴；政府财政对慈善事业的拨款和援助，纳入财政预算，属于社会产品再分配范畴；社会成员的个人捐献，通过社会产品初次分配和再分配获得相应份额后自愿付出，属于社会产品第三次分配。[①] 慈善事业不仅是富人对穷人的简单济贫，更涉及劳资利益协调、阶层利益调节、社会矛盾化解、公民民主参与、社会共治共建等政治、经济、文化、社会诸多领域。在利益主体多元化条件下，推进包括慈善事业在内的社会"共治共建"，必然在助力国家治理体系建设中推动共同富裕的实现。

二、共同富裕实现：需要慈善事业的发展完善

早在2007年1月，习近平同志便指出"无论是个人还是组织，无论是贫穷还是富裕，不管在什么条件下，不管做了多少，只要关心、支持慈善事业，积极参与慈善活动，就开始了道德积累。这种道德积累，不仅有助于提高个人和组织的社会责任感及公众形象，而且也有助于促进整个社会的公平、福利与和谐"[②]。我国慈善事业源远流长，春秋时期就有"天子布德兴惠，命有司发仓廪，赐贫穷，振之"（《礼记·月令》）的记述，汉代以国家名义建立仓储制度，宋代将慈善事业作为国家制度确立。在经济社会发展过程中，慈善事业为扶贫、赈灾、教育、环保等工作做出诸多贡献，但现代慈善意识淡薄、慈善机制有待成熟等问题，阻碍着慈善事业的良性健康发展，共同富裕目标的实现需要慈善事业的发展完善。

（一）慈善事业起步晚、机构数量少、动员能力弱、公信力待增强

以1994年2月《人民日报》发表的评论文章《为慈善正名》及同年4月中华慈善总会成立为标志，我国慈善事业在民政部主导推动下起步发展。与改革开放40年我国经济发展取得的巨大成就及社会文明发展的迫切要求相比，慈善事业仍然处

---

① 郑功成. 慈善事业的理论解析[J]. 慈善,1989(2).
② 习近平. 之江新语[M]. 杭州:浙江人民出版社,2007:252.

于非常落后的"短板"状态,慈善理论支撑、慈善机构数量、慈善动员能力,尤其是慈善社会公信力,都十分薄弱,亟须强化。

首先,慈善事业起步晚,慈善基础理论缺乏。2004年党的十六届四中全会首次提出"健全社会保险、社会救助、社会福利和慈善事业相衔接的社会保障体系",在此之前社会保障理论基本没有涉及慈善理论,相对于西方百余年的慈善理论与实践,我国慈善理论处于薄弱滞后状态,并成为制约慈善事业发展的首要问题。

其次,慈善机构数量少,民办慈善发展受限。我国慈善机构数量近几年快速增加,截至2020年9月底,全国登记认定慈善组织共计7825个,净资产规模超过1900亿元;慈善信托共463单,合同金额32.42亿元。全国注册志愿者1.84亿人,注册志愿团体76.7万个,累计记录志愿服务时间超过25.4亿小时。① 较长时间以来,以企业形式存在的民办慈善难以如官办慈善那样享受慈善捐赠的税收优惠,民办慈善生存前提由此受到制度性约束,需要承担更多经济责任,同时常常无法承受合法性质疑。

再次,慈善捐赠的水平不高,动员社会资源能力弱。2016年全年我国慈善事业共接收社会捐赠款827.0亿元,比上年增长26.4%,其中,民政部门直接接收社会各界捐款40.3亿元,各类社会组织接收捐款786.7亿元。② 筹款能力最强的中华慈善总会由367个会员单位组成,年筹款额自2013年始方超过100亿元,2015年达到128.36亿元。③ 2019年年底会员单位376个,年度接收社会捐赠款物89.19亿。④ 尤其是在筹款过程中,行政摊派性募捐比较普遍,很多单位不经员工同意,直接从工资中扣除"募捐款项",或者以通知形式明确不同层次人员的捐款标准。

最后,慈善社会公信力不足,慈善事件时有发生。2004年湖南太子奶集团"诺而不捐"、2007年"胡曼莉事件"、2008年汶川地震"天价帐篷"、2009年"小天使"专项基金冒领挪用等事件,以及2011年先后发生的"郭美美事件"、"尚德诈捐门事件"、"卢美美事件"、河南省"宋庆龄基金会"等事件,严重损害了慈善组织的社会公信力,也严重影响着社会公民的捐款热情。2015年"知乎大V童瑶诈捐事件"、2016年"网络主播凉山假慈善""深圳罗尔事件"等,更体现着互联网时代慈善领域公众信任的焦虑和脆弱。⑤ 近几年,我国慈善事业在法治化、专业化与

---

① 资料来源:《2020年公益慈善领域十大新闻》,中华慈善总会网站,2021年1月13日。
② 资料来源:参见《2016年社会服务发展统计公报》,民政部网站,2017年8月3日。
③ 资料来源:参见《2015年中华慈善年度报告》,2016年11月30日。
④ 资料来源:参见《2019年中华慈善年度报告》,中华慈善网站,2021年1月22日。
⑤ 资料来源:参见霍晶莹:《2016年慈善领域舆情凸显公众信任的焦虑和脆弱》,新华网,2016年12月19日。

体系化方面得到进一步加强，但"个人大病求助平台水滴筹、德云社相声演员的百万募捐、一些慈善组织擅自变更项目善款使用对象、公益慈善行业奖项评选公信力等都引发了公众的质疑和争议"。[①]而公信力是慈善组织甚至整个慈善事业发展的生命线，要通过完善内部管理制度和治理结构，切实履行慈善组织的责任义务，赢得社会尤其是捐赠者的信任。

（二）公民慈善观念较落后，个人主动性捐赠参与率低

在慈善意识和慈善理念形成过程中价值观起着非常重要的作用，慈善观念是慈善行为的"发动机""导向器"。西方诸多国家以宗教立国，西方国家慈善事业发展中宗教的贡献不可忽视，宗教慈善不仅限于为社会提供的财物和义工，更重要的是对社会风气、世道人心，乃至主流文化的影响，宗教成为西方国家慈善事业发展的重要引擎。中国传统文化具有更高的人性向善的利他慈善渊源，儒家强调"仁爱"，道家强调"积德"，佛教强调"慈悲"。乐善好施、爱人之仁、守望相助、扶危济困等民间互济形式一直流传。

但市场经济发展过程"重个人价值、重功利价值"的价值取向，在以利己观激活个人积极性、扭曲促进经济快速发展的同时，严重削弱了公民的人文情怀，更严重削弱了社会主义利他性的核心价值理念。同时，中国传统文化所奉行的以"亲亲"为起点、以"亲亲"为终点由内及外的"圆心定理"理念价值，与"亲疏有别""远近有序"的文化思想，也制约着慈善事业在更广阔的范围发展。2020 年我国共接受境内外慈善捐赠 2253.13 亿元人民币。其中，内地接受款物捐赠共计 2086.13 亿元，首次超过 2000 亿元，同比增长 38.21%。此外，香港特别行政区、澳门特别行政区分别接受捐赠 149 亿元、18 亿元人民币[②]。随着公民慈善理念的日益增强与慈善氛围日渐浓厚，如何克服中国传统文化"圆心定理"及亲疏理念，更多推崇"老吾老以及人之老，幼吾幼以及人之幼"的推己及人的慈悲与怜悯意识，对于改善公民慈善观念意义突出。

同时，慈善事业消极思想仍然存在，如认为慈善事业是官方的救济政策、是成功企业应做的事情和责任。而企业面临的慈善环境同样不佳，部分公民认为民营企业慈善捐赠在某种意义上是为了政治关系和社会形象而付出"政治献金"与"广告

---

① 杨团，朱健刚. 中国慈善发展报告（2020）[M]. 北京：社会科学文献出版社，2020：2.
② 2020 年度中国慈善捐赠报告[N]. 公益时报，2021 - 11 - 26.

投入"。① 如何加强慈善舆论导向，更多地倡导企业家的引领带动作用，在以人民为中心实现高质量发展过程中，先富群体更多关注慈善事业值得深入探讨。在"互联网+"时代，如何将慈善文化更多地体现为群众互助，并加强慈善事业网络平台建设，避免"网络主播凉山假慈善"与"深圳罗尔事件"等类事件的发生，同样亟须深入研究。

（三）组织体系建设需强化，推动慈善事业发展的治理能力有待提升

2013年5月，习近平总书记在参加"快乐童年 放飞希望"六一主题队日活动时，接见中华慈善总会六名在京接受治疗的先心病康复儿童代表，关切地询问他们的治疗情况，祝愿他们过上更幸福生活。② 2014年3月，习近平总书记致信祝贺中国残疾人福利基金会"切实履行职责，锐意进取、扎实工作，为推动残疾人共享我国经济社会发展成果"③。慈善组织是慈善事业发展的基本载体，慈善事业发展的成败，取决于慈善组织体系能否取得社会公众的公认信任，能否适应现代社会发展的需要。因此，必须着力强化慈善组织的社会"责任意识、规则意识、奉献意识"，推进慈善组织诚信建设和志愿服务制度化，从而推动慈善事业助力共同富裕的国家治理能力提升。

这就需要树立以"共同富裕"为导向的慈善品牌意识。慈善事业发展不仅需要公众的利他奉献精神，也需要强化以"共同富裕"为导向的慈善品牌项目。在助力共同富裕的过程中，强化以"共同富裕"为责任导向与吸引力的慈善项目，就可能争取到更多的社会资源捐助。在慈善事业发展过程中，在慈善项目选择、慈善募捐过程、慈善捐款用途、慈善信息公布等方面，坚持以"共同富裕"为导向，强化严格科学的程序，在项目论证运作及社会效果评估基础上科学决策，需要推出更多"共同富裕"的名牌慈善项目。

同时，"共同富裕"的"微慈善"时代特征有待强化。伴随着网民数量的快速增加，充分重视互联网、新媒体带来的新机遇，培养慈善事业新的增长点，尤其是"鼠标慈善"已激发出巨大慈善能量。"扶危济困风气、参与慈善热情、助力共同富裕"的慈善导向成为微博公益最突出的标志，网络与慈善相结合将推动慈善事业进

---

① 戴亦一，等. 中国企业的慈善捐赠是一种"政治献金"吗——来自市委书记更替的证据[J]. 经济研究，2014(2).
② 习近平在京参加"快乐童年放飞希望"主题队日活动[N]. 人民日报，2013-05-31.
③ 习近平致信祝贺中国残疾人福利基金会成立30周年[N]. 人民日报，2014-03-21.

入"微慈善"时代。同时,伴随着互联网、新媒体时代的发展,慈善机构工作人员的专业素质、职业能力均有待提高,慈善组织运行规则、慈善公益系统自律、慈善社会公信均有待强化。

三、推动慈善事业发展、助力共同富裕的实现

"随着我国全面建成小康社会、开启全面建设社会主义现代化国家新征程,我们必须把促进全体人民共同富裕摆在更加重要的位置,脚踏实地,久久为功,向着这个目标更加积极有为地进行努力。"① 在脚踏实地、久久为功、向着共同富裕目标努力的过程中,慈善事业为"有能力帮助他人"的人,尤其是"先富群体"帮助他人更好生存生活提供了现实途径,也为处于窘境迫切需要帮助者创造了获得社会援助的机会。慈善事业以利他性为特征,可以助力社会财富得到更加良性的配置,从而成为助力共同富裕实现的重要路径。

(一)推动政策法规完善,营造慈善事业助力共同富裕的政治环境

2004年党的十六届四中全会上,慈善事业首次被写入党的文献,强调"健全社会保险、社会救助、社会福利和慈善事业相衔接的社会保障体系"。党的十六届五中全会强调"加强社会福利事业建设,完善优抚保障机制和社会救助体系,支持社会慈善、社会捐赠、群众互助等社会扶助活动"。党的十六届六中全会《关于构建和谐社会的若干意见》强调:"逐步建立社会保险、社会救助、社会福利、慈善事业相衔接的覆盖城乡居民的社会保障体系……发展慈善事业,完善社会捐赠免税减税政策,增强全社会慈善事业。"党的十七大报告强调:"以慈善事业、商业保险为补充,加快完善社会保障体系。"党的十八大报告强调:"完善救助体系,支持发展慈善事业。"党的十八届三中全会提出"完善慈善捐助减免税制度,支持慈善事业发挥扶贫济困积极作用"的要求。党的十九大报告强调:"完善社会救助、社会福利、慈善事业、优抚安置等制度,健全农村留守儿童和妇女、老年人关爱服务体系。"

《中华人民共和国慈善法》(以下简称《慈善法》)于2016年3月16日颁布并

---

① 资料来源:习近平:《关于〈中共中央关于制定国民经济和社会发展第十四个五年规划和二〇三五年远景目标的建议〉的说明》,新华网,2020年11月3日。

于 9 月 1 日实施,在更加重视共享发展的背景下,对慈善事业的良性发展必将起到重要推动作用。《慈善法》明显体现了政府对慈善事业的积极促进作用,慈善组织的准入、募捐资格的审批、慈善信托的备案等更加公平透明,减少了政府对慈善组织的选择性激励,避免以行政手段调动慈善资源,政府真正成为方向的引领者、规则的制定者和慈善的监管者。慈善政策与法规完善,为慈善事业助力共同富裕创造了良好的外部政策环境。在具体慈善政策实现方面,既重视政府行政职能效率,又重视慈善目标实现效率。同时,应更加重视慈善组织主动性的发挥,根据慈善事业发展状况与发展需要,促进法规政策不断完善,并创造经验、创造典型,推动慈善事业规范创新发展。

(二) 弘扬公益伦理观,营造慈善事业助力共同富裕的文化氛围

2006 年 12 月,习近平同志任浙江省委书记时指出:"慈善事业是一项全民的事业,要广泛普及慈善文化、弘扬慈善精神、宣传慈善典型,激发社会各界参与慈善事业的热情,在全社会形成人人心怀慈善、人人参与慈善的浓厚氛围"。[①] 清代王永彬说"富贵非荣,富贵而利济于世者为荣"(《围炉夜话》)。在中国,慈善伦理根源于孔子以"仁"为核心的儒家人本主义思想体系,孔子描述"使老有所终,壮有所用,幼有所长,鳏、寡、孤、独、废疾者皆有所养"(《礼记·礼运》)的大同世界,孟子提出建设"出入相友,守望相助,疾病相扶持,则百姓亲睦"(《孟子·滕文公上》)的理想社会。

中国当代慈善组织是现代社会发展领域的重要组织形式,只有不断弘扬中国传统文化的人文关怀、人文精神,动员社会成员和社会各界强化社会的责任意识、奉献意识,更加积极主动广泛参与,才能不断发展壮大。我国已有 10% 的人进入富裕阶层,富裕阶层的财富取得,离不开社会政策环境,离不开劳动者的价值创造,理应确立"取之社会、回报社会"的现代慈善伦理观。

在慈善事业发展过程中,政界的推动力量巨大。自 1994 年,上海市慈善基金会成立以来,上海市委市政府高度重视,并积极引领推动,提升普通市民参与慈善的热情,培育市民的优良慈善价值观。1996—2013 年,李瑞环累计捐赠工资收入、字画拍卖与稿费 3526.3 万元资助贫困学生,并于 2006 年立下遗嘱,逝世后其遗产全

---

① 习近平. 齐心协力发展慈善事业同心同德建设和谐社会[N]. 浙江日报,2006 - 12 - 13.

部变现资助贫困学生。① 以奉献爱心为宗旨的慈善事业是进行公民道德教育、提高公民道德素质的重要载体,新时代慈善事业不仅是捐钱捐物的事业,而且体现在志愿服务行动中,具体志愿行为与慈善捐助共同增强关注弱势群体、帮助困难群体、促进共享发展的社会文化氛围,推动社会宏观层面、产业中观层面的劳动关系和谐发展。

(三)重视企业主体带动,推动慈善事业助力共同富裕的社会引领

2006 年习近平同志任浙江省委书记时便强调:浙江的企业家特别是民营企业家作为浙江发展慈善事业的重要力量,要以"兼济天下"的精神,更加主动、勇敢地承担起相应的社会责任和义务,积极加入慈善事业中来,以自己的爱心和善行,提升自身的社会价值。② 以服务于人民为导向的企业家,理应成为促进慈善事业助力共同富裕的推动者。2016 年,企业捐赠总额首次突破 900 亿元,达到 908.20 亿元,比 2015 年增加了 124.35 亿元,同比增长 15.86%;企业捐赠占到捐赠总额的 65.20%,比重虽较 2015 年略有下降,但仍为第一大捐赠来源。③ 2019 年全年,企业捐赠款物 931.47 亿元,同比增长 4.56%,占捐赠总量的 61.71%。④ 2020 年我国企业和个人的捐赠总额分别为 1218.11 亿元、524.15 亿元,年度增幅均在三成以上,合计占捐赠总额的 83.52%,企业捐赠首次超千亿元。⑤

自 2005 年香江集团设立首个国家级非公募基金会,截至 2015 年 4 月非公募基金会已达 2903 家,其中企业及企业家发起的 667 家;截至 2019 年年底,全国登记认定的慈善组织总数已超过 7500 个,较 2018 年(5285 个)增长了四成以上,占到全国社会组织总量的 8.65%以上,净资产合计约 1600 亿元⑥。企业基金会在我国走热,体现出中国企业家个人道德基础上的自我实现意识。2011 年福耀集团以 3 亿元股权、总价值 35.49 亿元创办的河仁基金会,成为全国第一个经由国务院审批、以金融资产(股票)创办的全国性非公募基金会,成为企业家推动中国公益慈善事业的里程碑。2021 年 5 月,继总值已达 120 亿元的慈善捐献之后,河仁基金会宣布再次出资 100 亿元筹建新型的公立大学,培育真正能够打破被外国垄断的一些领域所

---

① 李瑞环捐赠〈看法与说法〉稿费资助贫困学生[N]. 天津日报,2013-09-13.
② 习近平. 齐心协力发展慈善事业同心同德建设和谐社会[N]. 浙江日报,2006-12-13.
③ 2016 年中华慈善捐助报告[N]. 公益时报,2017-11-02.
④ 资料来源:《中国慈善捐助报告:2019 年全国接受款物捐赠超 1700 亿元》,中国新闻网,2020 年 9 月 19 日.
⑤ 2020 年度中国慈善捐赠报告[N]. 公益时报,2021-11-26.
⑥ 资料来源:《慈善蓝皮书:中国慈善发展报告(2020)》,慈善皮书网,2020 年 8 月 8 日.

需的顶尖人才,助力共同富裕目标的实现。

"在社会公有经济范围内,良好的制度会使经济活动中的人在增进集体利益或社会利益最大化的过程中实现合理的个人利益最大化。"① 慈善的本质是伦理的,其动机应当是"无我"与"为人",是社会主义核心价值观所倡导的利他奉献,但现实中不少慈善捐赠者有做好事、献爱心的动机,但并非完全的利他奉献,而是依然带有增强企业发展影响力的"利己投资"内涵。在社会主义与市场经济融合过程中,慈善捐赠存在是"利他"还是"利己"的动机差异,私有资本具有"利己投资"内涵的捐赠,不应成为慈善事业的主流和常态,社会主义公有制的按劳分配主体与利他核心价值观发展导向,才是真正实现共同富裕的根本路径。

---

① 程恩富. 现代马克思主义政治经济学的四大理论假设[J]. 中国社会科学,2007(1).

作者简介

贺汉魂,1969年12月生,湖南衡阳市人,湖南第一师范学院二级教授,博士(博士后),硕士生导师,校学术委员会副主任。湖南省新世纪121创新人才(二层次),湖南省高校学科带头人,中国经济伦理学会、教育伦理学会理事,湖南师范大学中国特色社会主义道德文化省部共建协同创新中心首席专家。国社科、教育部社科、省社科课题盲审专家。省高级职称、教学成果奖评审专家。数家学术刊物审稿专家。国内创新马克思主义(劳动幸福学学派)重要成员,主要研究马克思主义经济伦理思想。主持完成国社科课题2项,教育部课题1项,省重大、重点课题等省级课题10余项,在人民出版社、中国社会科学出版社、《光明日报》出版社出版个人专著3部,主编教材1部,副主编教材2部,独著或第一作者的学术论文100余篇,其中在《马克思主义研究》《哲学动态》等CSSCI刊物发表学术论文60篇,被《新华文摘》、《中国社会科学文摘》、人大复印报刊资料库、《高等学校文科学术文摘》转载10余篇,被《中国哲学年鉴》等年鉴收录10余篇,"人大复印报刊资料库"索引80余篇。主要承担"马克思主义政治经济学原理"、"思想政治教育学原理"专业课及"马克思主义原理"公共课的教学任务。追求"思想家+演说家"的教学风格,曾获校青年教师教学比武第一名,获评"校十佳授课教师"称号。

贺汉魂：马克思增进人民幸福的财富生产正义思想研究

对物质财富（接下来的论述中一律简称为财富）的需要是人类进行经济活动的根本动力，财富生产是人类经济活动的根本起点，"生产不仅为需要提供材料，而且它也为材料提供需要"①，就经济正义而言，财富生产正义是基础性、根本性的正义。马克思的财富生产正义思想全面而深刻，却因直接论述并非十分丰富而没有引起研究者应有的关注，更遑论达成共识。20世纪70年代以来，马克思有没有经济正义论甚至成为西方马克思主义者的争论焦点：柯亨、胡萨米等认为经济正义是马克思理论的核心范畴之一，塔克和伍德等认为马克思没有经济正义理论，这种现状"并不表明它本身就是合理的，反倒表明研究者们从未真正地理解过马克思哲学，因为他们是从传统哲学而不是经济哲学的视角出发，去理解马克思哲学的"。② 马克思强调增值财富是增进人民幸福的根本基础，增进人民幸福是增值财富的根本目的，财富因劳动生产而成，马克思财富生产正义论的精神实质是劳动正义。马克思财富生产正义论是其时代财富生产正义论的巅峰，也是当代社会实现人民的美好生活需要、增进人民幸福的重要理论指南，对此进行研究具有重要的理论与实践意义。

一、财富因劳动而生产是财富原初获取正义的根本依据

在现代西方经济正义论中，诺齐克因持有正义论而著称，其基本思想是：持有者的最初获取，或对无物主的获取如果"合法"，持有就是正义的，这叫作获取正

---

① [德]马克思,恩格斯. 马克思恩格斯文集：第8卷[M]. 北京：人民出版社,2009：16.
② 俞吾金. 论财富问题在马克思哲学中的地位和作用[J]. 哲学研究,2011(2).

义原则;以合法、自愿交换、馈赠等方式实现的个人间的转让,这叫作转让正义原则;对现实中如偷窃、欺诈等非正义持有进行矫正,这叫作矫正正义原则。就持有的对象而言,财富持有正义是最基本的持有正义,这是由财富的根本性质及其对人类的根本意义决定的,诺齐克所谓的持有正义论实际上主要针对的就是财富持有。

何谓财富?马克思指出财富的形式多样,但"不论财富的社会形式如何,使用价值总是构成财富的内容"。① 马克思指出财富对人的意义重大:适足的财富既是维持人们生存的根本基础,"人作为自然的、肉体的、感性的、对象性的存在物,同植物一样,是受动的、受受制约的和受限制的存在物"②,"在吃喝这一种消费形式中,人生产自己的身体,这是明显的事"③,也是促进人们发展的根本基础,"不再是单纯为生存资料而斗争,而是为发展资料,为社会地生产出来的发展资料而斗争,对于这个阶段,来自动物界的范畴就不再适用了"④,还是实现人们享受需要的根本基础,"人不仅为生存而斗争,而且为享受,为增加自己的享受而斗争"。⑤ 财富的这些重要意义决定了享有适足的财富是保持人格尊严,增进人民幸福的根本前提,"靠别人恩典为生的人,把自己看成一个从属的存在物"⑥,"人们为了能够'创造历史',必须能够生活。但是为了生活,首先就需要吃喝住穿以及其他一些东西",⑦否则,"在极端贫困的情况下,必须重新开始争取必需品的斗争,全部陈腐污浊又要死灰复燃"。⑧

财富的物质内容是使用价值,由此可以把财富归为劳动生产与天然混成之财富两大类,前者即劳动生产而成的社会财富,后者即自然资源,即马克思所言的"不借人力而天然存在的物质基质"⑨。马克思指出劳动是财富生成之根本源泉,"从产品的角度加以考察,那么劳动资料和劳动对象二者表现为生产资料,劳动本身则表现为生产劳动",⑩ 因而也是人们获取、使用财富的根本基础。因为即使一些人可以通过暴力掠夺的方式占有他人的财富,但"无论如何,财产必须先由劳动生产出来,

---

① [德]马克思,恩格斯. 马克思恩格斯全集:第31卷[M]. 北京:人民出版社,1998:420.
② [德]马克思,恩格斯. 马克思恩格斯文集:第1卷[M]. 北京:人民出版社,2009:209.
③ [德]马克思,恩格斯. 马克思恩格斯文集:第8卷[M]. 北京:人民出版社,2009:14.
④ [德]马克思,恩格斯. 马克思恩格斯文集:第2卷[M]. 北京:人民出版社,2009:46.
⑤ [德]马克思,恩格斯. 马克思恩格斯文集:第2卷[M]. 北京:人民出版社,2009:46.
⑥ [德]马克思,恩格斯. 马克思恩格斯文集:第1卷[M]. 北京:人民出版社,2009:209.
⑦ [德]马克思,恩格斯. 马克思恩格斯文集:第1卷[M]. 北京:人民出版社,2009:531.
⑧ [德]马克思,恩格斯. 马克思恩格斯文集:第3卷[M]. 北京:人民出版社,2009:538.
⑨ [德]马克思,恩格斯. 马克思恩格斯文集:第5卷[M]. 北京:人民出版社,2009:56.
⑩ [德]马克思,恩格斯. 马克思恩格斯文集:第5卷[M]. 北京:人民出版社,2009:211.

然后才能被掠夺"，① 所以财富获取正义的根本依据就是财富生产正义。诺齐克承认转让是财富获取的重要方式，所谓转让，自然先是转让者已获取了用于转让的财富，所以诺齐克视获取正义为转让的基础的逻辑是正确的。但是所谓获取财富，就是通过获得某财富而持有自己原来没有的财富，因此一切获取都是原初获取，人类获取财富的基本途径主要是自产自有，即持有自己生产的财富，得到社会分配给自己的财富和通过交换获取他人的财富，其中交换正义大体相当于诺齐克的转让正义，本身就是原初获取的重要方式，诺齐克却只是将其归属于转让正义，这实际上是在回避生产正义的基础谈交换正义，这样的转让正义自然实质上只能是形式上的正义。更重要的是，诺齐克提出持有正义的重要意图在于否定分配正义，实际上也就是要否定分配是财富原初获取的重要方式。

财富生产正义的依据何在呢？马克思指出，劳动创造财富，而且"正是活劳动通过使未完成的劳动产品成为下一步劳动的材料，才保存了这种产品的使用价值"。② 正义的基本内涵是人们"在非自愿交往中的所得与损失的中庸"，③ "是等利（害）交换的善行"。④ 以正义的基本内涵视之，劳动者以劳动生产，保存财富，由此获取财富自然合正义：其一，从公正的"等利交换"内涵看，劳动创造、保存财富是劳动者为社会贡献"利"，社会承认、保障其获取财富是一种"等利交换"；其二，从公正的"等害交换"内涵看，劳动创造、保存财富意味着劳动者利己但未损人，社会承认、保障其获取财富是保障"等害交换"不被滥用；其三，更重要的是劳动者付出体力与脑力才能生产财富，其价值实质是劳动者的生命力付出，表征着劳动者为财富生产做出了牺牲，"把劳动的有用性撇开，劳动就只剩下一点：它是人类劳动力的耗费"⑤，劳动者若不能因此获取适量的财富，意味着社会对劳动者未能做到"利"与"害"相等，这是社会的不正义。总之，关于财富原初获取，马克思已经提出了基本正义要求——劳动的才是正义的，财富应由生产财富的劳动者获取。

财富大多由一些人们共同生产而成，分配因而成为人们获取进而持有财富的最基本途径，社会分配给每个人的财富，无非是每个个人贡献的财富，劳动创造财富，在财富生成中劳动的贡献最大，按劳分配应成为主要的分配原则。分配是社会根据

---

① [德]马克思,恩格斯. 马克思恩格斯文集:第9卷[M]. 北京:人民出版社,2009:169.
② [德]马克思,恩格斯. 马克思恩格斯全集:第30卷[M]. 北京:人民出版社,1995:330.
③ 苗力田,主编. 亚里士多德全集:第8卷[M]. 北京:中国人民大学出版社,1990:103.
④ 王海明. 新伦理学[M]. 北京:商务印书馆,2001:303.
⑤ [德]马克思,恩格斯. 马克思恩格斯文集:第5卷[M]. 北京:人民出版社,2009:57.

个体对社会贡献的"利"进行的,能力强者往往可以事半功倍地为社会贡献"利",能力弱者往往事倍才能功半地为社会贡献"利",显然"在这里平等的权利按照原则仍然是资产阶级权利"①,但既然要坚持正义原则,"这些弊病,在经过长久阵痛刚刚从资本主义社会产生出来的共产主义社会的第一阶段,是不可避免的"。② 但是劳动归根结底也是一种力的作用,"人在生产中只能像自然本身那样发挥作用,也就是说,只能改变物质的形式",③ 而且"正像威廉·配第所说,劳动是财富之父,土地是财富之母"。④ 因此,对于马克思的劳动的才是正义的财富获取正义论人们容易产生两种质疑:其一,生产资料在财富生成中也是有贡献的,生产要素所有者应该因此获取财富,这是资产阶级古典经济学正义论的基本观点,"在古典经济学界定的分配视域中,各种生产要素均平等参与分配是正义的,保障诸要素平等参与分配的权利是正义的,也是必须的"⑤;其二,劳动只是财富之父,劳动者无权占有整个劳动产品,诺齐克就明确指出:"为什么一个人的权利竟扩展到整个物品而不仅仅是他的劳动所创造的增加值呢","这种个人劳动与劳动对象的混合是否有一个限度"⑥,还为此举例:"假如我拥有一罐番茄汁,我把它倒入海里使它的分子具有放射性以便于我检查均匀地溶入海水,我是因此达到了对海洋的占有,还是愚蠢地浪费了我的番茄汁?"⑦

其实,马克思并不反对按生产要素分配。马克思认为,这样的贡献实际上也是劳动者个体或共同体的贡献,因为是他们创造了生产要素。资产阶级主张的按生产要素分配,实际上把生产要素的贡献等同于生产要素所有者的贡献,他们把不同性质的生产资料私有制相混同,"其中一种以生产者自己的劳动为基础,另一种是以剥削他人的劳动为基础"⑧,又歪曲了马克思的"共产"主张,"共产主义的特征并不是要废除一般的所有制,而是要废除资产阶级的所有制"⑨。马克思事实上还说明了按生产要素分配应得的数量标准,那就是生产资料是物化劳动的产物,物化劳动提供者只应得到在活劳动中转移的价值量,即以能够补偿其过去生命力的付出为基

---

① [德]马克思,恩格斯. 马克思恩格斯文集:第3卷[M]. 北京:人民出版社,2009:434.
② [德]马克思,恩格斯. 马克思恩格斯文集:第3卷[M]. 北京:人民出版社,2009:435.
③ [德]马克思,恩格斯. 马克思恩格斯文集:第5卷[M]. 北京:人民出版社,2009:56.
④ [德]马克思,恩格斯. 马克思恩格斯文集:第5卷[M]. 北京:人民出版社,2009:56-57.
⑤ 颜景高. 正义分配正义·社会正义[J]. 云梦学刊,2020(3).
⑥ [美]诺齐克. 无政府、国家与乌托邦[M]. 北京:中国社会科学出版社,1991:180.
⑦ [美]诺齐克. 无政府、国家与乌托邦[M]. 北京:中国社会科学出版社,1991:179.
⑧ [德]马克思,恩格斯. 马克思恩格斯文集:第2卷[M]. 北京:人民出版社,2009:876.
⑨ [德]马克思,恩格斯. 马克思恩格斯文集:第2卷[M]. 北京:人民出版社,2009:45.

本标准，过与不及均不正义，因为生产要素价值转移的最大限度要"以它们进入劳动过程时原有的价值量为限"①。当然劳动的才是正义的财富获取正义论并不能解答按生产要素分配的所有内容，因为生产要素还包括自然资源，自然资源在财富生成方面的贡献应归属全体国民，关于这一点本文将在下一节分析。至于诺齐克之问当然在理，但它本身就是马克思的劳动的才是正义的财富获取正义论的题中之义。马克思是明确反对劳动者占有整个劳动产品的，在批判德国社会民主党的爱森纳赫派把"劳动是一切财富和一切文化的源泉"写进《哥达纲领》时，马克思指出："劳动不是一切财富的源泉。自然界同劳动一样也是使用价值（而物质财富就是由使用价值构成的！）的源泉，劳动本身不过是一种自然力即人的劳动力的表现。"②

综上所论，马克思的劳动的才是正义的财富获取正义论实际上把劳动者正义地获取劳动产品的情况分为三大类：一是个体劳动者使用自己生产的生产资料生产出劳动产品，劳动者有权占有这些产品，这就是马克思肯定劳动者个体私有制的重要原因；二是劳动者联合使用集体的生产资料生产劳动产品，个体劳动者无权占有全部劳动产品，只能由劳动集体根据不同劳动者的劳动付出进行分配，这就需要实行生产资料公有制；三是劳动者使用他人的生产资料生产出劳动产品，劳动者在先付出交换的代价，大体相当于诺齐克所谓的转让的代价后，才能进行生产并占有劳动产品，这就是转让正义的实质所在，因为交换是转让的基本方式。第二种情况强调分配正义，这恰是诺齐克坚决反对的，第三种情况诺齐克肯定的是在持有正义基础上的自愿转让。其实自愿的转让未必就是正义的交换，因为存在自愿的不正义转让。需要特别指出的是，由于任何形式的财富生产活动均需使用共同体所有的自然与社会资源，离不开社会其他成员的合作，因此实际上任何劳动者均不应完全独占劳动产品。

分配是财富获取的基本方式，交换则是获取财富的重要途径，因为交换作为财富转让的基本方式实际上是交换者彼此间的盈余互换，"商品占有者的商品对他没有直接的使用价格。否则他就不会把它拿到市场上去"。③ 什么样的交换才算是正义的交换呢？马克思指出商品是用来交换的劳动产品，"各种使用价值如果不包含不同质的有用劳动，就不能作为商品互相对立"。④ 马克思的商品概念定义实际上规定

---

① [德]马克思,恩格斯. 马克思恩格斯文集:第5卷[M]. 北京:人民出版社,2009:239.
② [德]马克思,恩格斯. 马克思恩格斯文集:第3卷[M]. 北京:人民出版社,2009:428.
③ [德]马克思,恩格斯. 马克思恩格斯文集:第5卷[M]. 北京:人民出版社,2009:104.
④ [德]马克思,恩格斯. 马克思恩格斯文集:第5卷[M]. 北京:人民出版社,2009:55-56.

了无使用价值,使用价值不真实,特别是直接有害的劳动产品不应买卖,非劳动产品的财富也不应成为交换的客体,否则定然妨碍增进人民的幸福。这就意味着:其一,人生来固有或后来固有的东西,如人的生理资源、人的情感不应交换,它们并不是劳动产品,出卖者的人生不可能幸福。在资本主义社会"你必须把你自己的一切变成可以出卖的,就是说,变成有用的"①,财富增值无法有效成为增进人民幸福的基础,"人和人之间除了赤裸裸的利害关系,除了冷酷无情的现金交易,就再也没有别的联系了"。② 至于劳动力成为商品则并不必然不正义,因为劳动力成为商品本身并不必然损害劳动者的身心与人格。其二,本属共同体持有的天然财富,如土地,不应买卖,否则一些人民,最终是多数人民将丧失生产、生活的根本物质条件。当然,由于国人对土地等天然财富的财产权主要表现为所有权,其使用权还是可以买卖的,马克思便指出土地价格"不是土地的购买价格而是土地所能提供的地租的购买价格"。③ 劳动是劳动者的劳动,商品是用来交换的劳动产品,自然意味着劳动者应该是交换主体(往往由劳动者的代表代为交换)。至于一些未能从事劳动的非剥削者持有财富合正义,因而可以成为交换的主体,主要在于他们让渡了属其所有的生产要素的使用权,为生产财富做出了贡献。由此可得出另一结论:公有制消除了剥削的根本基础,从而为交换是劳动者之间的交换提供了基础性的保障。这就为社会主义可以实行商品经济提供了新的马克思劳动正义论的依据,而且论证了公有制为基础的商品经济才是更合交换正义的商品经济。

交换正义论自然包括对交换过程正义性的分析。马克思指出交换的特点在于使各种劳动"全部都化为相同的人类劳动,抽象的人类劳动",④ 价值的实质是劳动的付出,价值量由劳动时间来计量,劳动应是社会承认的有用劳动,劳动时间应是社会承认的社会必要劳动时间。正义的交换是以社会必要劳动时间为基础的等价交换,因为这样的交换才能使劳动者的付出得到对等的弥补,可见马克思的等价交换论实际上内含了交换不应损害劳动者利益的道德要求。问题是交换者并不关心,也难以确知交换对方付出的劳动量,商品交换很难做到按生产者付出的劳动量进行交换。马克思错了吗?马克思没错。从生产者的角度看,一般情况下生产者自己无法生产或需要付出更多代价,主要是生命力的付出,所以生产自己需要的财富时才希望通

---

① [德]马克思,恩格斯. 马克思恩格斯文集:第1卷[M]. 北京:人民出版社,2009:226.
② [德]马克思,恩格斯. 马克思恩格斯文集:第2卷[M]. 北京:人民出版社,2009:33-34.
③ [德]马克思,恩格斯. 马克思恩格斯文集:第5卷[M]. 北京:人民出版社,2009:703.
④ [德]马克思,恩格斯. 马克思恩格斯文集:第5卷[M]. 北京:人民出版社,2009:51.

过交换得到自己需要的财富,若得不到对方合理数量的财富,对生产者而言即为不公正。从交换者的角度看,交换双方是因为对方能够节约自己的生命力付出才同意交换。可见交换双方实际上仍然围绕着"劳动"的付出讨价还价。由于双方的利己性——意在获取自己需要的财富与无能性——即使想关心也无从真正了解对方的劳动付出,作为生产者要求的正义与作为交换者要求的正义实际上很难一致,价格自然经常围绕价值上下波动。至于价格往往围绕价值波动但大多不会离价值太远,这是因为交换者彼此依可见的社会生产条件换位思考对方的劳动付出,若不成交,则会继续寻找交换者,或者干脆放弃交换,从而迫使出卖产品者降价出售。而价格有时的确偏离价值很远,主要是因为交换者特别或必须需要某种财富,自己又无法或实在难以生产,又无法找到其他交换者不得不接受不公正的交换。这就是垄断高价的实质所在,但是垄断终将被打破,等价交换的价值规律终将发挥作用。

二、劳动前提正义是财富生产可以进行的根本道义基础

财富因劳动而生产是财富原初获取正义的根本依据,不等于生产者持有其生产的财富就是正义的。重要原因在于,生产是一定的社会主体利用一定的生产资料在一定的土地进行的创造财富的活动,所以财富生产主体及其使用的生产资料应合正义,这是财富生产可以进行的根本道义基础。前者可称其为财富生产的主体前提正义,主要追问什么人应该劳动、什么人劳动反而不应该。后者可称其为财富生产的客体正义,主要追问生产资料应归谁持有、由谁使用。

什么人应该劳动,什么人劳动反而不应该呢?马克思指出劳动是人的特殊生命活动。"有意识的生命活动把人与动物的生命活动直接区别开来"[1];劳动即自由,"正因为人是类存在物,他才是有意识的存在物,就是说,他自己的生活对他来说是对象。仅仅由于这一点,他的活动才是自由的活动"[2];劳动促进人的发展,"改变自然时,也就同时改变他自身的自然。他使自身的自然中沉睡的潜力发挥出来,并且使这种力的活动受它自己控制"[3];劳动创造财富的实质是劳动者本质力量的实现,"人不仅像在意识中那样在精神上使自己二重化,而且能动地、现实地使自己

---

[1] [德]马克思,恩格斯. 马克思恩格斯文集:第1卷[M]. 北京:人民出版社,2009:162.
[2] [德]马克思,恩格斯. 马克思恩格斯文集:第1卷[M]. 北京:人民出版社,2009:162.
[3] [德]马克思,恩格斯. 马克思恩格斯文集:第5卷[M]. 北京:人民出版社,2009:208.

二重化，从而在他所创造的世界中直观自身"①。可见在马克思看来劳动对劳动者的意义并不只是生产出财富，还在于劳动证明人之为人，"通过实践创造对象世界，改造无机界，人证明自己是有意识的类存在物，就是说是这样一种存在物，它把类看作自己的本质，或者说把自身看作类存在物"②，劳动增进着劳动者的人生幸福，"劳动这种生命活动、这种生产生活本身对人来说不过是满足一种需要即维持肉体生存的需要的一种手段。而生产生活就是类生活。这是产生生命的生活。一个种的整体特性、种的类特性就在于生命活动的性质，而自由的有意识的活动恰恰就是人的类特性。生活本身仅仅表现为生活的手段"③。劳动对劳动者的重要意义决定了劳动是人们的基本人权，同时也是一种重要的道德权利④。所以一切有劳动能力者均享有从事一定劳动的资格权，这同时意味着因为劳动机会有限而无法劳动者获取一定数量的财富也是合正义的，因为并非他们不愿意劳动。相反，他们为了他人能够劳动作出了一定牺牲。

显然，劳动者应享有劳动权利并不等于劳动者可以随心所欲地要求实现这种权利。从社会角度看，相当时期内社会能够提供的生产条件的有限性决定了劳动机会的有限性，劳动者的生产能力又是有差别的，社会无法完全满足，甚至不应该完全满足所有劳动者想劳动的意愿，否则可能带来巨大的资源浪费，这一点与社会制度无关，归根结底是由生产力发展水平决定的。从劳动者本身看，劳动者提出要劳动的要求及社会对劳动者提出应该劳动的要求不应该超越劳动者的身心素质条件，主要包括：其一，劳动是体现人类自由本质的活动，不应强行要求那些由于身心健康原因丧失或无法行使自由能力者履行劳动义务，也不应该强迫劳动者从事超过其劳动能力界限的劳动；其二，不同年龄阶段劳动者的身智情况不同，不应强迫劳动者从事与其身智水平不相适应的劳动，马克思就明确批判过资本家雇用未成年人从事成年人才应从事的劳动；其三，一些劳动对女性伤害太大，不应要求她们与男人们从事同样的劳动，"雇用少女干这种活的最大弊病就是，这种情况往往使她们从幼年起就终生沦为放荡成性的败类"⑤。

人是社会的人，劳动的社会意义是劳动重要意义的另一方面，根本的就是劳动创造了人类历史，促进人类进步："人们为了能够'创造历史'，必须能够生活。但

---

① ［德］马克思，恩格斯. 马克思恩格斯文集：第1卷[M]. 北京：人民出版社，2009：163.
② ［德］马克思，恩格斯. 马克思恩格斯文集：第1卷[M]. 北京：人民出版社，2009：163.
③ ［德］马克思，恩格斯. 马克思恩格斯文集：第1卷[M]. 北京：人民出版社，2009：162.
④ 万俊人. 道德之维——现代经济伦理导论[M]. 广州：广东人民出版社，2000：236.
⑤ ［德］马克思，恩格斯. 马克思恩格斯文集：第5卷[M]. 北京：人民出版社，2009：534.

是为了生活首先就需要吃、住、穿以及其他一些东西"①,"整个所谓世界历史不外是通过人的劳动而诞生的过程,是自然界对人来说的生成过程"。②劳动对社会的重要意义决定了劳动是有劳动能力者应尽的基本社会义务,马克思多处强调此——在《共产党宣言》中提出:"实行普遍劳动义务制,成立产业军,特别是在农业方面。"③马克思还从人既是个体(家庭)的人,同时又是社会的人的角度,把劳动分为必要劳动与剩余劳动,这实际上是把劳动者应履行的劳动义务分为必要劳动与剩余劳动两大类。④其中养活自己及家庭成员的劳动"不以他的劳动的社会形式为转移"⑤,因此"在这部分时间内耗费的劳动称为必要劳动"⑥,剩余劳动是维持社会存在、促进社会发展而进行的劳动,"剩余劳动一方面是社会的自由时间的基础,从而另一方面是整个社会发展和全部文化的基础"。⑦

权利与义务从来密切相关。马克思明确提出"没有无义务的权利,也没有无权利的义务"。⑧劳动作为基本权利和基本义务应是统一的,拒绝劳动义务者实际上同时放弃了自己应享有的劳动权利,只是不同于其他权利,自愿放弃劳动权利者并不少。究其原因,马克思指出主要在于劳动是劳动者消耗生命的过程,劳动过程的行为规则会让劳动者有些不自在,生理、休闲活动在很大程度上可以代替劳动作为生命活动的意义,这些使得一些人追求好逸恶劳的生活。一些人好逸恶劳大多意味着另一些人同时在过度劳累,所以劳动权利与义务分配不公就是剥削的实质所在。何以激励劳动者自觉争取劳动资格权,积极履行劳动义务呢?根本途径是保障劳动过程合道德规范,关键在于要切实保障劳动者的劳动权利,对此本文接下来作进一步论证。

综上所述,可以认为马克思的劳动权利、义务观实际上对财富生产主体合德性的基本规定在于,有劳动能力者有权要求从事相应的劳动也应该从事相应的劳动,反之,不应该要求不具备相应劳动能力者从事力所不逮的劳动,具有相应劳动能力者也不应该拒绝从事力所能逮的劳动。马克思对资本主义社会财富生产主体的伦理

---

① [德]马克思,恩格斯. 马克思恩格斯文集:第1卷[M]. 北京:人民出版社,1995:531.
② [德]马克思,恩格斯. 马克思恩格斯文集:第1卷[M]. 北京:人民出版社,1995:196.
③ [德]马克思,恩格斯. 马克思恩格斯文集:第5卷[M]. 北京:人民出版社,2009:273.
④ 显然,马克思这里所谓的必要劳动、剩余劳动与我们的一般理解有些不同,一般理解就是无论是为自己(家庭)还是为社会进行剩余劳动均是应该履行的义务,因而均是必要劳动。
⑤ [德]马克思,恩格斯. 马克思恩格斯文集:第5卷[M]. 北京:人民出版社,2009:273.
⑥ [德]马克思,恩格斯. 马克思恩格斯文集:第5卷[M]. 北京:人民出版社,2009:249-250.
⑦ [德]马克思,恩格斯. 马克思恩格斯全集:第32卷[M]. 北京:人民出版社,1998:221.
⑧ [德]马克思,恩格斯. 马克思恩格斯文集:第3卷[M]. 北京:人民出版社,2009:227.

批判就是从这两大方面进行的：一方面，马克思批判劳动者在资本主义社会未能充分享有劳动资格权，因为相对人口过剩是资本主义社会的基本人口规律，"工人人口本身在生产出资本积累的同时，也以日益扩大的规模生产出使他们自身成为相对过剩人口的手段。这就是资本主义生产方式所特有的人口规律"。① 另一方面，马克思批判资本主义社会劳动义务分配不公平，主要表现为：资产阶级基本上只从事非生产劳动，"在这被迫专门从事劳动的大多数人之旁，形成了一个脱离直接生产劳动的阶级，它掌管社会的共同事务：劳动管理、国家事务、司法、科学、艺术等等。因此，分工的规律就是阶级划分的基础"，② 而且他们从事非生产劳动不是为人民服务，而是为了保障统治、剥削劳动人民的地位，"这也不妨碍统治阶级一旦掌握政权就牺牲劳动阶级来巩固自己的统治，并把对社会的领导变成对群众加紧剥削"。③ 马克思并不排除一些资本家的确参与了一些生产劳动，即"除了他作为资本家的性质之外，他也进行劳动"④，但强调这是剥削性质的劳动，"剥削的劳动又像被剥削的劳动一样，是劳动"⑤ 资本主义社会不公正地分配劳动权利、义务导致的直接后果是，劳动者对于劳动"既不是出于忠诚，也不是由于义务"⑥，特别是"当无产者穷到完全不能满足最起码的生活需要，穷到处境悲惨和食不果腹的时候，那就会更加促使他们蔑视一切社会秩序"。⑦

剥削阶级何以能够回避劳动义务呢？马克思指出这主要是因为"一个除自己的劳动力外没有其他任何财产的人，在任何社会与文化的状态中，都不得不为另一些已经成了劳动的物质条件的所有者的人作奴隶"。⑧ 马克思指出劳动者劳动义务过重是剥削阶级社会的共同特征，"凡是社会上一部分人享有生产资料垄断权的地方，劳动者，无论是自由的或不自由的，都必须在维持自身生活所必需的劳动时间以外，追加超额的劳动时间来为生产资料的所有者生产生活资料，不论这些所有者是雅典的贵族、伊特鲁里亚的神权政治首领、罗马的市民、诺曼的男爵、美国的奴隶主、瓦拉几亚的领主、现代的地主、还是资本家"⑨，一旦生产成为追求剩余价值的生

---

① [德]马克思,恩格斯. 马克思恩格斯文集:第5卷[M]. 北京:人民出版社,2009:727-728.
② [德]马克思,恩格斯. 马克思恩格斯文集:第3卷[M]. 北京:人民出版社,2009:562-563.
③ [德]马克思,恩格斯. 马克思恩格斯文集:第3卷[M]. 北京:人民出版社,2009:562-563.
④ [德]马克思,恩格斯. 马克思恩格斯文集:第7卷[M]. 北京:人民出版社,2009:430.
⑤ [德]马克思,恩格斯. 马克思恩格斯文集:第7卷[M]. 北京:人民出版社,2009:430.
⑥ [德]马克思,恩格斯. 马克思恩格斯文集:第7卷[M]. 北京:人民出版社,2009:237.
⑦ [德]马克思,恩格斯. 马克思恩格斯文集:第1卷[M]. 北京:人民出版社,2009:429.
⑧ [德]马克思,恩格斯. 马克思恩格斯文集:第3卷[M]. 北京:人民出版社,2009:428.
⑨ [德]马克思,恩格斯. 马克思恩格斯文集:第5卷[M]. 北京:人民出版社,2009:273.

产,劳动者的劳动义务便会更加重,"在古代,只有在谋取具有独立的货币形式的交换价值的地方,即在金银的生产上,才有骇人听闻的过度劳动。在那里,累死人的强迫劳动是过度劳动的公开形式。这只要读一读西西里的狄奥多鲁斯的记载就可以知道"①,进入资本主义社会,"那些还在奴隶劳动或徭役劳动等较低级形式上从事生产的民族,一旦卷入资本主义生产方式所统治的世界市场,而这个市场又使他们的产品的外销成为首要利益,那就会在奴隶制、农奴制等等野蛮暴行之上,再加上过度劳动的文明暴行"②,废除私有制、实行公有制使得人们"除了自己的劳动,谁都不能提供任何东西"③,从而为实现劳动权利、义务公正分配奠定了基础,这就是共产主义的重要本义,"共产主义并不剥夺任何人占有社会产品的权力,它只剥夺利用这种占有去奴役他人劳动的权力"。④

生产资料所有制合正义既是劳动权利、义务公正分配,也是财富生产可以进行的客观"应然"基础。道理很简单,使用本不应归其持有的生产资料进行生产劳动本就不应该。本文已论证马克思劳动价值论对财富原初获取作出的基本正义要求是财富应由生产财富的劳动者获取。劳动者创造的财富最重要的是生产资料,"尤其是说到劳动资料,那么就是最肤浅的眼光也会发现,它们的绝大多数都有过去劳动的痕迹"⑤;至于劳动对象,大多也要经过一定的劳动改造才成,"除采掘工业以外,一切产业部门所处理的对象都是原料"⑥,即使是动物和植物,"实际上它们不仅可能是上年度劳动的产品,而且它们现在的形式也是经过许多世代、在人的控制下、通过人的劳动不断发生变化的产物"。⑦ 马克思指出私有制的共性是"私有制作为社会的、集体的所有制的对立物,只是在劳动资料和劳动的外部条件属于私人的地方才存在"⑧,私有制的个性是"是私有制的性质,却依这些私人是劳动者还是非劳动者而有所不同。私有制在最初看来所表现出的无数色层,只不过反映了这两极间的各种中间状态"⑨,所以若言私有制,劳动者的私有制才合情合理。由于创造生产资料的劳动大多是集体性的活动,多数生产资料应由劳动者公有,即实行生产资料公

---

① [德]马克思,恩格斯. 马克思恩格斯文集:第5卷[M]. 北京:人民出版社,2009:273.
② [德]马克思,恩格斯. 马克思恩格斯文集:第5卷[M]. 北京:人民出版社,2009:273.
③ [德]马克思,恩格斯. 马克思恩格斯文集:第3卷[M]. 北京:人民出版社,2009:434.
④ [德]马克思,恩格斯. 马克思恩格斯文集:第2卷[M]. 北京:人民出版社,2009:47.
⑤ [德]马克思,恩格斯. 马克思恩格斯文集:第5卷[M]. 北京:人民出版社,2009:212.
⑥ [德]马克思,恩格斯. 马克思恩格斯文集:第5卷[M]. 北京:人民出版社,2009:212.
⑦ [德]马克思,恩格斯. 马克思恩格斯文集:第5卷[M]. 北京:人民出版社,2009:212.
⑧ [德]马克思,恩格斯. 马克思恩格斯文集:第5卷[M]. 北京:人民出版社,2009:875.
⑨ [德]马克思,恩格斯. 马克思恩格斯文集:第5卷[M]. 北京:人民出版社,2009:875.

有制。在资本主义社会,资本是生产资料的基本形式,"把资本变为属于社会全体成员的集体财产,并不是把个人财产变为社会财产。这里所改变的只不过是所有制的社会性质"。①

财富生产总得在一定的自然空间中进行,而且在人类社会早期,如马克思指出的:"自然物本身就成为他的活动的器官","土地是他的原始的食物仓,也是他的原始的劳动资料库"。②何人占有、使用它们才合正义要求呢?格劳秀斯认为谁先占便归谁持有,洛克的基本主张是"我的劳动使它们(自然物——引者注)脱离了原来所处的共同状态,确定了我对他们的财产权"③,休谟把先占、时效、添附和继承视为财富获取正义的四大条件,根本的依据依然是先占与劳动。先占与劳动作为人们持有无主的自然资源的道义性早已成为人们的共识,但是此论显然也忽视了土地等自然资源不是劳动创造的,"劳动"不足以成为人们占有它们的充足理由。西季威克就对此批评指出:"他只能获得对他的劳动的充分补偿权","人们有时也用那条原则去解释对在某种意义上是被首先发现者'创造(即发现)'的物质财富的原初权利"④,但是"常识不完全承认这种权利,而只在这一权利似乎是对发现者的辛苦的充分补偿的意义上承认它。例如,我们不会认为首先发现一大片无人居住的区域的人具有完全占有它的道德权利"。⑤柯享进一步质问:"为什么要接受世界最初是无主的这个断言,然后听任对世界的霸占呢?为什么不设想世界是被人们共同拥有的,因此每个人对如何处置土地都有一份平等的否决权呢?"⑥这样的批判不无道理。但在现实社会中,在一国之内实现此种平等极其困难,何况在世界范围内实行。共产主义社会世界已经大同,正义原则让位于人类共享地使用,依其逻辑岂不意味着人类永远无法真正实现此种正义?可见西季威克、柯享显然忽视了"迄今,任何分配总是在一定的共同体中进行的分配,现代社会主要是在民族国家中进行的,所谓公平基本上就是在一国之内实行公平"。⑦

本文认为"回到马克思"可以科学地解答此问题。马克思明确指出自然界是人的无机的身体:"从理论领域来说,植物、动物、石头、空气、光等等,一方面作

---

① [德]马克思,恩格斯.马克思恩格斯文集:第2卷[M].北京:人民出版社,2009:46.
② [德]马克思,恩格斯.马克思恩格斯文集:第5卷[M].北京:人民出版社,2009:209.
③ [英]洛克.政府论:下篇[M].瞿菊东,等,译.北京:商务印书馆,1962:19-20.
④ [英]西季威克.伦理学方法[M].廖早白,译.北京:中国社会科学出版社,1993:297-298.
⑤ [英]西季威克.伦理学方法[M].廖早白,译.北京:中国社会科学出版社,1993:297-298.
⑥ [英]G.A.柯享:《自我所有、自由和平等》[M].李朝晖,译.上海:东方出版社,2008,(导言)第16.
⑦ 贺汉魂.按劳分配的正义追问——重读马克思按劳分配思想[J].上海师范大学学报,2019(5).

为自然科学的对象,一方面作为艺术的对象,都是人的意识的一部分,是人的精神的无机界,是人必须事先进行加工以便享用和消化的精神食粮"①,"在实践上,人的普遍性正是表现为这样的普遍性,它把整个自然界——首先作为人的直接的生活资料,其次作为人的生命活动的对象(材料)和工具——变成人的无机的身体"②,又强调"所谓人的肉体生活和精神生活同自然界相联系,不外是说自然界同自身相联系,因为人是自然界的一部分"。③ 马克思这一思想实际上说明了人们取得与其共生的天然财富本就是应该的。人是以群体存在的人,是氏族的、部落的、民族国家的人,土地等自然资源应归民族、部落、国家共同所有,共同体的个体成员即使按人均方式对其私有化也不合理,但由于一国之内的人们与土地等自然资源的自然亲近性不同,又决定了他们在土地等自然资源方面的"所有"程度应该有所差别,如在农村土地占有、使用方面,农民就应享有优先权,因为他们与农村土地的关系的共生性更强,在改造农村土地方面的贡献相对较大。

综上所论可以得出结论:不同劳动者创造不同的生产资料,不同劳动者在创造生产资料中的贡献不同,共同体成员在生产资料所有权方面可以不平等,在占有权、使用权方面更加可以不平等,但共同体成员在土地等自然资源方面的所有权应是平等的。马克思把生产资料私有制分为"其中一种以生产者自己的劳动为基础,另一种是以剥削他人的劳动为基础"④,批判资本主义原始资本积累"既然它不是奴隶和农奴直接转化为雇佣工人,因而不是单纯的形式变换,那么它就只是意味着直接生产者的被剥夺,即以自己劳动为基础的私有制的解体"⑤,提出重新建立个人所有制是"在协作和对土地及靠劳动本身生产的生产资料的共同占有的基础上,重新建立个人所有制"⑥,这些实际上都是马克思关于财富主体进行财富生产的客体正义的说明。与马克思不同,诺齐克提出在保证不会妨碍他人享有足够的同样好的东西的前提下,劳动者对因为劳动而使自然物有所增益的部分的持有是正义的。但他又认为这一条已经过于苛刻,"可行的条件是占有某物不至于使他人的状况变坏,否则会使他失去通过任何一种特殊的占有来改善自己处境的机会"。⑦ 这种理论实际上违背

---

① [德]马克思,恩格斯. 马克思恩格斯文集:第1卷[M]. 北京:人民出版社,2009:161.
② [德]马克思,恩格斯. 马克思恩格斯文集:第1卷[M]. 北京:人民出版社,2009:161.
③ [德]马克思,恩格斯. 马克思恩格斯文集:第1卷[M]. 北京:人民出版社,2009:161.
④ [德]马克思,恩格斯. 马克思恩格斯文集:第5卷[M]. 北京:人民出版社,2009:876.
⑤ [德]马克思,恩格斯. 马克思恩格斯文集:第5卷[M]. 北京:人民出版社,2009:875.
⑥ [德]马克思,恩格斯. 马克思恩格斯文集:第5卷[M]. 北京:人民出版社,2009:874.
⑦ [美]罗伯特·诺齐克. 无政府、国家和乌托邦[M]. 何怀宏,等,译. 北京:中国社会科学出版社,2009:211.

了正义精神,为殖民有理提供了新的正义依据。因为依诺齐克此言,只要使其他社会成员,包括多数社会成员的现状不变坏或稍变好,已经持有自然资源者把他人排除在使用者之外就是正义的。做到这一点实际上真的不难,如掠夺他国的土地等自然资源,鼓励本国人民在他国土地创造财富,再稍微给那些本来就不会使用或不会高效使用他们的国土资源的人民一些补偿便可。

三、劳动动因与过程正义是财富生产本身正义的基本要求

人类的自觉行为是有明确动因的行为,即起于一定的动机,为了实现一定目的的行为。目的是行为要实现的"善",马克思指出劳动以生产出财富为直接目的,"劳动过程,就我们在上面把它描述为它的简单的抽象的要素来说,是制造使用价值的有目的的活动"①,所以生产出财富就是实现了财富生产目的之行为善,反之便为行为恶,即马克思所言的无用劳动或有害劳动。但是行为善未必就是道德善,合乎道德目的的善才叫道德善,财富生产目的应是合乎道德目的的善。从道德善恶的内涵看,"恶"的财富生产活动包括未能生产出产品、生产出伪劣产品和有害产品的劳动,均是不道德的劳动。马克思明确指出:"如果物没有用,那么其中包含的劳动也就没有用,不能算作劳动,因此不形成价值"②;还举例证明资本家组织生产不安全食品,"把明矾磨成细粉,或与盐混合,这是一种常见的商品,名为'面包素'"③,并批判过鸦片战争——中国政府决定"此种万恶贸易毒害人民,不得开禁"。④ 当然产品可能是有害的,但劳动过程与动机却可能是合道德要求的,如出于科学实验的目的需要生产了一些有毒之物,这样的劳动在受控制的情况下是可以进行的,还有动机上是为了进行有用劳动,结果却可能是无用劳动的生产,此时只能通过总结经验避免下一次进行同样的无用劳动。

另外,在马克思看来使用价值真实的财富未必就应该生产,因为增进人民幸福才是财富生产的根本目的,当财富对增进人民的幸福无益时,继续生产即为生产过剩。马克思之所以肯定古代社会的财富生产方式而批判资本主义的财富生产方式,重要原因在于在古代劳动虽然很艰苦,但人毕竟表现为生产的目的,在资本主义社

---

① [德]马克思,恩格斯. 马克思恩格斯文集:第5卷[M]. 北京:人民出版社,2009:215.
② [德]马克思,恩格斯. 马克思恩格斯文集:第5卷[M]. 北京:人民出版社,2009:54.
③ [德]马克思,恩格斯. 马克思恩格斯文集:第5卷[M]. 北京:人民出版社,2009:288-289.
④ [德]马克思,恩格斯. 马克思恩格斯文集:第2卷[M]. 北京:人民出版社,2009:634.

会中财富成为生产的根本目的,不是财为人活,而是人为财死。马克思认为一些人之所以背离人民幸福的宗旨过度生产财富,主要是因为财富已被他们幻象为人生的根本目的,占有、使用财富成为实现人生幸福的标志。资本主义社会商品成为财富的基本形式,作为特定时代社会关系的资本幻象成为财富创造的绝对形式和永恒的生产方式,财富生产过剩由此成为资本主义经济的常态。就此而言,资本主义生产过剩不是真正的过剩而是相对于人民需要的过剩,归根结底是相对人民幸福的过剩。

目的是行动者需要实现的外在目标,动机是驱使人们采取行动的内部原因。多数情况下实现目的就是人们的根本动机,但有时人们的行为动机恰是为了实现其他目的,甚至是为了实现与动机相反的目的。这一点在财富生产过程中也是成立的:一般情况下人们的财富生产目的和动机都是为了生产财富,但是生产出财富并非财富生产的唯一动机,因为人类财富生产活动本质上与动物获取物质资源的活动不同,"动物只是在直接的肉体需要的支配下生产,而人甚至不受肉体需要的影响也进行生产,并且只有不受这种需要的影响才进行真正的生产;动物只生产自身,而人在生产整个自然界;动物的产品直接属于它的肉体,而人则自由地面对自己的产品"。① 总体而言,财富生产动机与目的不一致的主要情形有二:

其一,目的是生产财富,动机是实现价值或利润。马克思指出商品生产者动机上是为了实现商品的价值,只是由于商品的使用价值是价值的物质载体才不得不以生产出使用价值为目的。在资本主义社会,资本家以增值利润为动机,对于资本家来说,凡是能够投入市场获利的生产就是合理的生产,工人们为了得到工作,获取更多工资有可能对此积极配合。所以马克思强调:"将一个把自己的生产方式建立在价值的基础上,进而按照资本主义生产方式组织起来的国家,看成是一个单纯为了满足国民需要而工作的总体,这是错误的抽象。"② 当然也应看到无论从理论逻辑还是从社会现实看,在以利润为动机的财富生产活动中,包括社会主义市场经济中,劳资合作生产无用产品,甚至是有害产品的情况均可能出现,如社会主义市场经济也可能出现食品安全问题、产品过剩问题。这就需要通过道德与法律手段来匡正、制约财富生产者及其组织者的求利动机。在这一点上,社会主义公有制经济与资本主义私有制度的区别很明显,对事关民生大事却少利或无利可图的事情,社会主义公有制经济会积极作为,资本主义私有制经济则是想方设法把民生大事变成发财之

---

① [德]马克思,恩格斯. 马克思恩格斯文集:第1卷[M]. 北京:人民出版社,2009:163.
② [德]马克思,恩格斯. 马克思恩格斯文集:第7卷[M]. 北京:人民出版社,2009:964.

大产业，若不能从中发财则置之不理。

其二，目的是生产出财富，动机是享受劳动的快乐。马克思指出，劳动既是人类的生存之本、本质所在、发展之途，还是劳动者进行自我表达和获得社会认可的重要方式，因而财富生产的根本动机，或者说重要动机可能就是要劳动而不是要财富。无疑，既生产出财富又充分享受劳动快乐的劳动才是理想的劳动形态，这种理想状态的劳动在未来的共产主义社会才能普遍地实现，现实社会在特殊情况下也应允许一些人视劳动本身而不是劳动生产出财富作为主要动机：一是一些人民应该进行不以生产出财富为主要目的和动机的学习、培训及实习性的生产劳动。马克思便强调劳动者在进行生产劳动前"要有一定的教育或训练，而这又得花费或多或少的商品等价物"①；二是劳动本身是人民的美好生活需要，应保障财富生产力低下的劳动者享有特定的劳动机会，马克思批判资本主义社会的人口过剩实际亦在表达另一层意思，那就是为了更多人有机会从事生产财富的劳动，一定时期内少生产些财富也是应该的；三是只要生产劳动是有用劳动，一些劳动者出于个人兴趣，或出于实现增进广大人民幸福的崇高使命而非创造使用价值而进行的劳动，社会应该允许，甚至应该鼓励他们从事，相反，"异化劳动把这种关系颠倒过来，以致人正因为是有意识的存在物，才把自己的生命活动，自己的本质变成仅仅维持自己生存的手段"②，这样的劳动即使效率高也不合理。

动因善良是财富生产增进人民幸福的实践起点，生产过程合乎规范则是财富生产增进人民幸福的关键环节。马克思强调人与动物不同，"动物只是按照它所属的那个种的尺度和需要来构造，而人却懂得按照任何一个种的尺度来进行生产，并且懂得处处都把固有的尺度运用于对象；因此，人也按照美的规律来构造"③。这里所谓的固有的尺度显然包括了道德尺度。在价值原则中，道德善与恶是总原则但过于抽象，应落实为一些更基本的道德原则，主要包括人道、自由、和谐、正义原则。财富生产是人们最基本的经济行为，人道、自由、和谐、正义原则自然也是判断财富生产过程合乎规范的根本标准，遵循这些规范的财富生产过程才能有效增进人民的幸福。

人道原则的低级要求是保障人作为人存在。马克思强调财富生产过程应合人道原则的根本原因在于财富生产活动是体现人类本质的活动，同时又是劳动者的体力

---

① [德]马克思,恩格斯. 马克思恩格斯文集:第5卷[M]. 北京:人民出版社,2009:49.
② [德]马克思,恩格斯. 马克思恩格斯文集:第1卷[M]. 北京:人民出版社,2009:162.
③ [德]马克思,恩格斯. 马克思恩格斯文集:第1卷[M]. 北京:人民出版社,2009:163.

与脑力付出的过程，不人道的财富生产活动不但无法增进人民的幸福，相反，劳动者会因为从事这样的劳动而"不是自由地发挥自己的体力和智力，而是使自己的肉体受折磨，精神遭摧残"。① 人道原则的高级要求是充分实现自由。马克思指出自由是人性的追求，"没有一个人反对自由，如果有的话，最多也只是反对别人的自由"②，合乎人道要求的财富生产过程本身就包含了合自由的要求。自由的对立面是强制、奴役，"凡是压毁人的个性的都是专制"③，强制劳动对劳动者而言"是一种最残酷最带有侮辱性的折磨"。④ 当然劳动应该是自由的劳动不等于劳动者可以或应该彻底自由地劳动或在劳动中享受彻底或完全的自由，因为迄今为止的社会还无法完全满足所有劳动者的劳动意愿，劳动本身"不可能像傅立叶所希望的那样成为游戏"。⑤

生产过程必然发生人与自然、人与人的关系，两大关系和谐是财富生产过程和谐的基本内涵。人与人在生产的和谐主要是指劳动关系和谐，人与自然和谐的关键是"合理地调节他们和自然之间的物质变换，把它置于他们的共同控制之下，而不让它作为一种盲目的力量来统治自己；靠消耗最小的力量，在最无愧于和最适合于他们的人类本性的条件下来进行这种物质变换"。⑥ 马克思还强调人与自然的和谐状况归根结底由社会的和谐性质决定，"只有在社会中，人的自然的存在对他来说才是人的合乎人性的存在，并且自然界对他来说才成为人。因此，社会是人同自然界的完成了的本质的统一，是自然界的真正复活，是人的实现了的自然主义和自然界的实现了的人道主义"。⑦

在马克思财富生产伦理原则中正义是保障性原则，基本内涵除了本文前已分析概括的财富因劳动而生产是财富原初获取的根本依据，劳动前提正义是财富生产可以进行的根本基础外，还包括此处提出的劳动应该是正义的劳动。劳动应该是正义的劳动主要针对劳动者而言，"大体可言劳动的有害性没有明显超过有用性的劳动便是合正义的劳动"⑧，主要类型有：一是劳动过程契合正义精神，劳动的有用性远超有害性，劳动成为生活的享受的自由联合劳动；二是劳动者为了体面生活，自愿、

---

① [德]马克思,恩格斯. 马克思恩格斯文集:第1卷[M]. 北京:人民出版社,2009:159.
② [德]马克思,恩格斯. 马克思恩格斯全集:第1卷[M]. 北京:人民出版社,1995:167.
③ 王海明. 新伦理学[M]. 北京:商务印书馆,2001:415.
④ [德]马克思,恩格斯. 马克思恩格斯文集:第1卷[M]. 北京:人民出版社,2009:432.
⑤ [德]马克思,恩格斯. 马克思恩格斯全集:第31卷[M]. 北京:人民出版社,1998:108.
⑥ [德]马克思,恩格斯. 马克思恩格斯文集:第7卷[M]. 北京:人民出版社,2009:928-929.
⑦ [德]马克思,恩格斯. 马克思恩格斯文集:第1卷[M]. 北京:人民出版社,2009:187.
⑧ 贺汉魂. 按劳分配的正义追问——重读马克思按劳分配思想[J]. 上海师范大学学报,2019(5).

自主选择的,摆脱奴役和谋生枷锁的谋生性的体面劳动。①

马克思指出合乎财富人道、自由、正义、和谐原则的财富生产理想形态在未来共产主义社会才会充分实现,"这种共产主义,作为完成了的自然主义,它是人和自然之间、人和人之间的矛盾的真正解决,是存在和本质、对象化和自我确证、自由和必然、个体和类之间的斗争的真正解决"。②现实社会应切实保障劳动者劳动中的权利,积极实行体面劳动,最重要的劳动权利是安全权与健康权,"工人要坚持他们在理论上的首要的健康权利"。③马克思指出,在剥削阶级社会绝大多数劳动者从事着不体面的劳动,资本主义社会更是如此,"资产阶级抹去了一切向来受人尊崇和令人敬畏的职业的神圣光环"④,"资本主义生产发展了社会生产过程的技术和结合,只是由于它同时破坏了一切财富的源泉——土地和工人"⑤,劳动者"不是肯定自己,而是否定自己,不是感到幸福,而是感到不幸,不是自由地发挥自己的体力和智力,而是使自己的肉体受折磨、精神遭摧残"。⑥从事这样的劳动,"人(工人)只有在运用自己的动物机能——吃、喝、生殖,至多还有居住、修饰等等——的时候,才觉得自己在自由活动,而在运用人的机能时,觉得自己只不过是动物。动物的东西成为人的东西,而人的东西成为动物的东西"。⑦动因决定手段,手段实现动因,劳动过程不道德与劳动产品不道德是相互联系的。马克思指出,资本家生产的根本动机是获取利润,利润实质是剩余价值的转化形式,剩余价值的生产实际是在占有工人劳动力的基础上占有工人的剩余劳动,这种恶的生产动机使得资本家"把别人的奴隶劳动、把别人的血汗看作自己的贪欲的虏获物"。⑧

马克思指出,违背人道的、自由的、和谐原则的财富生产活动的基本形态则是异化劳动与过度劳动。异化劳动是劳动者因劳动导致人性异化的活动,是强制的劳动;过度劳动可能是劳动者自愿进行的但劳动时间过长、劳动强度过大的劳动。在特定时间内应该允许过度劳动存在,但不能因为它是人们自愿进行的劳动就应该允许其长期存在,因为这样的劳动给劳动者带来的积极意义少于其对劳动者产生的消极意义。异化劳动与过度劳动的效果未必一定不道德,一方面,这样的劳动生产出

---

① 何云峰.从体面劳动走向自由劳动——对中国"劳动"之变的再探讨[J].探索与争鸣,2015(12).
② [德]马克思,恩格斯.马克思恩格斯文集:第1卷[M].北京:人民出版社,2009:185.
③ [德]马克思,恩格斯.马克思恩格斯文集:第7卷[M].北京:人民出版社,2009:111.
④ [德]马克思,恩格斯.马克思恩格斯文集:第2卷[M].北京:人民出版社,2009:34.
⑤ [德]马克思,恩格斯.马克思恩格斯文集:第5卷[M].北京:人民出版社,2009:580.
⑥ [德]马克思,恩格斯.马克思恩格斯文集:第1卷[M].北京:人民出版社,2009:159.
⑦ [德]马克思,恩格斯.马克思恩格斯文集:第1卷[M].北京:人民出版社,2009:160.
⑧ [德]马克思,恩格斯.马克思恩格斯文集:第1卷[M].北京:人民出版社,2009:233.

的财富对社会往往有用，甚至大有用，特别是对未来的发展大有用，另一方面，无论是异化劳动还是过度劳动，毕竟也是劳动，总有些保障人的生存、促进人的发展的意义，马克思就批判那些主动拒绝劳动是懒惰，"负劳动，即相对的懒惰"[①]；更重要的是由于资本主义私有制转化为公有制"自然是一个长久得多、艰苦得多、困难得多的过程"[②]，这样的劳动必然会长期存在，取消这样的劳动岂不意味着取消劳动。但是异化劳动与过度劳动毕竟会对劳动者造成严重危害，因而不能因为其历史必然性而忽视其不道德性，而应使其危害性极小化。

马克思对资本主义生产方式下的财富生产活动的道德性持辩证的分析态度。一方面，马克思肯定资本主义生产方式下的财富生产活动的道德进步性：首先，资本主义雇佣劳动形成的基础是劳动者拥有人身自由，工人获得的工资是劳动力的价值在形式上实现了交换正义；其次，一般情况下资产阶级的剥削在形式上比奴隶主、封建地主的剥削要文明一些，毕竟工人与资本家以契约规定只是转让一定的劳动时间。但是另一方面，资本主义财富生产方式既不人道，更妨碍着自由，违背了正义，破坏了和谐。马克思指出，资本主义雇佣劳动下生产了大量的无用甚至有害的不人道产品，资产阶级压迫工人进行不人道的生产劳动对工人阶级造成严重的伤害。从形式上看劳动力买卖在资本主义社会的确是自由的，但实质上这种自由交换是因为劳动者已经丧失了生产资料，只剩下出卖自己劳动力的自由。在资本主义社会，劳动力成为资本的生产力才被资产阶级视为有效的生产力，大规模资本是在野蛮的原始资本积累过程中形成的。资本主义社会，资本家支配着劳动力，占有了劳动成果，工人阶级丧失了劳动中的主体地位，收入只是实现劳动力的价值，工资成为工人阶级能够消费的基本限度。资产阶级对工人的剥削与压迫必然导致工人阶级的反抗与斗争，劳资关系必然不和谐。同时，资本主义生产力发展严重破坏了自然环境，必然导致人与自然关系不和谐。

当然，劳动不是财富生产的全部，生产时间包括劳动时间但不等于劳动时间，还包括自然力独立作用的时间，受产品的性质与产品制造本身性质制约的劳动过程中断时间，如需要进行物理、化学反应，"在此期间，劳动过程全部停止或者局部停止"[③]。但是对"劳动时间中断"的道义追问，可以视为追问劳动者的劳动是否过度，从而使"受自然过程支配的时间"是否充分。马克思指出，"如果超过劳动时

[①] [德]马克思,恩格斯. 马克思恩格斯全集：第30卷[M]. 北京：人民出版社,1995:379.
[②] [德]马克思,恩格斯. 马克思恩格斯文集：第5卷[M]. 北京：人民出版社,2009:874.
[③] [德]马克思,恩格斯. 马克思恩格斯文集：第5卷[M]. 北京：人民出版社,2009:874.

间的生产时间,不是像谷物的成熟,橡树的成长那样,由永恒的自然规律决定,那么,资本周转时间就往往可以通过生产时间的人为缩短而或多或少地缩短"。① 显然缩短劳动过程的时间未必全是坏事,因为这往往意味着科技进步并得以在生产中运用,但是马克思的言下之意也包括如果本该"由永恒的自然规律决定"却通过"生产时间的人为缩短而或多或少地缩短",由此生产出速成的不安全食品也是不正义的。

---

① [德]马克思,恩格斯. 马克思恩格斯文集:第6卷[M]. 北京:人民出版社,2009:267.